U0917882

主办／吉林大学珠海学院
主编／付景川

# 珠江论丛

PEARL RIVER FORUM

2019年第3-4合辑

（总第25-26辑）

社会科学文献出版社
SOCIAL SCIENCES ACADEMIC PRESS (CHINA)

# 《珠江论丛》编辑委员会

（排名不分先后）

**顾　问**　王胜今　刘中树　孙正聿　邴　正

吴振武　张文显　张屹山　林　沄

**编　委**　王化波　王洪琛　王　晶　付中力　付景川　朱一敏

刘云德　刘　立　刘在平　齐德秀　许世立　孙巧耘

李俊江　沈颂东　吴　薇　何　平　张古斌　张福贵

姜伟林　姜　键　高军青　崔建远　韩喜平

**主　编**　付景川

**副主编**　刘在平（常务）　齐德秀

# 目录

CONTENTS

## 理论前沿



## 哲学思辨



## 文化研究

## 教育教学



## 社会治理



## 财经探索



## 法治建设

# CONTENTS

## Theoretical Foreground



## Philosophical Speculation

## Culture Study



## Education and Teaching

## Social Governance



## Finance and Economics Exploration



## Construction of Legal System

# 理论前沿

THEORETICAL FOREGROUND

# 面向“一带一路”共建国家开展对外高等师范教育

潘江江*

**【摘要】** 作为“一带一路”倡议的重要内容之一，教育交流与合作，在为“一带一路”共建国家搭建“民心相通”的桥梁方面，发挥着基础性、全局性和先导性的作用。尤其是面向其中的发展中国家与新兴经济体国家，发挥中国的比较优势，开展对外高等师范教育，帮助有关国家做大做强这一具有广泛和深远基础意义的“教育之母”，就更能体现出中国在“一带一路”教育合作中的友好务实精神。通过分散或者集中举办不同形式的来华师范留学，或走出去与相关国家合作开展师范本科生与研究生的教育，既可提高有关国家中高级师资培训的专业化、现代化、国际化水平，弥补其优质教育资源的不足，又能增进这些国家对中国国情与文化的了解，从而在促进“一带一路”共建国家的教育发展及其与中国之间的“民心相通”等两个方面实现互利双赢。

**【关键词】**“一带一路”　高等师范教育　来华留学　合作办学

共建“一带一路”是中国顺应世界多极化和经济全球化之历史潮流，秉持开放性区域合作精神而提出的一个与世界众多国家或国际性、地区性组织合作发展的理念与倡议。其中，教育交流与合作作为共建“一带一路”倡议的重要内容之一，在为参与“一带一路”共建的国家搭建“民心

* 潘江江，广东海洋大学理学学士，英国斯特莱斯格莱德大学理学硕士，北京师范大学珠海分校不动产学院国际事务专员，经济师。

相通”的桥梁方面，发挥着基础性、全局性和先导性的作用。尤其是面向其中的发展中国家与新兴经济体国家，发挥中国的比较优势，开展对外高等师范教育，帮助有关国家做大做强这一具有广泛和深远基础意义的“教育之母”，就更能体现出中国在共建“一带一路”教育合作中的友好务实精神。

## 一 开展对外高等教育是中国“一带一路”建设的历史使命

共建“一带一路”，即“丝绸之路经济带”和“21世纪海上丝绸之路”，是党中央、国务院统筹国内国际两个大局，着眼于实现“两个一百年”奋斗目标和中华民族伟大复兴的“中国梦”而做出的重大部署。自2013年习近平主席在国际上首次提出之后，得到了沿线国家和世界许多国家的积极响应，参与“一带一路”共同建设的国家越来越多。

而从教育工作者尤其是高等教育工作者的角度来思考，面向“一带一路”共建国家开展对外高等教育，扩大来华留学生规模，将中国由当前亚洲最大的留学目的国，逐步打造为全球“一带一路”共建国家的最大留学目的国，则是中国高等教育在共建“一带一路”中不可推卸的历史使命。

2015年3月28日，经国务院授权，国家发展改革委、外交部、商务部联合发布了《推动共建丝绸之路经济带和21世纪海上丝绸之路的愿景与行动》，将“政策沟通、设施联通、贸易畅通、资金融通、民心相通”等“五通”作为中国与共建“一带一路”沿线国家的合作重点。而其中，“民心相通是‘一带一路’建设的社会根基”，并且对这一“社会根基”的建设，明确提出了“扩大相互间留学生规模，开展合作办学”等具体任务。①

2016年7月13日，教育部颁布了更为专业的《推进共建“一带一路”教育行动》纲领，更加具体地把“实施‘丝绸之路’师资培训推进计划。开展‘丝绸之路’教师培训，加强先进教育经验交流，提升区域教育质

① 国家发改委网站：《推动共建丝绸之路经济带和21世纪海上丝绸之路的愿景与行动》，http：//www.ndrc.gov.cn/gzdt/201503/t20150330_669162.html，2015年3月。

量”，列为“人才培养培训合作”的重点内容之一，从而为中国面向共建“一带一路”沿线国家开展高等师范教育，确定了明确的方向。①

2017 年 5 月 14 日至 15 日，举世瞩目的第一届“‘一带一路’国际合作高峰论坛”在北京举行。习近平主席在开幕式演讲中，特别针对“民心相通”这项共建“一带一路”国际合作的“社会根基”，化用《韩非子·说林上》中“国之交在于民相亲，民相亲在于心相通”这一中华传统文化的经典思想，向世界明确表达了中国意愿：“要推动教育合作，扩大互派留学生规模，提升合作办学水平。”②

基于党和国家在共建“一带一路”中对中国教育尤其是高等教育所赋予的历史使命，教育部党组书记、部长陈宝生于 2018 年 2 月 7 日在全国教育工作会议上发表讲话。其中，在“聚焦激发活力，纵深推进教育改革”的目标要求中，做出了“教育对外开放要积极服务‘一带一路’国际合作，在推动沿线国家教育互联互通，促进各国人民特别是青年一代民心相通方面出实招、见实效，加紧培养中国与沿线国家共同发展急需的各类人才”的任务部署。③

积极开展对外高等教育，扩大来华留学生规模，在世界上进一步提升中国作为“一带一路”共建国家最大留学目的国的影响力，就成了中国高等教育的崭新历史使命和相关高等院校的不容推卸之责。

而对于“一带一路”共建国家，尤其是发展中国家和新兴经济体国家来说，教育已越来越被视为其立国之本。这些国家要发展，首先就要发展教育，而教育的发展又首先取决于师资培养这一“教育之母”的发展规模与水平。所以，师范教育尤其是高等师范教育，就应该成为中国高校针对“一带一路”共建国家的需要开展对外高等教育，吸引和接受更多“一带一路”共建国家来华留学、走出去与更多国家合作办学的重要内容之一。

---

① 教育部网站：《教育部关于印发〈推进共建“一带一路”教育行动〉的通知》，http：//www. moe. edu. cn/srcsite/A20/s7068/201608/t20160811_ 274679. html，2016 年 7 月。

② “一带一路”国际合作高峰论坛官方网站：《“一带一路”科研国际合作描绘愿景图中国领导力备受期待》，http：//news. china. com. cn/node_ 7247866. htm，2017 年 7 月。

③ 教育部网站：《教育部党组书记、部长陈宝生在全国教育工作会议上的讲话》，http：//www. moe. edu. cn/jyb_ xwfb/moe_ 176/201802/t20180206_ 326931. html，2018 年 2 月。

## 二 “一带一路”共建国家对高等师范教育的需求

据国家发改委2019年1月14日发布的数据，截至2018年底，中国已累计同122个国家签署了政府间共建“一带一路”的合作文件。这122个与我共建“一带一路”的国家具体分布是：非洲37个，亚洲35个，欧洲24个，大洋洲9个，南美洲7个，北美洲8个。①

由于这122个国家的国情及发展水平不同，甚至彼此差距很大，因而在“一带一路”共建中，其对高等教育尤其是高等师范教育的国际合作需求也各不相同。又由于国内对上述国家高等师范教育的研究不够详尽，几乎看不到整体层面的宏观研究成果。所以，本文只能依据散见的不完整资料，对高等师范教育具有明显需求的国家，即主要是亚、非、拉美、中东欧等地区的一部分发展中国家和新兴经济体国家，做一些浅见的分析与探讨。

### （一）南部非洲国家

37个与我共建“一带一路”的非洲国家，除了埃及等5个北非、吉布提等东非阿拉伯国家以外，习惯上都被称为“撒哈拉以南非洲地区”，也都是对高等教育尤其是高等师范教育需求最为明显的国家。

贫困和教育落后是撒哈拉以南非洲地区国家的普遍特征。

据相关研究报告显示，最近30多年来，初等教育的普及在大多数撒哈拉以南非洲地区国家中逐渐进入攻坚阶段，随之引出了对于中等教育的迫切需求。2002年，世界银行与联合国教科文组织联手，在毛里求斯召开专题会议，研究“非洲中等教育复兴策略”，对中等师资的培训提出了明确要求，并由此又引出了对高等教育专业设置应向师范教育等方向适当调整的意见。②

---

① 中国一带一路网：《已和中国签订“一带一路”合作文件的国家一览》，http://www.yidaiyilu.gov.cn/xwzx/roll/77298.htm，2019年4月。

② 郑菘：《撒哈拉以南非洲中等教育发展的滞后与复兴策略》，《比较教育研究》2009年第5期，第49～53页。

2015年12月，中非合作论坛峰会在南非举行，会议期间，中国政府发表了《中国对非洲政策文件》，在其中“扩大教育和人力资源开发合作”条款中，明确提出了“扩大中非教育合作，大力支持非洲教育事业发展。根据非洲国家经济和社会发展需要，加大投入，提高实效，帮助非洲国家培养培训更多急需人才，特别是师资和医护人才”[①] 的任务，从而为中国面向非洲“一带一路”共建国家开展高等师范教育提供了政策上的导向。

### （二）东南亚国家

新加坡、越南、印尼等地处东南亚地区的11个国家，是“一带一路”倡议的积极响应者，也是高等师范教育需求普遍旺盛的国家。

由于东南亚国家（除泰国以外）在20世纪40年代之后相继独立，所以，高等教育的起步较晚。直到60年代中期，为了加快培养自主人才，东南亚各国才相继扩大高等教育规模。例如，印尼独立时只有3所学院，到1986年已有44所国立大学和650所部立或私立大学；菲律宾独立时只有十几所高校，到1987年迅猛发展到1169所；泰国在20世纪50年代初只有5所官办高等学校，到1998年也增长到了630所。由于发展速度较快，特别是分散于不同学校的高等师范教育，更由于投资少、上马快而师资培训力量却准备不足，致使低质量、低效率，甚至大学生低就业的问题比较突出。[②]

2018年11月，由亚洲国际贸易投资商会主办的“一带一路”教育国际化论坛暨中泰高等教育项目对接洽谈会在泰国曼谷举行，明确提出了“加强中泰教育合作，构建教育共同体”的目标，在东南亚国家起到良好的示范效应，也为中国与东南亚国家开展高等师范教育合作奠定了良好的基础。

### （三）南亚国家

拥有8个国家的南亚地区，是共建“一带一路”在印度洋沿岸的重要

---

① 陈明昆等：《中国对非教育援助与合作的发展阶段、成效和意义》，《非洲研究》2016年第1期，第152~165页。

② 黄建如：《东南亚国家推进高等教育大众化的策略简析》，《大众教育科学》2003年第1期，第91~93页。

延伸。巴基斯坦、孟加拉国、斯里兰卡、马尔代夫和尼泊尔等5国，都与中国签署了政府间合作文件。

作为当今世界上经济发展最快的地区之一，南亚各国的人才需求与日俱增。但各国的教育经费普遍不足，管理机制亦不佳，这大大制约了高等教育的发展。20世纪80年代以后，南亚各国逐步引进美、英、澳大利亚等西方国家资源，但重点集中于工程学、理学、医学等技术领域，而对高等师范教育却始终关注不足。例如，跨国教育集团——亚太资讯学院（APIIT）1998年至2001年先后在印度、斯里兰卡、巴基斯坦等国设立分校，主要开设的就是商业管理、商业资讯、计算机等学科的学士学位课程。

### （四）拉丁美洲国家

所谓拉丁美洲，就是习惯上所称的美国以南的美洲国家与地区。已与中国签署政府间共建“一带一路”的合作文件的北美8国、南美7国[①]均在拉丁美洲范围内。

拉丁美洲国家在20世纪60至70年代基本实现了高等教育大众化，采取的主要政策与措施包括：改革公立高等教育，发展多层次的私立高等教育，创建公私立学校趋同的新型办学模式等。其成果虽然明显，但却因过度发展高等教育，且又过度重视法学和医学等专业，而对基础教育有所忽视。由此引发的结果，就是为职前基础教育教师提供专业培训的高等师范教育发展不足，于是又引发了整个高等教育学生整体水平的“低层化”。[②]

所以，在中国面向“一带一路”共建国家开展高等师范教育的工作中，拉丁美洲国家应引起必要的关注。

### （五）阿拉伯国家

拥有22个国家的阿拉伯地区，高等教育规模自20世纪90年代以来迅

---

① 北美8国是指哥斯达黎加、巴拿马、萨尔瓦多、多米尼加、特立尼达和多巴哥、安提瓜和巴布达、多米尼克、格林纳达；南美7国是指智利、圭亚那、玻利维亚、乌拉圭、委内瑞拉、苏里南、厄瓜多尔。

② 黄志成：《拉丁美洲高等教育大众化探析》，《高等教育研究》2002年第1期，第100～103页。

速扩大，高等教育机构中的30%，即不少于170所大学或学院是在那个时期建立的，但师资教育的发展却不同步。1997年10月的阿拉伯大学专题会议，曾将此列为讨论焦点，并争取到了联合国教科文组织的支持，而使教师培训逐渐成为阿拉伯国家发展高等教育的又一举措。[①]

阿拉伯地区全部都是发展中国家，对中国改革开放的发展经验比较重视。2013年以来，阿拉伯地区先后有18个国家与中国签署了政府间共建“一带一路”的合作文件，其中更有13个国家与中国签署了教育合作协议。而早在2008年12月教育部主办的“中阿（10+1）高教合作研讨会”上，就已有阿拉伯国家的16所高校与中国的20所高校签署了102份合作意向书，所以当时就被媒体称为“双方合作前景广阔”。[②]

因此，面向发展中的阿拉伯国家开展高等师范教育，应该有同样广阔的空间。

### （六）中东欧国家

乌克兰、匈牙利、罗马尼亚等16个中东欧“转型国家”，普遍将高等教育作为赶上西欧发达国家的最主要力量，因此积极扩大高等教育的招生人数。

但正像有关研究报告所提示的，高等教育的招生增长受到了中等教育的数量与结构的限制，而在高等教育入学率迅速提高的同时，这些国家的中等教育如果要保持相同的增长率却相当困难。[③] 所以，面向中东欧国家开展广泛有力的高等师范教育应该具有广阔的市场。

可喜的是，上述16个中东欧国家，不仅与中国全都签署了政府间共建“一带一路”的合作文件，而且还在2014年9月于天津共同成立了“中国—中东欧国家高校联合会”。2018年5月，第六届中国—中东欧国家教育政策对话会在深圳举办。教育部副部长田学军代表中国教育部宣布：自

① 〔也门〕阿卜杜勒·哈迪等：《阿拉伯国家高等教育的新进展》，《外国教育研究》2004年第5期，第16~19页。

② 高靓：《中国和阿拉伯国家高等教育存在广阔合作空间》，《中国教育报》2008年12月9日。

③ 〔英〕彼特·戴维斯：《中东欧地区高等教育展望》，常小勇译，《国际高等教育研究》2000第1期，第24~28页。

2019 年正式启动“中国—中东欧国家教育能力建设项目”和“中国—中东欧国家高校联合教育项目”，得到与会国家积极响应。①

所以，与中东欧 16 国联手开展高等师范教育，就可充分利用“16 + 1”中国—中东欧国家高校联合会的合作框架而展开。

### （七）苏联加盟共和国

横跨欧亚大陆的俄罗斯等 7 个欧洲独联体国家和哈萨克斯坦等 5 个中亚国家，作为苏联的加盟共和国，是“一带一路”共建国家中高等师范教育比较完善的国家。

这 13 个国家之前同属于苏联，因而早在 20 世纪 30 年代，就逐渐形成了“中央集权领导下的行业部门所有制”这一高等教育管理体制。其中，中等和高等师范教育统由苏联教育部直接主管，其他专业教育则由高等教育部和专业部委双重管理。1991 年 12 月苏联解体之后，俄罗斯作为主要继承国，继续将中等和高等师范教育保留在联邦教育部的管理之下。②

独立后的其他国家则转而向西方开放，甚至主动参与欧盟国家的“博洛尼亚进程”（Bologna Process），大力推动本国高等教育的国际化。特别值得关注的是，进入 21 世纪以来，中亚 5 国在“上海合作组织”框架下，全方位开启了与中国高等教育的合作，并在孔子学院、留学生教育、上海合作组织大学等项目中迈出了积极步伐。③

这对于接下来开展彼此之间高等师范教育的合作与交流，实现双向互利的提质升级，显然具有良好的基础意义。

## 三　高等师范教育是近代以来中国高等教育的比较优势

在中国的高等教育中，高等师范教育可谓中国近代教育体系中起步最早的专业门类。

---

① 参见《中国教育报》，2018 年 5 月 29 日，第 3 版。

② 赵慧敏：《俄罗斯高等教育管理体制现代化研究》，黑龙江大学硕士学位论文，2014。

③ 刘俊霞：《中亚国家高等教育国际化发展现状及趋势分析》，《教育教学论坛》2017 年第 9 期，第 1 ~ 3 页。

光绪二十三年（1897年），晚清洋务派代表人物盛宣怀，在上海创办南洋公学，其中设立师范院，开创了中国师范教育之先河。光绪二十四年（1898年），清廷颁布《钦定京师大学堂章程》，“提出在京师大学堂设立师范速成科，培养当时新教育所需的新式教师”，由此诞生了中国历史上第一所高等师范教育机构。光绪二十八年（1902年），京师大学堂师范馆（即今北京师范大学前身）在其所有专业中率先招生，拉开了近代中国高等师范教育正式实施的历史帷幕，并由此开创了“中国完整意义上的教师专业化的教育起点”。[①]

民国时期，中国高等教育虽因日本侵华战争而连遭十余年严重破坏，但政府还是积极采取措施，加强师范教育的建设和发展。1938年颁布的《师范学院章程》规定，国家根据各地情形，可以分区单独设立，也可以在大学中设置，修业期为5年，以培养合格师资。到1948年，国立和省立高等师范学院已达11所，大学师范学院或教育学院3所，国立、省立教育学院4所，大学及独立学院教育系28个，师范专科学校13所。[②] 至此，多种形式并存的师范教育制度已经形成。

新中国诞生之后，党和政府十分重视师范教育。

1949年12月，共和国成立不到3个月，教育部就召开了第一次全国教育工作会议，明确将“改进师范教育”列入“新中国教育工作总方针”的8项内容之中。1951年8月，教育部又专题召开了第一次全国师范教育会议，讨论通过了《高等师范学校的规定（草案）》，并于1952年7月颁布施行。《规定》以“师资问题是办好和发展人民教育的关键”为起点，以“培养百万人民教师”为目标，要求当时的每一大行政区至少建立一所健全的师范学院，由大行政区教育部直接领导；现有师范学院要加以整顿和巩固；现有大学中的师范学院或教育学院要独立设置等，从而使高等师范教育在之后几年的全国院系大调整中，得到了总体上的加强。[③]

---

① 胡艳：《北京师范大学与中国现代师范教育制度的建立》，《高等师范教育研究》2002年第6期，第12~20页。

② 《中国教育年鉴（1948~1981）》，中国大百科全书出版社，1984。

③ 新华网：《中国高等教育百年回眸》，http://www.china.com.cn/chinese/archive/201022.htm，2015年5月。

改革开放以来，党中央、国务院先后四次召开全国教育工作会议，2018 年 9 月又以更高规格召开了全国教育大会。其中，于 1999 年 6 月召开的第三次全国教育工作会议，在《中共中央、国务院关于深化教育改革全面推进素质教育的决定》中，专门对高等师范教育做出了战略性部署："加强和改革师范教育，大力提高师资培养质量。调整师范学校的层次和布局，鼓励综合性高等学校和非师范类高等学校参与培养、培训中小学教师的工作，探索在有条件的综合性高校中试办师范学院。"① 到 2001 年，全国高等师范院校已达 201 所，增长了 16.5 倍，在校生达 105.04 万人，增长了 111.5 倍，高等师范院校在校学生数占高校学生总数的比重上升到 18%。②

回眸百年中国高等师范教育，其并不是像发达国家那样，沿着"初等师范教育—中等师范教育—高等师范教育"的道路循序发展的。中国的师范教育在兴办之初就混合了初等、中等和高等师范教育，呈现出起步晚、综合性强、发展速度快的独特亮点。而这一点，恰恰适合师范教育起步较晚、体系不够健全的发展中国家，尤其是参与"一带一路"共建的发展中国家借鉴。

## 四　开展对外高等师范教育的若干建议

当前，在"一带一路"共建国家尤其是在其中占据多数的发展中国家和新兴经济体国家的集体共识中，教育已被普遍视为立国之本。譬如，东南亚国家在推进高等教育大众化的进程中就提出了"国家要发展，首先就要发展教育"的明确方向。而教育的发展又首先取决于师资培养这一"教育之母"的发展规模与水平——这一逻辑性的理念，已被越来越多的国家所接受。所以，面向"一带一路"共建国家开展高等师范教育，就应该并将必然成为中国高等师范教育领域推动"一带一路"共建的重要内容之一。

---

① 网易新闻：《〈新闻联播〉近 2/3 的时间，都给了这个大会》，https：//news. 163. com/18/0911/08/DRDLI2FK0001899N. html，2018 年 9 月。

② 《中国教育年鉴（2002）》，中国大百科全书出版社，2002。

基于本文前面的分析结论，面向“一带一路”共建国家开展高等师范教育，应该主要是在本科层面，为相关国家培养大量的、直接可用的、具有全面专业知识、又有深刻的教育教学理念，且具国际化思维的优质中等教育师资。同时，在此基础上，也应适当开展硕士以上的研究生教育，从而再为相关国家培养出可以回国从事高等师范教育的更高层次师资。

这两个层次的师范教育，又可通过三种不同形式，即采取在国内分散举办、由国家集中举办、走出去合作举办的不同办法，来达成相同的、面向“一带一路”共建国家开展高等师范教育的积极目的。初步建议有如下三点。

### （一）在国内分散举办

所谓在国内分散举办，就是由教育部牵头，在国家推进“一带一路”建设工作领导小组的指导下，会同国家发改委等有关部门、相关省市自治区人民政府，在全国187所师范院校中，精选出有条件举办对外高等师范教育院校，分别组建独立的“一带一路”共建国家留学生师范学院（系），或在这些院校既有的师范学院与教育学院中，开设相对独立的“一带一路”共建国家留学生班。

这些分散在全国各地，尤其是与“一带一路”共建国家具有传统合作关系的地方师范院校，其专门举办的留学生师范学院（系），可以密切结合当地与“一带一路”共建国家之间的经济文化交流，更有针对性地为外来留学生设置适合他们所在国家需要的师资培养课程，使他们能够有的放矢，学以致用，学成之后更好地服务于所在国家的教育事业。

而为了调动更多方面的积极性，产生更为广泛的影响与成果，全国各地已经举办教师教育的363所非师范院校，也可以在教育部与其主管部门的共同规划下，适当开设相对独立的“一带一路”共建国家留学生专业课程或班级，从而形成对“一带一路”共建国家来华接受留学生高等师范教育的更大规模效应。

### （二）由国家集中举办

所谓由国家集中举办，就是直接以国家推进“一带一路”共建工作领导小组办公室牵头，以教育部为实施主体，以北京师范大学为核心，以北京外国语大学、北京第二外国语大学、北京语言大学、外交学院、国际关系学院等为协助单位，共同组建新的“中国‘一带一路’师范大学”（以下简称“中国师大”）。

中国师大作为教育部直属的国际化、创新型、专业化师范院校，立足于中国与“一带一路”共建国家在经济、文化、教育等领域合作的基本政策，针对不同国家对高等师范教育的实际发展需要，尝试开设多种形式的留学生教育院系及课程。

一是以区域共同特征为主导，设置域内国家能够共同适应的院系，运用不同语言，组织内容相同或者相近的专业教学。譬如，针对彼此发展水平比较接近的撒哈拉以南的非洲国家，就可设置统一管理专业、多语种分别教学的中国师大南部非洲学院，在院内对各相关国家的留学生分语种编班，在班内运用英语、法语、葡萄牙语等分别授课，从而使不同国家的留学生能在不同的语言环境中，学习共同的数学、物理、化学、外国语等属于师范教育核心内容的所有课程。

二是以不同区域的共同语言为主导，将共同使用某一母语或者官方语言的不同国家留学生组织在一起，设置专门的语言类院系。譬如，中国师大英语授课学院、中国师大法语授课学院、中国师大“小语种”授课学院等等。或在同一专业的院系中，设置不同语言的教学班。譬如，在同一个中国师大物理学院中，设置阿拉伯语班、葡萄牙—西班牙语班等，从而使各国留学生能在他们各自熟悉的语言环境中，学习彼此一致的数学、物理、化学、外国语等属于师范教育核心内容的所有课程。

### （三）走出去合作举办

所谓走出去合作举办，就是俗称的国际合作办学。在这方面，云南对南亚国家、广西对东盟国家、新疆对中亚国家、广东对南海周边国家等，均已取得不同程度的成熟经验，值得在面向“一带一路”共建国家开展高等师范教育的对外合作中加以推广。而由教育部委托天津职业技术师范大学承办的埃塞俄比亚—中国职业技术学院，更是填补了所在国家的空白，受到当地政府、民众的广泛欢迎以及周边国家的关注，扩大了中国高等师范教育的国际影响力。

2018年3月6日，全国政协委员朱鼎健在全国“两会”期间提出：“中国和美国等国家存在留学‘逆差’，其中一个原因是中国高校在世界范围内的品牌国际辨识度普遍不够高，还没有形成强大的吸引力。”为此，朱鼎健建议：“要鼓励中国重点大学和全球知名机构合作，设立品牌学院、专业课程以及研究机构，不仅吸引全球各地的学生来华留学，同时可以吸引已经有一定工作经验的人士到中国培训或进修。”①

2018年9月10日，习近平主席在全国教育大会上发表重要讲话，进一步明确强调：“要扩大教育开放，同世界一流资源开展高水平合作办学。”② 这就为我们走出去在海外办学，面向“一带一路”共建国家开展高等师范教育提出了更高层次的要求。

所以，只要我们在面向“一带一路”共建国家开展高等师范教育中，始终坚持务实合作的共赢理念，坚持为相关国家切实提升师资培训水平的办学方向，就一定能通过在这一领域的国际合作，在促进“一带一路”共建国家的教育发展及其与中国之间的“民心相通”等两个方面实现互利双赢，并由此为“一带一路”建设做出实实在在的贡献。

## 参考文献

王坦、李正栓：《中国与“一带一路”沿线国家教育交流与合作的困境及对策研究》，《世界教育信息》2017年第15期，第66～71页。

陈荣明：《“一带一路”沿线国家来华留学生管理策略研究》，《中国高等教育》2017年Z3期，第69～71页。

康乐、李福林：《“一带一路”教育行动中教育援助可持续模式探析》，《高校教育管理》2018年第2期，第17～24页。

高钰：《“一带一路”倡议下的高等师范教育发展探析》，《中国成人教育》2018年第9期，第38～41页。

刘志民、杨洲：《“一带一路”沿线国家来华留学生对我国经济增长的空间溢出效

① 参见中国侨网，http：//www. chinaqw. com/zhwh/2018/03－07/180920. shtml。

② 参见教育部网站，http：//www. moe. gov. cn/jyb_ xwfb/s6052/moe_ 838/201809/t20180910_ 348145. html。

应》，《高校教育管理》2018 年第 2 期，第 1 ~ 9 页。

常红、饶竹青：《“一带一路”沿线国家成来华留学主要增长点》，人民网 - 国际频道，2017 年 12 月 18 日。

朱苏静：《“一带一路”沿线国家学生来华留学教育的发展及建议——以江苏省为例》，《世界教育信息》2017 年第 20 期，第 28 ~ 32 页。

宋利芳：《发展中国家教育的主要问题及其对策措施》，《河南社会科学》2001 年第 2 期，第 102 ~ 104 页。

郭道明：《发展中国家师范教育值得注意的几个问题》，《高等师范教育研究》1989 年第 5 期，第 22 ~ 27 页。

陈俊珂：《发展中国家基础教育的若干比较》，《河南师范大学学报（哲学社会科学版）》，2000 年第 1 期，第 109 ~ 112 页。

贾晋锋：《我国高等师范教育的现状及发展思路研究》，西北大学硕士学位论文，2008。

黄建如：《东南亚国家推进高等教育大众化的策略简析》，《大众教育科学》2003 年第 1 期，第 91 ~ 93 页。

## Building the Country by Facing “The Belt & Road” Carrying out Higher Normal Education Abroad

*Pan Jiangjiang*

**Abstract**: As one of the key contents of “the Belt & Road” initiative, educational exchanges and cooperation play a fundamental, overall and leading role in building a bridge between the hearts and minds of the people for “the Belt & Road” country. In particular, for developing countries and countries with emerging economies, giving full play to China's comparative advantage in carrying out higher normal education abroad, and helping the countries concerned to make the “mother of education” bigger and stronger, which has extensive and far-reaching basic significance, can better reflect China's friendly and pragmatic spirit in educational cooperation of “the Belt and Road” . By decentralizing or centralizing different forms of normal study in China, or going out to cooperate with relevant countries to carry out the education of normal undergraduates and graduate students, we can not only improve the specialization, modernization and internationalization of the training of middle and advanced teachers in the countries concerned, and make up for the shortage of high-quality educational resources, but also enhance the understanding of China's national conditions and culture in these countries. Thus, mutual benefit and win-win situation can be realized in promoting "the Belt and Road " and co-building the educational development of the countries, and "people-to-people connection" between them and China.

**Keywords**: "The Belt & Road" Initiative; Higher Normal Education; Study in China; Cooperative Education

# 中国特色社会主义新时代的马克思主义传播

许　新*

【摘要】马克思主义传播问题，是从事马克思主义和思想政治教育工作者的重要研究课题，也是我们重要的历史使命和时代担当。虽然，马克思主义的教学与传播，在中国已经有了较长的历史，取得了丰硕的成果和丰富的经验，但在新形势下，依然需要创新，需要开阔眼界，需要理论与实践更为深切的结合，需要面对和回答一系列新的问题。新时代马克思主义传播有着丰富的内涵和重大的历史意义、现实意义。马克思主义特别是最新理论成果的传播，既有丰富厚重的历史经验，也有新颖的时代背景和时代要求，因此需要研究和创新马克思主义传播的方式方法。新时代马克思主义的传播，需要适应大数据时代特征，实现传播渠道多元化；需要建设具有高素质、高水平的传播队伍；需要以文化创新打造生动活泼的传播途径。

【关键词】马克思主义　新时代传播　高素质人才　多元化渠道

马克思主义传播问题，是从事马克思主义和思想政治教育工作者的重要研究课题，也是我们重要的历史使命和时代担当。陈宝生指出，习近平总书记重要讲话和全国教育大会精神对“双一流”建设高校具有重大指导意义。“双一流”建设高校作为高等教育战线的排头兵，要在学习宣传中

* 许新，吉林大学珠海学院教授、博士，主要从事思想政治教育、马克思主义经济法学理论研究。

走在前列，在贯彻落实上做出表率。马克思主义传播是提升教育服务经济社会发展能力的基本方向，是特色发展争创一流的基本途径，是加强党对教育工作的全面领导的根本保证。[①] 社会变革步伐的日益加快和国际国内形式变幻的逐渐复杂化，以及中国特色社会主义建设事业的不断深入，要求我们更为认真地研究与探讨马克思主义传播的方式方法，开拓新的途径。虽然，马克思主义的教学与传播，在中国已经有了较长的历史，取得了丰硕的成果和丰富的经验，但在新形势下，依然需要创新，需要开阔眼界，需要理论与实践更为深切的结合，需要面对和回答一系列新的问题。同时，随着留学生的引进，也需要加强与国外高水平大学和高端科研机构的交流合作，进一步加强对留学生招收培养管理与服务制度体系的完善。

## 一　新时代马克思主义传播有着丰富的内涵

马克思主义是马克思、恩格斯在资本主义发展和无产阶级斗争需要的背景下创立的博大精深的思想体系，是人类思想史上划时代的伟大变革。马克思主义诞生后，在国际工人运动、民族解放运动、社会主义国家的建设与成长等历史风云中得到广泛应用。实践证明，马克思主义的科学原理和思想体系，只有在传播、普及、实践中才能不断发展，充满活力。马克思主义揭示了资本主义的本质特点、基本矛盾和工人阶级受剥削压迫的根源，为工人阶级和劳苦大众指出了解放的道路，为人类历史的发展揭开了新的一页。一百多年以来，马克思主义在不断丰富完善和发展中逐渐成为系统、严谨、科学的思想体系，成为工人阶级认识世界和改造世界的强大思想武器。在马克思主义的指导下，中国共产党领导中国各族人民历经了革命、建设、改革，并成为中国的执政党和中华民族的领导核心。在中国共产党近一百年的历史上，马克思主义是制定路线、方针、政策的理论基础，是树立远大理想、把握形势变化、坚持

① 陈宝生：《贯彻全国教育大会精神推进“双一流”加快建设、特色建设、高质量建设》，2018 年 9 月 28 ~ 29 日在上海“双一流”会上的讲话。

正确方向、获取强大动力的精神武器。改革开放以来，马克思主义获得了新的动力，取得了新的发展。

马克思主义在中国，之所以充满活力，是因为中国共产党人始终坚持将马克思主义的普遍原理与中国革命、中国社会主义建设、改革开放的具体实践相结合。总体上看，这种结合的巨大成功可以概括为两大理论成果的诞生：一是毛泽东思想，二是中国特色社会主义理论体系。中国特色社会主义理论体系，包括邓小平理论、“三个代表”重要思想、科学发展观、习近平新时代中国特色社会主义思想。正如习近平总书记指出的：“前进道路上，我们必须坚持以马克思列宁主义、毛泽东思想、邓小平理论、‘三个代表’重要思想、科学发展观、新时代中国特色社会主义思想为指导，坚持解放思想和实事求是有机统一。”①

毛泽东思想是把马克思列宁主义基本原理同中国革命具体实践相结合的产物，在新民主主义革命的长期艰巨的斗争中经受了考验，发挥了指导作用，为在新的历史时期开创中国特色社会主义提供了重要的思想准备和理论基础。邓小平理论在重要的历史关头，把握时代潮流，围绕什么是社会主义，怎样建设社会主义这个基本问题，比较系统地回答了在中国这样经济文化比较落后的国家如何建设社会主义，如何巩固和发展社会主义的一系列基本问题。邓小平理论深刻总结和借鉴了国内外社会主义历史正反两方面经验，深刻揭示了社会主义本质，是开创中国特色社会主义的理论先导和思想指南。“三个代表”重要思想进一步加深了对什么是社会主义、怎样建设社会主义和建设什么样的党、怎样建设党的认识，是在面对尖锐复杂的国内国际局势、世界社会主义出现严重曲折的严峻考验中，进一步明确社会主义市场经济体制的改革目标和基本框架的重要思想。科学发展观是在进入 21 世纪，深刻把握中国基本国情和新的阶段性特征的基础上形成和发展的，也是对于改革开放伟大实践的深刻总结。结合了改革开放和社会主义现代化的继承和发展，结合了新时代条件，是在总结历史经验和新经验的基础上，围绕诸多重大问题总结出来的一系列新思想，与毛泽东思想一脉相承又与时俱进。

① 习近平：《在庆祝改革开放 40 周年大会上的讲话》（2018 年 12 月 18 日）。

"党的十八大以来，党中央团结带领全党全国各族人民，全面审视国际国内新的形势，通过总结实践、展望未来，深刻回答了新时代坚持和发展什么样的中国特色社会主义、怎样坚持和发展中国特色社会主义这个重大时代课题，形成了新时代中国特色社会主义思想，坚持统筹推进'五位一体'总体布局、协调推进'四个全面'战略布局，坚持稳中求进工作总基调，对党和国家各方面工作提出一系列新理念新思想新战略，推动党和国家事业发生历史性变革、取得历史性成就，中国特色社会主义进入了新时代。"①

## 二　新时代马克思主义传播的价值和意义

马克思主义对外传播顺应了中国改革开放的时代要求，推动了中国在政治、经济、文化等方面的深刻改革，引领了中国社会主义革命和建设的伟大实践。马克思主义在中国的传播，指导中国社会主义的改革开放和发展完善。毛泽东思想和中国特色社会主义理论体系的诞生，把马克思主义推进到一个新的高度。在中国传播一百多年的马克思主义，是中国人民在思想文化领域最宝贵的精神财富之一，值得我们更好地挖掘、研究、传承。中国学术界对马克思主义的传播进行了具体广泛的研究探讨，获得了丰富的研究成果。当代中国大力加强马克思主义对外传播，积极开展中国化的宣传教育活动，积极开展马克思主义中国化最新成果的宣传教育和传播普及活动，推进了马克思主义中国化、时代化、大众化。

新的历史时期，研究和探讨马克思主义的传播，具有深刻的历史意义。新的时代，"意味着近代以来久经磨难的中华民族迎来了从站起来、富起来到强起来的伟大飞跃，迎来了实现中华民族伟大复兴的光明前景；意味着科学社会主义在21世纪的中国焕发出强大生机活力"②。同时，也意味着当代中国马克思主义传播需要具有更为强大的话语权和影响力，需要将中国梦的宏伟蓝图和光明前景，进一步转化为人民群众的精神力量。

---

① 习近平：《在庆祝改革开放40周年大会上的讲话》（2018年12月18日）。

② 辛鸣：《党的十九大的思想精髓和核心要义》，《今日浙江》2017年12月8日。

## 三　新时代马克思主义传播的原则

马克思主义特别是最新理论成果的传播，既有丰富厚重的历史经验，也有新颖的时代背景和时代要求。

### （一）马克思主义传播的共享原则

马克思主义及其在中国的两大理论成果——毛泽东思想和中国特色社会主义理论体系，包括邓小平理论、“三个代表”重要思想、科学发展观，包括习近平新时代中国特色社会主义思想体系，是全社会以及国际社会共享的精神财富。中国新民主主义革命的胜利、社会主义建设和改革开放的成就，都有力地证实了这一点。所谓共享，就是让更广大人民群众乃至国际社会能够更广泛地认识、理解历史的昭示，让理论成果和思想体系为更多的人所接受。马克思主义自诞生以来，就具有广泛的人民性、普及性的特征，其取得胜利和成就的历史，本身就是普及、共享的历史。尤其是在当代，我们既需要国内人民群众进一步凝聚共识，也需要良好的国际环境，更需要深入研究和遵循马克思主义传播的共享原则。

### （二）马克思主义传播的创新原则

马克思主义特别是最新理论成果不断创新发展，不断接受新的实践检验，为新时代的传播提供了丰富的内容和内在的支撑。没有理论创新就没有理论发展。通过马克思主义传播，我们才能从国际社会中对中国发展经验和发展模式进行对比和检验，证明其时代性、适应性、科学性。历史发展的变化是历史规律的新表现，而正确地认识和把握历史规律，顺应历史发展的趋势和要求，是马克思主义基本立场、观点、方法的生命力所在，也是其思想理论成果不断丰富、发挥巨大指导作用和社会功能的动力所在。把马克思主义中国化、大众化、时代化的传播过程本身也是创新的过程。例如，我们需要将最新理论成果放到广阔的时代背景下去理解，需要将思想理论体系与改革开放的历史进程密切结合，需要面对和回答社会转型、社会变迁以及人民群众的需要等问题，需要将思想理论创新与制度创新相结合，需要在传播中结合科技革命带来的各种变化，需要将传播手段与信息技术、网络技术的发展相关联，以具有时代性的渠道和方式让人民群众更乐意接受、容易接受。

## 四　新时代马克思主义传播的途径

只有通过有效的方式方法才能达到预期的目标，才能有效传播新时代最新理论成果，为人类文明进步做出最大的贡献。

### （一）适应大数据时代特征，实现传播渠道多元化

科技革命迎来大数据时代，技术更新既为马克思主义传播带来严峻挑战，也创造了重大的机遇和条件。如果不能驾驭、掌握和利用不断丰富的大数据时代技术手段，就会严重制约马克思主义的中国化、大众化，更难以实现国际化传播。网络、新媒体的崛起，在信息量激增和传播速度加快的同时，也带来思想碰撞、文化碰撞，以及新的思维方式、行为方式、生活方式，实际上每天都在提出新的问题，制造新的挑战。正如尼葛洛庞帝所言“人类的每一代都会比上一代更加数字化”①。在世界“新媒体化”的进程中，信息传播由一元化走向多元化，传统的传播方式被打破，形成了“所有人向所有人”的社会化立体型传播。马克思主义思想体系，具有对于一切社会变革和进步的天然亲和力，这种本质特征决定了马克思主义的传播手段和渠道与一切新技术革命具有高度的融合性。因此，马克思主义的宣传者、教育者、理论工作者，应当着力研究如何将马克思主义传播的丰富内涵注入各种新技术手段的运用之中，在不断创新中形成和增强中国特色社会主义理论体系的吸引力和新活力。

### （二）建设具有高素质、高水平的传播队伍

如前所述，马克思主义的传播，作为新时代的一项系统工程，不仅具

① 王学俭、刘强：《新媒体实践与马克思主义传播体系构建》，《学术论坛》2012 年第 2 期，第 2 页。

有很高的思想含量、文化含量，而且具有很高的科技含量，因而需要与时俱进，不断创新。因此，这样的系统工程越来越需要高素质、高水平的人才。

中国国际化人才队伍成长迅速，但依然需要加强马克思主义对外传播队伍的阵容，需要“大力实施创新人才培养模式和高端紧缺文化人才培养计划，搭建文化人才终身学习平台，能够紧跟信息科技发展前沿、具备较强研发能力的专业技术人才和复合型人才”①。尤其是对于当代中国马克思主义对外传播而言，要借助国际平台传播工具和网络传播平台，实现思想与现代理论成果达到国际化、网络化，可用大数据云计算等文献处理办法，加强技术的应用研发服务，尽快构成用于马克思主义理论传播的服务一流的网络体系。同时重视挖掘培养社会所需的高素质国际化高端人才，完善相关政策，多渠道引进优秀人才。如培养扎根基层的乡镇文化人才、民族文化传承人，特别是文化遗产传承人；培养群众中涌现出的各类人才；壮大志愿者队伍，鼓励各阶层文化人才参与马克思主义的对外传播和参与各项文化活动，形成专兼职队伍相结合的人才队伍，实现马克思主义传播时代化、长期化。我们知道，高校是传播马克思主义的重要阵地，也是培养高素质人才的重要摇篮。要培养高素质人才，把一流本科教育建设作为基础任务，加快打造结构优化、满足需求、各方资源充分参与的卓越而有灵魂的研究生教育，重视科研育人、实践育人、创业育人。这不仅是建设“双一流”高校的历史重任，也是培养高素质马克思主义传播队伍的时代要求。

### （三）以文化创新打造生动活泼的传播途径

对于马克思主义传播这一任重而道远的历史任务来说，与文化创新相结合，扩大有效传播途径，是十分必要的。尤其是，新时代中国特色社会主义思想理论，是理论联系实际的产物，与人民群众实际生活、利益需求、思想情感息息相关，更需要通过生动活泼、人们喜闻乐见的形式传

① 转引自王学俭、刘强《新媒体实践与马克思主义传播体系构建》，《学术论坛》2012年第2期，第4页。

播，让广大人民群众乐于接受，容易接受。

我们的理论工作者、宣传工作者、教育工作者，应当走进社区，走进基层，以各种公开课、讲座的形式，让思想和理论充分发挥亲和力、感染力。“微弹幕”是一种新型的交流方式，受众借助微信公众平台发表的评论会在大屏幕上以弹幕形式展现出来，与 PPT 演讲、视频宣传片播放、直播等实现完美结合，这样一来，受众就可以充分地参与互动。思想政治理论的宣传教育，应当充分利用这样的形式，调动受众的体验感、参与感，让形式和内容同时活起来。一些高校曾经精准推进党的十九大精神“进教材、进课堂、进学生头脑”，高校马克思主义学院或思想政治教学中心可以将“三进活动”长期化。关键要符合学生的心理特征，以课堂上生动的教学艺术与互动交流、课堂下丰富多彩的校园文化，提高教学水平和实际效果。

## Marxist Communication in the New Era of Socialism with Chinese Characteristics

*Xu Xin*

**Abstract**: The spread of Marxism is not only an important research topic for Marxist and ideological and political educators, but also an important historical mission and the responsibility of the times. Although the teaching and communication of Marxism has made a long history in China, it has made great achievements and rich experience, but under the new situation, it still needs innovation, needs to broaden the horizon, needs a more profound combination of theory and practice, and needs to face and answer a series of new questions. The spread of Marxism in the new era has rich connotation and great historical and practical significance. The dissemination of Marxism, especially the latest theoretical achievements, not only has rich and heavy historical experience, but also has a new era background and the requirements of the times, so it is necessary to study and innovate the ways and methods of Marxist communication. The dissemination of Marxism in the new era needs to adapt to the characteristics of the times of the big data and realize the diversification of the channels of communication; it is necessary to build a high-quality communication team; it is necessary to build a lively and vividly communication path with cultural innovation.

**Keywords**: Marxism; Dissemination in the New Era; High-quality Talents; Diversified Channel

# 容闳关于国家振兴的思想主张及其实践

邓　洁*

【摘要】洋务运动的时候，容闳给政府提了四条建议。其中两条是关于国家运输和工业的，直接进行操作；一条关系主权，落实时间长达76年；另一条是最关键的一条，“选颖秀青年送之出洋”，于是在近代中国有了“留美幼童”这样一个兼容中西文化的特殊群体。他们在矿业、海关、电报、铁路、外交、高等教育等部门从事开拓性的工作，正是民族工业从无到有、社会制度从封建专制进入民主共和的重要历史阶段。留美幼童这个群体，因为容闳的建议和努力而出现，也是他理想的践行者。所以，容闳是最早把工业革命的理念带入中国并有所实践的人，他的学生继续实践并构筑中国早期的工业框架。

【关键词】容闳　洋务运动　幼童出洋　庚款留学　辛亥革命　民主共和

## 一　接受西方文化后看中国产生的建议

容闳（原名光照，字纯甫，族名达萌），道光八年（1828年）11月

---

* 邓洁，广东省珠海市人，曾任乌鲁木齐铁路局电视台主任编辑，新疆维吾尔自治区作家协会会员。所任编剧的电视剧《西出阳关》、电视报道剧《风区站长马锡纯》分别在中央电视台、新疆电视台播出。编导撰稿的多部电视专题片在新疆电视台播出。其他如散文、专访、论文、小说等在《人民日报》《纵横》《当代传播》《新疆日报》《人民铁道报》等多家媒体刊登。因为是留美幼童后裔，因此对相关材料进行收集、整理。2015年10月，由中国文史出版社出版长篇纪实文学《留美幼童唐元湛家三代人的故事》。

17 日出生于广东省香山县南屏村，幼年时进英美传教士在澳门办的学校——玛礼逊书院（Morrison School）学习。道光二十年五月（1840 年 6 月）发生中英第一次鸦片战争，学校停办，容闳辍学。这场战争，中国失败，签订了中英《南京条约》，中国割让香港岛于英国。后来澳门的玛礼逊书院恢复，容闳再次进校学习。

校长布缪尔·布朗（Samuel Robbins Brown）是美国人，毕业于耶鲁大学（Yale University），是一位传教士，也是一位教育家。他安排的课程除了英文、历史、数学外，还聘请当地教师开设中国传统科目《四书》《五经》等，并练习书法和八股文写作。他认为："教育的目的是为了培育身心健全的、高尚的人。这是中国的教育体系达不到也不想达到的。"

1842 年 11 月，玛礼逊书院搬到香港，校址在今天的摩理臣山，第二年 4 月开学，招收学生 24 名，有一个图书馆，共 3500 册图书。为筹措办学经费，学校邀请香港各界的知名人士到学校参观。容闳所在的班级以英文写作来展示教学成果，有 6 篇作文在《中国丛报》刊出，容闳的一篇作文《梦想之纽约游》表达了想走出去的愿望。

道光二十六年（1846 年）入冬后的一天，布朗校长对学生们说，因"家属的身体羸弱，拟暂时离华"，并表示"极愿携三五旧徒，同赴新大陆"。沉默片刻，容闳首先起立响应，接着是香山县东岸乡的黄宽、黄胜。

1847 年 1 月 4 日，18 岁的容闳和黄宽、黄胜随校长布朗夫妇从广州黄埔港出发，乘坐阿立芬特兄弟公司（The Olyphant Brothers CO.）的猎女（Huntress）号帆船，前往美国学习。经过 98 天的海上旅行，4 月 12 日，他们抵达美国东海岸的纽约，随后，又到了美国东部的马萨诸塞州（Massachusetts）。3 个中国学生进了布朗的母校——新英格兰地区的孟松学校（Monson Academy），学费由布朗和玛礼逊教育会提供。

容闳于 1850 年中学毕业，上大学的学费是个问题。一个教会愿意为他资助学费，但条件是他大学毕业后要成为传教士回中国去传教。容闳表示："余虽贫，自由所固有。他日竟学，无论何业，将择其最有己与中国者为之。"

布朗先生又施以援手，将他的情况告诉乔治亚州萨伐那妇女会（The Ladies Association in Savannah，Ga.）。容闳得到了这个组织的一笔赠款，赶赴康涅狄格州纽黑文（New Haven，Connecticut），参加耶鲁大学的入学考试。终于，他蓄着辫子，穿着中国长袍，闯进了耶鲁，成为这所大学的第一位中国学生。

容闳以“天下兴亡，匹夫有责”的赤子之情，立下宏愿：“余之一身，既受此文明之教育，则当使后余之人，亦享此同等之利益。以西方之学术，灌输于中国，使中国日趋于文明富强之境。余后来之事业，盖皆以此为标准，专心致志以为之。”大学毕业后他于 1855 年回国。当他的目光从太平洋那边再转回来时，看到了中国和西方世界的差距，这是社会是否进行过一场工业革命的差距，是人民是否享有民主自由的差距。

因为生计，容闳得做事。映入眼帘的景象不是他熟悉的田园牧歌、渔舟唱晚，而是清政府为镇压太平天国运动而进行的疯狂杀戮。他先到广州，又赴香港，都不如意，最后去了长江出海口南岸的地方——上海。

容闳到上海的时候，黄浦滩上已经有了洋行和外国银行，他准备去上海的江海关谋职，但看到的景象却是海关无关。因为英、美、法三国协同清政府镇压了小刀会起义，英国驻沪副领事威妥玛、美国人卡尔、法国人史密斯直接插手江海关事务。

容闳谋职顺利，在翻译处当翻译，但因为失望又离开，后到洋行做买办。虽然和洋人业务往来频繁，但他绝不低下高贵的头颅，为了尊严和自身安全，有时还得和洋人拳脚相向。

这样的环境，提醒着容闳在大学时立下的宏愿。他知道太平天国干王洪仁玕思想开明，就和有同样留学经历的曾兰生及两个传道士到太平天国的首都天京去访问。当容闳陈述了心中“中华共和国”的理想及为实现这个理想而要进行的包括军事、体制、金融、教育等七项维新建议后，得到的回应是一枚四等爵位的官印。他感到“太平军之行动，殆无有造新中国之能力”，于是面谢干王后离开了天京。

容闳生意做得不错，很快致富。“自营商业，在九江三年，境况殊不恶！”在商界，特别是在“粤商香帮”中成了很有名气的人，是四大买办之首。其他三位分别是香山同乡唐廷枢、徐润、郑观应。但是，容闳并不开心，“像这样为生意忙碌，我的事业终将是水中捞月”。同治二年（1863年）9 月，他终于有机会在安庆大营正式与两江总督曾国藩见面。

容闳直抒胸臆，提出了“机器生产机器”这样一个让中国接受并使用西方工业革命产品的理念，这是他第一次向中国上层传播工业革命的思想，契合了洋务派要使国家摆脱内忧外患境遇的想法。曾国藩很赞赏，请他到外洋购买制器之器，回来建厂。曾国藩已经认识到“今日救时第一要务”是中国人向西方学习如何制造“坚船利炮”，而且支持幕府中的一些科学家进行轮船制造的试验。

容闳揣着曾国藩为办机器厂筹措的六万八千两白银汇票，去美国采购机器，两年后回国。同治五年（1866年），在江苏巡抚李鸿章的主持下建立了江南机器制造总局（今江南造船厂）。苏淞太道丁日昌是首任总办，由此开启了中国军事工业和船舶工业的发展之路。容闳担任丁日昌的翻译并参与了建厂、培训人员等工作，也和丁日昌建立了特殊的友谊。江南机器制造总局和福州船政局是国家近代工业起步的地标。从此，容闳出现在洋务运动的舞台上。

正是由于清政府与列强签订了一系列不平等条约，中国沿海和万里长江上才横行着洋商巨大的轮船，中国传统的专门为政府承担漕运任务的沙船业濒临破产。针对通商口岸不少商人购买和租雇洋船而又诡寄在洋商名下的现象，容闳于同治六年五月二十六日（1867年6月27日）最先倡议“联设新轮船公司章程”，经江海关道应宝时转呈曾国藩，曾国藩转至总理衙门。“章程”强调创议人目睹美国旗昌轮船公司（Russell & Co.）垄断长江航运，偏护洋商，对华商贸易“大有窒碍”，所以倡议“设一新轮船公司，俱用中国人合股而成”。这是中国商人筹划组织股份公司最早的一个章程。它在集资办法、公司内部管理、股东地位以及利润分配等方面，大都模仿西方企业的办法。但是总理衙门在审阅这个“章程”时，产生了有洋商或买办参与其事的怀疑，使容闳的倡议无疾而终。

同治九年五月（1870年6月），曾国藩任直隶总督刚两年，天津发生了中国官绅阶层与洋教势力冲突最为激烈的一个事件——“天津教案”。曾国藩身体本来就有病，正在保定“赏假”疗养。但他还是接受了朝廷派遣，作为总办处理教案，湖广总督李鸿章为会办，江苏巡抚丁日昌，总理衙门上行走、署理工部尚书毛昶熙等先后赴天津处理这件事，容闳任翻译。曾国藩有一位文案（秘书）叫陈兰彬（又名均畹，字荔秋）。

但是，“天津教案”的处理一开始就显出了中国的窘境：没有专门的外交人才，列强还陈兵海上进行威胁。事件处理的结果是中国方面有人被处死、革职，并向洋人赔款、致歉。曾国藩“内疚神明，外惭清议”，病情加重，调任两江总督兼南洋通商大臣。李鸿章于同治九年八月十五日（1870 年 9 月 10 日）接任直隶总督兼北洋通商大臣，时年 47 岁。为拱卫京师，他调动淮军进驻津郊布防，修筑大沽炮台，引进德国大炮，扩充天津机械局，扩大军工生产规模。同时又面临着新的问题，即如何解决能源与运输问题。

容闳抓住时机给政府提了四条建议：“组织一纯为华股之合资汽船公司”“选颖秀青年送之出洋留学”“禁止教会干涉人民词讼”“开采矿产以尽地利”。这四条建议比起给洪仁玕提的七条建议，既具有可操作性也是为改变现状的及时跟进措施，更是他对东、西方社会做出深刻体察后探寻救国道路的心路历程。

千回百转，这四条建议逐条得到了落实，尽管第三条建议的落实是到 1945 年抗日战争全面胜利之后。

## 二　四条建议的逐项实施

### （一）容闳的第一条建议是要振兴民族航运业

其实，面对外国航运公司轮船横行于中国内河及沿海的局面，李鸿章和曾国藩曾有过筹议，让江南机器制造总局和福州船政局制造商用船只与已经控制中国沿海贸易的外国运输公司进行竞争。容闳“组织一纯为华股之合资汽船公司”的建议与他们不谋而合。同治十一年（1872 年）7 月，李鸿章奉谕令浙江漕运总办、淞沪沙船巨商朱其昂（字云甫）同他弟弟朱其诏（字翼甫）办理轮船航运，定名为“轮船招商公局”，赁局址于上海县县府所在地——南市永安街，是年 12 月 16 日正式开局。

朱其昂和朱其诏办的轮船招商公局不到半年就亏损严重。李鸿章深虑“资金过少，恐致决裂”，其机要秘书盛宣怀推荐了两位沪上粤商唐廷枢、徐润，重办轮船招商总局。

李鸿章慕唐廷枢熟悉船务之能，于同治十二年（1873 年）6 月委任他为招商总局总办，派朱其昂、徐润、盛宣怀、朱其诏为会办。轮船招商总局开启了洋务企业一个特有的管理模式，即官商合办、官督商办。总办、会办积极入股，仅徐润就先后投资四十八万两银，又招徕各亲友入股不下五六十万两。轮船招商总局 16 艘船的商船队由此正式启航。

轮船招商总局在上海设总局，在国内沿江沿海、日本、新加坡、安南（今越南）、马来西亚共设 19 个分局，生意兴隆，在与外商惨烈的竞争中，旗开得胜，在内海江河中站住了脚。光绪三年正月十四日（1877 年 2 月 26 日），轮船招商总局得到李鸿章和两江总督沈葆桢的批准，成功地收购了在洋商中号称上海航运业领袖的美商旗昌公司，包括船栈码头和位于黄浦滩 9 号的旗昌公司总部的旗昌洋行，声势为之一壮，基础由此坚实，拥有轮船 33 艘。李鸿章奏请将各省官物统归招商局承运，盛宣怀又和英国太古、怡和两洋行订立了闽津与长江的“齐价合同”，避免两败俱伤。通过艰难打拼，他们从横行在中国内河及沿海的外国轮船航运公司手中夺回了部分航运利益，结束了外国人垄断中国船运业的局面，并在国家有事的时候承担起了军事运输任务。以轮船招商总局为标志，洋务在拥有了以“强国”为目标的军工企业的同时，也有了以“富国”为目的的民用企业。

### （二）容闳第二条建议的目标是造就新人

“选颖秀青年送之出洋留学”“造就一种品格高尚之人格，使其将来得有势力，以为他人之领袖耳”“余之教育计划果得实行，借西方文明之学术以改东方之文化，必可使此老大帝国，一变而成少年新中国”，这是容闳科学教育救国的愿望。

同治九年九月十六日（1870 年 10 月 10 日），曾国藩与李鸿章、丁日昌、毛昶熙联衔附奏《奏带陈兰彬至江南办理机器片》，第一次提出派遣官学生出洋留学的建议。同治十年五月初九（1871 年 6 月 26 日），曾国藩、李鸿章向清政府呈报派幼童出洋的留学计划——

> 拟选聪颖幼童送赴泰西（西欧）各国书院学习军政船政步算制造诸学，约计十余年，业成而归。使西人擅长之技，中国皆能谙悉，然

后可以渐图自强。

曾国藩、李鸿章连续五次向朝廷上奏，一次比一次细化：中国向美国派送幼童留学，每年30名，连续4年，共计120名，在美国学习军事和科技，时间为15年。终于，同治十年八月初八（1871年9月9日），同治帝御批“依议钦此”。

洋务运动由此开始从学习机器制造转向人才培养，同治十一年七月初八（1872年8月11日）清晨，中国首次官派的第一批30名少年留学生从上海港启程，乘风破浪，前往美国留学，容闳梦寐以求的“科学教育救国”事业终于掀开了篇章。中国政府第一次以主动的态度去接触大洋那边的天地，先后有120名少年出洋学习“西人擅长之技”，以使国家“渐图自强”，尽管第一次鸦片战争已经过去了32年。于是，这些少年有了一个特殊的称呼——留美幼童。一张照片将容闳为政府提的四项建议中的两项建议永留史册。

在全部留美幼童到达美国的第二年，他们参观了1876年在费城举办的世界博览会，见到了蒸汽机车和各种机器生产的机器。容闳通过康州教育局，把幼童的绘画和文章送去参展以扩大留美教育运动的影响。博览会期间，留美幼童受到了美国总统格兰特将军的接见。

李鸿章和设在美国的中国留学事务局一直对学生们进行严格管理，在第一批幼童赴美学习的第九个年头，外派的120名留学生除去在美国生病早逝和因为违反规矩几次遣返外，在读的是100名。有60多名学生按自己的意愿进入大学，容闳的母校耶鲁大学有23名留美幼童。

也就在这个时期，中美关系发生了变化。1879年2月，在排华运动两年之后，美国国会通过了《排华法案》（The Chinese Exclusion Act），这是美国历史上唯一针对某一族裔的移民排斥法案。排华法案虽然被美国总统海斯否决，但中美关系出现了裂痕。光绪六年十一月十六日（1880年12月17日），光绪帝接到了一个对留学事业指责的奏折，这是江南道监察御史李士彬呈递的。因为顽固派的诋毁，中国留学事务局面临被裁撤的危险。李鸿章极力挽救，一边于光绪七年二月三十日（1881年3月29日）给总理各国事务衙门及恭亲王奕䜣呈上书面报告《论出洋肄业学生分别撤留》，汇报实情；一边于该年四月十九日（5月16日）致电大清国出使美国兼西班牙、秘鲁大臣陈兰彬："择其颖悟纯静，尚未入大书院者二十人，令速赴各处电报馆游历，讲求电学，回国后供差津沪电报线。"他婉转迂回，先带回来20名学生应对顽固派的发难，以保证80名学生完成学业。但是，洋务派领袖奕䜣首先向顽固派妥协，不顾国际关系中正常往来的程序，不顾自己亲自发起的洋务运动没有专业人才的窘境，拒绝了李鸿章的建议，而且办事效率极高，于该年五月十二日（6月8日）上奏，以陈兰彬的意见为主，说李鸿章先调20名学生回来"是亦不撤之意"，表明了自己的态度"将出洋学生一律调回"。光绪帝接到奏折，跟当初同治帝同意派遣留学生一样，批了四个字"依议钦此"。

中国政府的首次外派留学生计划戛然而止，有94人分三批回国，他们中只有第一批出洋的詹天佑和欧阳庚完成了耶鲁大学的学业。

### （三）容闳第三条建议的核心意义是国家主权不可丧失

"禁止教会干涉人民词讼"，说到底是要停止外国势力在中国大地上的为所欲为。容闳在上海时看到列强利用太平天国和小刀会的内乱，将中国海关权利瓜分；看到租界面积一步步扩大，最后中国政府失去了对这片土地的管理权，形成了租界所在国的"治外法权"，甚至中国人在租界里难以得到本国法律的保护。所以，容闳这条建议的实施必须以国家强盛为基础。

第一次世界大战爆发后，中国先后收回了德、奥、俄三国在天津、汉口两地的五个租界，成为中国收回租界的开端。上海总商会抓住良机，决定从保护租界里华商合法利益做起，进而达到司法平等。

1916年，上海总商会会长朱葆三，会董虞洽卿、劳敬修、宋汉章、唐元湛（第二批出国）到上海会审公廨和外国驻沪领事馆直接进行交涉，要求"遇有商业上的起诉，是否体面华商，是否入会，先行函询敝会"。经过总商会的多次交涉磋商，驻沪领事做出了有限的让步。

上海总商会写了一份"改良公共租界会审公廨"的调查报告，在常务会董会议上通过，分呈民国政府外交部和司法部。报告请求政府将丧失了的司法权力收回，以从根本上改良现状。上海总商会的这一举措得到了社会各界70多个团体的支持和响应，联名向外交部、司法部呈送报告，呼吁国家重视司法自主，竭力主张收回租界内司法主权。

上海特别市成立的第二年，1928年1月1日，中国政府收回了公共租界里的会审公廨，随后改组为临时法院。这一年华董进入公共租界工部局董事会，开始参与租界管理。

中国政府大面积地收回各地租界是在反侵略的抗日战争中，1946年12月26日中国政府外交部部长王世杰与法国驻华大使梅里霭（Meyrier, Jacques）在重庆签署的《中法新约》，是最后一个取消外国人在中国特权的条约，主要内容是取消《辛丑条约》以来法国在华的一切特权。容闳的第三条建议从提出到完成用了76年时间。

## （四）容闳的第四条建议是为国家工业化进程提供能源保证

“开采矿产以尽地利”，这条建议很快付诸实践。光绪二年（1876年），唐廷枢受李鸿章派遣，到直隶省滦州筹办开平矿务局，自行生产煤炭，成为开平矿务局第一任总办，徐润为会办，郑观应投资入股。

开平矿务局虽然不是我国最早的煤矿，但它一开局起点就高，招募商股，以官督商办的方式经营和管理。唐廷枢的哥哥唐廷桂虽然是怡和洋行总买办，但为了民族工业四处奔走，几年内为开平矿务局筹集了100万两白银，解决了资金问题，进而购买机器用洋法采煤，发展很快。十几年后成了技术先进、产业庞大、带有“托拉斯”性质的企业。开平矿务局的大楼设在天津海大道（后改为大沽路），是一座欧洲风格的建筑，高大美观。

和其他洋务企业一样，开平矿务局开始也得聘请洋人做技师。李鸿章求才若渴，指示在美国的容闳等人：“中国所亟宜讲求者，煤铁五金之矿，未得洋法，则地宝不出”“如出洋学生年有颖异可造之才，望送入矿务学堂”。容闳非常理解，一部分进大学的学生专修矿冶专业。

开平矿务局出现了中国第一条自建铁路，长度为9.7公里的唐山至胥各庄的铁路。出现了中国第一台蒸汽机车，取名为“中国火箭”（The Rocket of China）。

## 三　第二条建议是其他建议实施的保证

1881 年，留美幼童回国后以分配的去向继续学习。有 41 人进了海军，其中 16 人到福州船政学堂，25 人在天津北洋的各军事学堂。21 名电报生在天津北洋电报学堂学习。8 个留学生在北洋医馆学西医，将成为中国近代第一批有西方医学知识的军医。7 个人在唐山路矿学堂学习，一年后去了天津北面的开平矿务局。有几名学生去了上海，分别到兵工厂、江南机器制造总局、上海机器织布局。4 人在天津机器局听差。有四五名学习法律、海关、税收、外交方面的课程。蔡绍基做天津道台的助理翻译，梁敦彦在北洋电报学堂教基础英语，钟文耀和黄开甲被上海道留用，派往水利局做翻译，他们四位都是第一批出国的。

留美幼童经历了两次战争：1884 年的中法战争和 1894 年的中日甲午战争。经历了两个特殊的历史时期：1900 年庚子事变及之后的清政府新政，1911 年辛亥革命及中华民国。他们是中国在矿业、海关、电报、铁路、外交、高等教育等方面的第一批专门人才，在一个个阶段性的目标实现过程中，社会也发生着变化。

### （一）矿业

到开平矿务局的留美幼童很快就能独立工作了，是中国第一批矿冶工程师。后来，他们又兵分几路，主持开发了从东北、华北到甘肃的北方各省及南方若干省份的矿产宝藏。

吴仰曾（第一批出国）在开平矿务局工作四年后经李鸿章安排，又赴英国伦敦“皇家矿冶学院”学习，1890 年毕业，先后在墨西哥、瑞典和西班牙从事矿冶工作。学成归来担任过热河银矿总工程师，负责过江苏地区煤矿及铜矿的建设，勘察了浙江省的矿产，又奉命去湖北大冶勘察银矿。在庚子事变的前一年，回到开平，成为矿务局的帮办（副局长）兼主任验矿师。

邝荣光（第一批出国）先后任唐山开平矿务局、黑龙江、山东招远、山西临城、湖南湘潭等地煤矿的总工程师或总办。他在繁重工作的同时还进行科研，对华北地区地质矿产做了大量调查，1910 年绘制了《直隶地质图》《直隶矿产图》《直隶石层古迹（化石）图》，先后登载于《地学杂志》。《直隶石层古迹（化石）图》被认为是中国第一幅古生物图，对古生物特征描绘得相当准确，几乎可以鉴定到属。这些宝贵的地质和矿产资料对中国地质学、冶金及古生物研究有着重要贡献。

庚子之难时，面对凶狠的侵略者，吴仰曾主动组织“自卫队”保护矿产。俄军将领几次派兵企图进占唐山矿区，但都没有达到目的。邝荣光和吴仰曾携手共进，使开平煤矿生产不辍，天津燃煤供应不断。他们用生命坚守，在开平矿务局第二任督办张翼出卖了主权的情况下，最大限度地保护了国家的能源基地。

### （二）铁路、船运及实业

中国修筑铁路是以借款筑路开始的，工程师也是外国人，邝景扬（第三批出国）、詹天佑、罗国瑞（第一批出国）是最早从事铁路工作的。光绪十九年（1893 年），詹天佑在津榆铁路滦河铁路大桥创造性地工作，使大桥顺利建成，成为中国第一个英国土木工程学会会员。光绪二十一年十月（1895 年 12 月），清政府确定修建芦沟至天津铁路，詹天佑奉命率队测量、修建这段铁路。第二年，詹天佑和邝景扬升职为工程师。光绪二十四年（1898 年）罗国瑞在粤汉铁路的踏勘中展示了出色的能力。之后，又勘测芦汉铁路。

梁如浩（第三批出国）是最早的铁路高层管理者——铁路公司运输处处长。庚子之乱之后议和局面初定，关内外铁路督办袁世凯和胡燏棻命令梁如浩主持接收事务，詹天佑从萍（乡）醴（陵）铁路急调奉天，参加接收，在汉冶萍铁路公司工作的罗国瑞接手詹天佑的工作，任工程师。关内外铁路收回来后，詹天佑组织人员修复了被损坏的桥梁和铁路设施，恢复通车。第二年新易铁路在预定的日期内全线通车。梁如浩是总办，詹天佑是总工程师。

关内外铁路总办梁如浩体恤民情，因地制宜，首开对闯关东农民的季节性运输列车，规定在每年的农忙季节，对农民只收二元五角墨银的车费（合美金 1.5 元），方便了大批农民，也使铁路增加了运输量。如此多方拓展，关内外铁路扭亏为盈。

萍醴铁路于1903年8月竣工通车。为实现萍乡煤矿的煤直达汉口的目的，遂又将醴陵一端铁路延伸至渌江边码头阳三石，罗国瑞依然是主要设计人员和工程师。铁路东起萍乡县城南，西至醴陵阳三石，全长40公里，称为“萍潭铁路”。萍潭铁路建成通车后，他担任铁路审查委员。

光绪三十一年（1905年），唐绍仪（第三批出国）在处理西藏问题的同时又担任了沪宁、京汉铁路督办。钟文耀结束了外交官的生涯，代表铁路督办唐绍仪驻沪负责沪宁铁路工程。光绪三十二年九月十九日（1906年11月5日），谕令：“轮船、铁路、电线、邮政应设专司，着名为邮传部。”唐绍仪为邮传部左侍郎兼署外务部右侍郎。光绪三十四年三月（1908年4月），借款修造的沪宁铁路通车，钟文耀任沪宁铁路总办。和沪宁铁路接轨的是沪杭甬铁路，由浙江、江苏两省商民组成的商办铁路公司分别修建，罗国瑞任总工程师，汉阳钢铁厂供应钢轨。

宣统元年八月十九日（1909年10月2日），从北京到张家口的铁路举行盛大的通车典礼，詹天佑任京张铁路总办兼总工程师。这条201公里的铁路比沪宁铁路进步的是没有借外债，用的是关内外铁路的盈利；没有用洋人技师，各工种负责人全部是自己的工程师（有财务管理权的工程师）。在四年多的建设中，从事铁路、矿务和电报方面的留美同学给予詹天佑帮助和支持。从京张铁路起，中国人开始自主修建铁路，有了自己的铁路管理运行体系。在关内外铁路拓展为京奉铁路的过程中，先后有20多名留美幼童在这条铁路线工作，并成长为管理者。邝贤俦（第三批出国）就是从京奉铁路去粤汉、正太、京张等铁路线任职的。

航运方面，周长龄（第三批出国）担任过天津轮船招商局总办，钟文耀担任过上海轮船招商局总办。

唐荣俊（第四批出国）在湖广总督兼署两江总督张之洞支持下，于光绪二十二年（1896年）10月开辟了一条水上船舶运输线——楚江至唐康浦，并借助唐家的航运优势，新组建了一家以汽轮机船为动力的内河运输公司。不到一年，他又接替父亲唐廷桂成为上海广肇会馆总董及怡和洋行总买办，历时五年，主持完成了上海商办闸北水电公司水厂建设。厂址设在高昌庙（半淞园路592号），占地40亩，水源取自黄浦江，于光绪二十八年八月（1902 年 9 月）正式建成出水。这是继公共租界、法租界之后华界的自来水厂。

闸北水电公司水厂以自己的供水系统，将经过五道程序处理的清洁饮用水送进千家万户，华界居民终于告别了到河浜挑水的历史，吃到了清洁干净的自来水。上海的公共卫生事业向前迈进了一大步，这个城市也向现代化迈进了一大步。

## （三）电报

留美幼童回国的当年，中国自主架设的第一条从天津到上海的电报线路开通使用。电报生结束了一年的学习，立即投入新线建设，承担了从勘测架线到竣工使用后巡视维修的全部工作，包括南洋北洋的军用电报线。御史陈启泰上疏献防海六策，第一条就说："洋面既派兵轮分驻，即不可不设电线以通消息"。

光绪十年（1884 年）春，津沪电报总局从天津迁到上海，更名为"中国电报总局"，盛宣怀任总办。中法战争时幸亏电报线路及时建成，扭转了战局。广东铺设了从广州到琼州的电报线，并在琼州海峡投下海底电缆，在海南设电报局。广东有两条省内电报线，还有通到沪、浙、闽的电报线。方伯樑（第二批出国）在苏州电报局工作了两年，来到天涯海角，任职于海南电报局，并担起了教习的工作。

三年的时间里，中国电报总局以上海为中心在南方形成了自己的电报网络，加强了海防建设，扩大了经营范围，有效地抵制了洋商电报局的扩张。上海通向京、苏、浙、闽、粤、鄂、川等地的电报线相继建成并开通使用，"沿海电线，其权悉操于中国之手"。到光绪十五年（1889 年），全国除陕西、甘肃、湖南、新疆、西藏这几个地方，各省都有了通往京城的电报线。

光绪十九年（1893 年），中国电报线在东北与俄国电报线相连，从此国内外电讯畅通。而以前往来于国内外的电报均由各通商口岸的外国电报系统代转。程大业（第三批出国）为这条电报线路一路北上，历尽艰辛。1900 年庚子之乱，电报线在"晋、豫、直隶、山东省境内荡然无一之遗"，中国电报总局派出电报管理人员，在保证北京和西安的电报线路畅通的同时，又组织力量依次修复了京师至保定、京师至天津、天津至德州的电报线路，最后修复了所有被破坏的线路。

在此期间唐元湛是中国电报总局上海电政局总管，朱宝奎（第三批出国）任上海电报局总办。其他电报生陆续出任省一级的电报局总办，中国电报业全方位地向国际水平看齐。

周万鹏（第三批出国）于光绪三十三年三月十六日（1907 年 4 月 29 日）任邮传部上海电政局总办，九月由中国政府经营的第一个电话局开业，挂牌为“上海电话局”。周万鹏对电信设备进行更新，同时限制外商、创建自己的无线电台。虽然这个无线电报局只服务于公共事业，但它标志着中国电信业有了“质”的飞跃，从有线迈向了无线。

中国电信业的另一个巨大进步是在国际上有了话语权，周万鹏代表中国政府去葡萄牙首都里斯本参加了“万国电报公约”大会，成为中国参加国际电联活动第一人。连当时的西方人都这样评价：“他们所获得的知识使中国开展了现代通信，并因此可以说电报系统摆脱了外国的政治干预。”

### （四）新政的社会环境

庚子事变后，中国政府要从八国联军手中接收天津，直隶总督兼北洋大臣袁世凯向朝廷上疏，推荐唐绍仪任津海关道。唐绍仪从财政专业入手，督察税务、清理金融，在天津建立了新式财政税收制度，以统一的标准和外国人进行平等交往。

为卫戍首都，袁世凯从新军中挑选了 3000 名士兵，交给了部下赵秉钧，又从海军调来了曹嘉祥（第三批出国），成立“北洋警政”，担负起了军事戒备任务。曹嘉祥任天津巡警道兼局长，成为天津警察署创办人之一。他翻译了大量的外国文献，借鉴国外先进的警察制度，第一次将“服务”的理念引入国家机器建设中。天津被公认是“世界上拥有最好的警察制度的城市”。

光绪二十八年正月十五日（1902 年 2 月 22 日），上海各业董事 70 多人聚议，宣告“上海商业会议公所”成立。唐荣俊是五位总董之一，唐元湛身列 28 名议董之中。新成立的商业组织，在生意中与外国商会平等交往，同时也担负起了监督上海及附近地区与中国商人、银行业者利益有关的全部事务，使中国商人的政治地位发生了根本性的变化，“总期官商一体，尊卑相顾”。

黄开甲任 1904 年 4 月美国圣路易斯第四届世博会中国馆副监督，除了商业往来，优美动听的中国歌曲《茉莉花》在国外首次唱响，倾倒无数洋人。

唐绍仪于光绪三十一年（1905 年）以清政府议藏约全权大臣身份，开始了与英国两年之久的交涉谈判。他两次赴印度与英国首席代表克其那爵士（Lord Kitchener）谈判，推翻了图谋将西藏置于英国保护下的《拉萨条约》。光绪三十二年正月十七日（1906 年 2 月 10 日）唐绍仪出任外务部右侍郎，4 月全权代表清政府和英国签署了《中英续订藏印条约》，使英国确认中国对西藏地方的领土主权。

光绪三十二年四月十六日（1906 年 5 月 9 日），清政府设立税务处专管海关，当唐绍仪担任会办税务大臣后宣称：“此次奉命办理海关税务，实为收回税权之一大关键，且海关为中国海关，聘用洋员自应归中国节制。今虽时事艰难，无所措手，亦当力任其难。”面对唐绍仪，担任大清国第二任全国海关总税务司达 48 年之久的赫德预感到了自己的结局，一声长叹，按照唐绍仪的要求，保荐了 3 名华员供事，之后又提升了 10 名华员为帮办，并亲笔写了推荐信，推荐唐绍仪的留美同学丁崇吉（第二批出国）为江海关代理副税务司。最后，在办公室留下一张字条，自己离开了中国。他插手中国的政治、外交、军事、经济等事务近半个世纪。唐绍仪用近一年的时间收回了海关钥匙，同时在上海办税务专门学校，快速培养自己的税务人才，打破了洋员垄断海关高层的局面。第二年唐绍仪又履新职，成为首位奉天巡抚。他是留美生中第一个出任清政府省区巡抚和尚书级要职的人，也是留学生出身的官员在晚清中央机构中具有影响力和谋划地位的人。

宣统二年（1910 年），清政府在南京举办商品博览会——南洋劝业会。钟文耀以铁路向世人宣传中国的进步，组织人员勘测设计、施工，专门从沪宁铁路正线引出一条支线进入劝业会会场。人们花十个铜板就可以坐上火车环游会场一周，同时也方便了展品运送。因为美国首先发起禁烟并支持中国禁烟，同时还率先执行退还多算的庚子赔款，所以，当美国代表团临近日本时，中国政府派出上海道台唐元湛前去迎接，并承诺美国代表团坐车免费。

### （五）教育

容闳四条建议实现的基础是国富民强，而国富民强的基础是科学和教育。在中国工业化进程中，留美幼童有的受政府委派创办大学，也有的以董事会的方式联合社会力量办学。100多年过去了，这些大学依然屹立于神州大地。

光绪二十五年十一月四日（1899年12月6日）袁世凯被授“署山东巡抚”，唐绍仪以道员随往山东，办理外交和商务，同时受袁世凯之命任总办建学堂，负责选址、聘师、招生、开设课程等事宜。第二年10月，在济南泺源书院门口挂出了校牌“山东大学堂”。这是山东的第一个洋学堂（山东大学前身）。

蔡绍基于光绪十九年（1893年）从朝鲜回国后任北洋洋务总办，为直隶总督兼北洋大臣李鸿章管理外交事宜，参与了天津中西学堂最初的建设。光绪二十九年三月（1903年4月27日），天津中西学堂改为北洋大学（今天津大学），蔡绍基先为帮办，后为首任总办（校长）。这是中国第一所工科大学，蔡绍基是留美幼童中出现的第一位大学校长。之后，唐绍仪、梁敦彦、梁如浩先后执掌过北洋大学。他们实行教改，派遣优秀学生出国，颇多建树，北洋大学被誉为“东方的康奈尔”。

光绪三十一年四月（1905年5月），直隶总督兼北洋大臣袁世凯饬令恢复北洋铁路官学堂，兴办路矿两科，定名为“唐山路矿学堂”。梁如浩、周长龄之前相继担任路局总办兼学堂监督。方伯樑7月从广东北上，主持建校、招生、聘员、管理诸多事务。第二年秋季，他在香港、上海和天津等地招来学生120名，正式开学。唐山路矿学堂是中国第一所培养土木工程学科专门人才的铁路学堂，后来发展为唐山铁道学院，今西南交通大学。

在上海，从震旦学院到复旦公学再到复旦大学，唐元湛一直是校董之一，还担任过一段时间的复旦大学代理校长。同样，有德国文化背景的同济大学也是以学校董事会的方式办学，唐元湛和唐绍仪都是校董。这是一种崭新的办学形式，由官方支持、社会贤达组成董事会进行投资创办的新式学校。唐元湛长期任寰球中国学生会副会长，帮助很多学生出国留学，被称为“学生们的导师”（Father of Students）。

留美幼童也为恢复官派留学做着具体工作。1907年9月，两江总督兼南洋大臣端方命温秉忠（第二批出国）和其妻倪桂姝（倪秀珍）一同护送官派的10个男孩、6个女孩去美国留学，学习期限是5~6年。这是中国政府第一次派女孩出国留学，计划她们学成后服务于中国的教育部门；而男孩大多准备进耶鲁或者康奈尔大学，学习工程和外交。利用这一机会，温秉忠把两个外甥女带到美国留学，她们是14岁的宋庆龄和9岁的宋美龄。

中国重启官派留学工作是为了实施“庚款留学计划”。参与并最后完成这个工作的留学幼童有：大清国出使美国大臣梁诚（原名梁丕旭，第四批出国）；兼署外务部右侍郎唐绍仪；新任外务部会办大臣兼尚书梁敦彦；主持游美学务处日常工作的唐国安（第二批出国）；为留学生办出国手续、安排线路的是外务部“驻沪文采办委员”唐元湛；清政府设在美国华盛顿的“游美学生监督处”监督容揆（第二批出国）。根据中美两国“庚款留学计划”的协议，中国政府从1909年起，逐年遣派留学生赴美学习，到1940年结束。

唐国安接受了护送第一批庚款留学生出洋的工作，来到他曾经留学的地方，定居美国的容闳感叹：“自中日、日俄两次战争，中国学生陆续至美留学者，已达数百人。是1870年曾文正所植桃李，虽经蹂躏，不啻阅二十五年而枯株复生也。”

美国是第一个退还多算庚款的国家，而且同意这部分庚款的基金管理权全操诸中国人士手中。在之后的时间里，法国、英国、意大利、比利时、俄国、日本等国也都以不同的方式退还多算部分庚款，作为中国留学生的留学费用。第一次世界大战后德国、奥地利两国战败，中国停止了对这两个国家的支付赔款。

对出洋学生做留学前培训的“游美肄业馆”经过建设，成为庚款留学生赴美前的预备学校——清华学堂，民国后称为清华学校。唐国安在清华学校建设、教务管理上功绩卓著，被称赞为“无疑从事容闳教育计划之复活和延续”，为日后发展为清华大学打下了坚实的基础。

## 四 学生延续着导师的理想

容闳在他的自传《西学东渐记》（*My Life in China and America*）中把自己最主要的事业定位在促成了幼童留学。“所幸者，首批幼童中，有二三子坚忍不拔，勤奋精进，卒成经世之才，因其呼号援引，始得使中国学生复能万里来航研讨西学。中国之强，或在兹乎！”他一生都为“造新中国”而奋斗，甲午战争后回国向湖广总督张之洞再次提出自己的富国计划：“把你们所有的学校和大学，统统向全国的女孩子开放，让她们同男孩子一样受到教育”“俾长大后能与外国竞争”。并说，“中国如果想强大，就要把强大的根基打在尚在母亲腹中的未来的儿子和女儿身上”。容闳还接受了张之洞给他的另一个任务，规划铁路大通道。他首先表明了与列强争夺铁路建筑权的观点，拟《创办银行章程》《续拟银行条款》，在《铁路条陈》六条中规划了一个覆盖全国的铁路网。后来，容闳又参加了维新变法运动，建议是开设国会、代表民意。维新变法运动失败，容闳遭到清政府“撤差”并通缉。庚子事变的消息传到上海后，维新派人士为挽救时局，组织“中国议会”，又称“中国国会”（Deliberative Association of China），容闳和严复被选举为正、副会长。容闳被迫再次离开祖国，但欣喜的是他看见学生实现了自己的愿望。

宣统三年八月十九日（1911 年 10 月 10 日）湖北新军打响了武昌起义第一枪，辛亥革命爆发。“南北议和”时唐绍仪是北方的全权代表，不仅他全力推进共和，在清廷要害部门如外交、电报、铁路、海军的留美幼童也是心驰神往，通力协作，自觉地创造有利的社会环境，在自己的岗位上为推进民主共和助力。国家没有经过大规模的战争而进入共和体制，刚建起来的工业基础得到了完整的保护。他们是：外务部大臣梁敦彦；邮传部电政总局总办兼上海电报局总办唐元湛；沪宁铁路管理局总办、上海轮船招商局总办钟文耀；粤汉铁路公司总经理兼总工程师詹天佑、副总经理黄仲良（第一批出国）；大清国出使英国大臣刘玉麟（第四批出国）；大清国出使德国大臣梁诚；驻南京舰艇队队长宋文翙（第二批出国）；署理巡洋舰队统领吴应科（第二批出国）；吴淞口炮台司令吴其藻（第四批出国）；

海军军官、袁世凯的英文秘书蔡廷干（第二批出国）；海军军官、唐绍仪的顾问容尚谦（第一批出国）；还有一位叫容耀垣（字星桥，第三批出国），是容闳的堂弟，直接参加了革命。

辛亥革命，宣告了大清王朝的结束，宣告了封建制度在中国的结束。唐绍仪成为民国第一任国务总理。1912 年 6 月 15 日，袁世凯公然破坏《中华民国临时约法》中关于总统颁布命令须经内阁副署的规定，和唐绍仪在是否“守法”这个关系到民主政治的问题上产生了冲突。于是，唐绍仪以辞职来抗议袁世凯的不守法，第二天弃官离京回上海。

民国成立后，不少留美幼童依然在重要岗位，国家的工业得到了进一步发展。唐元湛任中华民国南京临时政府电报总局局长，他革故鼎新，使中国的无线电有了正式呼号范围“XNA—XSZ”，这个呼号范围是国际无线电报公会规定的。上海、北京、天津、南京等大城市相继建设无线电报局，备有远程收报处，以期国内外直接用无线电传递消息。

唐元湛的另一个贡献是提升了国家电信的装备水平。从上海电报局开始，用打字机抄收电报。还有，将上海电讯方面的各学塾、学堂合并为电报学校，设在爱文义路（今北京西路成都路西），特派考核科科长对学校做日常管理。学校参照国际电讯业的最新水平和发展趋势，扩大了规模，优化了科目，踏上了一个新台阶。

1912 年，津浦（天津至江苏浦口）铁路全线通车，全长 1009 公里，成为沟通华北与长江下游的南北交通大动脉。这段铁路是光绪三十四年（1908 年）清政府与英、德资本集团签订借款合同后兴建的，同时在北京设立津浦铁路总公所，曾去朝鲜办税务的林沛泉（第三批出国）回国后在京奉铁路任车务处处长，又做津浦铁路财务主管。曾笃恭（第一批出国）从事北段总局的行政工作，罗国瑞任南段铁路总办。通车后津浦北段铁路局升格为津浦铁路局，曾笃恭任津浦铁路局管理部门的秘书及株（州）萍（乡）铁路局局长。黄仲良辗转多地铁路任管理者，于 1913 年任津浦铁路车务总管，两年后升任为津浦铁路局局长。

1913 年 6 月，詹天佑任民国政府交通部首任技监，主持全国铁路技术工作，在学术上做出了巨大贡献。他出版了中国第一套铁路工程图图册《京张铁路工程纪略》，编纂工具书《新编华英工学字汇》，还主持

“中华工程师会”，刊行会报，出版书籍，自己每年出资 100 银元，奖励两名优秀论文作者，以团结全国工程技术人员、推动中国科学事业发展。

黄耀昌（第四批出国）回国后分配到上海机器织布局。1909 年在上海任轮船招商总局董事，后任京汉铁路汉口路局副局长，1914 年任京汉铁路局副局长。

当袁世凯独裁的意图显露出来后，孙中山于 1913 年 7 月 12 日发动“二次革命”武力讨伐，唐元湛像参加辛亥革命一样积极参加。“二次革命”失败后唐元湛被北洋政府撤职。他又以实业来救国，成为第一代民营银行家。在此期间袁长坤（第三批出国）任上海电报局局长，之后湖北省电报局局长陶廷赓（第三批出国）调往上海，于 1915 年 10 月任上海电报局局长之职。袁长坤、陶廷赓及大部分电报生都终身服务于中国电报界。

“二次革命”失败后孙中山、黄兴亡命日本，詹天佑继任汉粤川铁路督办，他坚持不懈，继续筑路，1918 年 9 月 16 日，汉粤铁路中武昌到长沙的一段建成通车。

罗国瑞也担任过交通部技正、技监等职务。1914 年，交通部设立路电材料研究会，他任技监及会长。同年，钟文耀受交通部派遣，接收江苏、浙江两省的商办铁路为国有铁路。这是一根最敏感的神经，钟文耀有理有节，一段段地收回，将两省的商办铁路合并为沪宁—沪杭甬铁路，本人也被交通部委任为第一任沪宁—沪杭甬铁路管理局局长。

1917 年 5 月，周万鹏再一次担任上海电报局局长。这一年交通部又一次在管理上进行变动，撤销了各区的电政管理局。周万鹏作为一等电报局局长，兼理江苏电政监督，管辖江苏境内的 54 个电报局、5 个电话局和所有电报干线、支线的线路工程。蔡元培评价他：“周旋樽俎，折冲外攘。清廉峻洁，不媚于上。”

1919 年，寰球中国学生会衔接了又一个留学大潮——赴法勤工俭学。3 月 15 日，第一批赴法勤工俭学的学生从上海启程。之前，副会长唐元湛一如既往，为学生们办理手续，提供帮助。寰球中国学生会组织了由中外来宾 300 多人出席的欢送会，特地来沪送别湖南籍留学生的毛泽东出现在欢送会上。此后，赴法勤工俭学形成高潮，他们中产生了早期的中国共产党人。

唐绍仪于1920年担任了一年寰球中国学生会会长，钟文耀任副会长。

俄国十月革命之后国内形势出现了混乱，1919年3月5日，美、英、法、意、日、俄和中国，在海参崴召开协约国共同监管西伯利亚铁路和中东铁路特别委员会成立大会，把贯穿中国东北三省的中东铁路也包括在其中。北洋政府表示反对，几经交涉无效。交通总长曹汝霖知道詹天佑长期超负荷工作，身体情况很不好，但他还是要求詹天佑出席会议，并寄予最后的希望，说："现在东三省铁路中国要争回管理，非有曾经当过工程师并须有外国所认为有本事经验之人前往，方免外国推辞不允。无论如何，请前往一行。"詹天佑就这样在春寒料峭之中抱病前往哈尔滨，踏上了为国家维护权益之路。中国政府指派驻俄公使刘镜人为中方监管会委员，詹天佑以交通部技监和汉粤川铁路督办的身份任监管西伯利亚铁路和中东铁路特别委员会技术部的中国代表。

詹天佑在会议上被推举担任考察车务工作，以他具有国际声望的铁路工程专家身份，争取中东铁路在中国领土内的管理权和护路权。在刺骨的寒风中，詹天佑奔波于哈尔滨和海参崴之间。面对列强的傲慢无礼，他极力维护国家主权，"与各国代表多所折冲"，心中总是愤懑不平，以致病情加重，不得不请假回武汉治疗。詹天佑住院仅10天，于1919年4月24日去世，离他59岁生日只差两天。他留下了三点遗言：一是请求交通部继续对中华工程师会加以扶植，"振奋而发扬之"；二是慎选通才，去接替他在中东铁路的职务，维护国家的权益；三是速定计划，抓紧汉粤川铁路的建设。始终言不及私，鞠躬尽瘁，死而后已。他工作过的地方均进行公祭哀悼。詹天佑被誉为"中国铁路之父"。

邝景扬是中华工程师会副会长、美国工程师学会会员，继詹天佑之后主持中华工程师会。

在上海，唐元湛也在为一项主权的收回做艰难的工作，就是对黄浦江、苏州河河道疏浚之事，"此事关乎权利，不可放弃"。之前，浚浦局是由外国人把持的。上海总商会决定，中国人要打进去，要求浚浦局增设"浚浦顾问局"，疏浚河道要共同协商制定。经过一番斗争，浚浦顾问局成立，由六人组成，其中五人是在上海进出口吨位数前五位的五个国家代表，总商会派唐元湛进入浚浦顾问局，代表中国一方参与黄浦江、苏州河河道疏浚各项事务。唐元湛具备和其他五国代表沟通的能力，懂得河海工程以及机械工程，又能够坚决维护本国利益。由于他在浚浦顾问局的工作，华界首先掌握了新闸桥以西到梵皇渡铁路桥这一段苏州河的治理工程主权，并为组建“吴淞江水利协会”、将来完全掌握苏州河修浚权利做组织准备。

1921 年 11 月 7 日，同时担任中国红十字会理事长的唐元湛在中国红十字会“上海总办事处筹措赈灾，创举救疫，心力交瘁”，“忽中风，头痛不省人事”，第三天殉职。中国红十字会常议会特开紧急会议推举上海银行行长庄箓（字得之）继任理事长。唐元湛逝世的第三天，上海总商会召开会董常务会，通过了一项特别决议，推举罗国瑞代表总商会出任浚浦局顾问，接替唐元湛生前的工作。罗国瑞是久负盛名的铁路工程师，并不从商，但是鉴于在英美人士中的影响，上海总商会任命他为浚浦局顾问，依照有关章程聘他为特别会员。

1924 年 1 月，“吴淞江水利协会”成立，标志着中国人民收回了苏州河的疏浚主权。从唐元湛打入浚浦顾问局开始，华商同洋商斗争长达 12 年，唐元湛在这特殊的环境中工作了 9 年，直到生命的最后一天。罗国瑞积劳成疾，于 1924 年 2 月去世。“吴淞江水利协会”成立的第二年，上半年完成了新闸桥以东河段的疏浚工程招标事宜，并请吴淞江水利工程局主持监督，下半年开始用机船挖浚，两年疏浚河道长达 3 公里。

## 五　结语

容闳和留美幼童，跨越了一个时代。国家工业从无到有进入蒸汽时代，社会制度从封建专制走向民主共和。即使在今天，我们依然可以从容闳的奋斗过程、他的四条建议落实情况及留美幼童的工作中看到中国工业发展的轨迹，看到国家如何自强自立融入世界大势。所以，容闳不仅是“留学生之父”，也是最早把西方工业革命理念带入中国并进行实践的人。留美幼童因为学习了西方的先进思想和技术，光大了容闳的事业，以科学和教育构筑了中国最早的工业框架。

## 参考文献

苗秩林主编《中国铁路运输》，中国铁道出版社，1994。

《中国铁路通信史》，中国铁道出版社，1999。

《上海邮电志》，上海社会科学院出版社，1999。

《上海地方史资料》，上海社会科学院出版社。

〔美〕勒法吉（Thomas Lafargue）：《中国幼童留美史》，高宗鲁译注，珠海出版社，2006。

詹同济译著《詹天佑日记书信选集》，珠海出版社，2008。

钱钢、胡劲草：《大清留美幼童记》，当代中国出版社，2010。

苏全有：《清末邮传部研究》，中华书局，2005。

钱实甫：《清季重要职官年表》，中华书局，1977。

钱实甫：《清季新设职官年表》，中华书局，1977。

# Rong Hong's Thought & Proposition and Its Practical Course on the Revitalization of the Country

*Deng Jie*

**Abstract**: During the Westernization Movement, Rong Hong put forward four suggestions to the government. Two of them were about national transport and industry, which were carried out immediately; another one was related to sovereignty, which had been implemented for 76 years; the second one was the most important, "Choosing excellent young people to send abroad to study", therefore, in modern China, there was a special group of "young children studying in America", which was compatible with Chinese and Western cultures. They engaged in pioneering work in mining, customs, telegrams, railways, diplomacy, higher education and other departments, when it was an important historical stage of the national industry growing from scratch and the social system entering the democratic & republic from feudal autocracy. The group of young children studying in America, as a result of the advice and efforts of

Rong Hong, is also the realizer of his ideals, complementary to each other. So, Rong Hong was the first person to bring the idea of industrial revolution into China and to practice, and his students continued to practice and build an early industrial framework in China.

**Keywords**: Rong Hong; the Westernization Movement; Four Suggestions; Young Child Sending Abroad; Student Abroad of Boxer Indemnity; the Revolution of 1911; Democratic & Republic

# 马哈蒂尔政府对外经济关系走势刍议

张　屹[*]

【摘要】东南亚经济发生波动，域内五个重要国家在2018年的国内生产总值增幅仅为4.8%，三年来首次环比下降。2018年5月马来西亚大选以来，新政府已经持续表达了对CPTPP的关切，并呼吁就该协议可能对马产生的影响进行审议。马哈蒂尔新政府参与地区经济的可能动向受其个人行动方式的影响，承接其20世纪任期内的激进风格，其参与CPTPP、RCEP及中国"一带一路"等国际机制带有谨慎态度，外交策略上现实主义色彩浓重。

【关键词】马来西亚　马哈蒂尔　CPTPP　贸易摩擦　"一带一路"

《全面与进步跨太平洋伙伴关系协定》（CPTPP）涵盖日本、澳大利亚、加拿大、新加坡、文莱、马来西亚、越南、新西兰、智利、墨西哥和秘鲁共11个国家。11国GDP总和在2018年接近10.2万亿美元，占到全球GDP总和的13.5%；人口约为4.95亿，占全球总人口的6.8%；贸易总额4.8万亿美元，约占全球贸易额的15.3%。一些域内发展中国家愿意拥抱这一[①]政治红利，也有一些发展中国家立场审慎。马来西亚政府虽然在该协议上签字，然而国内立法机构尚未批准通过，其背后有多重利益考量。美国退出TPP之后，日本一手操办重组CPTPP，已有日本、新加坡、墨西哥、加拿

* 张屹，中国国际问题研究院亚太研究所助理研究员，主要研究方向为非传统安全问题、全球治理、国际人权与人道法等。

① 袁波：《CPTPP的主要特点、影响及对策建议》，《国际经济合作》2018年第12期。

大、澳大利亚、新西兰与越南的国内立法机构批准加入该协议，马来西亚至今尚未完成通过，马政府声称需要评估该协议对马是否有利。可见，关涉重大利益，一向亲日的马哈蒂尔也不愿给日本一个面子。

新加坡东南亚研究所以及澳大利亚罗伊研究所等智库分析认为，马哈蒂尔新政府参与地区经济的可能动向受其个人行动方式的影响，承接其20世纪任期内的激进风格，其参与CPTPP及中国“一带一路”等国际行为带有谨慎态度，外交策略上现实主义色彩浓重。

## 一　马哈蒂尔新政府对加入CPTPP态度消极

马于2010年10月TPP第三回合谈判中批准加入，并在2016年2月与其他11个创始成员国签署协议。由于美马两国无双边经贸协议，且美是马潜在的出口目的地，美退出TPP对于马是巨大损失。因此无美参加的CPTPP相对于TPP而言，对马缺少吸引力。TPP最初基本的协议内容继续被维系着，原来的20个条款都是关于知识产权的，新的CPTPP条款仅就政府与投资方争端解决机制（ISDS）进行了修改，对外国投资方起诉东道国的相关条款进行了删减。

纳吉 布在任时，马政府力挺CPTPP，而至马哈蒂尔任内，热情大减。由于在“新马来西亚”理念下市民社会空间扩大，反对CPTPP的呼声日渐强硬。

2018年5月马大选以来，新政府已经持续表达了对CPTPP的关切，并呼吁就该协议可能对马产生的影响进行审议。此前的纳吉布政府已经委派Institute for strategic and international studies和Pricewaterhouse coopers两家研究机构进行调研，并将调研结果公布于众。其中，投资国争端解决机制ISDS与知识产权IPR、政府采购等问题是重点。新政府尚未就批准该协议设定期限，并表示只有当确认该协议对国家完全有利的情况下才予以批准加入。

CPTPP七国设定了两年为期，计划在2019年消除关税以及非关税贸易壁垒，这包括对国有企业政府关联企业GLCs的特殊待遇进行改革。扩大域内贸易会增加CPTPP成员国数量，马来西亚作为最具潜力的准成员国，毫无疑问地受到关注。①

新加坡南洋理工大学拉惹勒南国际关系研究院教授阿马利那·安瓦尔认为，目前马国内抵制 CPTPP 的因素主要来自政治、经济、社会三个方面。

政治方面，有立场认为投资国争端解决机制（ISDS）将促使跨国公司挑战对本国民众有利的政策规则。

经济方面，有呼声认为，CPTPP 使马经济发展承受外部市场压力，例如迫使马加速向服务导向型的经济转型，然而马生产力水平尚未完成升级，属于早产型的去工业化。

社会方面，严格的知识产权制度会导致药品价格攀升，马哈蒂尔等人还表示，加入 CPTPP 会拉大社会经济不平等，进而破坏多民族的和谐共处。

CPTPP 效法 TPP 协议的原产地规则，这些规则对纺织业、服装业、汽车产业的影响较大；同时 CPTPP 又复制了《北美自由贸易协议》（NAFTA）原产地规则中的“从纱认定”，要求纺织品从原料到加工制作都必须在 TPP 成员国内进行，否则不能享受税收优惠。纱线、面料、成衣的整个生产过程在同一国完成才认定该国为服装原产国。2017 年中国价值 2600 亿美元的纺织品和服装产品 40% 是以 CPTPP 国家及英、美等国家为出口目的地，倘若实施“从纱认定”标准，将使中国纺织产业加速向马来西亚等 CPTPP 成员国布局，这对于民族主义情结深厚的马哈蒂尔当然是不可接受的，即便正在试图进行资产国有化改革的希望联盟，其执政理念也难以逾越这一“鸿沟”。

## 二　马来西亚新政府可能存在的机遇

第一，特朗普政府退出最初的 TPP 之后，最为棘手的条款都被冻结，例如关于生物制剂的条款就在 CPTPP 中被搁置。

第二，最主要的 CPTPP 反对方来自执政联盟内部的非内阁成员安瓦尔，而他对贸易政策的影响力较低。

---

① 世界银行：《〈全球经济展望：普遍向好但能否持久?〉：东亚太平洋地区》，2017 年 1 月 16 日。https：//www. shihang. org/zh/region/eap/brief/global-economic-prospects-east-asia-pacific。

第三，马哈蒂尔并未直接表示反对此协议，今年1月初，国际贸易与工业部长达雷尔·雷京表示，马联邦政府仍在对相关贸易条款进行研究。

第四，CPTPP致力于推动非关税与规制措施修订，以便与希望联盟的体制改革方案实质性契合，例如落实国有企业、政府关联企业的严格规范，抑制裙带资本主义和过度保护的国家资本主义，马可借助外部压力倒逼国内改革。

然而当改革方向被政治修辞所迷惑的时候，就会偏离现实轨道。希望联盟在很多领域的行动都显示出这样的偏离，例如在影响联邦政府巩固其在马来原住民选民群体的地位之时。

澳大利亚罗伊研究所研究员理查德·麦克格雷格认为，CPTPP规则能够制约对政府关联企业的特殊待遇，降低对中小企业利益的负面影响，而这些中小企业主多是马来原住民，依赖于服务政府关联企业。

由于联合执政意味着权力分享与意见一致基础上的决策制定，希望联盟内部的CPTPP支持者缺少足够的人数来挑战总理去加速协议的批准。

马来西亚属于东南亚地区金融一体化程度较高且外债持仓量大、具有大量外币计价债务与短期债务的大型经济体，面临较大金融风险。[①] 2017年，马来西亚货币林吉特跌至1美元兑换4.4林吉特，而在七年前，这一兑换比率还是1美元比3.4林吉特。以马为代表的东盟多国普遍面临本国货币贬值的压力，使得资本外流。[②] 而融入区域贸易一体化，某种程度上可以通过实体贸易的稳固来缓冲虚拟金融的剧烈动荡。这也是CPTPP可能间接为稳定马国内经济带来的弥补，是一把双刃剑。

## 三　马来西亚与CPTPP的未来关系展望

国际学者普遍认为，未来马来西亚对待CPTPP有以下三种可能性。

第一，选择不参与CPTPP但采取政府单边推进的市场自由化改革，包括修改对国有企业的特殊待遇、官方资助机制下的政府采购。结果很可能是一直推迟通过协议，相对于直接拒绝协议，会保留政府颜面。由于2018

---

① 李航宇、秦晓辉：《中国与马来西亚双边贸易存在的问题与对策》，《中国经贸导刊（中）》2019年第1期。

② 曹云华：《论当前东南亚局势》，《东南亚研究》2017年第2期。

年美通过“亚洲再保证倡议法案”（ARIA），推动美在印太地区多边贸易利益，美重回 CPTPP 的潜在可能性会进一步刺激马政府的上述意向。尽管打入美市场会成为通过协议的关键，马哈蒂尔认为，没有美参与的 CPTPP 会更加公正。

第二，拒绝 CPTPP，但将目前改革深度止于关键选民群体的利益边界。一些重要举措，如提升透明度将拉近马与其他 CPTPP 国家的距离，并吸引投资。马来亚大学教授 Terence Gomez 指出，缺少改革的政治意愿与回归国家资助机制，将削弱治理成效。

第三，批准加入 CPTPP，但对现行条款进行必要修正，并就相关豁免权进行协商，当然，这将影响获益，削弱贸易协定带来的积极影响。忠于上一届政府的行政体系会阻碍正在进行的制度改革。

即便现实如第三种预测发展，马加入 CPTPP 的步伐也不会很快。长期来看，不论加入 CPTPP 与否，马都将深化经济改革，包括提升市场透明度与政府采购机制的竞争性。这些努力能够为更具活力的经济发展打下坚实的基础，实现长期可持续的经济增长。①

此外，CPTPP 成员可以带动马在现有领域和新兴领域完善高层次的贸易规则，不论是否进入 CPTPP，推动自由贸易和本地区经济活力，是域内国家的共识。

马联邦政府低估了马作为贸易国的重要地位，也低估了参与自由公正的双边、多边贸易协定的重要性。尽管地区主义与双边主义一直被认为低于多边主义，在全球政治经济遭受反全球化、保护主义、民粹主义冲击的今天，总比没有好。

## 四　马哈蒂尔外交理念的激进现实主义色彩

### （一）犹疑不决的国内改革

近年来，马地方政治的离心倾向加大，2019 年，柔佛州苏丹就指责马

① 袁波：《CPTPP 的主要特点、影响及对策建议》，《国际经济合作》2018 年第 12 期。

哈蒂尔干预柔佛州地方事务，并对马哈蒂尔撤出《国际刑事法院罗马规约》颇有微词。而马哈蒂尔以民意自居，以民主政治的标签来制衡从吉隆坡到地方各州的反对阵营。

从对外经济关系来看，国际社会不应仅仅纠结于批准国际条约能给马带来多大实惠，因为准入行为本身就具有巨大意义。CPTPP 要求成员国政府进行体制改革，这对大选之后的马新政府执政能力是一种考验，以便新政府向国际社会释放积极信号，表达其改革意愿，通过给予国内外投资方更大信心来推动马来西亚未来经济增长。

由于 CPTPP 将对社会分化产生影响，阻碍了其通过批准。当局担心经济放开会影响经济平等，加剧种族矛盾。这出于新政府“Bumipiteras”的考虑。新经济政策（NEP）坚持以种族平等的名义进行特殊分配，而落实新经济政策将会与 CPTPP 所要求的对国有企业和政府关键企业进行的改革产生碰撞。

### （二）亲日排华的执政风格

他认为各国发展水平不尽相同，由于穷国不可能与富国平等贸易和公平竞争，应避免新版本的殖民主义复活。他的批判指向中国倡议的“一带一路”，并提醒地区内国家，勿向中国投资敞开大门，以免在经济、政治各方面对中国形成依赖。

马哈蒂尔在其 20 世纪 80 年代任期内就曾将西方国家对马投资称为“新殖民主义”。如今，考虑到日本在本地区投资与基建方面是中国唯一的对手，马哈蒂尔将日视为另一张牌，以避免过度依赖中国。并且，马哈蒂尔对日有个人情结，其上年上任后首站出访就选择了东京。

马哈蒂尔个人立场鲜明，他对待日本和中国虽然厚此薄彼，但其利益优先的政治原则是一以贯之的。马哈蒂尔一方面在公开场合声称支持 CPTPP，但也表示对于其中一些条款并不满意，因其可能损害马来西亚的国家利益。马哈蒂尔上任半年之内三访日本，虽然竭力讨好日本，但是在原则问题上并不会让步。

虽然有些让日本尴尬，但是马哈蒂尔很清楚，日本若要进入东南亚，马来西亚是其重要战略支点，所以互惠仍将持续。他期待的自然是马来西亚能够借着这个机会在CPTPP中占据更重要的地位，特别是在美国退出之后，日本无法“一家独大”，马哈蒂尔看到了自己获得利益的可能。况且日本独享CPTPP红利的政治野心路人皆知，东盟国家并非只有马哈蒂尔清醒。

2019年3月2日，RCEP第7次部长级会议在柬埔寨举行，官方声称RCEP谈判90%的议题已经取得成效。新加坡总理李显龙称，关于RCEP的谈判已取得实质性进展，正处于最后阶段，有望在2019年底正式完成整体协议。东盟一些国家认为，RCEP谈判在最终达成协议之后，将成为比升级版CPTPP（跨太平洋伙伴关系协定）更大的市场。

由此可以看出，域内贸易有多种机制可作为替代性方案，马来西亚在东盟框架内可以拓展的路径还有很多，如果排除大国因素对地区合作机制的政治干扰，那么最终马哈蒂尔政府需要考量的就只有具体规则条款，包括投资国争端解决机制ISDS和知识产权条款的谈判策略。

2019年上半年，欧盟出台文件，持续对马来西亚棕榈油产品进行打压，认为该产品在种植过程中对环境具有一定危害。作为生物燃料应予以淘汰。马哈蒂尔认为欧盟是为保护美国大豆油产品而恶意打压马来西亚油产品，欧盟此举将会造成60万名产业工人失业，并声称将从中国购买战机以作为报复手段。这一举措反映出马哈蒂尔以利益为导向的现实主义外交风格，其对华态度也将随着利益风向标而对政治、经济的方向做灵活调整。

## 五　马来西亚对外贸易关系的政治环境

### （一）东南亚地区因素的影响

根据亚洲开发银行的数据，近两年的东南亚经济正在发生波动，域内五个重要国家在2018年的国内生产总值增幅仅为4.8%，三年来首次环比下降。泰国、新加坡更是受到中美贸易冲突的影响，从2018年下半年开始陷入出口困局；菲律宾素以高速经济增长保持纪录著称，然而近期也苦于内需拉动乏力，经济低迷。东南亚五个主要国家的GDP从2015年开始一直维持高速增长，而从2018年，实际增幅环比上年同期下降了0.3%。当然，这些国家的本国内部结构因素是直接原因，然而亚洲开发银行的研究人员判断，从 2018 年下半年伊始，中美贸易摩擦的负面效应不可忽视。

马来西亚央行行长沙姆西亚认为，2018 年全球范围内的贸易问题刚刚凸显，进入 2019 年经济下行压力将更为突出，并提醒马政府，域内外贸易摩擦可能会对本国经济造成负面影响。马来西亚因急于完成财政体制改革而对公共财政支出做了必要的缩减。马哈蒂尔政府在 2018 年 7 月就做出决定大幅压缩新建铁路项目开支，从这一角度来看，中资援建中的东海岸铁路建设工程被叫停也是马国内经济政策所需，不能够简单地用其对华强硬态度来理解。①

## （二）国内政党政治对中国“一带一路”倡议的抵制

“一带一路”沿线国家很多都将伊斯兰金融作为本国战略来进行发展，而马来西亚作为重要的伊斯兰国家发展较快。另外，一些知名的国际机构也开办了伊斯兰金融业务。在一些地区和城市已形成了流动性较好的伊斯兰金融业务，在此基础上，加强亚投行、丝路基金和当地金融机构的合作，本来是可以助推伊斯兰金融强大的优势。②

中国学者周兴泰在 2017 年所做的针对马来西亚当地华商团体的抽样调查显示，华人团体基本是支持马来西亚积极参与中国“一带一路”倡议的。71% 的商家认为“一带一路”将为马来西亚经济带来正面效应，而马来西亚经济预计会得到的好处包括：①刺激国家经济增长；②促进更多商业对接，为本地企业造就商机；③增加中国对马来西亚的直接投资；④增加本国企业的出口机会；⑤提高收入；⑥提高本地企业和个人的购买力。但同时，也有 20.5% 认为没有影响，8.5% 认为是负面影响，会带来马来西亚经济状况的恶化。③ 之所以众多华商团体对“一带一路”倡议立场谨慎，很可能是受到了 2016～2017 年当时以马哈蒂尔、慕尤丁等为代表的在

① Johan Saravanamuttu, “Malaysia’s Semenyih By-Election: What Next for Race-based Politics?”, *RSIS. Commentaries*, 2019 (3).

② 金泽虎：《借助伊斯兰金融拓宽“一带一路”——基于预期瓶颈的考量》，《贵州商学院学报》2018 年第 4 期。

③ 周兴泰：《马来西亚华人社会推动中马“一带一路”合作研究》，《八桂侨刊》2018 年第 4 期。

野党势力针对中国“一带一路”合作的发难和针对中资在马项目的抵制活动。而从2018年5月马哈蒂尔上台之后，华人社群的态度变化尚有待观察。中资企业主要在投资、基建、制造业等领域展开“一带一路”建设对接，对接主体都是国有大中型企业，而对等合作的伙伴往往是马来西亚的国有企业和马来人控制的“官联公司”。一方面，难以惠及以中小企业为主体的华商社群，另一方面，自纳吉布和一马发展有限公司丑闻引发的国企改革呼声，以及公开表态要大力改革国企和“官联企业”的马哈蒂尔，都会寻找“替罪羊”来摆脱政治困局，从而指鹿为马，将政治红利指称为特洛伊木马。

### （三）南北格局与全球治理的变革需求

日益增长的南南发展援助使北方国家传统的援助政策与南方国家内部合作的差别更加明显，为受援国或者东道国提供更多选择，有效地支持了其对发展道路和发展模式的选择。这说明了在南方国家兴起的同时全球结构如何朝向更具包容性方向调整。以中国为代表的金砖国家的政治、经济影响力正在提升，另一些中等收入的新兴经济体，包括马来西亚等东南亚国家，也即将在国际舞台上发挥战略性的关键作用。这些新兴工业化经济体的凸显所带来的重要启示就是，对全球治理进行改革，包括制度结构和管理全球化的改革势在必行。[①]

理查德·鲍德温在 *The Great Convergence* 一书中指出，全球化曾两次出现生产与消费的结构性分离，信息通信技术的变革实现了获取知识的成本降低，形成发达国家高新技术与发展中国家低成本劳动力之间的离岸外包。这使得全球化的内涵不仅是货物贸易，也包括超越时空的知识、信息流动。“一刀切”的政策理念不能成为保护国民经济的简单说辞，马政府下一步规划的必须超越现有的短期目标。

马哈蒂尔以国民经济的利益保护者自居，其现实主义的外交风格，始终在促进国民经济发展与维系对发达国家经贸关系特别是对美经贸关系之间寻求平衡，只是随着国际格局的转变而发生策略上的调整。举例来说，

① 吴忠主编《有条件现金转移支付、公共服务与减贫》，中国农业出版社，2011。

早在 1990 年，美国“国际劳动权利基金”与美国其他 22 个工会、人权组织，因马来西亚政府侵犯劳动权行为而请求美国联邦法院向老布什政府施压，两次要求取消对马来西亚的普惠制待遇（GSP），老布什政府行使自由裁量权两次驳回了请求。[①] 1990 年的马来西亚政府正处在马哈蒂尔前一个任期内，当时的马哈蒂尔政府因工人结社权、集体谈判权、最低工资法的缺失而饱受国际组织指摘。然而作为发展中国家，维护国内低成本劳工的比较优势正是保护脆弱的国民经济的必要手段。30 年后的今天，或许国家策略有所调整，然而其遵循的内在逻辑，却是一以贯之的。

# On the Trend of Mahathir Government's Foreign Economic Relations

*Zhang Yi*

**Abstract**: In the past two years, the economy of Southeast Asia is fluctuating. The GDP growth of the five major countries in the region is only 4.8% in 2018, the first annual decline in three years. Since the election in May 2018, the new government has expressed its concern about CPTPP and called for consideration of the possible impact of the agreement on Malaysia. The possible trend of Mahathir's new government's participation in the regional economy is influenced by its own way of action. It takes the radical style of its last term of office. It has a cautious attitude to participate in the international mechanism such as CPTPP and China's " belt and road initiative", and has a strong realism in diplomatic strategy.

**Keywords**: Malaysia; Mahathir; CPTPP; Trade Collision; Belt and Road Initiative

---

① 刘敬东：《人权与 WTO 法律制度》，社会科学文献出版社，2010。

# 哲学思辨

PHILOSOPHICAL SPECULATION

# 他从未试图在任何场合取悦别人*

方在庆**

【摘要】阿尔伯特·爱因斯坦（Albert Einstein，1879～1955），被认为是当今世界最著名的科学家。他提出了光量子假说，解释了布朗运动，提出了测定分子大小的新方法，提出了我们现在称之为狭义相对论的理论。它彻底改变了人们对于时间、空间、物质和能量的传统看法，具有划时代的意义。他在1915年提出了广义相对论，被认为是人类认识大自然最伟大的成果。他因提出光子假设，成功解释了光电效应，被授予1921年度诺贝尔物理学奖。我们今天仍然在许多方面受惠于爱因斯坦，最明显的例子是全球定位系统（GPS）。他还是一位伟大的思想家和人道主义者。他利用自己在科学界以外的非凡影响力，致力于国际的谅解与和平。他对社会公正的终极关怀、他对人类创造性的关注、他对自由的渴望、他的人道主义等将长存于世。阅读爱因斯坦的著作，是了解爱因斯坦的最佳途径。

【关键词】爱因斯坦　相对论　终极关怀　我的世界观　和平主义

阿尔伯特·爱因斯坦（Albert Einstein，1879～1955），被认为是当今世界最著名的科学家。他对物质结构、空间、时间以及引力性质的研究，彻底改变了统治我们几个世纪的牛顿世界观，对人类思想进程产生了广泛而深远的影响。在科学史上，只有牛顿（Issac Newton，1643～1727）可以

* 此文系方在庆研究员为《我的世界观》（〔美〕阿尔伯特·爱因斯坦著，方在庆编译，中信出版集团，2018）一书所作编译前言。经作者授权发表于此，以飨读者。

** 方在庆，中国科学院自然科学史研究所研究员，主要研究方向为科学史、科学哲学、科学社会学。

和他相提并论。

1905 年，26 岁的爱因斯坦还是瑞士联邦专利局的一名三级职员，名不见经传，远离学术中心，挈妇将雏，过着每周 6 天、每天 8 小时的上班族生活。尽管如此，他还是利用业余时间进行自己钟爱的研究。正是在这一年，他的创造力得到了惊人的爆发和展现，发表了 5 篇论文和 21 篇评论。他提出了光量子假说，解释了布朗运动，提出了测定分子大小的新方法，更重要的是，他提出了我们现在称之为狭义相对论的理论。它彻底改变了人们对于时间、空间、物质和能量的传统看法，具有划时代的意义。从重要性上讲，仅这一贡献就足以让他青史留名，但他并没有躺在功劳簿上。两年之内，他就发现了这一理论的天生缺陷，进而经过八年的努力，用生动的思想实验支撑强大的物理直觉，面对无比巨大的数学困难，顽强抵抗，几乎拼尽最后气力，才从绝望和筋疲力尽中走出来，在 1915 年提出了广义相对论。广义相对论被认为是人类认识大自然的最伟大的成果。爱因斯坦的朋友、物理学家马克斯·玻恩曾说过，广义相对论“把哲学的深奥、物理学的直观和数学的技艺令人惊叹地结合在了一起”。

爱因斯坦也是量子物理学的奠基者。他因提出光子假设，成功解释了光电效应，被授予 1921 年度诺贝尔物理学奖。我们今天仍然在许多方面受惠于爱因斯坦，最明显的例子是全球定位系统（GPS）。如果不考虑狭义相对论和广义相对论的三种效应，GPS 完全无法使用。

如果我们只把爱因斯坦看成是天才和伟大的科学家，那最多只看到了爱因斯坦的一个侧面。他还是一位伟大的思想家和人道主义者。他利用自己在科学界以外的非凡影响力，致力于国际的谅解与和平。他知道如何善用自己的名声支持对人类有益的事业。像历史上的任何科学理论一样，爱因斯坦的理论终有一天会被更完善的理论所取代。但是，他对社会公正的终极关怀、他对人类创造性的关注、他对自由的渴望、他的人道主义等将长存于世。

爱因斯坦视自己为和平主义者、社会主义者和犹太复国主义者，但这几个概念带有鲜明的爱因斯坦特征。在那篇广受传诵的《我的世界观》（*Mein Weltbild*，Querido Verlag，Amsterdam，1931，1953）一书中，他这样写道：

“我是一个真正的‘独行者’，从未全心全意地属于过我的国家、我的家乡、我的朋友，乃至我最亲近的家人。面对这些关系，我从未消除那种疏离感，以及对孤独的需求——这种感觉随着岁月的流逝与日俱增。一方面，它能让人清楚地意识到，这将使自己与他人的相互理解和支持受到限制，但我毫无遗憾。这样的人无疑要失去一些天真无邪和无忧无虑。但另一方面，这样的人才能在很大程度上独立于他人的意见、习惯和判断，避免让自己内心的平衡置于这样一些不稳固的基础之上。”

这里的“独行者”，来自德文“Einspänner”，原义为“一匹马拉的车”。我们可以从多个层面来理解它。首先，可以用它来形容作为研究者的爱因斯坦的孤独；其次，也可以用它来描述爱因斯坦不受羁绊的独立人格，以及他看待问题和处理问题的独特方式。他有一句并没有引起人们太多注意的话——“我从未试图在任何场合取悦别人”，这更好地诠释了“独行者”的形象。

尽管爱因斯坦一生有不少朋友，但是作为一名研究者，他基本上是孤军奋战。这一点贯穿了他的一生。没有一个人从他那里获得博士学位，他也没有形成一个所谓的学派。他不喜欢上课，不是一位严格意义上的好老师，仅有的几次授课经历都很难说成功；至于他在日本、美国、西班牙以及阿根廷等地演讲受到空前欢迎一事，与他是否会讲课关系不大，更多人是慕名而来。爱因斯坦曾多次抱怨没有几个听众能真正听懂他的演讲。

在评价一个人的学术贡献时，爱因斯坦将友谊与学术判断截然分开。学术上的独创性是爱因斯坦采用的唯一标准，尽管他的判断也会受学术偏好的影响。爱因斯坦与索末菲（Arnold Sommerfeld，1868～1951）和玻恩在学术上交往甚多，后两者还分别将他们与爱因斯坦之间的通信结集出版。这些感情真挚的通信是他们友谊的见证。正是在索末菲的提议下，爱因斯坦才成为巴伐利亚科学院通信院士，但他从没有提名索末菲和玻恩获诺贝尔物理学奖。相反，索末菲却在1922年提名爱因斯坦为诺贝尔物理学奖候选人。让人深思的是，尽管爱因斯坦并不喜欢海森堡（Werner Fare Heisenberg，1901～1976）以及他背后的哲学，但承认他工作的有效性。1932年，爱因斯坦提名海森堡和薛定谔共获诺贝尔物理学奖。

和平主义和超国家主义（世界政府）是爱因斯坦的两个基本政治理

想。早在一战之初，爱因斯坦就公开宣扬和平理想。一战结束后，他支持全面裁军和建立统一的欧洲。二战结束后，他极力倡导“世界政府”的理想，主张和平利用，而且只能和平利用原子能。在他的晚年，“世界政府”仍然是他一次次以各种形式谈论的话题。他的建议有的也许不切实际，有的也许不太成熟，然而，可以肯定的是，它们都来自一个清晰的头脑和强烈的道德信念。

在科学与宗教的关系方面，爱因斯坦的看法非常独特。“科学没有宗教是跛足的，宗教没有科学是盲目的。”这句话常常让人产生误解，以为爱因斯坦说反了。之所以产生这种误解，是因为没有弄清科学与宗教在爱因斯坦心目中的不同地位。爱因斯坦从来不是在字面意义上谈“宗教”，他更多是指“宗教性”或“虔诚态度”。“一个宗教信仰者的虔诚，在于他从不怀疑那些既不需要也不可能有理性基础的超越个人目的和目标的意义。”爱因斯坦不是通常意义上的信仰宗教的人。他从不祷告，也不做礼拜，但生活中却始终有一个坚定的信念，一个不可能有理性基础的信念——一定存在等待被发现的自然规律。这就是斯宾诺莎式的上帝观。他信仰“斯宾诺莎的那个在存在事物的有秩序的和谐中显示出来的上帝，而不信仰那个同人类的命运和行为有牵累的上帝”。他毕生追求的就是去发现这些规律。

爱因斯坦虽然出身犹太家庭，但不信仰犹太教。他对犹太人命运的积极关注是从1914年到柏林后才开始的。当时的柏林，有大量来自东欧的贫穷的犹太人。他发现，那些早就定居在柏林的犹太人，对于自己的同胞明显表现出冷漠的态度。尽管他鄙视犹太族群中丧失个性的同化现象，但是因为总体上犹太民族处于受压迫状态，于是他同社会上一切形式的反犹主义做斗争。他同意为犹太复国主义奔波，最初是为在耶路撒冷津立大学筹款；他看到大量犹太青年因各种原因受到限制，无法接受大学教育，非常痛心。他并不是希望在巴勒斯坦建立一个以实体存在的以色列国。在他看来，一个能与阿拉伯人和平共处的犹太人定居点是最理想的，如果在这个定居点中，犹太青年能有机会接受教育，那么就有可能实现文化的犹太复国主义，进而达成犹太人对社会公义的理想。他甚至主张，所有在巴勒斯坦的犹太儿童都应当学习阿拉伯语。他还说：“如果我们不能够找到一个与阿拉伯人和平共处并且真诚合作的方法，那说明我们从过去 2000 年的苦难中什么都没有学会，命运对我们的惩罚是公平的。”

移居美国后，他又指责这个收留他的国度里严重的种族隔离政策，抨击麦卡锡主义对左翼知识分子的政治迫害，揭露核战争图谋，反对军方与企业的合谋。所有这些话题在当时都是异常沉重的，爱因斯坦也知道相应的后果，但他义无反顾。为此 FBI（美国联邦调查局）曾把他视为眼中钉，欲除之而后快。

阅读爱因斯坦的著作，是了解爱因斯坦的最佳途径。早在 1923 年，在爱因斯坦访问日本之后不久，第一本《爱因斯坦科学著作集》（日文）就出版了。之后，不断有各种语言的爱因斯坦科学著作集问世。但反映爱因斯坦对科学、教育、友谊、自由、宗教、犹太人以及各种社会问题看法的著作直到 1931 年才出版。在爱因斯坦 1955 年去世前，这种包括爱因斯坦人生观和世界观在内的综合读物只有三本：《我的世界观》、《爱因斯坦晚年文集》（*Out of My Later Years*，Philosophical Library，N. Y.，1950）和《观念与见解》（*Ideas and Opinions*，Crown Publishers，Ins. N. Y.，1954）。除《爱因斯坦晚年文集》已在中国翻译出版外，其他两本文集还没有被完整地翻译过来。

最早的德文版文集，是 1931 年由荷兰阿姆斯特丹的奎里多出版社出版的《我的世界观》。编者为爱因斯坦的女婿凯泽（Rudolf Kayser），化名为 J. H.。这本书有许多版本，其中以 1953 年瑞士苏黎世出版、由卡尔·泽利希（Carl Seelig，1894～1962）编辑的修订版影响最大。两版内容稍有不同，后者加入了几篇爱因斯坦 1934 年之后发表的文章，删掉了两篇文章。第一个英译本《我眼中的世界》（*The World as I See it*）于 1949 年问世。为了吸引更广泛的读者，该译本将德文版中第五部分“科学贡献”删掉了。到了 20 世纪 50 年代，《我的世界观》中的内容已不能满足人们对爱因斯坦思想了解之需，《爱因斯坦晚年文集》应运而生。它收录了爱因斯坦晚年发表的有关裁军、和平、教育、宗教、政治等方面的论述，目前已有中译本问世。

1954 年出版的英文版《观念与见解》，除收录《我的世界观》中的绝大部分内容，以及《爱因斯坦晚年文集》中的部分文章外，还增加了爱因斯坦发表在《科学美国人》（*Scientific American*）、《原子物理学家公报》（*Bulletin of Atomic Scientists*）、《每月评论》（*Monthly Review*）、《富兰克林学会杂志》（*Journal of the Franklin Institute*）、《科学进展》（*Advancement of Science*）以及席尔普（Paul Arthur Schilpp，1897～1993）主编的《爱因斯坦：哲学家—科学家》（*Albert Einstein*：*Philosopher-Scientist*，The Library of Living Philosopher，Tudor Publishing Co. N. Y.，1949）等书刊中的部分内容。在科学部分，还请爱因斯坦的合作者巴格曼（Valentine Bargmann，1908～1989）写了导读。

爱因斯坦去世后，他的遗嘱执行人之一纳坦（Otto Nathan，1893～1987）和作家诺登（Heinz Norden，1905～1978）在1960年出版了《爱因斯坦论和平》（*Einstein on Peace*，Simon and Schuster，N. Y.）一书，收录了爱因斯坦关于和平的内容，并加入了大量说明。这本书包含了《观念与见解》中的绝大部分内容，除几篇外，许良英等人编译的《爱因斯坦文集》（第三卷）中均有收录。后来，《爱因斯坦论和平》的完整中译本也问世了。

正因如此，当两年多前中信出版社决定将《我的世界观》纳入出版计划时，在李继勇先生的引荐下，我很爽快地应诺编译此书。我之所以同意做这件事，是出于以下几点考虑。

首先是希望尽可能消除因从英译本转译而造成的语义损失。虽然爱因斯坦的几乎所有文章和信件都是用德文写成的，但自从他1933年到美国定居后，最先发表的往往是经过他的终身秘书海伦·杜卡斯（Helen Dukas，1896～1982）或别人翻译过的英译本。目前有关爱因斯坦的研究著作和论文，绝大部分也都是以英文发表的。爱因斯坦文章的英译本比德文原文有更高的引证率。与此相应，在将德文翻译成英文的过程中出现的错译或误译，也通过英文的传播造成了更大的影响，而这是必须要加以纠正的。否则，谬种流传将贻害无穷。

在以往翻译爱因斯坦著作的过程中，我就遇到过多个因错译而造成的意义损失。但想要彻底纠正这些错误，并不容易。比如，将verraten（背叛）误认为vertreten（支持、维护）。一字之差，意义完全不同。考虑到爱因斯坦研究中“非英语语言”缺位的现状，我在编译过程中依据的蓝本是

1953 年德文版《我的世界观》。这本书的内容，绝大部分都有中译文。本来以为这是一件极其轻松的事，但问题比我想象的要严重得多。1953 年德文版存在一些无法克服的缺陷：第一，原书的注释和解释太不均衡。有些文章有很长的说明，有些则完全没有；第二，有近 20 篇文章没有交代来源和出处，放在一起，显得突兀；第三，许多注释不但已经过时，而且本身就不准确；第四，同一内容的文章有两个或更多版本，而编者对此没做任何说明；第五，尽管作者分了五个部分，但每一部分的文章之间并没有有机的联系；第六，只靠这些文章并不能很好地概括爱因斯坦的人生观和世界观。为此，在采用 1953 年德文版《我的世界观》的基础上，我有意增加了 20 多篇能反映爱因斯坦人生观和世界观的文章。在第五部中，增加了爱因斯坦 1922 年在京都大学发表的著名演讲《我如何创立了相对论》和其他几篇论文。新增加的文章有一半以上内容来自 1954 年英文版《观念与见解》。

那些被认为可能有损爱因斯坦形象的文章，比如《对美国妇女的答复》和《妇女与战争》，也得到了保留。在这些文章中，爱因斯坦显露了他戏谑、爱讥讽的个性，这与我们所熟知的伟人形象不太相符，但它们更客观地勾勒了一个真实的爱因斯坦。相信读者会有自己的判断。

目前这个版本的最大不同之处，就在于尽可能详细地给出文章的出处、发表时的背景，以及与其他版本之间的异同。而这又得益于爱因斯坦研究专家罗伯特·舒尔曼（Robert Schulmann，1942 ~）博士的鼎力相助。从两年前开始，我们之间电子邮件往来上百次，更多是我问他答。我们也分享发现原书错误时的兴奋。舒尔曼博士总是在第一时间对我的问题进行回答，如果碰巧在旅途中，或工作繁忙无暇顾及时，他都会马上告诉我，不让我久等。他是一位了不起的历史学家，被公认为是寻找爱因斯坦未知手稿和信件的最成功的“爱因斯坦猎人”（Einstein-Jäger）。

在这位“猎人”的帮助下，许多我原以为无解的问题迎刃而解。对于同一文章的不同版本，他不仅提供自己的见解，还附上相关的影印件、爱因斯坦的秘书杜卡斯的相关说明，以及文献在爱因斯坦档案中的编号。对舒尔曼博士的帮助，无论如何感谢都不过分。他是少有的能无私地将自己的研究心得与他人分享的真正学者。

在编译过程中，我参考了已有的一些中译文，例如《我的世界观》（叶蕴理译，文化生活丛刊，1937）、《爱因斯坦文集》（第一卷、第三卷，许良英等编译，商务印书馆，2013）、《爱因斯坦自选集》（郭兆林、周念萦译，台北：麦田出版，2016）、《我眼中的世界》（杨全红译，安徽科学技术出版社，2010）、《爱因斯坦晚年文集》（方在庆、韩文博、何维国译，北京大学出版社，2006）以及日文版《爱因斯坦选集》第三卷《爱因斯坦及其思想》［《アインシュタイン選集 3（アインシュタインとその思想）》，汤川秀树监修，中村诚太郎、井上健译，共立出版，1972］等书。同时为了准确理解原意，我也找来了相应的英译本、少量文章的法译本。我还参考了戴维·E. 罗（David E. Rowe，1950）和舒尔曼合编的《爱因斯坦论政治》（*Einstein on Politics*，Princeton：Princeton University Press，2007）。这本书对相关文章的出处给出了目前为止最详细的说明。

本书之所以得以完成，与众多朋友和学生的帮助是分不开的，尤其是殷歌丽（Ingrid Fischer-Schreiber）、白灵（Cathleen Paethe）、魏少兰（Sabine Weber）、施岷、霍颖楠、陈巍、冯乐、文恒和陈蜜等人。殷歌丽基本上处于在线解答状态，做到了随问随答；以色列耶路撒冷大学爱因斯坦档案馆的奥里斯·布拉（Orith Burla）女士总是在第一时间回答我提出的各种问题；徐志凌、朱慧涓、孙贺、雷煜、刘杭等人参与了部分初稿翻译，夏钊查找了部分文献，黄尚永和何钧通读了译稿，徐颖提出了一些中肯的修改意见；中信出版社的王强副总编以及孙宇、罗庚、钟谷婷、张宁、彭博雅和关建等人，在本书的编辑出版方面贡献甚巨，在此一并感谢。

特别值得一提的是，杨振宁先生欣然同意将其大作《爱因斯坦：机遇与眼光》用为本书的序言，这是对编译者的极大鼓舞与鞭策。这篇文章是杨先生 2005 年 7 月 24 日在第 22 届国际科学史大会上做的报告，高屋建瓴地概括了爱因斯坦的研究风格与特点，文章敏锐深刻，富有洞见。杨先生的研究路径与爱因斯坦非常相似，即从最根本的问题出发，提出原理性的理论，解决物理学中的重大问题。由于在科学上的杰出贡献和精深造诣，杨先生能够领略到常人所难领略的科学中的美与风格，而曾与爱因斯坦在普林斯顿高等研究院共事的经历，更能让他体察到一代伟人的细微之处。

除此之外，二人都有着旺盛的生命力，都有入世的精神和满满的情怀。杨先生也有大量学术之外的著作问世，如《曙光集》和《六十八年心路》等，其中对于人类命运、文化前途的思考，对于家国依恋、师友情谊的系念，与爱因斯坦《我的世界观》有异曲同工之妙，读来令人顿生敬意。就以上而言，在中国能与爱因斯坦相提并论的，也最能理解爱因斯坦精神世界的，当非杨先生莫属。他与爱因斯坦一样，是创造了历史的人物。感谢杨先生的鼓励与支持！

爱因斯坦文集翻译是一项繁重的工作，对译者提出的挑战几乎是无止境的。这个译本并不完善，还有很多工作要做。尽管已尽我所能，但由于自身局限，肯定还有这样或那样的问题存在，还望同好者不吝指正。

2018 年 1 月 7 日初稿

2018 年 6 月 26 日修改

2018 年 9 月 28 日补充

## He Never Tried to Please Anyone on Any Occasion

*Fang Zaiqing*

**Abstract**: Albert Einstein (1879 - 1955) is considered the most famous scientist in the world today. He put forward the optical quantum hypothesis, explained Brownian motion, proposed a new method to determine the molecular size, and put forward what we now call special relativity. It completely changes people's traditional view of time, space, material and energy, which has epoch-making significance. In 1915, he put forward the general theory of relativity and was regarded as the greatest achievement of human knowledge of nature. He was awarded the 1921 Nobel Prize in Physics for the propose of photon hypothesis and the successful explain of photoelectric effect. We still benefit from Einstein in many ways today, and the most obvious example is the Global Positioning System (GPS). He was also a great thinker and humanitarian. Using his extraordinary influence outside the scientific community, he is committed to international understanding and peace. His ultimate concern for social justice, his concern for human creativity, his desire for freedom, and his humanity will live forever. Reading Einstein's works is the best way to understand Einstein.

**Keywords**: Einstein; The Theory of Relativity; Ultimate Concern; My Worldview; Pacifism

# 麦小舟先生及其力作《再生的老子》

胡孚琛*

**【摘要】** 麦小舟先生倾心研究老子《道德经》，将老子的精神再现出来，可谓功德无量。道学文化是究天人之际、通古今之变、穷性命之源的大学问，以《老子》《庄子》《列子》《文子》集其大成。道学不是隐士哲学，不是庸人哲学，不是无所作为的哲学，不是与世无争的哲学。道学不是消极的哲学，而是积极的哲学；不是弱者的哲学，而是真正强者的哲学。道学文化是双赢的文化，是和平的文化，是革新的文化，是超前的文化，是通向未来的文化，是世界大同的文化。人能用一字而走遍天下行之万世者，其唯"道"乎！老子的道是中华民族传统文化的核心，天下事有道则昌，无道则亡。历史悠久的传统文化是我们综合国力的基本要素，是我们国家的软实力，是中国人自立于世界民族之林的命根子。麦小舟先生撰写的《再生的老子》是我所见到的国内同类著作中最为确切、最为平实，也是最为通俗易懂的一本书。应当成为全国干部群众学习老子道学文化的普及读物。

**【关键词】** 老子　道学　麦小舟　《再生的老子》　传统文化

麦小舟①先生，南国之奇人也。他毕业于中山大学哲学系，而后当过兵，从过政，经过商，并在古典诗词上颇有造诣，大概他在自己 65 年的

* 胡孚琛，全国老子道学文化研究会会长，中国社会科学院哲学研究所研究员、博士后合作导师、研究生院教授、博士生导师。

① 麦小舟，世界老子学会会长，曾任中共广东斗门县县委书记。著有《诗词三部曲》《再生的老子》《老子的再生——正本清源道德经》等。

人生中，工、农、兵、学、商都尝试了一遍。其实人生就是一种尝试，独特的人生经历本身也是一种财富，宏伟的人生目标体现着生命的价值，人之非凡的精神和智慧体现着人的品位。麦小舟先生的人生目标是，“留下一点业绩给社会，留下一点文字给人间，留下一点精神给子孙”。麦小舟在任中共广东省斗门县委书记期间颇有业绩，至今为人称道，是立功也。而后他钻研古典诗词，著成《诗词三部曲》，轰动文坛，是立言也。今又倾心研究老子《道德经》，将老子的精神再现出来，德被世人，德被子孙，是立德也。麦小舟先生尊道重德，愿老子再生于当世，修之以身、修之以家、修之以乡、修之以国，抱一而为天下式，可谓功德无量也。

中华民族之文化，本有先后两种传统。一为母系民族公社时期的原始宗教文化，以图腾崇拜、自然崇拜、生殖崇拜、女性崇拜、祖先崇拜为特征；二为殷周之际原始宗教革命后形成的父权家族制宗法礼教文化，以祖先崇拜、天帝崇拜、圣人崇拜、君权崇拜、父权崇拜为特征。前一种古老的母系氏族公社的共产社会原始宗教，经新石器时代三皇五帝帝王之学，为后世道学文明之滥觞。道学文明飞腾变化，不拘不执，海纳百川，有容乃大，将各部落之图腾综合为一个龙图腾，成为“龙的文明”。道学文明讲道法自然、质朴纯真，与天地并生，与万物为一，具有高尚的生态智慧，即源自先民的自然崇拜。道学文明生生不息、化化长存、新新不停、穷通变久，其崇尚变易、简易、不易之道，显然为先民生殖崇拜之遗意。道学文明能守中致和、以柔克刚、知荣守辱、用弱胜强，曰慈、曰俭、曰不敢为天下先，为女性崇拜之特征。道学文明继承先民尊巫史、重祭祀、好礼乐的传统，天人合德、悠久无疆，“子孙以祭祀不绝”，即为先民祖先崇拜之精神。道学文化是究天人之际、通古今之变、穷性命之源的大学问，以《老子》《庄子》《列子》《文子》集其大成。孔、孟、程、朱的儒学文明，则源于殷周之际以祖先崇拜、天帝崇拜、圣人崇拜、君权崇拜、父权崇拜为特征的礼教，并辅以孔孟的仁学，在君权专制的封建社会成为占统治地位的意识形态。在中国儒、释、道三教分立而又互补的传统文化中，历代帝王皆以儒守成、以道达变、以佛治心，盛世尊儒，乱世用道。汉唐盛世，道学文化略占上风，而汉文帝则为深明老子之帝王。明清之际，儒学之统治牢不可破，清康熙帝玄烨可谓帝王中之纯儒，明太祖朱元璋则尊儒加以霸王道，然彼二帝皆曾御注《道德经》，足见《道德经》为帝王不可不学者也。

在中华民族传统文化的宝库中，有三本书凝聚了人类的最高智慧，西方现代科学和哲学至今没有超出这三本书的水平，这就是《道德经》《黄帝内经》《周易参同契》。老子的《道德经》，注本繁多，大多为儒生之曲解，其中的精华还远远没有被发掘出来。是故朱熹有言："庄、老二书，注解者甚多，竟无一人说得它本意出，只据它臆说。"[①] 儒者多以老庄道学为消极避世的隐士哲学、忍辱不争的弱者保身之术视之，此皆不学无术的浅薄之见而已！老子之术以"无为"为体，以"无不为"为用；以"不争"为因，以天下莫能与之争"为果"；以"柔弱""退让"示人，以"自胜""胜人"成事。《文子》云"功可强成，名可强立"，《老子》云"强行者有志"，是以"能自强者，天不能弱；能自立者，天不能败；能自尊者，天不能辱；能自达者，天不能穷"，此即道学所谓"我命在我不在天"也。道学是参天地、赞化育、贯中西、通古今的大智慧，道学不是隐士哲学，不是庸人哲学，不是无所作为的哲学，不是与世无争的哲学。道学不是消极的哲学，而是积极的哲学；不是弱者的哲学，而是真正强者的哲学。道学以"无"为体，以"因"为用；以"生"为本，以"化"为术；以"中"为纲要，以"和"调万机；以"忍"应世务，以"逆"修丹道；无成势，无常形，立俗施事，开物成务，拨乱反正，救亡图存，指要易操，事少功多，其精华可以究天人物理，其污垢秕糠犹可以陶铸尧舜。老子以"道"垂统而教天下，人得其一隅则可以治国、可以用兵，可以经商、可以治学，可以建功立业、可以推往知来，可以治身炼性、可以养生益寿，可以叱咤风云、可以退藏于密，可以无往而不胜、可以随遇而能安。道学文化是双赢的文化，是和平的文化，是革新的文化，是超前的文化，是通向未来的文化，是世界大同的文化。人能用一字而走遍天下行之万世者，其唯"道"乎！

晋代科学家葛洪曾云："今苟知推崇儒术，而不知成之者由道。""夫

① 《朱子语类》卷七。

道者，其为也，善自修以成务；其居也，善取人所不争；其治也，善绝祸于未起；其施也，善济物而不得；其动也，善观民以用心；其静也，善居慎而无闷。此所以为百家之君长，仁义之祖宗也。”“儒者汲汲于名利，而道家抱一而独善。”“道者，儒之本也；儒者，道之末也。”[①]“道者，万殊之源也；儒者，大淳之流也。三皇以往，道治也；帝王以来，儒教也。谈者咸知高世之敦朴，而薄季俗之浇散，何独重仲尼而轻老氏乎！”[②]葛洪关于儒道关系的剖析，是两千多年来最经典、最具科学性的论断。今天历史又出现惊人的重复，国人只知有孔子，不知有老子，将儒学文化当成中华文明的品牌。然而欧美等西方的政治家对老子《道德经》《孙子兵法》皆耳熟能详，君权崇拜、父权崇拜、三纲五常、忠孝节义的儒学伦理却难以在民主宪政国家推行，盖因君权专制主义的等级制度和忠臣、孝子、烈女、节妇的伦理观念有悖于当今之世界潮流也。是以严复说：“夫黄老之道，民主之国之所用也。故能‘长而不宰’，‘无为而无不为’。君主之国，未有能用黄老者也。汉之黄老，貌袭而取之耳。君主之利器，其惟儒术乎！”[③]这一语道破了天机，老子的道学文化发轫于原始的共产社会，这就是马克思在《摩尔根〈古代社会〉一书摘要》中所考察的那种没有阶级、没有压迫、没有政党、没有国界的民族区城自治的“小邦寡民”的共产社会。这种社会是全人类文明共同的起始点，更是未来中西文明的交汇点。老子《道德经》中“是以圣人常善救人，故无弃人；常善救物，故无弃物”“天地相合，以降甘露，民莫之令而自均”“天之道，其犹张弓欤？高者抑之，下者举之；有余者损之，不足者补之。天之道损有余而补不足”“孰能损有余以奉天下，唯有道者”。这些体现了人尽其才、物尽其用，救助弱势群体、共同富裕的社会主义原则。《汉书·艺文志》称道学文化为“君人南面之术”，其中老子侧重君学，庄子侧重人学。相比之下，儒学文化则为“臣民北面之术”，其中孔子偏于臣学，孟子偏于民学，为儒生循吏的“登龙术”。在2008年河南鹿邑老子文化节的学术研讨会上，有人问我：“为什么孔子又叫孔老二？”我没有讲孔父因子皮

---

① 葛洪：《抱朴子内篇·明本》。

② 葛洪：《抱朴子内篇·塞难》。

③ 严复：《老子道德经评点》。

残疾野合而生孔子的话，而是径直回答："因为老子天下第一，当然孔子只能叫孔老二了！"老子的道是中华民族传统文化的核心，天下事有道则昌、无道则亡。老子是中国的哲学之父，也是世界的哲学之父，是人类辩证思维的鼻祖，是世界自由、民主、社会主义和共产主义政治哲学之权舆。1850 年 1 月 31 日，马克思和恩格斯在伦敦写给《新莱茵报》的《国际述评（一）》中，预见到中国正处在政治变革和文化转型的前夜，说："如果我们欧洲的反动分子在不久的将来会逃奔亚洲，最后到达万里长城，到达最反动、最保守的堡垒的大门，那么他们说不定会看见这样的字样：中华共和国。自由、平等、博爱。"① 历史证明，真正实现了马克思的这一政治预见将"自由、平等、博爱"写到城门上的人，正是中国革命的先行者孙中山先生。孙中山先生将历代帝王奉行的爱民、为民的"民本"思想超越到"民主"政治的水平，为中国人展现了由君主专制的"臣民社会"向"公民社会"转化、由君主的"世袭制"或自选接班人的"禅让制"向现代民主宪政体制转变的蓝图。孙中山先生是倡导"以道治国"的政治领袖，他断言"世界潮流，浩浩荡荡，顺之者昌，逆之者亡"。老子讲"往而不害，安、平、太"，孙中山先生将"安、平、太"诠释为"自由、平等、博爱"，他还将老子誉为"中国的自由神"，将《击壤歌》"日出而作，日入而息，凿井而饮，耕田而食，帝力于我何有哉"誉为先民的"自由歌"。中国之"善、美、义、祥"等繁体字皆从羊，西周时官职名为"牧"，施政称"牧民"，儒学文明就是一种忠君孝亲、爱好和平的"羊文明"。近世以来我国的儒学羊文明在西方列强征服、掠夺的"狼文明"面前吃了败仗，几至亡国灭种。今日中华民族复兴，必须重新振兴中华道学的"龙文明"。当前学术界的历史使命，一是改造旧儒学，创立新儒学，从儒学心性"内圣"中开出自由、民主、宪政的"新外王"，这项学术任务已有几代新儒家学者在做了；二是集古今中外思想之精华，创立有时代精神的新道学，这项学术任务才刚刚开始。新道学是 21 世纪全世界可行的文化战略，这是毋庸置疑的！

① 《马克思恩格斯全集》（第 10 卷）。

中华民族传统文化的兴衰关乎我们民族的命运和国运，一个真正强大的国家必有能在价值观上引领世界潮流的文化力量。历史悠久的传统文化是我们综合国力的基本要素，是我们国家的软实力，是中国人自立于世界民族之林的命根子。中国要在世界的东方和平崛起，就首先要有中华文化的崛起。近代中国的崛起和转型，是首先在广东这块土地上发起的，从中国第一代留学生到洪秀全、康有为、梁启超、孙中山等改变中国历史的伟人，都是首先在广东举起义旗的。30年前，我来到广州这块民主革命兴起的故土和改革开放的前沿阵地，在这里度过了三年半时光，深以母校中山大学的民主传统而自豪。麦小舟先生生于斯、长于斯，年长我一岁，是中山大学哲学系的校友，他撰写的《再生的老子》[①]是我所见到的国内同类著作中最为确切、最为平实，也是最为通俗易懂的一本书。可以预见，21世纪老子必然会再生，必然会成为全世界家喻户晓的哲学家，《道德经》也必然会成为人人手不释卷的经典。2008年3月28日，全国老子道学文化研究会启动，进而在海内外创建老子学院，把老子的道学文化推向全世界。今天，我们特别需要一本能不离老子原意，向全国民众和海外道学文化爱好者通俗讲解老子《道德经》的书，麦小舟先生《再生的老子》我很认可，希望这本书成为我国各级党校的教材，成为全国干部群众学习老子道学文化的普及读物。麦小舟先生《再生的老子》一书出版适逢其会，谨以30年前的一首小诗贺此书之问世——

何来异鸟临羊城，三年不飞又不鸣。
觅得寥廓须奋羽，敢邀众生出樊笼。

2008年12月15日于中国社会科学院

① 麦小舟：《再生的老子》，广东高等教育出版社，2009。

# Mr. Mai Xiaozhou and His Masterpiece *The Regenerated Laozi*

*Hu Fuchen*

**Abstract**: Mr. Mai Xiaozhou put all his heart to study Laozi's *Dao De Jing*, and reproduce Laozi's spirit, which can be said to be meritorious. The culture of Dao is a great knowledge to explore heaven and man, the changes of ancient and modern, and the source of life, taking *Laozi*, *Zhuangzi*, *Liezi* and Wenzi as its great representatives. Daoism is not a hermit philosophy, not an ordinary philosophy, not an all-inclusive philosophy, and not a philosophical philosophy. Daoism is not a negative philosophy, but a positive philosophy; it is not the philosophy of the weak, but the philosophy of the truly strong. Daoist culture is a win-win culture, a culture of peace, innovation, and ahead of time, a culture leading to the future, and a culture of great harmony in the world. If man can go all over the world forever with only one word, which is only *Dao*! Laozi's Dao is the core of the traditional culture of the Chinese nation. With Dao the world will be prosperous, and without Dao it will die. The traditional culture with a long history is the basic element of our comprehensive national strength, the soft power of our country, and the lifeblood of the Chinese people who stand on their own feet in the forest of nations in the world. The Regenerated Laozi written by Mr. Mai Xiaozhou is the most accurate, plain and easy to understand book of the same kind in China, which should be a popular reading material for cadres and masses all over the country to study Laozi's Daoist culture.

**Keywords**: Laozi; Daoism; Mai Xiaozhou; *The Regenerated Laozi*; Traditional Culture

# 道家哲学“有生于无”思想的深刻内涵

刘在平*

**【摘要】** 道家哲学蕴含了深刻的尊无、崇无、尚无的思想，是终极追求的思维达到一定境界的体现。有与无，是肯定性抽象和否定性超越的辩证统一。老子“有生于无”的思想以及相关论述，是中国传统哲学中“思想道统”的精髓，与西方哲学中关于全一、太一、终极存在等价值理性的超越性思考相映生辉。无，是针对感知的超越，是以道家玄览的形而上思维认识本体；是针对有形的无形，从而探索关系实在；是针对局部的整体；是针对有限的无限；是针对名教的自然，从而揭示“自而然之”。对老子“有生于无”思想与古今中外相关学说的比较和现代性诠释，有助于从本体论、认识论、价值论等视角深化对于道家哲学的理解，从而受到丰富的、具有现实意义的启迪。

**【关键词】**“有生于无”　本体论　超道德价值　关系实在　自而然之

老子的有无观，充分展示出哲学思辨的巨大魅力。有—无，是哲学本体论思维的“巅峰对决”。老子“有生于无”的思想，《道德经》当中大量关于“无”的论述，以及其中蕴含的尊无、崇无、尚无的哲学精神，精彩地抵达了不亚于世界任何哲学体系的思维高度。可以试想：如果删除了两千多年前老子已经深刻阐述的有无观，整个中国哲学史将会因降低海拔而黯然失色。

刘军宁指出——

* 刘在平，吉林大学珠海学院教授，《珠江论丛》常务副主编。

“有”字的起源相对确定，其本义为拥有、持有、存在。现在的简体字“无”有多个源头（元、天、无、亡、無、舞等），各家各派众说纷纭（关于“有与无”的文字起源的综述，参见康中乾《有无之辨》）。汉代许慎《说文解字》称“无”字为“奇字。无通于元者”。据研究，“无”字既通“元”，“元”字左撇上通便成“无”；又通“天”，“天”字右捺弯曲即成“无”。“元”和“天”是中国文化的重要范畴甚至是价值信仰。可见，与今天常用作虚词的“无”不同，“无”在古代直通“元”与“天”这样的根本实在，是实实在在的实词。在今天的日常语言中，“无”常常作为否定，作为不存在；“有”作为肯定，作为存在。作为日常用语的“有”与“无”已经不同于作为历史遗存下来的思想文化观念的“有与无”。①

如果说《易经》中阴阳论是一种普遍辩证，那么有无论则是一种终极辩证。哲学上“有—无”的问题，当终极追求思维境界未达到一定高度时，难以企及；然而当终极追求达到一定高度时，则难以回避。老子果断而确定地断言：有生于无。于是，在思维档次上宣称了有低于无，在思维逻辑上宣称了有后于无，在辩证关系上宣称了有生于无、有无相生。哲学上的“无中生有”，在本体论意义上是哲学形而上思维突破思维惯性与圭臬的生动体现。

所谓“无”，并非虚无、空无，而是在承认“有”的前提下——在对于物质的现实的质料的有的肯定性前提下的抽象性否定。这是一种否定的超越，也是一种否定的摒弃、排除、扫荡，没有这样的气魄和深邃，不可能实现超越。一种否定的超越，是哲学思维突破性提升的基本前提。

所谓“有”，并非现实物质的万有的“有”，而是一种抽象的“有”。这样的抽象已经使与“无”相对应的“有”成为一种抽象的肯定。没有这样的肯定，哲学的“无”将是没有对象的否定，是无法完成的否定。就好像面对空气而以拳击牛一样。所以，哲学上的“有”，是一种对于所有被

① 刘军宁：《作为物的“有”与作为道的“无”：综览中国思想文化传统中的“有无”观念》，http：//junningliu. blog. 163. com/blog/stati。

思维抽象所摒弃、排除、扫荡的对象的一种抽象的集中。然而，有，依然属于道，没有“有”对于万物的整合后的抽象，“无”就没有否定的对象。所以老子说：“道冲而用之或不盈，渊兮似万物之宗。挫其锐，解其纷，和其光，同其尘。湛兮似或存。吾不知谁之子，象帝之先。”[①] 创造了“万物”的“有”，是一种“挫其锐，解其纷，和其光，同其尘”的抽象整合，进而达到“湛兮似或存”的统一，也就是进入“全一”。

有，也是道，从而肯定了道的“天下归一”的逻辑力量。但是，这种肯定，受到更高一层的否定——无。无，否定了作为“一”的有，肯定了作为“元”的道。无和有，都是道。然而，无，是“众妙之门”的关闭，是对于被人们观察、认知、把握的事物的否定；有，是“众妙之门”的打开，是对于创世、创始、创生功能的肯定——“道生一，一生二，二生三，三生万物”[②]。

遍览东西方哲学史，有无观的探讨总体罕见。但是，在中国曲高和寡的老子，在人类哲学史上不乏遥相呼应的知音。出生于埃及、生活于罗马帝国时代的哲学家普罗提诺这样说——

> 存在者具有一种存在物的形状，而太一却没有形状，甚至也没有易于理解的形状。因为，太一的本性是化育万物，但太一并非万物中的一个。太一不是任何一种，既无大小，也无质量；既非理智，也非灵魂；既不运动，也非静止；既不在某地，也不在某时。用柏拉图的话说：太一“自身独立而统一”。太一无形，先于形在，就像先于运动和静止一样。因所有这些都是存在者的属性，故而使其成为多重的。[③]

这段话的另一种译本是——

> 存在的东西有存在的形式，而它是没有形式的，甚至没有灵明的

① 老子：《道德经》第四章。

② 老子：《道德经》。

③ 〔英〕安东尼·肯尼：《牛津西方哲学史》（第一卷），王柯平译，吉林出版集团有限责任公司，2010。

> 形式。我这样说，是因为创造万物的“太一”本身并不是万物的一种。所以它既不是一个东西，也不是性质，也不是数量，也不是心智，也不是灵魂，也不运动，也不静止，也不在空间中，也不在时间中，而是绝对只有一个形式的东西，或者无形式的东西，先于一切形式，先于运动，先于静止。因为这些东西都属于存在，存在创造了这些繁多的东西。[①]

之所以对照两种译本，是因为此段话很像是关于“道”的洋版言说。普罗提诺的“太一”，与老子的“道”的确是哲学思维中的“高山流水”，知音相顾。值得注意的是：普氏所说的存在，大致可以对应老子的“有”，普氏所说的“存在创造了这些繁多的东西”，几乎就是老子所说“有，名万物之母”的翻版；而普氏的“不是任何一种，既无大小，也无质量；既非理智，也非灵魂；既不运动，也非静止；既不在某地，也不在某时”的“先于存在”的“太一”，则是老子所说的“无”。普罗提诺的另一种提法：最高本体的“太一”，漫溢出第二层本体“神圣理智”；由神圣理智再漫溢出第三层本体——“宇宙灵魂”；而万事万物，以至于人的灵魂，又是本体进一步漫溢的结果。——令我们想到老子的“人法地，地法天，天法道，道法自然”[②]。

西方哲学史著述中往往将普罗提诺与柏拉图相对照，既看到两者的联系，也看到两者的差异。实际上，柏拉图的“理念”论强调一种“理型”，与“太一”还是有很大区别的。理念是纯粹、永恒、绝对的存在，从这一方面来说，理念与“天道”和“太一”是相通的。在神本论、物本论、人本论、道本论“四大家族”中，柏拉图理论基本上属于道本论。但是，“绳绳不可名”的道，既不是理念，不可用理念来把握，也不是“绝对命令”。所以，柏拉图的理念观，是道本论中的“理本论”。这里顺便提一句：柏拉图的“理本论”与贝克莱的感知、叔本华的意志、尼采的权力意志等又有重大区别，贝克莱、叔本华、尼采的本体观，

① 北京大学哲学系外国哲学史教研室编译《西方哲学原著选读》（第一卷），商务印书馆，2011，第214页。

② 老子：《道德经》。

基本上属于人本论，但是是人本论中的“心本论”。故而，哲学本体论粗一点是四大家族，细一点就是六大家族：神本论、物本论、人本论、道本论、理本论、心本论。

在斯宾诺莎那里，上帝也是“无”。雅斯贝尔斯这样评价斯宾诺莎的上帝观：“鉴于斯宾诺莎关于上帝的统摄的思想，对于这种思想来说世界消失得无影无踪，黑格尔认为称这种哲学为无宇宙论要比称它为无神论更真实。”（〔德〕雅斯贝尔斯：《大哲学家》修订版（下），李雪涛主译，社会科学文献出版社，2010）正如前面提到的，本体论可以概括为“四大家族”：以神为本、以物为本、以人为本、以道为本。斯宾诺莎虽然承认上帝的存在，但他绝不是神本论者，而是道本论者。冯友兰先生清楚地看到了这一点，他说：“高于道德的价值，可以叫作‘超道德的’价值。爱人，是道德价值；爱上帝，是超道德价值。有人会倾向于把超道德的价值叫作宗教价值。但是依我看来，这种价值并不限于宗教，除非此处宗教的含义与前面所说的不同。例如，爱上帝，在基督教里是宗教价值，但是在斯宾诺莎哲学里就不是宗教价值，因为斯宾诺莎所说的上帝实际上是宇宙。严格地讲，基督教的爱上帝，实际上不是超道德的。这是因为，基督教的上帝有人格。从而人爱上帝可以与子爱父相比，后者是道德价值。所以，说基督教的爱上帝是超道德价值，是很成问题的。它是准超道德价值。而斯宾诺莎哲学里的爱上帝才是真超道德价值。”① 冯友兰先生的解读相当精到，斯宾诺莎堪称中国的老子在西方哲学家之中又一位高位知音。斯宾诺莎的“无宇宙论”“世界消失论”，核心在于认定，存在的本质在于人们认知所不能抵达的“神性”功能：“神必然存在；神是唯一的；神只是由他的本性的必然性而存在和动作；神是万物的自由原因，以及神在什么方式下是万物的自由原因；一切都在神之内，都依靠神，因而没有神就既不能存在，也不能被理解；最后是，一切都为神预先决定——并不是为神的意志自由或绝对任性所决定，而是为神的绝对本性或无限力量所决定。此外，只要有机会，我总是竭力解除那些足以阻碍人们了解我的证明的成见。”②

---

① 冯友兰：《中国哲学简史》，涂又光译，北京大学出版社，2010。

② 〔荷兰〕斯宾诺莎：《伦理学》（第一部分），转引自《西方哲学原著选读》，商务印书馆，2011。

西方现代哲学重要领军人物海德格尔，曾与萧师毅教授合作翻译《道德经》，翻译到第八章因为语言问题就放弃了。他请萧教授写了一幅中文条幅挂在书房，内容是老子的一句话："孰能浊以静之徐清？孰能安以动之徐生？"海德格尔对于"无"的表述很精彩："无是我们与现实存在物作为整体相合一时才遇到的。"[①] 海德格尔的哲学在西方现代哲学中是"无"的哲学观的异军突起，他以"重无"来划分"存在"和"存在者"，他认为以往的哲学将探讨存在的目光停留在"存在者"那里，导致"存在问题不仅尚无答案，而且甚至这个问题本身还是晦暗而茫无头绪的"[②]。他说，无，是"对现实存在物的超出"[③]。我们看到，在海德格尔那里，"无"对"有"的超越，是"存在"对"存在者"的超越。通过这种超越，"万物和我们自己都沉入到了无所轩轾的状态"[④]。我们自然可以联想到东方哲学，包括中国的"出世"，以及佛教的"涅槃""般若"。在海德格尔看来，只有从哲学上把握"无"，才能真正把握人与存在协调合一的整体，才能领悟到"存在"的真谛。当然，这也是哲学的最高任务——本体论思维的追求。虽然前面提到的普罗提诺和海德格尔关于"存在"的理解不同，但他们对于"无"的理解还是有相通之处的。

深入理解道家哲学的有无观，需要进一步弄清当"无"针对"有"的时候，所针对的超越对象究竟有哪些。

第一，无，是针对感知的超越，从而认识本体。

无论是西方哲学中的主流，还是作为中国哲学主流的儒家哲学，基本上都是"有"的哲学。这是因为太多的哲学家对于感官的功能、理性的功能信赖有加；对于人的理性、经验，以及人的这些认知能力所把握的现象高度看重。其典型代表就是贝克莱所说的"存在就是被感知"。他甚至否定洛克关于"第一性的质"和"第二性的质"的划分，断然宣称"第一性

① 〔德〕海德格尔：《什么是形而上学?》，法兰克福 1955 年版，转引自张世英《说不可说——再论哲学何为》，《北京大学学报》（哲学社会科学版）1995 年第 1 期。

② 傅佩荣：《一本书读懂西方哲学史》，中华书局，2010。

③ 〔德〕海德格尔：《什么是形而上学?》，法兰克福 1955 年版，转引自张世英《说不可说——再论哲学何为》，《北京大学学报》（哲学社会科学版）1995 年第 1 期。

④ 〔德〕海德格尔：《什么是形而上学?》，法兰克福 1955 年版，转引自张世英《说不可说——再论哲学何为》，《北京大学学报》（哲学社会科学版）1995 年第 1 期。

的质”根本不存在。一切知识，都不过是属于人的正在经验着或知觉着的一种机能。在人们心中，客观对象在被感知中存储起来，在经验中积累起来，在习惯的力量或联想中联合起来。所以，经验世界是我们感觉的总和。也就是说，不被感知、经验到的事物即不存在。这实际上是在宣称，没有与“有”相对的“无”。在这种哲学中，“有”也已经被严重地降低了档次。道家哲学的有无观，与此针锋相对。老子多次强调，道，是对感知的超越。“视之不见，名曰夷；听之不闻，名曰希；搏之不得，名曰微。此三者不可致诘，故混而为一。一者，其上不皦，其下不昧。是谓无状之状，无物之象，是谓惚恍。迎之不见其首，随之不见其后。”① 西方，斯宾诺莎的“无”也是鲜明地强调对感知和经验的超越的。他指出：“人们一旦相信了一切存在物都是为了他们而存在，就必定认定其中对他们最有用的是最重要的，最能使他们感到满意的是最出色的。由此人们便不可避免地形成一些概念，如善、恶、条理、紊乱、冷、热、美、丑，企图用来解释自然事物；……无知的人却把这些概念当作事务的重要属性。因为他们像我们已经说的那样，相信万物都是为了他们自己而创造的，并且根据自己对于事物的感受，把事务的本性说成好的或坏的，健全的或腐朽的、腐化的。”② 我们不妨将《道德经》的话语与斯宾诺莎的言论进行对照。一方面，老子认为“天下皆知美之为美，斯恶已；皆知善之为善，斯不善已”③ ——像斯宾诺莎一样对于所谓“皆知”的善与美的概念予以否定；另一方面，老子说“天地不仁，以万物为刍狗；圣人不仁，以百姓为刍狗”④ ——反对人们从自己的角度、从自身感受出发来评判事务的优劣。显然，哲学中“无”的思维高度，是对于人的经验认知以及那些以人为尺度、以人为本体的所有傲慢人格的双重超越。当今人类文明进程已经表明，这样的哲学思维，正在愈益展现出其深刻的意蕴和启迪价值。

陈鼓应先生说：“只因为‘道’之为一种潜藏力（potentiality），它未

---

① 老子：《道德经》第十四章。

② 〔荷兰〕斯宾诺莎：《伦理学》（第一部分），转引自《西方哲学原著选读》，商务印书馆，2011。

③ 老子：《道德经》第二章。

④ 老子：《道德经》第五章。

经成为现实性（actuality）时，它‘隐’着了。这个幽隐而未形的‘道’，不能为我们的感官所认识，所以老子用‘无’字来指称这个‘不见其形’的‘道’的特性。”“老子的‘无’是含藏着无限的未显的生机，‘无’乃蕴涵着无限之‘有’的。”[①] 那么，老子凭什么又说“湛兮似万物之宗”呢？凭什么又说“执古之道，以御今之有。能知古始，是谓道纪”呢？这也是一种认知，也包括了对于“可知”的肯定、对于自己“能知”的自信。这又如何理解呢？可以参考冯友兰所说的“无知之知”。冯友兰先生的有关论述如下。

> 所谓道，有两意义：照其一意义，所谓道，是指一切事物所由以生成者。照其另一意义，所谓道是指对于一切事物所由以生成者底知识。一切事物所由以生成者，是不可思议不可言说底。因为若思议言说之，则即加以一种性质，与之一名。但它是无名，不可以任何名名之。它既是如此，所以它是不可知底。所以对于道底知识，实则是无知之知。《齐物论》中的：“故知止其所不知，至矣。孰知不言之辨，不道之道。”不知之知，就是知之至。《庄子·天地篇》云：“黄帝游乎赤水之北，登乎昆仑之丘，而南望，还归，遗其玄珠，使知索之而不得，使离朱索之而不得，使吃诟索之而不得也。乃使象罔，象罔得之。”知是普通所谓知识，离朱是感觉，吃诟是言辨。这些均不能得道，只有象罔能得之。象罔就是无象，无象是超乎形象。“超以象外”，然后可以“得其环中”。这种知识就是无知之知，无知之知就是最高底知识。[②]

一直都有人对于人类的认知方式、思维方式进行比较粗糙的划分，将“执古之道，以御今之有”的认知归结于所谓“东方神秘主义”。实际上，中国的儒家、法家等思想家认知方式以经验、比类、喻指为主，而老子的道家哲学所运用的“静观”“玄览”，是一种与感觉经验、逻辑实证等认知

---

① 陈鼓应：《老庄新论》，上海古籍出版社，1992。

② 冯友兰：《新原道》，转引自谢遐龄编选《阐旧邦以辅新命：冯友兰文选》，上海远东出版社，1996。

方式截然不同的“理性直觉”，或曰“整体观悟”，是人类认识超验世界的重要的方法论。李约瑟曾经敏感地发现其中的不同，他说：“在中国古代十分清楚的是，儒家的伦理学的唯理论是与科学的发展不相容的，而道家的经验主义神秘论则对科学有利。”李约瑟博士所用的“经验主义神秘论”这个概括，不一定准确，但他的意思很明显：充分肯定了道家哲学认识论的贡献，以及道家哲学认知方式、途径与科学认知、科学思维之间的互补性、相融性。

第二，无，是针对有形的无形，从而探索关系实在。

老子论道，一贯强调无形：“是谓无状之状，无物之象，是谓惚恍。迎之不见其首，随之不见其后。”[①] “大音希声；大象无形；道隐无名。”[②] 道家哲学贵无的思想，无疑包括了贵无形的思想。那么，这是为什么呢？我们应当从无形中探寻实在与本体吗？答案是肯定的。

老子有一种重要的思想，即“有之以为利，无之以为用”[③]。老子举例：“三十辐共一毂，当其无，有车之用。埏埴以为器，当其无，有器之用。凿户牖以为室，当其无，有室之用。”[④] 意思是：器物的“实体”部分，只是提供了可资利用的条件，但真正发挥功能作用的，是其中的“空无”。

有人认为，这里老子用的是比类思维，但实际上只不过是一种“借喻”，借助车轮、陶器、房屋这三种具体事物来说明深刻的哲理。表面上看，这里的有和无，与“有生于无”不在一个层面上，而且，后人也确实从“以为利、以为用”受到体用观的启发，但通过这里的借喻式的阐述，老子依然是论证形而上层面的有无观。我们认为，老子的思维，已经涉及“实体存在”和“关系存在”孰者更为根本的问题。

车轮的辐条是物质实体，但是决定车轮区别于非车轮的性质和功能的是空无，即关系结构。陶器、房屋亦然。我们认为，老子的有无观，是一种关于实体存在（有）与关系存在（无）的早期哲学探讨，是道家哲学本体论高度的一种生动体现。有生于无，已经包含了一种深刻的思

① 老子：《道德经》第十四章。
② 老子：《道德经》第四十一章。
③ 老子：《道德经》第十一章。
④ 老子：《道德经》第十一章。

想：一切物质必依关系结构而存在，关系存在是更为根本的、实质的存在。同时，正如老子所深刻揭示的：事物的性质、功能由关系、结构所决定；故而事物的生成，亦由混沌无序的物质依关系、结构而组合。即使任何基本物质或曰“始基”，也是“无关系则无存在”的。关系实在论，是唯心主义还是唯物主义？是超越了唯心主义和唯物主义划分的唯道主义。

中国社会科学院哲学研究所的罗嘉昌先生认为：“关系实在论，作为一种窄义的理论，通过以下五个论题来展开：①关系是实在的；②实在是关系的；③关系在一定意义上先于关系者；④关系者是关系谓词的名词化；⑤关系者和关系可随关系算子的限定而相互转换。显然，这是一种肯定关系的实在性，以关系的实在来取代绝对的实体，又以阐明实在之关系依赖性来消解对‘实在’的任何绝对化解释的思想进路。”① 罗嘉昌先生列出的三个公式，作为阐述现象的结构即存有的模式，是很有说服力的——

现象、实在和存有被限定在一组本质上不可分离的关系结构中，其一般表述为

$$Y = f(x1, x2, \cdots, xn) \tag{1}$$

其中，$Y$ 为现象，即显现出来的性质或性质的集合，$x1$ 到 $xn$ 为决定现象生成的诸因素或变量，$f$ 表示这些因素或变量之间的关系。现象或性质总是在特定的关系中显现的，引入相应的关系参量 $r$，（1）式可简并为二元函数来讨论，即

$$Yr = fr(x, r) \tag{2}$$

这里 $Yr$ 作为序偶（$x$，$r$）的集合，表示一种具体的关系性质，倘若 $Y$ 仅由 $x$ 决定，而与 $r$ 即其他参量无关，则用一元函数来表示

$$Y = f(x) \tag{3}$$

此式中的 $f$ 与（2）式中 $fr$ 显然有别。$f$ 表示个体 $x$ 所具有的属性，

① 罗嘉昌：《从实体本体论到关系实在论》，转引自《纪念中国社会科学院建院三十周年学术论文集·哲学研究所卷》，方志出版社，2007。

而 $fr$ 则表示 $x$ 和 $r$ 之间的关系。用逻辑语言来说，前者是一元谓词，后者是关系谓词。[①]

罗嘉昌先生指出："公式（2）通过引入关系参量 $r$，典型地表现出关系实在论存有模式的特征。所谓关系的实在性，是指它的内在性、不可还原性和在先性。关系内在于系统整体而成为其结构要素，它们不是附加于与它们相关联的东西，而是构成了其总体实在；关系并非伴随其关系者的非关系性质而产生，因而关系不能还原为非关系性质；在先性有时表述为客观性、先验性，是讲它在人的意识之外，尽管它也具有对人的选择、约定的相关性。'关系是实在的'这几方面含义均通过 $r$ 参量之引入而得以体现。$r$ 参量可说是关系的内在性、不可还原性和在先性的'载体'。"[②]

关系实在的哲学，无疑是"无"高于"有"的哲学。无，是本质，或约关系实在；有，是现象存在。无和有在"道"中的统一，也是在万事万物各层次系统中的统一；同时本质比存在更为优先，有生于无，是存在生于本质的更为抽象的说法，在本体论方面的意义是十分重大的。我们知道，以萨特为代表的、影响广泛而长久的存在主义哲学，最核心的原则就是"存在先于本质"。这种认为人的"存在"在先、"本质"在后的"人道主义"哲学，是西方"天赋人权"的古典人道主义的大踏步后退，其原因即在于，这是一种本体论上的低档寻求。在道家哲学看来，萨特是不承认"无"的。虽然他将人的存在划分为"自在的存在"和"自为的存在"，而且他所谓"自在的存在"是一种"虚无"。但是，萨特的虚无和老子的"有生于无"的"无"具有本质的不同。在萨特那里，自在存在既非创造也非被创造，既非主动也非被动，既非肯定也非否定，是一种荒谬的"存在"。所以，他完全看不到"无"是一种无形的、关系的、功能的存在。更重要的是，存在主义哲学全部从人出发，只见人道，不见天道，所以彻底否定决定论，将人的自由看成是绝对自由。我们认为，在自由问题

① 罗嘉昌：《从实体本体论到关系实在论》，转引自《纪念中国社会科学院建院三十周年学术论文集·哲学研究所卷》，方志出版社，2007。

② 罗嘉昌：《从实体本体论到关系实在论》，转引自《纪念中国社会科学院建院三十周年学术论文集·哲学研究所卷》，方志出版社，2007。

上，建立在人的存在先于本质基点上的“绝对自由”，其现实社会中的实践结果至少有二：一是导致破坏平等正义，终将落入极权主义或霸权主义的多数人的不自由。只有在天道本体的前提下，在关系本质决定实体存在前提下，才可能追求罗尔斯《正义论》中提出的“平等的自由”“自由的平等”。二是导致破坏生态平衡，使生态文明建设在根本上失去哲学依据。

第三，无，是针对子集的总集，从而把握全一。

道家哲学明确地认定世界是统一的，世界是一个整体。虽然老子的时代与我们今天的时代相隔约2500年，但无论当时还是今天，人类所发现和掌握的知识，全部是关于“子系统”现象或规律的认知。然而，宇宙——自然系统却是统一的，世界是统一的，这种统一性必然由一种最具统摄性、涵盖性、超越性的最高因素所决定、所生成。这就是道。故而，道，一定具有整体的统一性、同一性和唯一性；道的思维，是整体和统一的思维，是“一”的思维。但是，道，又是“无”的思维，是超越于、贯穿于一，进而贯穿于、渗透于万事万物的功能机制的思维。“道生一，一生二，二生三，三生万物。”[①] 所以，一，毕竟是有；有，也是道，从而肯定了道的“天下归一”的逻辑力量，即“万物之母”的造化之功。但是，这种肯定，受到更高一层的否定——无。无，否定了作为“一”的有，肯定了作为“元”的道，亦即“天地之始”的开启之功。无和有，都是道。然而，无，是“众妙之门”的背后，是对于被人们观察、认知、把握的事物否定；有，是“众妙之门”的开启，是对于创世、创造、创始、创生功能的肯定。所以，无，是一种极为重要的、超越性的否定性思维，没有这样的否定，人类一定会以自身的行为、思维以及人类社会一切认为造就的文明而或迟或早地陷入傲慢与疯狂。有，是一种肯定性思维，没有这样的肯定，就会否定道的贯穿力、渗透力与整合力，就会在人类社会和精神领域中忽略道的潜移默化、自然而然的作用，就不会看到人道、心道依然是道的绵延与流溢，从而肯定人的一切面对物质世界、社会世界、精神世界的作为与思维，但归根结底以“道”为依据。

理解道家哲学有无观，有两段话至关重要——

---

① 老子：《道德经》第四十二章。

其一："道大，天大，地大，王（人）亦大。"[①]

所谓"大"，指的是终极系统，即人们必须用超验思维，用形而上哲学来整体认知的"大系统"，其实也可以称之为"道系统"。老子的意思是，道、天、地、人这四项系统是区别于其他任何子系统的、具备了"道系统"资格的系统整体。今天看来，我们人类所生存、生活于其中的系统尽管繁复庞杂，但称得上"道系统"的主要有三大体系：一是生态系统，即宇宙自然系统；二是世态系统，即人类社会系统；三是心态系统，即心理、文化、精神系统。

生态系统高于、大于、全于另外两个系统，是最高的、终极的"全一"系统。但是，在与万事万物所分别构成、交叉构成的所有子系统的比较中，第二、第三系统也都具备了"吾不知其名，故强字之曰道，强为之名曰大"的资格，因而都可以看作具备了大而全、整体、神秘特征的"道系统"。我们可以称之为：天道、人道、心道。这三者既贯穿着统一的道，同时，都分别具有其他子系统所难以达到的、人们所难以彻底认知、完全把握、更为充分的自组织、自调整、自选择、自发展的功能作用。

其二："昔之得一者：天得一，以清；地得一，以宁；神得一，以灵；谷得一，以盈；侯得一，以为天下正。"[②]

虽然道一定是大道，但毕竟可以蕴含于、渗透于万事万物之中，作为玄机在天地之间流行，作为内蕴在万有之中造化。老子说："大道汜兮，其可左右。"[③] 意思是大道是一个主流，从主流中分出支流，支流是可以向左向右的，而支流还是要回到主流。总系统分出子系统，但子系统还是要归属于总系统。尤其是人道、心道这样的"道系统"，人的因素发挥巨大作用，由于人为选择和自由创造的因素而区别于天道，肯定难以避免，否则人类又怎能称为"万物之灵"呢？但是，第一，人类的一切区别于其他动物的灵性，本身就是天道"自而然之"的产物。第二，人道之中、心道之中，绝不仅仅是人为因素在起作用，也必然包括了"自而然之"的道的

---

① 老子：《道德经》第二十五章。

② 老子：《道德经》第三十九章。

③ 老子：《道德经》第三十四章。

功能作用。这是非常重要的道家哲学思想，人类社会和人类精神世界，各种要素非人为因素的整合、调控与发展演化，是无可否认的。第三，一切子系统，尤其是人道系统、天道系统这样的人为因素充分发挥作用的系统，归根结底要循道、尊道、依道。这正是哲学本体论思维的深刻意义所在。“知有涯”的人类，在用科学方法和手段去揭示天道“自而然之”功能具体机制的过程中可以不断进取，但最终不可将“知无涯”的雄心转换为“知无涯”的傲慢，因而应当而且必须去认可、遵循、敬畏天道所昭示的价值体系与准则。这正是老子“昔之得一者：天得一，以清；地得一，以宁；神得一，以灵；谷得一，以盈；侯得一，以为天下正”这一教诲中的深刻哲理。

第四，无，是针对有限的无限，从而抵达“永恒”。

世界是无限的还是有限的？自古至今，无人能够以有说服力的根据肯定宇宙有限。人的思维是无限的还是有限的？哲学上肯定人的思维无限者不乏其人，但是，那是就人的思维的潜能、可能性而言的。问题在于，既然不可能全人类同时思考同一问题，所以思维归根结底是个体的。由于思维成果可以传承，思维在一定意义上可以延续，但任何人在任何时刻对于无限事物的思维，都不可能集中过去、现在以至未来人类的全部智慧、调动全部潜能。可以说，人的思维永远是以有限对无限。所以，有限和无限的关系问题，包括了思维和存在的关系问题。

从思维和存在的关系来看，人对待世界的基本态度或曰基本路径有两种。其一是以形而下思维去积极地认识和掌握世界之“有”，即以主动、积极、自信的姿态去认识和掌握具体规律，无论是自然的、社会的、精神的世界，都可以用科学的方法、实证的手段和逻辑的思维去探索、去实践，从而实现理性化的生存、生活与创造。其二是以形而上思维去玄览和觉悟世界之“无”，即以敬畏、谦卑、真诚的态度去对待自然深处自己尚未、难以并永远无法确切认知与把握的神秘，承认并尊重其超越人类认知与创造的复杂、深奥与完美，从中接受启示，反思、检讨、规范、校正自己的思维与行为，从辩证、统一的，而不是分隔、对立的角度出发确立价值体系，提升自己的境界，并寄托自己的精神信仰。老子论无，老子论道，正是关乎后者的思维。

老子的无，一个极为重要的含义就是指无限。不仅仅如前所述，无，是针对人的认知能力的、超验的无限，而且，是超越一切端点的无限——既无起点也无终点，是超越一切框架的无限——既无核心也无边缘，是超越一切权力的无限——既无持有也无主宰。正因为如此，无，才是无限的，才是永恒的。《道德经》第四章的言说非常耐人寻味：“道冲而用之或不盈，渊兮似万物之宗。挫其锐，解其纷，和其光，同其尘。湛兮似或存。吾不知谁之子，象帝之先。”这里有两个“似”字，不是近似、相似、好像的意思，而是“本来是，却不以其是而出现”的意思：本来是万物之宗，却不以万物之宗而示人；本来是本真存在，却不以本真存在而自居。其实可以这样说：由于道的深不可测，因而是“无”中的万物之宗，是“无”中的本真存在。

老子是自然崇拜者，但这和神本论的将自然神化的崇拜有本质的不同。所以，将道家哲学归于泛灵论或神秘主义是没有道理的。老子的道本论，或曰“自然本体论”，从思维与存在的关系上来说，是一种深层、内在的统一论。一方面，承认自然之道比所有的人能够窥测、意识、认知、描述、传播的知识要深奥得多；另一方面，自信可以通过玄览、玄思，“以御今之有”，从而领略和体会深奥的自然存在之中那深层的原则、启示与指南。在老子看来，正因为人的能力在道本存在面前显得渺小，所以应当对“无”中的天启充满崇拜与敬畏。正因为，道，虽然高于、全于、深奥于人道与心道，但是却贯穿于、体现于人道与心道，并且蕴含于、运行于一切事物的运动发展变化之中，所以，人的思维与天道存在，从内在是完全可以统一的。这也正是中国哲学“天人合一”哲理智慧的深刻含义。

因此，道家的本真，主要不是对于具体规律的认知与把握意义上的“客观真理”，更不是人的思维意识、精神世界所独具或创造的“主观真理”，而是主观与客观相统一的、关于最高原则、最高境界、最高信仰、最高审美的“道统真理”、意义真理、价值真理。人的欲望或需要的交织，人类的利益争斗、社会矛盾、文化冲突，可以导致产生种种形式的权力、法律、典章、道德、礼仪、规则与制度，但是，道本真所启示和蕴含的真理，却与人类所人为创制的所有这些完全不同，是一种“相反”的、非常的、超越性的生存、思维、活动的原则体系——“反者道之动”。冯友兰说：“按照中国哲学的传统，它的功用不在于增加积极的知识（积极的知识，就是指关于实际的信息），而在于提高心灵的境界——达到超乎现世的境界，获得高于道德价值的价值。……中国哲学传统里，有为学、为道的区别。为学的目的就是我所说的增加积极的知识，为道的目的就是我所说的提高心灵的境界。哲学属于为道的范畴。”①

颜世安先生说：“老子谈论道，所有的具体情状特征，都不如这个‘无’重要。老子为什么要说道是无?”颜世安的回答是：“这一思想归根结底出于自然崇拜。道是无的意思，是为了表示自然的最高规范，是以一种人无法看到、听到，无法由知识理性法则推测，无法言说的方式存在的。道体本无不是空无一物，而是表达一种与人以及人所熟悉的世界完全异质的存在，这个无，不是空间意义的无，而是存在论意义的无，是对自然真理、自然完美性超越于人的认识能力、言说能力的概括性表达。”“老子道论的哲学含义，就在于以自然的完美，特别是以一种不可见、不可知、不可言的完美，来启示对现实的迷误和生存的反省。”②

第五，无，是针对名教的自然，从而揭示“自而然之”。

我们注意到，老子是一位“否定性思维”特色十分鲜明的思想家。他的贵无的思想，是他的“否定性思维”在哲学“最高处”的反映。那么，他所说的“无”，和他所说的“无名”（道常无名、无名之朴等）、“无为”、“不敢为”、“生而不有，为而不恃，长而不宰”等否定性话语，有没有内在联系呢?《道德经》第六十四章中的一句话，具有提纲挈领的意义：“辅万物之自然，而不敢为。”而在被认为最早也最好的版本——《道德经》竹简甲本中，这句话的文句是“（是故圣人能）辅万物之自然，而弗能为”。后人将“能”字改为“敢”字，一字之差，档次完全不同。不敢，将意义限制在主观愿望和胆量；弗能，不仅仅指主观能力，而且指客观制约，是指在主客观的统一关系上人之“为”的局限性、必受制约性。当然，也包括了主观的自我约束。

---

① 冯友兰:《中国哲学简史》，涂又光译，北京大学出版社，2010。

② 颜世安:《论老子的道体本无思想》,《江苏社会科学》1997年第2期。

关于什么是“自然”，陈鼓应、白奚所著《老子评传》中说——

老子所谓的“自然”，不是现代人所谓的“自然界”或“大自然”，而是自己如此、本来如此的意思。在老子看来，宇宙是一个和谐的、平衡的整体，这种和谐、平衡的状态，是通过构成这个宇宙的万事万物自身不受外界强力干扰的存在与发展而达成和维持的。也就是说，万事万物在不受外界强力干扰的情况下，通常都能发挥出自己的最佳状态，都能与周围的其他事物保持着良好的关系，整个宇宙就在万物的最佳状态和良好关系中达到了和谐与平衡，发挥出最大的功能。这就是老子所谓的“自然”。①

这段话说得很好。不过，现代人所说的“自然界”“大自然”，也应当有“自而然之”的意思，也就是说，也应当包含哲学意味的理解，而不仅仅是纯粹的物质世界。

刘笑敢先生则将通常人们对于“自然”的误解分为四类——

一、将老子之自然误作自然界或大自然的同义词；

二、将老子之自然误作与人类文明隔绝或没有任何人为努力的状态；

三、将老子之自然误作人类历史上原初社会的状态；

四、将老子之自然误作霍布斯所假设的所有人对所有人的战争的“自然状态”（stateofnature）。②

进而，刘笑敢先生从三个层面提出了“人文自然”的概念，以便人们对于老子的“自然”有更为全面准确的认识：一是“道法自然”的自然，指人们终极关怀的表现，表达了老子对人类以及人与自然宇宙的关系的终极状态的关切。二是“百姓皆为我自然”中的自然，其价值体现在人类群

---

① 陈鼓应、白奚：《老子评传》，南京大学出版社，2001。

② 刘笑敢：《老子古今》（上卷），中国社会科学出版社，2006。

体社会。三是“辅万物之自然”中的自然，指的是让一草一木、一家一户、一乡一邑、一邦一国都有正常发展的环境和空间。[①] 刘笑敢先生的用意是良苦的，也是很有意义的。在这样的研究基础上，非常有利于我们深刻理解老子的“自然”：在一切系统中存在的“自而然之”“自然而然”的关系和功能机制，我们观察和对待一切系统需要保持的一种“顺其自然”的基本宇宙观、世界观和价值观。

刘笑敢先生指出的老子之自然的第一个层次：超越性的终极状态，就是无，就是针对一切感知、观察、经验而言的，无可具体认知与把握的、难以知其所以然的自然天道。但是，不仅仅是“有生于无”，而且“有无相生”——无中生有、有中含无，“其大无外，其小无内”。所以，蕴涵于万事万物、人类社会、精神现象中的“自而然之”“自然而然”，依然是无，依然是人类“知有涯”之外的“知无涯”的无。也就是说，所谓人道、心道，归根结底依然是天道，只不过是天道在人类社会、精神现象中的反映。

然而，即使是宇宙中，即使是无限遥远与浩瀚的空间，也有“有”。所谓“有”，就是一切事物的非终极状态，就是万事万物中因果关系的一面、逻辑链条的一面、具体规律的一面。正是这一面，给予人类的认知和思维以回报。那是因为，人类思维与智慧本身、人类大脑功能本身、人类各种知识信息与创造发明的积累沉淀发展提升本身，也是“道”，其中也有“无”——既是天道机制发展的伟大成果，也是人类社会与文化系统、个体身心系统在“不知不觉”之中“自然而然”变化发展的伟大成果，同时，也是人类“知有涯”范围以外的“知无涯”的玄奥与神秘的构成。这正是有与无的深刻辩证，或者正是我们所说的“终极辩证”“巅峰辩证”。

正是人类这种“不知不觉”之中“自然而然”变化发展的“道”，使人类获得了思维驰骋、行为自觉的宽阔的空间与舞台。人类自由的深刻的底蕴和依据，正在于人类无论怎样聪明智慧，人类的自觉意识、自我意识、理性意识无论怎样突出，无论怎样超越万物而成为“万物之灵”，但

① 刘笑敢：《老子古今》（上卷），中国社会科学出版社，2006。

始终依托着自然天道。人类社会发展的每一步、人类文明进化的每一步、人类智慧提升的每一步，都有“自然而然”“自而然之”的道的整合（就连个人智慧和认知能力成长过程中也少不了潜意识整合)。如果人类社会的欲望冲突、利益冲突、种族冲突等没有这样的非人为的整合机制，如果人类政治权力系统、精神文化系统、个体的潜意识系统没有这种非人为的整合机制，人类作为“类”就成为一种无根本的存在。而这种无的、道的、非人为的整合机制的本体意义的本质存在，正是人类社会中天赋人权、天赋道德、民主政治、共和制度、市场配置、公民自治、生态文明、人格自主等以及静默修炼、中医养生、自醒自悟、瑜伽修炼、涅槃般若等思想主张的深刻的哲学依据。

魏晋时期，思想家提出三个著名论断：一是“名教出于自然”，二是“名教即自然”，三是“越名教而任自然”。这些思想主张的哲学基础，依然是道家有无观。其中杰出的代表人物王弼，就在本体论上倡导“贵无论”，强调“以无为本”“崇本举末”。他说：“有之所始，以无为本。”“凡有皆始于无，故未形无名之时，则为万物之始。”“天下之物，皆以有为生。有之所始，以无为本。将欲全有，必反于无也。”这显然与老子有生于无、无形生有形、反者道之动等思想如出一辙。王弼进一步将无与有的关系，表述为本与末的关系、母与子的关系、匠与器的关系：“万物虽贵，以无为用，不能舍无以为体也。”“守母以存其子，崇本以举其末，则形名俱有而邪不生，大美配天而华不作。故母不可远，本不可失。仁义，母之所生，非可以为母。形器，匠之所成，非可以为匠也。”①

正是在这样的本体论基础之上，他提出了“名教出于自然”的论断。在他看来，“名教”是“道朴散为器”的结果。“朴，真也。真散则百行出，殊类生，若器也。圣人因其分散，故为之立官长。”② “始制，谓朴散始为官长之时也。始制官长，不可不立名分以定尊卑，故始制有名也。”③怎样理解“道朴散为器”呢？“散”的过程，是万事万物具体的发展演

① 王弼：《老子注》第三十八章注。

② 王弼：《老子注》第二十八章注。

③ 王弼：《老子注》第三十二章注。

变过程，当然也是人类社会发展演变的过程。社会的本真状态，即自然状态，在其运行、发展之中，各种矛盾和冲突、各种要素的复杂交织，发展出贫富差别、权力组织、等级序列、规范礼仪。而对所有这些“散”的结果，需要人为地予以确认和固化，也需要筛选、整合、论证、教化。于是表现为种种“制官长”“立名分”“定尊卑”的人为的名教建设。但是，“名教”，毕竟是道之散、道之用，是已经远离本真、质朴的“器”，在其经过后天的、人为的制定、解释、教化之中，尤其是在被统治者的利用之中难免出现异化。古今中外的历史，无不证明了这一点。所以，所有的名教，既可能包含了经久不衰、纳入人类文明宝库的普世价值，也可能包含了阶段性、地域性、民族性的价值，还可能包含了权宜之计的、急功近利的因而稍纵即逝的价值，甚至可能包括为权力垄断和特权服务的特定的“价值”。所以，名教，需要筛选沉淀，也需要变化、改革、发展，甚至需要推倒重来。那么，依据是什么呢？是返璞归真，是以道为本。所以王弼强调“以善为师，不善为资，移风易俗，复使归于一”。对此，他更为深刻的论证是：“过此以往，将争锥刀之末，故曰‘名亦即有，夫变将知止’也。逐任名以号物，则失制之母也，故曰‘知止所以不殆’也。”王弼所说的“知止”，正是对异化的警惕和抑制。尤其是以强制而推行和加固的“名教”，即便有种种理由，也不过是“争锥刀之末”的权术和心机的产物，导致社会的畸变。王弼在其为《道德经》所作的注中说：“无形无名者，万物之宗也。虽今古不同，时移俗易，故莫不由乎此，以成其治者也。故可执古之道，以御今之有，上古虽远，其道存焉，故虽在，今可以知古始也。”通过革故鼎新，摒弃那些陈旧僵化的、出于一家之私的、已经成为某一阶层或集团所利用和专擅的种种制度名教，才能实现大道运行的持续进步。这样的见解是很深刻的。只不过，他将儒家所推崇的尊卑有序、帝王统治制度作为“自然”的启示，也使自己陷入名教之中了。

在老子自然主义的思维中，“无”的内涵，是十分明显地针对人类之为而言的。“辅万物之自然，而弗能为”——充分尊重自然界中自然的自由，自而然之，自而由之。宇宙之中没有任何持有者、主宰者、操控者、设计者，没有什么相对于万事万物的、以万事万物为“客体”的“主体”。而人类，却往往从自身的利益和角度出发，站在“以人为本”的立场上，将万事万物作为改造、利用，甚至是操控、主宰的“客体”，而这就必然将自己当成了“主体”。——主体与客体、思维与存在的分裂由此而产生。

老子反其道而行之，认为无高于有、先于有，同时认为无中生有、有中含无。于是，人类既可以面对万事万物“有”的一面，即具有因果关系和确切规律的一面而发挥主观能动性和创造力，又必须面对“无”的一面，即人类永远无法确切地认知和把握的、需要以形而上思维不断追求的超越性天启，从而以敬畏和谦卑的基本态度为自己树立信仰体系、价值体系和精神依托，避免异化，避免走向歧途以致走向毁灭。人类文明的发展，在深层意义上，包括了不断地提升审视和反思的境界，不断地扩大整体上“执古之道，以御今之有”“知止所以不殆”的范围，也就是整体和谐运行的范围，从而提炼并提升“上古虽远，其道存焉”的价值启迪。

## The Profound Connotation of the Thought of “Being Born from Nothing” in Taoist Philosophy

*Liu Zaiping*

**Abstract**: The philosophy of Taoism contains profound respect of nothingness, which is the expression of the ultimate pursuit of thinking to a certain state. Existence and nothingness are the dialectical unity of affirmative abstraction and negative transcendence. Laozi's thought of “being born from nothing” and its related exposition are not only the essence of “ideological unity” in Chinese traditional philosophy, but also reflect the transcendent thinking of value rationality such as mono and ultimate existence in western philosophy. Nothing is aimed at the transcendence of perception, the understanding of Noumenon with metaphysical thinking of Taoist metaphysics; it is invisible aimed at tangible, thus exploring the relationship reality; it is whole aimed at part; it is infinitive aimed at limit; it is aimed at the nature of religion, thus revealing the “self-existence” . Through the comparison and modern interpretation between Laozi's thought of “being born from nothing” and the relevant theories at home and abroad, it is helpful to deepen the understanding of Taoist philosophy from the perspectives of ontology, epistemology and axiology, so as to be enlightened by rich and practical significance.

**Keywords**: Being Born from Nothing; Ontology; Tran Moral Value; Relationship Reality; Self-existence

# 文化研究

CULTURE STUDY

# 真实的，还是虚构的莎士比亚

## ——有关神秘作者的传记电影探析*

吴　辉**

【摘要】一个世纪以来，几乎所有的莎剧都被改编成了电影，但作为一位历史人物，莎翁本人却没有登上银幕。直到上20世纪90年代，有关他生平的影像作品才出现。意想不到的是，剧情片《莎翁情史》(*Shakespeare in Love*) 和《匿名者》(*Anonymous*) 一上映就吸引了大量观众，同时也招来很多批评。近年来，这位大诗人甚至成为情景喜剧《新贵》(*Upstart Crow*) 中的主角。笔者试图探析类型电影传记片是如何与影视产业和历史研究彼此互利、相得益彰的。

【关键词】莎士比亚　传记片　纪录片　剧情片　情景喜剧　新历史主义

1899年，首部根据威廉·莎士比亚的同名剧改编的默片《约翰王》(*King John*) 诞生后，莎剧被搬上银幕四百多次，① 可谓名副其实的改编之王，这使莎翁成为电影史上被改编作品最多的作家。莎剧几乎都被改编成了

---

* 本文题目“真实的，还是虚构的莎士比亚”借用了莎剧《哈姆雷特》中的一句著名台词：“生存，还是毁灭，这是一个问题”的英文句式，题目译为英文即为“To be, or not to be Shakespeare”。

** 吴辉，文学博士、中国传媒大学教授，国际莎士比亚协会会员、国际改编研究学会会员。曾在美国、德国和英国多所大学做访问学者。长期从事外国文学、欧美影视文化和影视剧改编的教学与科研工作。

① 2014年《吉尼斯世界纪录》收录了420部莎士比亚剧情片和电视电影，其中包括79个版本的《哈姆雷特》和52个版本的《罗密欧与朱丽叶》。《互联网电影数据库》最近列举了超过1300种莎士比亚作品的参考文献，尽管其中有些是记录不详并与其无关的内容（参见吉尼斯世界纪录，https://www.guinnessworldrecords.com/news/2014/4/william-shakespeare-turns-450-ten-startling-great-bard-themed-world-records-56900-*IMDb*, *https*://www.imdb.com/name/nm0000636）。

电影，不仅来自英语世界，也有来自俄罗斯、巴西、日本和中国的改编。[①]

相反，作为主人公的莎氏本人在电影的第一个百年里几乎是缺席的。[②]而其他一些著名的作家在默片时代就登上了银幕，例如列夫·托尔斯泰（Leo Tolstoy，1912 和 1913）、贾科莫·卡萨诺瓦（Giacomo Casanova，1918 和 1927）以及弗里德里希·席勒（Friedrich Schiller，1923）。[③] 在早期的有声片中，被塑造为民族英雄却在个人悲剧与文学成就之间抗争的作家有亚历山大·普希金（Alexander Pushkin，1937）、马克西姆·高尔基（Maxim Gorky，1938～1940）、席勒（1940 再次拍摄），还有埃德加·艾伦·坡（Edgar Allan Poe，1942）。[④] 随后，传记电影里的文学人物如史诗般被展现的有塞万提斯（Cervantes，1969）、莫里哀（Molière，1978）和夏洛蒂·勃朗特姐妹（the Brontë Sisters，1979）等。[⑤]

直到 20 世纪 90 年代，莎士比亚这位人类历史上伟大的作家，才真正进入了属于他的传记电影时代。

## 一　看，还是不看莎士比亚[⑥]

被造物似乎远胜造物主，这种局面在过去的二十多年里终于发生了

① Wu, Hui, "Shakespeare in Chinese Cinema" . In *Multicultural Shakespeare*, Zoshiko Kawachi and Krystyna Kujawinska eds. , *Courtney*, (Łód z: Widawnictwo Uniwersytetu Łódzkiego, 2013); "Three Hamlets, Two Gentlemen, and One Time to Love: Shakespeare on the Chinese Screen" . In *The Silk Road of Adaptation*, Lawrence Raw, ed. , (Cambridge: Cambridge Scholars Publishing, 2013).

② 除了一部关于《裘力斯·凯撒》的默片，莎翁出现在该片的背景故事里（Howard, *Shakespeare's Cinematic Offshoots*, p. 309），和一部 1978 年的英国电视戏剧以外（维基百科，https://en.wikipedia.org/wiki/Will_ Shakespeare_ (TV_ series)）.

③ 维基百科，https://en.wikipedia.org/wiki/Leo_ Tolstoy,
https://en.wikipedia.org/wiki/Giacomo_ Casanova,
https://fr.wikipedia.org/wiki/Casanova_ (film, _ 1927),
https://de.wikipedia.org/wiki/Friedrich_ Schiller_ (1923).

④ 维基百科，https://en.wikipedia.org/wiki/Young_ Pushkin,
https://en.wikipedia.org/wiki/The_ Childhood_ of_ Maxim_ Gorky,
https://de.wikipedia.org/wiki/Friedrich Schiller_ –_ Der Triumph eines Genies,
https://en.wikipedia.org/wiki/The Loves of Edgar Allan Poe.

⑤ 维基百科，https://es.wikipedia.org/wiki/Miguel de Cervantes#Cervantes en el cine,
https://en.wikipedia.org/wiki/Molière (1978 film),
https://en.wikipedia.org/wiki/The Brontë Sisters.

⑥ 本标题的英文为“To see, or not to see Shakespeare”。

深刻的变化。1996 年，在美国的电视传记栏目中首次播出了《威廉·莎士比亚：戏剧人生》，这是一部传统的人物纪录片。两年后上映的剧情片《莎翁情史》（1998）则是作为片中主人公的莎士比亚的一个转折点。此后，人物传记片伴随着对莎剧的电影改编在 20 世纪 90 年代迅速发展。这两种势头“被一个受欢迎的莎士比亚的文化想象所助推”。[①] 在 2012 年的伦敦奥运会期间，2014 年莎氏 450 周年诞辰和 2016 年 400 周年辞世的纪念活动期间，都是莎氏传记片拍摄的创作灵感迸发期。笔者将探析以下五部作品《威廉·莎士比亚：戏剧人生》、《莎翁情史》、《匿名者》（2011），《揭秘莎士比亚》（2012）和《新贵》（2016/2017）。此外还有一些创作不在本文的研究范围之内：如 2004 年和 2005 年制作的两部电视剧《伊丽莎白·雷克斯》（*Elizabeth Rex*）和《可耻的浪费》（*A Waste of Shame*），以及 TNT 从 2017 年开始拍摄的系列片《威尔》（*Will*），[②] 另有一部加拿大出品的影片《莎士比亚阴谋》（*The Shakespeare Conspiracy*）已经发布但至今没有上映。[③]

那么，如何解释莎翁传记片长久以来在小荧屏和大银幕上受到冷落的现象？相反，为什么近些年来他却成了备受欢迎的主角？这两个问题的答案是似乎相同的。

尽管各种版本的文学传记已被译为多种语言文字出版，但 400 年来莎士比亚始终以一位著名的未知作家的形象被熟知。他一直被视为一个复杂矛盾的传记之谜，为此也制造出一个真假莎士比亚之谜。如此这般模糊晦暗的人物，对任何一部关于他生平的传记片来说都是一项严峻的挑战。怎样才能拍出一部没有文献的纪录片？即没有他的书信、日记、手稿或他同时代人们的记录等去展现这位大师的生活。所有这些空白和疑点对影视创作者来说是极大的困难，尤其是对那些想要拍摄艺术而非学术类型的传记片的人来说就更难了。一部两个小时或即使一个小时的电影如何填满上述那些有限的资料和素材？更何况我们所知的莎翁的个人生活点滴也并非具有戏剧性和传奇性。除了他是一位成功的作家这一事实外，从编剧的角度

① Lanier, *Shakescorp Noir*, p. 166.

② 维基百科，https：//en. wikipedia. org/wiki/List of William Shakespeare screen adaptations.

③ Bacino, *New Movie and Novel.*

看也没什么特别引人入胜的故事情节。正如斯蒂芬·格林布拉特（Stephen Greenblatt）在其《世俗威尔——莎士比亚新传》（*Will in the World*）一书前言中描述的那样："16世纪80年代末，一个年轻人从偏远的小城镇移居伦敦——他没有独立的财产，没有权势显赫的家庭关系，没有受过大学教育。然而，在非常短的时间里，他不仅成为他那个时代而且是一切时代的最伟大的剧作家。"[①] 也许，这就是一个故事。但如何把它视觉化地呈现出来呢？

纪录片《威廉·莎士比亚：戏剧人生》可以作为一个缺乏事实证据的值得赞叹的例证。1996年，它由美国的A&E电视频道制作并在传记栏目里播出，按惯例由一位主持人开场做介绍，然后播放正片。50分钟的片长恰好适合一档电视节目的长度。全片概括了莎翁52年的一生并按线性的时间顺序介绍了他的剧本创作过程。这是典型、传统式的对历史人物的讲述。例如该片分成五个部分：第一部分，概述莎士比亚的出生、家庭、童年、结婚和生子；第二部分，叙说这位年轻人如何去了伦敦为自己的事业而奋斗；第三部分，重点放在失去儿子给作家的生活和创作带来的冲击和转折；第四部分，讲述莎剧的创作高峰和取得的成就；第五部分，讲述莎翁的退休生活和他的英年早逝。该片按编年顺序介绍了剧作家早期的历史剧和喜剧创作、中期的悲剧和晚期的传奇剧创作。该片有完整、封闭的叙事结构，即开始、冲突、高潮和结尾，就像莎翁通常的五幕剧一样。片中也提及了一些公开的秘密，如莎翁与一名"美少年"（Lovely Boy）的关系和一位神秘的"黑肤夫人"（Dark Lady）的逸事，以及有关作者的真实身份等问题。影片结束时引用了本·琼生（Ben Jonson，1572～1637）那句著名的论断：莎士比亚不属于一个时代，而属于所有世纪。

"纪录片并不具有新闻报道的性质，而更近似于文学创作中的报告文学。它是现实生活的见证、历史的忠实写照……"[②] 因此，它不需要有迷人的情节，只要用合情合理的结构和令人信服的细节来塑造栩栩如生的人物，有吸引人的视听细节才是纪录片成功的关键。

---

① 《世俗威尔——莎士比亚新传》，辜正坤、邵雪萍、刘昊译，北京大学出版社，2007。

② 《中国大百科全书（电影）》，中国大百科全书出版社，1991，第204页。

而《威廉·莎士比亚：戏剧人生》只是一个静止的展现。影片从头至尾仅靠各个时期的照片、图片和人物肖像绘画的拼凑来弥补证据的不足，例如莎士比亚的出生证明和出版的剧作样本等。在被采访者中，年长的教授多于演员，这意味着学术成就高于艺术成就。所有的采访都是在室内或摄影棚里拍摄的，并用柔和的暖光照在人物的上半身和特写的脸部。正如片名所示，影片运用了大量的舞台演出剧照，除了结尾一闪而过的几个画面外（静止的电影海报），整部影片几乎没有利用任何改编电影的动态画面。片中也只有两种声源，即语言（画外音、朗读剧本、台词对白、被采访者的介绍）和音乐（贯穿始终地渲染气氛、调动情绪），没有环境音响或其他记录元素，只有资料的罗列和再现。

传记电影的改编不仅要源于作品，还要源于人物的生活。这就涉及一个所谓“忠实”的问题。《威廉·莎士比亚：戏剧人生》只运用了那些已被学术权威证明了的事实，避免了任何有争议的悬案，其目的是要打造一部严肃可信的纪录片。因此，尽管证据不足，该片还是展现出来一些原始材料，堪称是一个标准化版本传记片的范例。后来英国制作的另一部纪录片《揭秘莎士比亚》，则是一个充满了想象和创新的范例。

## 二　卖，还是不卖莎士比亚①

莎士比亚的生活故事，最多也只是一段传记的碎片，严重影响了其在银幕上的再现。与其说他是主人公，不如说他是一个形似的幻影。在这种情况下，发挥想象、进行演绎来拍摄剧情片，比根据客观事实的有限记载来拍摄纪录片更容易。想象力的探索能够打破原有的禁锢而使其成为“莎士比亚”，即根据真实却不完整的原型创造性地虚构一个人物。正如中国谚语说的那样，画人难，画鬼易，因为谁也没见过鬼。

那么，是否可以寻找一些其他的来源来填补欠缺？虽然我们对莎翁本人的生活了解得很少，但我们对其时代却知道得很多。那段历史的全景与个体的英雄同样具有吸引力。例如，可以探寻制作传记电影的多样性，也

① 该标题的英文为“To sell, or not to sell Shakespeare”。

可以尝试不同的叙事技巧，以此来构建人物所缺失的生活细节。

由英国导演约翰·麦登（John Madden）拍摄的《莎翁情史》聚焦莎翁生命中一段特殊的时期，即当他根据自己的情感体验创作《罗密欧与朱丽叶》这一剧本的时候，用导演的话讲，“这位写出了许多非同寻常之事并有着令人震惊之洞察力的人，一定是在他的生活里发生了什么才使他能够如此地创作”。在影片中，尽管威廉和维奥拉之间的爱情是一种想象的虚构，但作为一位已婚男人，莎翁一定有过浪漫之爱并在剧中表达出自己的情感，即使证据不十分可靠，也确有几桩他与女人的风流逸事以及他明显的同性恋性取向。电影把莎士比亚塑造成一位毫无疑问的异性恋男人，目的是吸引不同类型的观众。导演不想让自己的影片“学术化或者枯燥无味”，他宣称自己倡导拍摄主流电影。

“故事片是综合文学、戏剧、音乐、绘画诸种艺术因素，通过具体视听形象反映生活，以塑造人物为主，具有故事情节，并由演员扮演的影片。”[①] 传记电影可以拍成故事片，但要依据真人真事。它允许用想象、演绎和修饰来建构人物的生活细节以使历史人物更加完整、生动。事实上，虚构的“莎翁情史”以一个有趣的“真实”呈现出来，银幕上真实的罗曼史比舞台上的现场演出和剧本里的浪漫描写更让观众感到亲切、兴奋。此外，作为后现代社会的文化产品，该片靠消费“莎翁的罗曼史”给观众提供了比阅读一个感伤的爱情故事所带来的想象、快乐更多的视听快感。

使《罗密欧和朱丽叶》不同凡响的是戏剧类型的融合，即从爱情故事到喜剧又到令人心碎的悲剧。同样，这部影片也融合了几种电影类型：爱情、历史、喜剧和传记片，其中也包含了悲剧因素、暴力场面和女性片的特点。这种融合能让故事饱满、人物真实、情节生动、冲突更加强烈和画面更有质感。

《莎翁情史》中有两条情节线。主线设置在16世纪90年代的伦敦，内容是莎士比亚和富家小姐维奥拉的爱情故事。辅线设置在11世纪的维洛那，内容是罗密欧与朱丽叶的爱情悲剧。对观众而言，两个情节都

① 《中国大百科全书（电影）》，中国大百科全书出版社，1991，第177页。

发生在过去的时空，但莎士比亚和维奥拉的爱情在银幕上是展现在当下的时空。这种平行叙事彼此是交叉呼应的。剧作家的爱情故事和剧中的爱情故事在影片中构成了一个剧中剧的结构，代表着台上与台下的两个时空。无论是罗密欧与朱丽叶，还是莎士比亚与维奥拉，都证明了真爱的存在，但前者追求的是爱情与婚姻的结合却以悲剧告终，后者接受了爱情与婚姻的分离而理性地回归现实。就像电影里伊丽莎白女王做出的最终裁决一样：她把舞台上的朱丽叶（维奥拉扮演）奖励给罗密欧（莎士比亚扮演），然后又把走下舞台的维奥拉还给她的未婚夫韦塞大人。这说明艺术和生活是一种辩证的关系，也表明现实与虚构的边界是模糊不清的。

该片的创作缘起十分复杂纠结，来自各方的影响要求彼此矛盾甚至曲解，因为好莱坞试图拍摄一部关于偶像级英国作家的大片。先后有两位编剧（Marc Norman 和 Tom Stoppard）进行剧本创作。导演与两位主要演员在创作中也被替换过。影片的名字是从作家亚历山大·杜瓦尔（Alexandre Duval）写的一部法语戏剧“借来的”（《莎士比亚之爱》，*Shakespeare amoureux*，1804），同时还从布莱姆和西蒙（Caryl Brahms 和 S. J. Simon）的小说（*No Bed for Bacon*，1941）中“借用了”一些想法来编织情节。

斯蒂芬·格林布拉特是伯克雷大学一位研究文艺复兴的学者，曾是该片第一个编剧的顾问。他说自己的著作“《世俗威尔》的写作灵感就起始于几年前和马克·诺曼的一次对话，作为编剧，诺曼当时正在创作这部电影的早期阶段”。[①] 这种合作堪称在好莱坞大片制作和新历史主义理论实践之间博弈的一个有趣案例。格林布拉特对历史重释的研究方法深刻地影响了《莎翁情史》的最初构想。同时，为电影写剧本、为大众讲故事的特殊要求也是对这位学者的一次挑战，结果他写出了最受欢迎的一本书。可以说《世俗威尔》就是为新历史主义撰写的一个纲领式的标题。新历史主义类似文学的新批评主义的创造，是指一个编史思想与写作的流派，它更看重各种“文本”和历史语境的相关性而非个体的成

① Greenblatt, *Will*, p. 15.

就。简言之：历史可被视为一种虚构的形式，虚构也可被看作是真实历史的重现。[①]

在这种语境里，影片就不会有真实或虚假、事实与虚构的烦扰了。换言之，历史就是一种叙事。真正的主人公不是一名个体的男主角，而是历史本身。“格林布拉特的新历史主义理论在诺曼的早期现代主义和晚期资本主义的并行中扮演了一个造型的角色。”[②] “诺曼剧中的经济必要性和严峻性，以及血流满地的暴力恰恰折射出格林布拉特书中的伊丽莎白时代英格兰的政治压迫、宗教迫害、公开处决和普遍恐惧的背景。”[③]

从对个体的莎士比亚的关注转向对他所处时代的艺术生产状况的关注，格林布拉特对历史观的阐释促进了电影情节的发展。尽管《莎翁情史》的故事和大量的细节不能被证实，但它们也不是被轻易地杜撰出来的。两位编剧充分利用原剧中诗意的语言，把剧情片的自由想象与权威研究的基本要素相结合，遵循视听综合艺术的创作规律，打造出历史的貌似真实性。这就是电影中的一种类型——传记故事片。

该片的制作花费了2500万美元，而仅在美国本土就收回了1000万美元，全球收入2.89亿美元。[④] 此片在1999年还荣获七项奥斯卡大奖。这是一个令人惊奇的艺术和商业双赢的案例。如此骄人的票房成绩说明，莎士比亚适合大众市场，作为银幕上的男主人公，他的成功也许恰恰是由于有限的传记事实给了创作者们无限的想象空间。

## 三　有，还是没有莎士比亚其人[⑤]

另一个有趣的案例是影片《匿名者》，是2011年由英国和德国合拍的一部剧情片。导演罗兰·艾默里奇（Roland Emmerich）在作品中探讨了作者身份、原真性与合法性的问题，“揭示”了所谓真假莎士比亚之谜。影

① https：//zhidao. baidu. com/question/99568166. html.

② DiPietro，*Sex*，*Lies and Videotape*，p. 45.

③ DiPietro，*Sex*，*Lies and Videotape*，p. 44.

④ 亚马逊公司的票房网站，https：//www. boxofficemojo. com/movies/？id = shakespeareinlove. htm。

⑤ 该标题的英文为“To be，or not to be Shakespeare”。

片讲述了伊丽莎白一世统治时期残酷的政治斗争。主人公爱德华·德·维尔（Edward de Vere）是牛津第十七世伯爵，他不仅是女王的乱伦情人，还是“莎士比亚戏剧”的匿名作者。片中的莎氏本人只是一名傀儡作者。导演宣称他在《莫扎特》（*Amadeus*，1984）的传记片中看到了同样的关于天才和嫉妒的主题。他决定添加政治主题和皇室阴谋来展现一个更加戏剧化的故事。这是一部莎式风格的悲剧。作为一名著名的商业大片导演，艾默里奇更熟悉市场的秘密。于是他在片中融入了多种电影的类型和元素：悬疑、惊悚、宫斗、历史和古装等。随着情节的发展，观众被带入一个匿名者的世界——即由导演营造出来的令人惊恐又兴奋的世界，并确信那些“莎剧”一定是牛津伯爵创作出来的。

《匿名者》的情节比《莎翁情史》更具演绎性、冒险性和原创性。但奇妙的是，所有关于莎士比亚的传记影片即使是最微小的细节都植根于学术上的分歧和争议。自从19世纪中叶以来，莎士比亚的作者身份受到了质疑。在众多被卷入其中的理论中，最受青睐的就是对真实作者的考证，其中就有人认为爱德华·德·维尔是真正的作者。尽管多数的文学学者认为这些传记衍生品只是一些阴谋论而已，但作者的身份之谜至少还没有最终的定案。在2012年伦敦奥运的前夕，《匿名者》的上映也引起了另一种轰动：被视为英国民族文化大使的莎士比亚究竟是否存在？事实上，该片也没有真正解决这个谜题，但这个讨论却被公开化了。从广告的角度看，这是最有效果并且不用付费的影片宣传和推介。虽然影片的最后什么也没有“证明”，但凭借数码技术，《匿名者》用伪造的历史图片和精彩的表演还原、复制出许多都铎王朝时代的“事实”和“细节”。而艺术的魅力恰恰在于它的创新性和想象力，影片至少证明了导演的创造力，这使其拍出了一部震撼人心的关于违抗与冒犯的故事。

在传统的莎士比亚纪录片里那些史实缺失的劣势，在这部剧情片里却转变为优势。含糊暧昧、神秘莫测和推想臆断，比平凡稳定的日常生活更能吸引观众的眼球。同样，该片也用了剧中剧的策略，以时空交错式结构开场。影片里的“过去时”和“现在时”是各自独立的。换言之，两个时空交织叙事、两个故事平行讲述。如今，这种非传统、非常规的结构普遍流行。[①] 在《匿名者》中的两个时空是现在的伦敦和过去的伦敦。主情节线是牛津伯爵在幕后的文学创作和他与自己悲剧命运的抗争。次情节线是英国演员雅克比爵士（Sir Derek Jacobi）在台上做的一个令人震惊的演讲："我们的莎士比亚是一个神秘人物，一个鬼魂。所以让我来给大家提供一个不同的故事，更加阴沉的故事，牵涉翎毛笔与宝剑，牵涉权势与背叛，牵涉征服舞台、却失去宝座。"[②] 然后电影从现在切换到过去的伦敦。依靠各种"事实和证据"，它完全解构了莎氏创作的奇迹。最后，又回到现在的剧场，讲演者继续道："虽然我们的故事已经终了，但我们诗人的故事还没了结。因为他的纪念碑是活生生的……不以砖石砌成，而是以诗句筑造。应该永远记住他的作品，充满生命的气息。"[③] 这意味着所有关于"真假莎士比亚"的争论与结论都不重要，重要的是那些珍贵作品的存在和它们的价值。正如朱丽叶说的台词那样："名字本来是没有意义的；我们叫作玫瑰的这一种花，要是换了个名字，它的香味还是同样的芬芳；罗密欧要是换了个别的名字，他的可爱的完美也绝不会有丝毫改变。"[④]

## 四　讲述，还是不讲述莎士比亚[⑤]

如今，用不同的艺术媒介形式拍摄历史事件的剧情片正蔚然成风。历史人物越来越被公众高度关注。[⑥] 政治的或国家的节日也是其中一个例子，正如我们已看到的《匿名者》一样。2012年伦敦奥运会还带来一部六集电视系列剧《揭秘莎士比亚》。这是一个打造"文化奥运"的特别项目，由几家制片公司联合制作并由BBC四频道播出，为了配合奥运连续播放了

---

① 苏牧：《荣誉——北京电影学院影片分析课教材》，中国电影出版社，2000，第113页。

② 引自电影《匿名者》，时间码为00：03：12－00：03：30。

③ 引自电影《匿名者》，时间码为02：03：19－02：03：42。

④《莎士比亚全集》第8卷，人民文学出版社，1984，第36页。

⑤ 该标题的英文为"To tell，or not to tell Shakespeare"。

⑥《Will》，由TNT制作的连续剧，原计划2013年莎士比亚诞辰400周年时上映，结果于2017年滞后播出。来源 *Deadline Hollywood*，https：//deadline.com/2013/03/participant－media－cable－network－pivot－launch－august－1－462470。

3 个月。

有别于上述的纪录片《威廉·莎士比亚：戏剧人生》，《揭秘莎士比亚》的叙事是非线性、散点式、各自独立的。每一集都用 60 分钟讲述一部作品，或者由一位演员（导演）讲述一类戏剧。第一集，朱莉·理查德森（Joely Richardson）回顾了莎翁的早期创作生涯和他塑造的一些女性角色。第二集，伊桑·霍克（Ethan Hawke）介绍了莎翁那些最伟大的悲剧并揭秘了麦克白背后的故事。第三集，德里克·雅各比（Derek Jacobi）讲述了为什么《理查二世》的写作可能会让作者为此付出生命的代价。第四集，导演崔佛·纳恩（Trevor Nunn）展示了传奇剧《暴风雨》中的魔法世界。第五集，杰瑞米·艾恩斯（Jeremy Irons）揭示了莎翁历史剧的独特魅力。第六集，大卫·田纳特（David Tennant）与其他几位扮演过哈姆雷特的演员一起探讨表演的内心体验。这是一个开放的结构，没有中心、没有重点。各集彼此的关系是平行、平等的，因此可以无限制地继续拍摄下去。对于剧目的介绍没有选择最著名的代表作和重要的场景；对于人物的介绍没有展现他们从生到死的完整一生。其目的是更多地“揭秘”那些不为观众所知的故事，以及剧作家创作这些故事的心理动机。为此，当代观众能够较轻松地跨过横亘在他们与莎翁之间 400 年的时空距离，并跟随亲自扮演过各种角色的讲述者去更好地了解认识莎剧，从中感受参与的快乐和艺术带来的启迪。

《揭秘莎士比亚》是一部动态、有活力的人物纪录片。许多片段都来自改编电影和主人公有关的生活场景，每集讲述的演员都立足当下的时间和真实的空间并在运动中讲述。如此同步、逼真的效果是电视纪录片独特魅力之所在，是其他媒介无法比拟的。它凸显并强调了与原有场地相关历史的现实感，让今天的观众能够穿越时空。演员和讲述者们不仅在介绍莎士比亚，也在表达他们自己在表演时的个人理解和感受。例如，在最后一集里，几位曾经扮演过哈姆雷特的演员在一起交流彼此的演艺心得。剧中丹麦王子的最后一段话是：“啊！我死啦，霍拉旭…你可以把这儿所发生的一切事实告诉他。”① 演员们对此有着各自不同的理解。正如人们说的那

① 《莎士比亚全集》第 9 卷，人民文学出版社，1984，第 143 页。

样："一千个人心中有一千个哈姆雷特。"事实上，哈姆雷特的希望并没落空。他的故事以各种不同的形式传给了我们。它没有像这位悲剧王子说的一样"此外仅余沉默而已"[①] 地结束。

BBC系列片选择了这种自由的风格去纪录、呈现莎士比亚，令观众感到更少说教、更多愉悦，因为人们更喜欢主观的陈述而非较客观的学术探索，这也是视听艺术的特点。该片让演员作为主要的见证人，就自然地强化了叙事的表演性质。它摒弃了编年史和学术的权威专业性，取而代之的是多样化的系列剧、自由的结构和戏剧效果，这是符合影视创作规律的。也许，像成功的片例《莎翁情史》一样，当下的历史传记片的拍摄趋向是格林布莱特的新历史主义的再现。这种学说也给《揭秘莎士比亚》带来制作灵感并促使它又一次成功。以类似的风格，2012年BBC四频道播放了另一部系列剧《解锁莎士比亚》，来自皇家莎士比亚剧团的演员和导演们在片中演绎了莎剧中一些重要的场景和片段，与《揭秘莎士比亚》既各成一体又相得益彰。

## 五　笑，还是不笑莎士比亚[②]

尽管传记片的目标是塑造"过去"的人物，但电影创作者们却永远从当下的视角去重新审视历史和人性。作为历史人物与现代影视艺术的结合，传记片固有的本质构成了一种在真实与虚构、历史与艺术之间的独特美学。用米歇尔·福柯（Michel Foucault）的理论来释义就是：重要的不是故事讲述的时代，而是讲述故事的年代。

2016年4月23日是莎翁辞世400周年的日子。英国文化协会和英国推广委员会宣布，为了纪念"永远的莎士比亚"，将在全世界进行大规模的庆祝。其在100多个国家和地区举办了各种形式的庆典活动来纪念这位国宝级的人物。BBC重播了六集电视纪录片《揭秘莎士比亚》。同年，还首次播出传记情景喜剧《新贵》（*Upstart Crow*）。该片以怪诞和幽

① 《莎士比亚全集》第9卷，人民文学出版社，1984，第143页。

② 该标题的英文为"To laugh, or not to laugh about Shakespeare"。

默的风格完全颠覆了以前改编的经典作品和传记电影，从头至尾荒诞不经、滑稽搞笑。

情景喜剧最早出现在美国无线电广播的黄金时代（1920～1950 年）。它是当下最受欢迎的一种电视类型。《新贵》最初只拍了六集，由于播出后意想不到的成功，在 2017 年又制作了七集。每集 30 分钟，在两个固定场景之间转换：即从埃文河畔的斯特拉福（莎士比亚故乡）到伦敦（小型排练剧场）。拍摄时没有现场观众，后期制作时加入录制的笑声。演员们在有限的时间和相似的场景里表演。通常有四个基本角色：正面主角、反面人物、爱人和朋友，由对观众而言不难辨识的相应人物扮演。所有这些都是典型的情景喜剧特点。《新贵》的每一集都分成三个部分。笑点也非常复古。例如，三个喜剧演员在讨论宴会上应该表演什么节目。两个传统派认为靠装傻充愣就能逗笑观众，而那位在意大利走红的演员却坚持表演深刻的喜剧。最终，传统派赢了，因为观众被他们的笑话逗乐了。在这部系列剧里，原有悲剧的庄严崇高被灵感来源的揭示彻底消解了。据说莎翁的创作灵感都来自日常生活的偶然，于是才写出了《罗密欧与朱丽叶》和《麦克白》。

事实上，这部情景喜剧的名字本身就充满了讽刺。当莎士比亚出现并震撼了舞台世界时，当时大学才子派（University Wits）中的一位叫罗伯特·格林（Robert Greene，1558～1592）的，就曾在他最著名的传记小册子《千悔得一智》（*A Groats Worth of Wit Bought with a Million of Repentance*）里用“暴发户”（或“自命不凡的乌鸦”）来形容莎氏，暗讽这位埃文河畔的诗人没有受过大学教育并且来自乡野。[①] 因此，看似荒诞不经的喜剧却是改编自历史和学术的研究文献。动画制作的片头就采用了这个比喻，让一只小乌鸦在老伦敦的上空滑稽地飞来飞去。编剧本·埃尔顿（Ben Elton）把莎翁还原成一个普通的人，即他凭借着一只鹅毛笔的努力写作和戏剧才华从底层进入了上层社会（在影片里那只笔是用莎翁家的鸡毛做的）。也许，正是这种来自民间、市井和宫廷生活的丰富体验以及敏锐的观察，为剧作家提供了灵感并形成了他独特的戏剧风格。莎翁能在高雅

① 孙家琇主编《莎士比亚辞典》，河北人民出版社，1992，第 57 页。

和世俗（甚至低俗）、悲剧与喜剧（甚至闹剧）之间自由、轻松地转换。在《新贵》中，我们见到了一位更真实而且接地气的莎士比亚，他把自己私人的一面表现在观众面前。总之，这是一个既庄严又诙谐的人。敢于自嘲和自贬不仅是一位个体的勇气与自信，也是一个民族的勇气和自信。

这部系列剧塑造了一个平凡（甚至琐碎）的莎士比亚，不同于传统"高雅文化"中的那个形象。为了和情景喜剧类型中的人物相吻合，编剧还颇有意味地用"家里的威尔"（"威尔"是莎士比亚的昵称）取代了"世上的威尔"。的确，我们无法把控外部的世界和令人惊叹的历史全貌，但我们可以切身地感受家庭或者排练剧场里的日常生活。就这个意义而言，用仅有的一点莎氏个人的背景资料做出一部如此的情景喜剧，也足以让观众感到欣慰并捧腹大笑。

## 六　结语

"莎士比亚是票房毒药"，看来已成为路易斯·B. 梅耶（Louis B. Mayer）的一句过时的格言。事实上，新的传记改编电影也像莎剧改编电影一样壮观、惊人，同样称得上是"媒介市场里的货币"[①]。如影片《莎翁情史》的制作成功，不仅因莎翁的名声获得票房利润，也使莎士比亚这个名字传播得更加广泛。

通过把他的生活和作品相互交织、把"事实"和"虚构"彼此链接的方式创作的传记片，正好契合了后现代互文性的理念。如安吉拉·默克罗比（Angela McRobbie）所述："后现代主义认为图像是相互关联和交叉的。后现代主义将注意力从符号学家单一的审查凝视转移，而去询问被多个支离破碎且经常被打断的外表而取代的东西。"[②]

在这种情况下，越来越多的电影改编聚焦原著的作者或者与原著相关的传奇，而不是原著本身。例如，《莎翁情史》把作者的爱情与其创作

---

① Hodgdon, *From the editor*, p. vii.

② McRobbie, *Postmodernism and Popular Culture*, p. 13.

的《罗密欧与朱丽叶》剧中的人物爱情串联起来制造出一个现实与虚幻同时并进的效果，目的是探索作者的情感和他所写的作品之间有哪些内在的关系。这是当代电影创作的一个重要的趋势，即寻找人物和事件的心理动机并在意识和潜意识层面的基础上发展叙事。再如，在《匿名者》里凭着不同寻常的勇气将一个学术争论展现在银幕上。对一部剧情片来说，争辩的结果或结论已经不重要了，重要的是大胆的想象和有活力的表演。《新贵》体现的是从文字转型到图像时代的视听快感和娱乐的力量。事实上，在欣赏这部情景喜剧的同时，观众也会对莎翁的原著产生兴趣、进行对比，想更多地了解它们，而不是被动地接受那些宣传和教化。

同样，这也是莎翁长期在银幕上缺席的原因，即没有把他作为一名受观众欢迎的、能够赚取票房的主人公来塑造。上述讨论的几部影片，以它们各自的方式对莎士比亚的进一步大众化和商业化做出了贡献。如今，不仅是他的作品被搬上了银幕，他的生活也被搬上了银幕。关于的他的传记之谜和他的作者身份之秘仍将是一个讨论不尽的话题。“真实的，还是虚构的莎士比亚”也仍将是一个永远的问题。

## 参考文献

Bacino, Ted, “New Movie and Novel Challenge Inaccuracies in Film ‘Anonymous’”, *PR Newswire US.*, 2011.

DiPietro, Cary, “Sex, Lies and Videotape: Representing the Past in Shakespeare in Love, Mapping a Future for Presentis”, In *Shakespeare.*

Greenblatt, Stephen, *Will in the World: How Shakespeare became Shakespeare.* (New York: Norton 2004).

Hodgdon, Barbara, *Shakespeare Quarterly* (Baltimore: Johns Hopkins University Press, 2002).

Howard, Tony, “Shakespeare's cinematic offshoots”, In *The Cambridge Companion to Shakespeare on Film* Russell Jackson, ed., (Cambridge: Cambridge University Press, 2000).

Lanier, Douglas M, “Shakescorp Noir”, In *Shakespeare Quarterly* (Baltimore: Johns

Hopkins University Press，2002）.

Lehman，Courtney，“Shakespeare in Love：Romancing the Author，Mastering the Body”，In *Spectacular Shakespeare.* Courtney Lehman and Lisa S. Starks，eds.，（Plainsboro，NJ：Associated University Presses，2002）.

McRobbie，Angela，*Postmodernism and Popular Culture.*（London：Routledge，1994）.

Salvador－Bello，Mercedes，“Shakespeare in Love（the screenplay）by Marc Norman；Tom Stoppard”. In *Atlantis*，（Seville，1999）.

Shakespeare，William，*The Complete Works.* Stanley Wells and Gary Taylor，eds.，（Oxford：Oxford University press，1998）.

孙家琇主编《莎士比亚辞典》，河北人民出版社，1992。

苏牧：《荣誉——北京电影学院影片分析课教材》，中国电影出版社，2000。

《莎士比亚全集》，人民文学出版社，1984。

Wu，Hui，“Shakespeare in Chinese Cinema”. In *Multicultural Shakespeare*，Zoshiko Kawachi and Krystyna Kujawinska eds.，*Courtney*，（Łód z：Widawnictwo Uniwersytetu Łódzkiego，2013）.

Wu，Hui，“Three Hamlets，Two Gentlemen，and One Time to Love：Shakespeare on the Chinese Screen”. In *The Silk Road of Adaptation*，Lawrence Raw，ed.，（Cambridge：Cambridge Scholars Publishing，2013）.

《中国大百科全书·电影》，中国大百科全书出版社，1998。

# To Be，or Not to Be Shakespeare

## ——An Analysis of Biographical Films of the Mysterious Author

*Wu Hui*

**Abstract**：In the past century almost all the Shakespeare dramas have been adapted into movies，but as a historical figure Shakespeare himself has never been on the screen. It was not until the 1990s that images of his life appeared. Unexpectedly，the release of the films *Shakespeare in Love* and *Anonymous* have attracted a large number of viewers，and a lot of criticism. In recent years，the great poet even starred in the scene comedy *Upstart Crow.* In this paper, the author intends to analyze how the type of biographical film is mutually beneficial to the development trend of film & television industry and historical research.

**Keywords**: Shakespeare; Biopic; Documentary; Feature Film; Sitcom; New historicism

# 论 20 世纪 80 年代以来的台湾现代主义小说*

倪玲颖**

**【摘要】** 20 世纪 80 年代之后，曾被认为已告终结的台湾现代主义小说在文坛重新崛起。与 20 世纪 60 年代现代主义小说相比，他们接受了更为丰富和多元的西方思想资源，在小说文本中呈现出更为复杂的现代性经验，其作品题材更为广泛，主题意蕴更为丰富，艺术实验更为大胆前卫，表现出强烈的对人类终极精神世界的关注和对普世价值的探讨，创作了大量艺术上较为成熟的现代主义小说作品。同时，台湾现代主义小说也呈现出精英化现代主义、接续"抒情传统"的诗意现代主义和本土现代主义等新的发展路向，形成了多元的发展态势。由此，现代主义小说的格局得以拓展，美学范式得以更新，形成了新的现代主义文学传统。

**【关键词】** 台湾　现代主义小说　精英化　抒情传统　本土化

长期以来，在台湾学术界一直存在着一个固化的认识，即将"台湾现代主义"视为 20 世纪 60 年代这一固定时期的文学运动产物；在大陆学界，多数学者亦赞同这样的观点，认为在 20 世纪 70 年代"乡土文学"崛起之后台湾现代主义小说便已告终结并就此销声匿迹，关于台湾现代主义小说的研究亦多集中于 20 世纪 60 年代的作品。事实上，当我们立足于新世纪回眸，就会发现台湾的现代主义文学尤其是现代主义小说在经历了 20 世纪

---

* 本文为浙江省教育厅项目"20 世纪 80 年代以来台湾现代主义小说语言流变研究"成果（项目编号：201943036）。

** 倪玲颖，浙江师范大学人文学院教师，文学博士，主要研究方向为中国现当代文学。

70 年代末“乡土”与“现代”之争后并未走向末路，而是在潜隐中悄然蜕变，于沉寂后奏出更为绚烂的华章。

## 一 20 世纪 80 年代——台湾现代主义小说的复归

尽管在 20 世纪 70 年代，台湾现代主义小说趋于沉寂，但它的影响却一直在文坛余音袅袅，挥之不去。之后的台湾乡土文学作家，不受现代主义影响者寥寥无几。尽管不为主流的文学史叙事所承认，但是在相当长的一段时间内，“乡土”与“现代”在事实上形成了一种相互排斥却又相互依存的共时结构。事实上，“乡土文学”与“现代文学”本就不是一对内涵对等的概念，“乡土”指向的是文学的对象和题材，而“现代”则更为偏重文学的精神与艺术技巧。当时“乡土”与“现代”的论争更多的是出于政治的需要而非立足艺术本体。在论争的浪潮中，现代主义作家所引介和推广的现代主义小说技巧及其美学观念渐入人心，越来越多的作家受到现代主义小说艺术技巧的陶冶，现代主义小说的艺术技巧也因此逐步成为台湾文坛的通行符码和主要文学标准之一。因此，当台湾进入思想解禁、各种思潮蜂拥而至的多元文化时代的时候，我们就发现在“写实”的声浪高涨之时，现代主义文学的血脉早已在不知不觉间深深植入台湾文学的肌体，并以内化的方式渗透和滋润着台湾的文学、文化甚至是社会生活的方方面面。①

在经过了 20 世纪 60 年代的集体发声之后，台湾现代主义小说的主流地位在 20 世纪 70 年代逐渐被乡土文学所取代，这一方面是因为当时客观上现代主义小说家们的离散——大部分作者在 20 世纪 60 年代进行现代主义小说创作时还是台湾大学外文系的在校学生，20 世纪 70 年代之时这些作家正面临着社会身份的转化：他们之中大部分出国留学，有的在军中服

① 20 世纪 90 年代以后，张诵圣首先提出，出版于 20 世纪 80 年代的《背海的人》是台湾现代主义文学的“一座高峰”，台湾的现代主义小说直到 20 世纪 80 年代才出现真正成熟的作品。此后，柯庆明、黄锦树等人先后提出了“60 年代现代主义?”和“中文现代主义——一个未完的计划?”的设问，探讨 20 世纪 60 年代至 90 年代以后的台湾现代主义的合法性，可以视作对张诵圣观点的呼应。柯庆明、黄锦树二位学者的观点正是本文的出发点之一。

役；而另一些作家如陈映真、黄春明等虽然仍然进行文学创作，却转而投身于乡土文学阵营，进行写实主义创作的实践……社会身份的转变，在客观上造成了现代主义作家群落的分化及其创作的转型。另一方面则是由于经济方面的原因，现代主义作家的阵地《现代文学》一度因经费紧张而停刊，现代主义小说发表的阵地失落，无所凭依；此外，经历过了“现代”与“乡土”的论战之后，一部分小说家如王文兴等虽然依旧在坚持写作，却正处于艰难的创作转型过程，因而作品较少且未能公开发表。因此，在20世纪70年代，台湾现代主义小说逐渐销声匿迹，进入了一个创作的低谷。从20世纪80年代开始，现代主义小说的创作才逐渐复归并取得了重要的创作实绩，1981年问世的《背海的人》更是被公认为台湾现代主义小说史上的重要成就。而20世纪80年代以来，台湾的现代主义小说发展尽管并不均衡，却也呈现了连续的一贯性。因此，将20世纪80年代作为台湾现代主义小说发展新阶段的起点，是较为符合文学历史面貌的。

进入20世纪80年代之后，台湾现代主义小说的面貌发生了很多变化，进入了一个新的发展阶段。

国民党当局所建立的威权体制在经过二十余年较为稳定的戒严期之后遭遇了前所未有的挑战。反对势力逐渐兴起并组成政党，旧的威权体制逐步瓦解，新的民主呼吁声浪渐高，台湾社会的意识形态冲突进一步激化。以1979年的高雄事件（或称美丽岛事件）为标志，台湾的政治和社会进入急剧变化的时期，台湾的文学生态和文化秩序也随之发生改变。这一时期，政治小说、谴责小说、内幕小说等在台湾文坛大行其道，有关政治的敏感话题纷纷被纳入文学作品表现的题材。这些被名之为“写实主义”的小说虽然红极一时，但是由于作家为意识形态所囿，其小说结构和形式的呆板，小说题材的不断重复以及被僵硬预设的攻击目标均成为其致命缺陷，这些都造成了读者对“写实主义”小说的不满。

在这样的背景之下，现代主义小说的发展与转变就具备了极为重要的意义。这一时期，经过与“乡土文学”的激烈论战，尽管仍然坚持自己的精英主义立场和知性、精致的美学倾向，现代主义小说家们却也难免审视自身，并在创作方面进行某种自我的调适和转变。从创作实绩来看，20世纪80年代后的台湾现代主义小说较之于此前阶段更具本土意识，作家有意识地增强了对历史和现实的观照，在作品中也呈现出了一定的社会批判性。尤其是在20世纪80年代中后期，后现代思潮进入台湾文坛形成新一波的“理论热”，人们的思想又一次受到“西风东渐”的激荡。后殖民论述、多元文化主义、女性主义以及文化研究等后现代论述对西方中心主义的解构，对启蒙理性的摒弃和对性别、种族的强调，都使得新一代的现代主义作家们获得了更为广阔的艺术视野和书写空间。曾经被“乡土派”指责为完全脱离政治和社会现实，一味沉溺于个人内心世界的现代主义小说作家，在作品中更加深切地关怀在社会动态关系和具体历史语境中所呈现的渺小个体或弱势群体的历史和命运。这一阶段的重要作品如《背海的人》（王文兴）、《玫瑰玫瑰我爱你》（王祯和）、《悲伤》（舞鹤）、《思索阿邦·卡露斯》（舞鹤）等均在小说的形式和语言方面体现出了强烈的现实批判性。但这种现实批判性却并未脱离现代艺术的范畴，仍然服膺于现代主义的认知精神和美学规范。他们带给读者的不再是被指责为“个人主义”“完全否定文学的社会批判功能”的现代主义作品，而是秉持着反传统、反理性、反整体的精神来消解和反抗权威、关注个体存在、同情和关怀弱势群体的现代主义小说。如果说20世纪60年代台湾现代主义小说体现了较为明显的第二阶段现代主义文学特征的话，那么20世纪80年代现代主义小说则更多地表现出更高阶段现代主义的特征，或者说呈现了现代主义与后现代相混合的特征。这一时期，理论上的现代主义风潮虽然已经销声匿迹，成熟的现代主义作品却在不动声色地崛起。它们不再停留于对西方现代主义小说表层结构的模仿，对深层意识的探索也从个人意识的层面上升到人类精神世界的普遍层面。如果说，20世纪60年代的台湾现代主义小说仍然笼罩在西方现代主义阴影之下的话，20世纪80年代之后台湾现代主义小说的“在地书写”和“本土呈现”则使得它部分地从欧洲中心的主导论述中脱身，获得了相对独立的文学史地位。

此外，20世纪80年代以后，台湾现代主义作家的群体也发生了较为明显的变化。20世纪60年代的现代主义作家是一群学历背景高度一致、年龄层次相近的同世代年轻作者建立起来的以核心刊物《现代文学》为中心阵地，创作宗旨明确、成员相对稳定的文学团体。相对而言，20世纪80年代之后的现代主义作家群则较为松散和多元。他们没有严格意义上的文学团体，没有提出响亮的文学口号，没有发表文学宣言，更没有核心的文学刊物。作者的年龄层次分布较广，跨越了从20世纪30年代出生的元老作家到战后婴儿潮世代新兴作家等不同代际。相对于20世纪60年代现代主义作家多为高校学子，身份较为单一的状况，20世纪80年代之后现代主义作家的社会身份呈现出多元分布的态势：有一直坚持现代主义文学理想的学者，有投身政治运动又复归文学创作的“左”倾知识分子；有现代主义出身转投乡土文学阵营复又重拾现代主义创作的资深作家，有曾经立场保守、投身红尘的媒体人，也有立志远离繁华隐遁于山野的自由作家。他们基本上都接受过严格的高等文学教育，大都有过海外留学和工作的经历，因而具有较为深厚的艺术学养。如王文兴一直在台大的外文系和中文系任教；李永平毕业于台大外文系，留学美国，亦有高校执教经验；朱天文、舞鹤、骆以军等人均受过严格系统的高等文学教育……专业的教育背景使他们对现代小说的写作技巧进行过深入的接触与思考。多元的社会职业和不同的身份地位造成了现代主义作家群体的扩大和松散，同时复杂的身份也使他们得以从不同的角度观察社会的弊病，探索人类的精神世界，对自我进行更为清晰的定位。如果说20世纪60年代的台湾现代主义小说家们是由于其身处象牙塔的超然地位以及所服膺的西方现代主义美学原则和自由主义精神而得以部分摆脱当时膨胀的政治他律影响的话，那么20世纪80年代以后的台湾现代主义小说家则是在与“乡土文学”的论争中逐步获得清晰的自我定义；在逐步由半封闭社会向多元的开放社会转变的社会环境中得以保持更为独立的写作立场；在多元的文学生态中确立更为坚定的作家主体性；在对部分“写实主义”作品的观念先行和粗糙艺术的不满中树立更为自觉的艺术追求，创作出更为成熟圆融的台湾现代主义小说。在这个过程之中，现代主义的美学风格和艺术技巧在作家们的不懈努力下也逐渐为更多的文学生产者和诠释者所接受，并获得社会、读者甚至是主流文学史论述的认同，成为文学评价的主要标准之一。与此同时，现代主义作家及作品不断获得各种高级别文学奖项，现代主义文学在台湾文坛重新获得了显著的历史坐标，实现了文学的复归。

20世纪80年代以来，台湾现代主义小说在写作题材方面亦有所拓展，审美趣味产生了多元化的发展趋向，小说艺术也愈加前卫。20世纪80年代初，台湾文坛陆续出现了几部艺术上较为成熟的现代主义作品，如王文兴《背海的人》（1981）、王祯和《玫瑰玫瑰我爱你》（1984）等。这些作品从艺术上看与前一时期的现代主义小说有较大的差异，创作观念更加激进，艺术手法更为大胆，美学风貌更为奇崛，形成了现代主义小说发展历史上一个较为明显的跃迁。以此为起点，其后的现代主义小说创作逐渐表现出比此前的现代主义小说文本更为多元的写作路向，在世纪末形成了华丽的复调与和声。在题材方面，台湾现代主义小说出现了向“乡土文学”学习，将本土题材纳入现代主义的写作取向。王文兴的“深坑澳”世界，林燿德、舞鹤的原住民书写均为现代主义吸收“乡土”元素的突破和尝试，王祯和笔下的酒吧、李渝的“温州街”、朱天文的“都市台北”亦可视作“本土”的书写，它们是西方现代主义在台湾的“在地”表述。作家们在作品中以现代主义精神观照在地“乡土”世界，描写脱离理性世界藩篱的肉体狂欢和精神自由，从中挖掘现实人生的荒谬与个体主观世界的焦虑与不安，是此前阶段现代主义小说主题的接续与开拓。他们对人类精神世界的挖掘已经不再局限于20世纪60年代现代主义小说的个人精神层面，而是对历史、伦理、宗教、信仰、族群意识等话语进行了深刻的反思，深入探究个体的本真存在，进而对人类的精神世界进行普遍性探索，并达到了一个新的深度。作家们对人类精神负面世界的内省化书写，以及在小说艺术形式、语言实验等方面所做的深度探索，均使当代汉语小说的写作达到了一个新的艺术高度。

因此，20世纪80年代之后，随着在地文学生态的变化，台湾现代主义小说进入了一个新的发展阶段，无论是作家还是作品文本都产生了重要的变化。作家群体松散而多元，在坚持“艺术自主”的原则和“高层文化”的艺术追求的同时，作者的个性化风格得以凸显，现代主义小说的创作路向被不断拓宽，在地文化历史语境的内涵被不断挖掘，文学创作观念更加激进，艺术手法更为大胆，美学风貌更为奇崛。总而言之，20世纪80年代以后的台湾现代主义小说风貌与此前阶段形成了较为明显的区别，并在其后的二三十年间保持了较为平衡的发展态势。

从创作实践来看，“解严”以来三十多年，经过一个阶段的急剧自由化，台湾的整体文化语境处在一个较为稳定的状态。在相对自主的文化消费主流逻辑下，台湾现代主义小说旗下汇聚了不同代际的多元作家群体，形成了相当的规模；现代主义小说的创作实绩经过一段时间的积累，无论是在数量上还是在质量上都已经有了一定的储备，客观上具备了对其进行专门研究的基础和条件，而较长的时间跨度也在一定程度上保证了我们能够以较为客观的态度考察作家们创作。因此，将 20 世纪 80 年代以来的台湾现代主义小说作为一个整体进行考察也是可行的。

## 二　20 世纪 80 年代以来异彩纷呈的台湾现代主义小说

由于“解严”之后台湾文学生态的复杂性，较之此前阶段，台湾现代主义小说呈现出更为复杂的文学风貌。

相较于 20 世纪 60 年代的台湾现代主义小说，20 世纪 80 年代之后的台湾现代主义小说所涉及的文艺理论资源更为丰富和驳杂。如果说 20 世纪 60 年代台湾现代主义小说的思想来源主要是存在主义和精神分析理论的话，那么，20 世纪 80 年代以后台湾现代主义小说的精神资源则更为丰富而多元。从创作实践来看，除了存在主义和精神分析理论的影响之外，20 世纪 80 年代后的现代主义小说家同时还经受了索绪尔的结构主义语言学和符号学、福柯的知识考古学、史学理论和话语权力理论、女性主义、后殖民主义、法兰克福学派等诸种西方哲学话语的洗礼。与此相对应，他们的现代主义小说文本中也纠缠着各种新兴的话语关系，作家的视野空前开阔，作品所呈现的精神空间也因此而得以拓展，小说所表现的主题和艺术形式亦随之而发生变化。王文兴、舞鹤小说中的“疯癫”叙事暗合着福柯对精神病学、疯癫、医院等的考察与认识；林燿德、舞鹤、朱天文等人关于原住民、同性恋等主体的考察背后隐含着权力/主体、权力/性等复杂的关系；李永平、朱天文等人作品中的性别/身体话语也具有较为明显的后殖民论述及女性主义叙事的特征。他们对固有历史的重新认识，对主流权威和理性秩序的反抗与消解，对历史和社会现实文本中的各种变换、断裂和偶然性的关注以及由此而暴露的那些原本被压制、粉饰或者忽略的边缘化的人物或群体正是后结构主义者们所提倡的沟通文本内外的成果。也即是说，20 世纪 80 年代之后，台湾的现代主义小说家们所面临的是现代话语与后现代话语交织的复杂历史语境，西方社会经历了漫长演变过程的各种哲学话语和文艺思潮在台湾再一次重现了“时空压缩”的历史进程。思想来源的驳杂导致了这一阶段现代主义小说文本众声喧哗的不同时空交错的现代性经验的表达，而不断打破传统叙事模式的语言和文体实验正是这一独特的现代性经验的表征。

从作家群体来看，如前文所述，这一阶段的现代主义小说作家并没有形成一个主旨明确的创作团体，也没有中心刊物，呈现出较为分散的多元态势。20 世纪 60 年代赫赫有名的《现代文学》因为经济问题两度停刊，曾经齐聚一堂的老一辈现代主义小说家此时也大多从事其他的工作：白先勇在美国执教之余致力于传统昆剧的恢复和推广；林怀民将自己的现代主义理想倾注于现代舞蹈，创办了“云门舞集”并取得巨大成功；马森的创作更注重于实验戏剧，积极推进小剧场运动……20 世纪 60 年代以《现代文学》杂志为中心聚集起来的一代现代主义作家已经风流云散，唯有王文兴一直在坚持孤绝的现代主义创作，笔耕不辍，历经 24 年创作出了《背海的人》上下册。而此前很少进行文学创作甚至对现代主义颇有微词的郭松棻和李渝却在这一时期从政治运动之中急流勇退，转而投向现代主义的文学创作。与此同时，李永平、舞鹤、骆以军等人的创作为台湾现代主义小说提供了新鲜的血液，他们的现代主义写作各有侧重，能够较为完整地体现 20 世纪 80 年代以来台湾现代主义小说的发展脉络。而王祯和、林燿德、朱天文等风格多变的作家也先后推出了较为成功且具有独特标本意义的现代主义作品①，在台湾现代主义小说的长廊中亦占有一席之地。

在这些作家中，一以贯之坚持现代主义写作的王文兴、舞鹤自无疑义。郭松棻、李渝虽然身处异国，但是其小说写作的指向无一不是念兹在兹的故乡台湾，因而学界也一向公认他们为台湾作家。李永平作为用汉语写作的杰出华文作家在我国台湾和马来西亚文学界都有重要的影响，国内学界以往常常将其置于马华文学的框架内进行探讨。但是考察李永平的文学生涯和思想历程之后，我们可以发现，尽管他出生于婆罗洲的砂捞越，

① 王祯和的《玫瑰玫瑰我爱你》、林燿德的《一九四七·高砂百合》、朱天文的《世纪末的华丽》和《荒人手记》等均为文坛公认的现代主义小说文本，且风格各异。

但是无论在政治还是在生活中，李永平都一直在试图远离那个太平洋中的热带岛屿，向自己心中的文化中国不断靠近。自20岁时负笈台湾起，数十年来，李永平早已将台湾视为故乡。他的漫游书写中，从早期的南洋岛屿到《吉陵春秋》中的中国小镇，再到台北的寓言与浮世绘，其作品中的南洋色彩逐渐潜隐，文化中国的比重逐步上升，他的文化乡愁与精神原乡始终指向遥远的祖国，其个人心理和文学创作的旨归一直都是文化中国，在现实生活中则具象化为对中国台湾的皈依。他的力作《海东青》和《大河尽头》无不显示着作者对祖国的致敬。李永平作品中认同的精神原乡一直是文化中国，同时作家也坚持拒绝被研究者归入马华作家的行列。因此，将其作品纳入台湾现代主义小说的研究视野也是应有之义。王祯和虽然因为《嫁妆一牛车》等乡土题材的小说所获得的极大成功而被称为“乡土文学”的代表作家，但事实上他的写作从未脱离现代主义的灵魂。他一直都在现代主义的感性模式中进行摸索和实验，这种艺术上的探索直到在20世纪80年代的《玫瑰玫瑰我爱你》中才产生了嘉年华式的集中爆发。他20世纪80年代的作品虽然也倾向于本土题材，但是其小说中的艺术实验和强烈的内在指向无不昭示着其作品的现代主义特点，而其激进的语言实验更是为现代主义小说增添了典型的实验文本。

20世纪80年代之后，台湾的现代主义小说家都在实践并发展着属于自己的文学道路，其作品风格各不相类。如果强要分属的话，大致可以按照年龄层次分成这样三个世代：第一个世代是生于20世纪30～40年代的王文兴（1939～　）、郭松棻（1938～2005）、王祯和（1940～1990）、李渝（1944～2014）、李永平（1947～2017）。其现代主义作品主要有《背海的人》（王文兴），《奔跑的母亲》、《双月记》、《惊婚》（郭松棻），《温州街的故事》、《夏日踟躇》、《应答的乡岸》、《金丝猿的故事》、《九重葛与美少年》（李渝），《玫瑰玫瑰我爱你》（王祯和），《吉陵春秋》、《雨雪霏霏》、《海东青》、《大河尽头溯流》、《大河尽头山》（李永平），等等。第二个世代是生于20世纪50年代的舞鹤（1951～　）和朱天文（1956～　），其现代主义代表作品分别是《拾骨》、《诗小说》、《十七岁之海》、《悲伤》、《思索阿邦·卡露斯》、《余生》、《乱迷》、《鬼儿与阿妖》（舞鹤）和《世纪末的华丽》、《荒人手记》（朱天文）等。第三个世代则是生于20

世纪60年代的林燿德（1962～1996）、骆以军（1967～　）等人，其现代主义作品主要有《一九四七·高砂百合》（林燿德）和《红字团》、《妻梦狗》、《第三个舞者》、《月球姓氏》、《遣悲怀》、《脸之书》、《西夏旅馆》（骆以军）等。这些作品在创作的精神向度上具有强烈的非理性色彩以及明显的内向性写作特征。小说家在作品文本中对人类精神非理性维度的重视和开发，对现实秩序和现代理性制度的强烈抨击，对书写自由以及精神自由的强烈向往及其激进、反叛的批判精神无不昭示着典型的现代主义本质特征。

如果以现代主义创作原则来观照上述作品，我们可以惊讶地发现，进入20世纪80年代以后，台湾的现代主义创作才真正进入了艺术上的成熟期。王文兴、王祯和等老作家都摆脱了以前的"现代"与"乡土"的框架，回归艺术本体，获得了创作精神的自由，在小说语言和形式方面的革新也更为大胆。王文兴的小说《背海的人》在此前饱受争议的《家变》的基础上更进一步，表现出了更为决绝的现代主义姿态，小说的艺术表现形式及语言都采取了更为前卫的姿态。郭松棻、李渝、李永平及稍晚的舞鹤等作家对现代主义都有不同向度的阐释和发展。总体来说，进入20世纪80年代之后，台湾现代主义小说主要出现了这样几种发展路向。

第一个发展路向是精英化的现代主义写作。这一路向主要是延续了20世纪60年代现代主义小说的创作精神。事实上，现代主义文学在西方世界兴起时原本就是一种精英主义色彩极为强烈的文学类型。台湾现代主义小说在20世纪60年代复起时也具有较强的精英主义倾向。由于作者多为台湾大学外文系学生，其小说创作及文学思潮的译介都颇具学院派色彩。大部分作家在对西方现代主义作品表层结构如意识流、不可靠叙述者、反讽距离等的移植方面都有不同程度的实验。还有一些作家如欧阳子则对于技巧采取保守姿态，仅在美学原则或认知精神方面对现代主义有着"渗透式"的认同。王文兴作为具有学院背景的作家，一开始就体现出了将这两种倾向合而为一的趋势。他的早期作品在探索意识流等小说技巧的同时也进入了当时的文学禁忌领域，对传统的伦理关系如长幼尊卑和人们讳莫如深的性心理进行了颠覆性的书写，在当时掀起轩然大波。进入20世纪80年代之后，王文兴仍然坚持自己的艺术理念并在此前的基础上更进一步，其文学观念和艺术实验达到了新的高度。经过长年孤绝地坚持写作，王文兴已经将现代主义文学技巧及认知精神和美学观念有机地融合在一起，创作出了较为成熟的现代主义小说。在《背海的人》中，我们可以看到，王文兴延续了20世纪60～70年代以单向前行的时间性的语言转向发展的、空间性的心理状态的写作风格；以不合文法的、跳接的方式来应对人类的复杂意识活动。在语言方面，王文兴刻意重组语言结构，生造字词，广泛运用纷繁芜杂的标点符码，同时注重并突出字词语句的音、形、义的和谐统一，树立了叙述语言不附属于指涉对象而独立具有的美学价值。他的艺术实验一方面忠实于“再现”的写作原则，另一方面又实现了对传统书写方式的颠覆与重构，其形式和语言都含有强烈的批判性；而其文学作品中所具备的强烈的前卫性和批判性、对读者的强烈拒斥性、作品所具有的丰富隐喻和哲理性都使得其小说创作具有强烈的精英主义色彩。王文兴的文学创作过程亦是清醒自持的精神突破过程。他的写作必定于深夜开展以隔绝任何可能的打扰，其艰难的写作过程也是将困居体内的精神世界释放的过程，以致他公开宣称其写作是“血与泪”的搏斗过程。他的写作不是为大众，不是为生民，而是“为自己”。他也从来未对读者有任何期许，并认为自己的作品“最多有五十个读者”。《背海的人》中所阐发的人性具有永恒的象征意义，作品中所体现的人类生存困境和与现实世界之间的紧张关系具有普遍性，这也使得其作品具备了较为典型的“高层文化”特征。从这一点上来说，王文兴的小说创作是20世纪60年代以来现代主义小说精英主义倾向的延续和深化。

第二个发展路向是延续了“抒情传统”的诗意现代主义。20世纪80年代后，与《现代文学》杂志颇有联系的郭松棻及其妻子李渝从轰动一时的海外“保钓”等政治运动中脱身，复归文学活动。郭松棻及李渝均出身于颇具艺术气息的家庭。郭松棻之父是颇具名气的台湾版画家郭雪湖，郭松棻绘画功底也很深厚，并在青年时期参加过编剧和电影演出。李渝则在美国高等学校从事艺术史研究，她的艺术道路从西画学习开始，到后来专治国画，著有《任伯年——清末的市民画家》《族群意识和卓越风格》，对中国传统文人画有着精深的研究和深刻的见解。作为战后第二代作家，虽然具有不同的省籍背景[①]，但是他们在台湾所受到的都是国民党当局推行的凸显中国性的去殖民化的汉语教育。在这种教育模式中，文言与白话并重，他们从小就接触到了以“礼义廉耻，国之四维”为中心的传统中国人文理念，共同的人生经历和长期共同生活使得他们的创作也具有了某种共性。

感时忧国的儒家情怀和放达超逸的道家精神同时在郭松棻、李渝的作品中得以体现。基础教育的潜移默化使得“慷慨以任气，磊落以使才”的郭松棻伉俪在退出“保钓”等之后很自然地选择了“道不行，乘桴浮于海”的传统文人的隐逸方式。只不过，中国的传统文人大多隐逸山林，回归田园，而他们则是选择在工作之余将对生命的体悟以沉郁隐忍的表达方式、平静冲淡的笔触绘于纸上。“清风肃肃，修夜漫漫。啸歌伤怀，独寐寤言。”[②] 这是我们在郭松棻和李渝小说中尤其是书写外省人在台湾的个人遭际时常感受到的情怀。他们笔下清冷的月光，竹山林海的涛响，缥缈的号声，无不彰显着中国传统文人式的审美；而小说人物或隐于山崖，或闲居中国式庭院，或潜心写作，或沉迷绘画，或开辟果园的生活方式也体现了中国士人“穷则独善其身”的隐逸精神；其笔下游走于城市街道的精神病患者更是令人想起“往者不可谏，来者犹可追”的佯狂避世的楚人接舆。他们作品中的人物言行往往使我们感受到中国士人的清健风骨：《今夜星光灿烂》中的“大人物”为真理和盛世终究献出了生命，而其心中的精神却不会被泯灭，他在镜中孕育而出的无法控制的“镜中人”在他死亡的瞬间得到了新生，并进入了现实世界。风雨如晦，鸡鸣不已，这也正是中国传统知识分子忧国忧民的家国情怀和对“道”的主动承载。

同时，中国传统的审美精神和表现手法对郭、李伉俪的小说作品也产生了极大的影响。在他们的小说创作中我们常可以感受到犹如任伯年《关河一望萧索》的家国情怀和“宿心不复归，流年抱衰疾”的诗意情绪。郭松棻、李渝善于用精致细腻的笔触在读者面前徐徐展现意境深远的画卷，光的切入角度、色彩的运用、声音的配置都在文本中被精确地预设，读者

① 郭松棻是台湾籍作家，长于台北大稻埕；而李渝是安徽籍作家，出生于重庆，随父母迁至台湾。

② 此句出于阮籍《咏怀诗》。

常常可以随着作者的细腻书写“看见”富含意蕴的情境。他们的小说中各种色彩被大量运用，以色彩的浓烈饱满或清冷萧索展现人物的心灵和情绪，人物勾勒不重其行而重其神，文字留白颇得中国文人画的精髓；其作品文辞典雅端丽，融入晚明小品的气韵和现代诗歌的自由不拘。尽管他们的作品常常触及令人沉痛的黑暗，却鲜少在作品中作愤恚之语，而有洞明世事、抛却得失的玄同心态。在访谈中，李渝反复提及的“让政治的归于政治，让文学的归于文学”[①] 正是这种悠游超脱心态的写照。总体来说，郭松棻和李渝的小说文本在极其洗练冷静的笔墨之中澄明自照，在沉郁忧患的书写之下展现对国家民族深幽的思考和暧昧难辨的认同，而在看似冲淡的文字之下所隐含的是深切的悲悯情怀。

如果将郭松棻、李渝的现代主义小说置诸现代中国小说的脉络之中，我们就可以发现他们的创作接续了“五四”文学所开创的抒情传统。陈平原先生在其《中国小说叙事模式的转变》中评论：

> 中国小说在从边缘向中心移动的过程中，主要吸收了以诗文为盟主的整个中国传统文学，这就决定了凄冷悲凉情调对“五四”小说的渗透。“五四”小说很少“五四”新诗中那种朝气蓬勃乐观向上的情绪，其凄冷情调透露了“五四”知识分子心境的另一侧面。[②]

“五四”作家自觉主动地承续了中国文学的“诗骚”传统，将“小说的情调”和“小说的意境”作为衡量小说优劣的主要标准之一，他们“善于捕捉一种属于自己、并属于自己时代的特有情调”，“苦闷感、孤独感以及与此密切相关的感伤情调笼罩着整个‘五四’一代作家”。[③] 较之于“五四”一代小说家，郭松棻与李渝的小说创作在注重情调和心理、情绪的描写，淡化情节，善于使用限制性叙述视角和独白，以及行文富有诗意方面如出一辙，为台湾现代主义小说创作开辟了接续抒情传统的诗意现代

① 李渝：《乡的方向——李渝和编辑部对谈》，《印刻文学生活志》2010 年第 6 期（总第 83 期），第 76 页。

② 陈平原：《中国小说叙事模式的转变》，北京大学出版社，2010，第 219 ~ 220 页。

③ 陈平原：《中国小说叙事模式的转变》，北京大学出版社，2010，第 218 ~ 219 页。

主义的写作范式，在认知层面上将传统士人风骨与现代批判精神相接续，在艺术方面则实现了注重视觉张力、强调视觉图式语言的“现代性”探索，成功地呈现出与前一阶段现代主义迥然不同的传统审美与现代意识相结合的美学风貌。

台湾现代主义小说在20世纪80年代后的第三种发展路向是本土现代主义。[①] 台湾现代主义小说在20世纪80年代后出现的另一个新的创作倾向就是“现代”美学观念、艺术技巧与“乡土”题材的融合。现代主义作家们或多或少地将目光转向在地空间。以现代主义小说创作在文坛起步，但因《嫁妆一牛车》等乡土题材的小说而获得极大成功而被称为乡土文学代表作家的王祯和自不必说，他对“乡土”的熟稔使其作品在“现代”叙事技巧与“乡土”题材之间转化自如，游刃有余。进入20世纪80年代之后，他的小说创作现代主义色彩渐浓，《玫瑰玫瑰我爱你》更是以其强烈的实验风格引起了文坛的注意。事实上，王祯和对于自己被称为“乡土作家”并不认可，他认为：“‘乡土’这两个字最先是在美国的一个中国留学生说出来的，他们在异国生活，对他们来说，台湾的一景一物都可以称之为‘乡土’的景物，由他们口中说出的‘乡土’，其中的感情是土生土长或是生活在台湾地区的中国人所不能体会的。所以我觉得，这两个字由他们口中说出才是恰当的，我们实在没有必要人云亦云。任何事情都是一样的，除非自己亲身体验过，否则又怎么能够获得实际又深刻的了解。”[②] 但是，作为一个作家，却又“绝对离不开自己的乡土，因为他要描写的人、物、事，需是与他生活息息相关的，需是他所关怀的乡土、社会、国家……”[③] 因此，王祯和

① “本土”在台湾岛内是一个内涵模糊的概念，具有多种不同的解释。最早提出“本土”概念的是美国人类学家拉尔夫·林顿（Ralph Linton），他在研究美洲印第安人的社会与文化的过程中以“本土运动”来指称一个社会在外部压力下接触异质文化后重新肯定其原有文化的运动。在台湾，“本土”一词在不同时期的内涵也不尽相同。区别于当代台湾思想文化领域之中具有高度政治内涵的“本土”概念，本文所使用的“本土”概念并不涉及阶级、族群、种族、性别、地缘政治等权力结构和话语的纠葛，仅仅涉及狭义的文学层面，主要指台湾现代文学中对富有台湾本岛特色的文学因素的吸收和运用，以及对外来叙事观念和技巧的有目的、有原则的化用。

② 胡为美：《在乡土上掘根》远景版五版代序《嫁妆一牛车》，台北洪范书店，1993，第283页。

③ 王祯和：《永恒的追求》代序《人生歌王》，台北联合文学出版社，1900，原文未标页码。

极力主张小说创作要写自己最熟悉的东西，他坚持认为："一个作家应该写他最熟悉的东西，只有这样，他的作品才会有生命、有感情，才会使读者有亲切感，产生共鸣感。"① 王祯和对小说艺术一直有自己的理解和坚持，对于"乡土"与"现代"的论争也一直在以自己的创作来作答。纵观他的小说文本，我们可以发现他的写作从来都未曾剥离现代主义的灵魂，一直在现代主义的感性模式中进行摸索和实验。在《玫瑰玫瑰我爱你》中，他的语言杂烩实验将多种语言混用，更是在体现台湾历史中多种文化交错、冲突、混合、一再蜕变重生的文化模式的过程中展现了台湾人复杂的精神状态和在被文化侵略和被精神殖民的过程中被矮化的人格和精神，并在戏谑反讽的过程中实现了辛辣的讽刺和批判。王文兴以"南方澳"作为《背海的人》的写作背景，他在南方澳的生活经历成为作品的重要写作资源，虽然这种"乡土"背景在小说中显得较为抽象且富含象征意义，却是他的现代主义创作吸收"乡土"元素的一种突破和尝试。此外，林燿德、舞鹤等人都尝试以高山族和汉族人为书写对象，舞鹤甚至为了深入了解高山族而深入部落生活多年，他的作品《思索阿邦·卡露斯》、《余生》都是他对"本土"题材长期探索的成果。由于其作品中大量出现对台湾本土风俗及人情的描写，从《微细的一线香》开始，舞鹤就已经被很多论者视为"乡土作家"。20 世纪 90 年代后，舞鹤的作品《舞鹤淡水》《思索阿邦·卡露斯》《余生》《鬼儿与阿妖》等更是极为关注高山族和边缘群体的生存状态，然而他的作品中却存在着与"乡土文学"大异其趣的地方。他的作品中"缺乏乡土文学那种革命行动主义热情"②，却饱含了现代主义式的孤绝和内省，其文字文法颠倒、扭曲，充满了强烈的异质感。小说叙述模式前卫而怪异，标点符号常常不知所终，大段堆砌的对话淹没了明晰的叙述脉络，造成了极强的陌生化效果，具有强烈的现代主义前卫色彩。他所着力挖掘的乃是本土题材中阴郁沉重的被压抑的一面，所求的则是将边缘群体的生存困境和所遭受的压迫展示于人前，从而实现对

① 胡为美：《在乡土上掘根》远景版五版代序《嫁妆一牛车》，台北洪范书店，1993，第 283 页。

② 杨照：《衰败与颓废——舞鹤的文学世界》序《梦与灰烬》，台北联合出版社，1998，第 164 页。

“宏大叙事”的挑战。正因如此，杨照谓舞鹤的小说创作为“本土现代主义”。

王祯和、舞鹤等人的写作均以本土题材为念，同时又在其中实现了他们的现代主义式的世纪末异质风格。他们在作品中以“乡土”为背景，以现代主义精神观照“乡土世界”，描写脱离理性世界藩篱的语言和肉体的狂欢，并从中挖掘现实人生的荒谬与个体主观世界的焦虑与不安，是此前阶段台湾现代主义小说主题的接续与开拓。

## 结　语

时运交移，20 世纪 80 年代之后，随着历史和文化语境的变迁，台湾的现代主义小说重新崛起，涌现了一批新的作家。他们继承并拓展了 20 世纪 60 年代现代主义小说的精神异化主题和抽象化、内向性和实验性特征，同时接受了更为丰富和多元的西方思想资源，在小说文本中呈现出更为复杂的现代性经验。其小说作品题材更为广泛，主题意蕴更为丰富，小说语言和形式实验更为大胆前卫，表现出强烈的对人类终极精神世界的关注和对普世价值的探讨，创作了大量艺术上较为成熟圆融的现代主义小说作品。

同时，台湾现代主义小说也在 20 世纪 60 年代的创作基础上出现了一些新的发展路向：王文兴秉持精英化现代主义写作；郭松棻、李渝等人将中国文学传统与表现手法与西方现代主义精神相糅合，开创了“抒情传统”的诗意现代主义；王祯和、舞鹤等人则发展了本土现代主义，形成了多元的发展态势。他们的小说实验已经脱离了表面的模仿与现代艺术的空泛化，建立了较为成熟的具有强烈个性的现代主义品格。虽然他们所采用的文类习规不同，所进行的实验方向各异，但他们的小说实验丰富了汉语写作的语言形态，开辟了现代汉语新的发展方向，也形成了现代主义文学新的传统。从本质上来说，他们的小说艺术革新实际上是以不同的语言和技巧来审视“内在生命”，以期在对“书写自由”的追求中实现“生命自由”和“精神自由”的终极目标。由于他们的努力，现代主义小说的品格与技巧逐步被纳入中国现代文学传统，融入文学的主要评价标准并潜移默化地改变着文学的质地。

无论是郭松棻、李渝、李永平的中西艺术精神融合，还是林燿德、舞鹤、朱天文、骆以军等人的社会历史关怀，都是对20世纪70年代“现代”/“乡土”之争的不同程度的回应，是台湾现代主义小说创作方向的自我调整与反拨。从目前来看，这种艺术道路上的调整取得了一定成效：现代主义小说的格局得以拓展，美学范式得以更新。正因如此，尽管20世纪80年代后台湾现代主义小说家没有像20世纪60年代现代主义小说家那样形成声势浩大的作家群体，没有提出振聋发聩的宣言和口号，却取得了更为丰硕的艺术成就。他们的创作也对新加坡、马来西亚等东南亚国家的汉语现代主义文学运动有着不可估量的辐射和指导作用。

尽管如此，20世纪80年代以来的台湾现代主义小说仍旧不可避免地具有某些创作上的局限与不足。现代主义作家仍然无法改善现代主义小说拒斥读者的局面。无论是“西化”逻辑较深的精英现代主义、中国性较浓的诗意现代主义还是致力于在地经验的本土现代主义都对文学风格具有高度的敏感性。他们对传统书写方式的强力颠覆与重构使得其小说形式和语言都含有强烈批判性；作品所蕴含的丰富隐喻和哲理性也使得其创作具有强烈的“高层文化”色彩。然而，其形式的晦涩也不可避免地造成了对大众读者的拒斥。无论是骆以军令人目眩的叙事迷宫还是王文兴、舞鹤佶屈聱牙的文字洪流无不令非专业读者望而却步。同时，尽管很多现代主义作家已经意识到了现代主义在地化过程中“内因”的重要性，并据此在创作实践上做出了或多或少的改造，但他们的这种认识一直停留在创作的层面，并未有意识地形成理论以为后来者鉴。这不能不说是一个遗憾。

此外，从台湾现代主义文学的实践可以看出，台湾文学想要获得发展，提升自我的文学品质，就必须正视自己的文化源流，充分汲取母体文学的营养；如果失落了本民族文化之“根”，就只会是“一匹在荒原里鸣响，没头路的马”，最终只会使得文学作品成为无本之木，陷入创作的困境，更无法形成卓越的艺术风格。

# The Study of Taiwan Modernist Novels Since the 1980s

*Ni Lingying*

**Abstract**: Since the 1980s, Taiwan modernist novel, once thought to have come to an end, returned to the literary world. Compared with the modernist novel in 1960s, they received more and more rich and pluralistic western theories, and presented more complicated modernity experience in the novel text. They possessed broader themes, more abundant theme connotations, and their art innovation was more bold and avant-garde, showing a strong concern for the ultimate human spirit world and a discussion of universal values, creating a large number of modernist novels which are more mature in art. At the same time, Taiwan modernist novels also show new development directions of elitist modernism, poetic modernism sticking to "the lyric tradition", and local modernism, forming a pluralistic development trend. As a result, the pattern of modernist novels has been expanded, the aesthetic paradigm has been updated, and a new modernist literary tradition has been formed.

**Keywords**: Taiwan; Modernist Novel; the Elite Modernism; Lyric Tradition; the Local Modernism.

# 21世纪粤剧的改革现状及其发展研究*

杨毅鸿**

【摘要】21世纪以来，粤剧发生了力度相当大的改革，在舞美、音乐、题材内容、表现手法、传播形式等方面都有了不少改革措施。在改革创新的同时，也存在一些问题，如资金短缺、人才缺乏、改革经验不足。这些改革也引发了一些争议。粤剧具有娱乐性、商业性和包容性，其发展的方向就是回归市场。在发展中，要注意提高领导者的管理水平，处理好市场和艺术的关系，同时在传承和发展的问题上，要理解三个点：以新带旧、新旧并存、用辩证眼光看待粤剧。传承和发展、传统和创新并不是割裂的。

【关键词】粤剧　改革现状　发展　传统　创新

粤剧在广府大地曾经是主流的娱乐文化，在1958年一年之内香港就出产了500多部粤剧，这个无限风光的数字令今天的电影行业也自愧不如。粤剧从辉煌逐渐走向萎缩也是不争的事实，粤剧的式微促使粤剧从业者从多方面、多角度去探索改革的可能，从中寻找新的发展道路。进入21世纪以来，粤剧发生了很多崭新的变化，本文试图把这些改革新变进行梳理归类，考察改革的内容，探究事实的本质，研究其发展方向。

---

* 本文是珠海市哲学社会科学规划2017～2018年度课题成果。

** 杨毅鸿，暨南大学文学博士，现任吉林大学珠海学院文化理论研究所专职研究员，讲师。主要研究方向为岭南文化、中国传统戏曲、中国古典诗学等。

## 一　粤剧改革的几个主要方面

自从粤剧这个剧种诞生之后，它就从来没有停下过改革的脚步。只是在不同的时代，改革的力道有所不同。20 世纪 30 年代到 50 年代是一个高潮，然后发展逐渐缓慢下来。自改革开放以后，粤剧重新振作，但是在科技高速发展的现代化大环境里，粤剧面临着观众和市场的萎缩，不少粤剧从业者和评论者都表达了对粤剧前途的担忧，也对粤剧发展提出了不少有益的意见。21 世纪以来，粤剧人对这门地方戏进行了大刀阔斧式的改革与创新，使其出现许多新的变化，迎来又一波新的改革高潮。粤剧是一种综合艺术，因此这些新的变化包括了台前幕后的各个方面。

### （一）舞美背景的虚实相间

舞美艺术是服饰、化妆、灯光、布景、道具、音响等的综合艺术。古代戏曲在几百年的历史发展中，都是在空旷的舞台空间里进行演出，形成了一些约定俗成的舞台布景程式，如以“一桌二椅”为主的“双大座”“斜场大座”“八字大座”等。但是随着时代发展，现代观众审美阈限扩大，观念更新，已经不能满足于太过简练的舞美风格。年轻观众大多没受过传统戏曲的熏陶，很难理解这种布景道具简约，全凭演员演技去表现各种虚拟景物的虚拟美，甚至对这种传承了几百年的舞台传统产生一定的厌腻感。在这种情况下，一些剧团在编排新戏的时候，把舞美的创新提到一个新的高度。如佛山粤剧团号称“动漫真人秀”的《蝴蝶公主》对灯光和色彩的运用就很有特点，全剧开始时用 flash 动画开场，在漫天飞舞的彩蝶中出现一个个剧中人的动漫造型，全剧多用大量动漫式的大色块光景表现一种缥缈迷离的意境。

粤剧舞台实景化的趋向是明显的。唐涤生的遗作《再世红梅记》2014 年在香港文化中心演出，舞台应用了非常巨大的实景石山，而且运用科技手段遥控出场而无须人力推动，其他亭台楼阁等布景都非常实在。灯光烘托气氛的运用也可圈可点。第四折《脱阱救裴》的舞台右边是书生裴禹在书房内读书，灯光明亮；左边停放棺材，女鬼李慧娘即将要从棺材里出来，用蓝色灯光照映、营造幽暗可怖的氛围。灯光把舞台的左右侧分隔成两种视觉效果，仿如在电脑上用双屏观看电影。而光明与幽暗的对比、静谧与恐怖的对比，又给观众带来强烈的视觉冲击和心理冲击。

舞台实景化要说是创新，其实也不新，香港粤剧电影有过繁荣的年代，在片场，实景拍摄已经是常例，而把片场的布景用在舞台，也较为顺理成章。不过对于内地的粤剧舞台，这仍然是很大的突破。比如 2002 年 12 月广州粤剧团参加第八届广东省艺术节的一台粤剧《花月影》，可谓“一石激起千层浪”，其改革力度之大，在当时引起很大反响。舞美设计利用科技手段，把舞台实景与幻景巧妙结合，在有限的舞台上创造出奇幻多变的视觉效果，把富有岭南风情的清雅秀美展现出来。如江中的红船、岸边的望江亭、堤上的芦荻、夸张硕大的圆月，特别把岭南的水文化融入其中，无论是江水还是荷花池等，其设计都富有强烈立体感，能迅速把观众拉入情节氛围中。

背幕巨大国画或油画向实景转换。需要山，就造山；需要水，就造水；需要房子，就造房子；需要树林，就造树林。前景搭配后景，造出景深立体感，这些手法在 21 世纪以来的省市级粤剧团的戏中已经不算罕见。然而这些设计基本都是静物，近年来舞美设计者开始做出动态布景的尝试。

2014 年 5 月，广东粤剧院的《梦・红船》在广东粤剧艺术中心内部首演，内容讲述 20 世纪 30 年代一个粤剧戏班在到处演出谋生时先后遇到恶霸、军阀，更被日寇强征红船，最后全戏班的艺人与日寇拼杀，引爆红船与敌同归于尽。由于剧中戏班以红船为家，以红船为舞台，所以几乎每一场的背景都是红船。这就给舞美设计带来难题，因为这容易造成视觉上的单调乏味。不过广东粤剧艺术中心这个剧场在建造舞台时，有一个先进的“台中台”的设计，即舞台中央有一个能旋转的圆形升降台。《梦・红船》的舞美设计就基于此，把十分精美的实体红船船舱布景制作在该平台上，每一场的红船都会旋转到不同角度，让观众在不同场次中看到船舱布景的正面、侧面和背面，加以背景大幕布的衬托，营造出具有变化感、层次感的效果，十分赏心悦目。

2016 年 6 月底，广东粤剧院新编现代粤剧《还金记》在广东粤剧艺术中心首演，之后陆续演出多场。《还金记》采取实景化布景与虚拟表演相结合的形式，红军长征路上遇到的种种险恶环境要在舞台如实重现是不可能的，但是设计者用巨大背幕的抽象画表现气氛的肃杀，用小部分的石山、平台掩映前景的芦荻、树枝等，较好地把各种不同的自然环境表现出来。而其中一场戏也运用了动态布景，该场叙述国民党军队在树林中追逐男主角，女配角赶来营救。背景是树林，男主角拼命跑，一群士兵追赶男主角，女配角又追逐士兵们。所有演员都要扮演高速飞奔，然而舞台空间有限，不可能像影视剧那样真的飞跑，戏曲原本固有的演员跑个圆场就瞬时千里的虚拟表演又似乎不足以表现那种紧迫感，于是设计者运用了逆向思维，人跑的时候感觉树会向后动，那么树的运动就可以衬托出人在跑。于是舞台上出现了一批由工作人员躲在背后控制的树布景，看似混乱实则有序地穿插在演员的走动当中，还能造出追逐飞奔时林中树木掩映的视效。男主角、女配角与一群士兵在会动的树林中打起了游击战，既是实景，又是虚景，既有实跑，又有虚拟表演，整场戏在动态布景中虚实相生，确实是巧妙的设计。

### （二）音乐艺术的东西合璧

如果说新颖的舞美设计给了观众新的视觉感受，那么音乐上的改革就给了观众听觉上的新变化。大体来说，音乐上呈现出西化的趋势。《花月影》淡化了耳熟能详的传统粤剧音乐，基本脱离了粤剧的板腔曲牌，减少了锣鼓，使用大量新曲，还运用了流行歌《真的好想你》来填词演唱，编曲上加入了西方交响乐的元素。这种趋势越来越明显。广东粤剧院的新编跨界粤剧《决战天策府》除了创作新曲、用交响乐配乐，还颇有创意地安排了一场四声部合唱。该场情节是四个角色商讨军情，各持己见，展开争论，每个人唱自己的声部，互相穿插轮换，最后形成四声部大合唱，这是吸收、学习了西方歌剧、音乐剧的表现形式，在国内的传统戏曲中都算得上极大的变化。

### （三）题材内容的纵横开拓

粤剧一向是古装戏较多，20 世纪 30 到 50 年代有过一些时装戏，但古装戏始终是主流，后来也出现了一些红色经典粤剧如《沙家浜》等。20 世纪 80 到 90 年代，新的粤剧现代戏再次被推上舞台。如深圳粤剧团 1983 年的《风雪夜归人》、1995 年的《情系中英街》等。进入 21 世纪，现代戏明显增多。如深圳粤剧团 2001 年的《驼哥的旗》，2007 年广州红豆粤剧团的《刑场上的婚礼》，2008 年广州粤剧团的《三家巷》，2011 年佛山粤剧院的《小凤仙》、广州红豆粤剧团的《孙中山与宋庆龄》、广东粤剧青年团的《青春作伴》，2012 年广州粤剧团的《碉楼》，2013 年广东粤剧院的《风云 2003》，广东粤剧院 2014 年的《梦・红船》、2016 年的《还金记》，广西梧州粤剧团 2017 年的《风雨骑楼》、2019 年的《抉择》和《北上》等。广东粤剧院的《风云 2003》，以 2003 年广东抗击“非典”的事件为背景，用粤剧的形式重现那场没有硝烟的战争，其中“关山”这个角色以钟南山医生为原形，人物造型、化妆都与钟南山高度神似，这引起了经历了那一场事件的广东人的深刻共鸣。尾场时全体演员在舞台上一同高呼台词“我们都是医生！”把全场观众的情绪推向高潮，令观众感动流泪。

而在古装戏的内容方面，也出现了新变。广东粤剧院的《决战天策府》，讲述在唐代天宝年间安史之乱的背景下，唐朝军队“天策府”中发生的一系列江湖恩怨、家国情仇。其人物、背景的所有设定，来源于网络游戏《剑侠情缘》网络版三（简称“剑网三”）。该剧严格按照游戏中历史背景、场面环境、人物的设定，演出全新的情节。从舞台布景到人物的服饰造型，都高度还原游戏中的设计，甚至舞台武打套路也参照游戏中的武功招式来编排。这样，对游戏玩家来说，他们产生一种既熟悉亲切，又独特新颖的感觉；对于普通粤剧观众来说，就是一场古装粤剧，他们也一样能看懂、能理解。从网络游戏中发掘戏曲内容资源，也是题材内容改革的一个新的方向。

### （四）表现手法的革新求变

2004 年 6 月，广东粤剧院《刺客》参加“金狮奖”全国第四届小品比赛，主演彭庆华、刘建科获表演奖，穆广生、莫翠柳获得导演奖。《刺客》是广东粤剧院的先锋性试验，据彭庆华介绍，2002 年张艺谋执导的武打电影《英雄》上映，其中的武打场面设计很有特点，当时还是新人的彭庆华看完电影之后就思考是否能把电影中的武打场面移植到粤剧舞台上，他是正宗咏春世家的子弟，自幼练武，武功高强，于是与当时的编、导、音、美等部门的一批年轻人商讨，经过长时间的制作编排，排出了《刺客》。这是一部突破传统的新型粤剧，音乐方面也减少了传统锣鼓，充分运用了音响、灯光、布景来配合人物的表演，最重要的是把相对真实的武功对打在戏曲舞台上表演出来。传统的戏曲即便是武戏也是以虚拟表演为主，而《刺客》演出了一种类似于影视的武打场面，给人耳目一新的感觉。背景音效是预先录制好的，两位主演跟着音乐，按照节奏，控制时间，既打出真功夫，又要配合上每一下兵刃拳脚的风声、兵器撞击声等音效，用彭庆华的话来说就是“卡拉 OK 地打”。十多年之后，广东粤剧院在 2015 年首演的《决战天策府》把武打真实化（或可称为影视化）这种革新推到了一个新的高峰。该剧在编排上吸取了影视的特点，把武戏设计成相对真实又符合舞台表演需要的武打动作，并利用了“吊威亚”（吊钢丝）技术，把演员吊在半空左右、上下移动，模拟高来高去的武侠轻功，别开生面，引人入胜。

### （五）传播形式的多元扩展

粤剧与影视结合不算新鲜，新鲜的是与动画结合。2004 年，由 76 岁的红线女担任剧本改编、导演、艺术总监并配唱的卡通粤剧电影《刁蛮公主憨驸马》在广州上映。电影保留了粤剧的传统音乐和唱腔，同时人物造型不使用传统化妆而是采用卡通化处理，不少大场面都充分发挥了动画技术的优势，达到了舞台无法实现的艺术效果，一举获得了第十届中国电影“华表奖”优秀美术片奖。当时限于技术水平，这部卡通粤剧电影停留在二维动画的阶段。2006 年，广东电视台珠江频道《粤韵风华》栏目播出了动画粤剧小品《笑话系列》。这个系列都是一些 15 分钟左右的短剧，内容是寓言笑话和成语故事。这时的动画制作水平已经大大提高，采用了三维立体动画技术，在一个立体空间里表现人物的动作，粤剧的表演程式展现得更加淋漓尽致。值得一提的是，这个系列动画制作运用了光学动作捕捉系统，请专业粤剧演员真人表演，然后把动作数据录入电脑，再与 3D 背景融合，这样镜头的运用就能基本上和影视一致了。

粤剧传播方式上的扩展，还突出表现在广告宣传的与时俱进，紧跟网络时代、信息时代的步伐，注意打造品牌效应。微博、微信这些网络工具已流行了多年，近年来，各粤剧团基本有了自己的公众号和微博，演出预告、演后的评论总结也会通过网络和新媒体进行宣传，粤剧演员经常与粉丝互动，经营人气。这都有利于宣传粤剧，让粤剧进一步走向市场。

## 二　改革中存在的问题和争议

粤剧的改革创新存在的首要问题就是资金短缺。戏曲的资金来源比影视剧少得多，而改革涉及的设备、人力都是需要资金支撑的。粤剧卡通片《刁蛮公主憨驸马》获得政府600万元资金支持，省市级剧院剧团的资金尚算充裕，但对政府依赖性很强。对于缺乏政府支持的地方小团体来说，若像广东粤剧院的《决战天策府》那样，为了还原网络游戏的画面设定，一套盔甲的造价就高达一万多元，这根本无法负担。多数的创新还是得依靠剧院、剧团自己承担费用，因而常常会出现“贫穷限制想象力”的情况。资金短缺制约着大多数粤剧团体的改革和发展。

资金不足导致的另一个问题是幕后专业人才缺乏。为了节省成本，不少粤剧工作人员在团里身兼数职，可能本职是演员，又同时负责灯光、音响、舞（武）指、拍摄、影音后期制作，甚至可能同时还要负责微信公众号、微博、海报宣传运营等。自学成才固然可以，但人的精力是有限的，多面手往往很难做到每一面都专、精，在推陈出新方面也未必都能行之有效。

改革经验不足也是一个问题。所有的创新并没有什么成法可以依循，在现有的舞台艺术和设备技术的基础上如何突围，走出一条新的道路，其实所有人都还在摸索，这就注定了所有的改革都是不完美的，有着各种各样不足的。有时为了摸索出一条路，不得不在每一个演出场次对同一个剧目反复修改。比如《梦·红船》里有一个红船子弟日常练功的情节，本来创新性地加插一段有节奏的咏春木人桩表演，武舞结合，咏春世家出身的彭庆华率领一众年轻演员表演得十分精彩。但是这段表演对全剧来说既非推动情节，又不是用作抒情，有画蛇添足之嫌；删掉则少了一段观众喜爱的艺术表演。于是同样是演出《梦·红船》，木人桩表演在不同场次时有时无。《决战天策府》里用吊威亚模拟轻功飞天对打的动作，也面临着同样的尴尬。

粤剧改革虽然加大了步伐，但依然困难重重，同时引发许多争议。主要有以下三个方面。

第一，关于要不要改革。虽然粤剧需要改革得到较多认同，粤剧泰斗红线女老师也多次提出粤剧必须改革，但反对的声音也值得关注。如姚柱林就提出“衰亡论”，他在2001年发表文章，谈到自己在20世纪80年代初就呼吁“救亡粤剧”，认为粤剧程式表演是农耕文明舞台条件简陋下迫于无奈的表演办法，粤剧唱腔也内涵较浅，这是某一历史时期经济基础的产物，在后工业时代很难被接受。他反对把粤剧推向市场，认为这无异于把不会游泳的人推落水中活活淹死，要避免粤剧自行消亡，只有靠国家把粤剧当作“活文物”养起来。[①] 另一种声音则主张把粤剧彻底改掉，建立一套新的戏曲品种。毛小雨把公元7世纪的印度梵语剧《璎珞传》移植到粤剧舞台之后提出，戏曲的改革不要在原有的基础上敲打修补，要建立起一套新的戏曲品种；又认为方言的使用决定了戏曲剧种的地域化色彩特别浓重，而在信息化时代，要呼唤一种能适应大多数观众的戏曲形式。[②] 这实际上是主张抹杀粤剧的地域色彩，重建一种新的戏曲形式。当然大多数评论者的观点是中肯的，比如陈超平认为离开继承传统的创新是背叛，一成不变的保留也是没有意义的[③]；黄天骥认为观众觉得好看、能接受就可以改，但要认真研究其岭南特征，把其特质展示出来[④]。类似观点不一一列举。

第二，关于改得太多还算不算是粤剧。对于粤剧改革中出现的锣鼓、梆黄减少，新曲、交响乐编曲增多，服装造型更新等变化，不少老戏迷是不买账的。比如2003年8月，《花月影》应香港康乐及文化事务署之邀访港演出后，举办了剧组成员与观众的分享会，一群老戏迷对于粤剧的变味表示很失

---

① 姚柱林：《必须正视粤剧危机》，《南国红豆》2001年第2期，第12~14页。

② 毛小雨：《从粤剧制造到粤剧创造——创作粤剧〈璎珞传〉有感》，《南国红豆》2015年第1期，第6、36~38页。

③ 陈超平：《莫把粤剧——戏曲变太监》，《南国红豆》2005年第2期，第16、21~22页。

④ 刘亚平：《粤剧：传统文化在困境中突围》，《同舟共进》2007年第6期，第12~15页。

望。有人撰文说：像《花月影》那样仿佛只是无奈地保留少得可怜的几段梆黄，而代之以大量的“生圣人”（指新曲），尽管有强大的交响乐队伴奏，但并不适应基本观众的欣赏习惯。2004 年的《刺客》，有人发文称该剧“走完全背离粤剧传统的路子却不对。功夫不应花在这‘取巧’的‘革新’方面”，“因为它根本不是粤剧。没有戏曲的唱念，没有粤剧的音乐和锣鼓，没有戏曲的程式和身段，有的只是两个武士的表演”。[①] 2015 年《决战天策府》首演后，香港学者蔡启光老师对笔者说：“我承认这是一出很好看的粤语音乐剧，但这不是一台粤剧。”有年轻的大学生也说：“《决战天策府》在我看来更像一部歌舞剧，包括其中《少年游》《猜》等多首小曲更接近流行音乐而失了粤剧特有的味道，使得观剧过程中极易出神，以为自己看的是歌舞剧。”[②] 有人甚至直言“《决战天策府》从艺术形式上来看，它只是一部披着粤剧外衣的音乐剧，粤剧元素的精华如唱腔、锣鼓、梆子、曲牌在这部剧中几乎不着痕迹。这对年轻观众的引导极其危险”。“这部看起来像粤语音乐剧的实验剧，实质上，恰恰是对粤剧的解构。”

第三，关于聘请外地编导。有学者和粤剧界人士提出反对意见，认为会掩盖粤剧自身的传统特色。有人认为粤剧是岭南文化艺术的精髓，反映地域情结，而外请导演往往下意识地发挥自己的长处，使戏剧呈现出形式大于内容、技法高于思想的特点，这并非改革粤剧的成功之路。[③] 更有人直言请外地编剧就是扼杀粤剧。[④] 也有人将此看作一种权宜之计，最根本的是培养本地人才，以及创作不能丢掉“粤”味。如潘邦榛认为，可以适当寻找外援，但这不能从根本上解决问题，外地作家写的本子还是要让真正的粤剧编剧改编。[⑤] 同时他又认为粤剧粤曲创作不能丢掉运用粤语以及运用富有“粤味”的音乐唱腔这两个艺术特征。[⑥]

---

① 阿芒：《给粤剧年轻人泼盆冷水》，《南国红豆》2004 年第 5 期，第 6 页。

② 《观后争鸣——广师学子漫谈〈决战天策府〉》，中国粤剧网，http：//www. sohu. com/a/284906296_ 779056，最后访问日期：2020 年 7 月 10 日。

③ 蔡孝本：《从导演艺术走向看粤剧改革》，《南国红豆》2004 年第 S1 期，第 62～64 页。

④ 梁郁南、罗丽编《“粤剧之本”急需重视——龙年新春粤剧编剧大家谈》，《南国红豆》2012 年第 2 期，第 4～6 页。

⑤ 潘邦榛：《解决粤剧编剧问题的对策》，《南国红豆》2005 年第 2 期，第 23～25 页。

⑥ 潘邦榛：《粤剧粤曲创作不要丢掉本体的艺术特征》，《南国红豆》2008 年第 5 期，第 20～22 页。

我们认为，虽然莫衷一是，但争论探讨总体上是有利于粤剧发展的。粤剧人在广开言路、听取各种主张意见的基点上，坚持改革实践，面向民众，面向时代，应该能够走出一条坚持粤剧风格特征与求新求变、传承与创新相结合的发展道路。

## 三　粤剧的发展方向和一些注意问题

粤剧的改革是依托岭南人的三个精神：第一个是勇于打破规矩的探索精神，对于岭南人来说，原则性的规矩固然要遵守，但是不合时宜的规矩一定要打破；第二个是岭南人兼收并蓄的气度；第三个是岭南人重视现实的思维特点，即面对时代挑战，接受观众和市场的检验。我们认为，对于粤剧的发展来说，首先要理解粤剧的三个特性。

其一是娱乐性。戏剧的起源和祭祀神灵有关，但是到了后来，戏剧活动的最终目的就是满足广大人民群众的文化生活需要，为观众提供娱乐。维持并促进粤剧发展的最关键因素，就是观众日益增长的娱乐需要。粤剧人所做的各种努力，都是千方百计地满足观众在娱乐过程中的审美要求，有听觉的娱乐，有视觉的娱乐。为了满足听觉的要求，我们在音乐、唱腔这些方面下很大的功夫，提高唱腔的表现能力；而在视觉上，则在服装、化妆、布景、道具、灯光这些方面做文章。当然，对任何艺术形式来说，其都有“综合感悟”审美的问题，观众的审美情趣会多元化，也会有所提升。因此，在思想内涵、题材内容、结构元素上，也需要实实在在的功夫。

其二是商业性。粤剧从诞生开始就存活在市场里，粤剧表演基本是商业行为，带有明显的商业性质。观众花钱买一份娱乐消遣，戏班依靠娱乐表演赚取生活费用。这就是戏班的特性，也是粤剧的特性。就像现在电影要看票房一样，检验一个粤剧好不好看，精不精彩，在很大程度上也是看有多少观众买票进场看戏。同时，对于市场导向的理解，不能偏废，不能急功近利。既要迎合现实市场，又要了解潜在市场，同时关注市场的动态变化，在充分调查、综合研判的基点上，以丰厚的艺术魅力引领市场。

其三是包容性。其实，包容性不是粤剧所独有的特性，它是整个岭南文化的一种特性。在古代，岭南始终处于一个封闭的空间，农业基础薄弱，受到中原文化的儒家礼教的思想影响相对比较少，岭南本土的百越文化比较多，又和海外文化来往密切，同时北人南迁带来大量外来文化成果。可以说，岭南人从秦汉时代开始，就一直在自觉不自觉地把外地文化融入本土文化。在这样的文化土壤中诞生、发展起来的粤剧，也就具有很强的包容性。粤剧艺人有一种极度开放的、兼容并蓄的心态，几乎没有什么外来的艺术不能应用在粤剧里面。在音乐方面，粤剧的声腔是由外来的多种声腔剧种融合而成的，无论什么曲调都可以运用在粤剧里面。不仅有传统的梆子、二黄，传统的曲牌，还运用了广东音乐的很多地方小曲，还有新谱写的曲子，甚至能运用其他地方的歌曲。比如粤剧《孝庄皇后》有一段就用上了蒙古民歌《敖包相会》的旋律，用粤剧乐队重新编曲包装，用粤语演唱，就成了地道的粤剧，但是恰如其分地展现了草原相会的情景。粤剧就是这样既吸收了外省甚至外国的流行音乐、通俗歌曲的优点，又能保持鲜明的地方剧种特色，始终保持着浓郁的时代气息。而这么做的最终目的，又回到刚才所说的，是吸引观众、娱乐观众。

粤剧的商业性表明它本来就是市场的产物，粤剧和市场是鱼和水的关系。市场性和娱乐性共同提醒着我们的演员，娱乐和艺术是相辅相成的，表现艺术的目的是娱乐观众，如果观众觉得他们不能从中获得娱乐享受，这门艺术就会死去。而粤剧的包容性，或者说岭南文化的包容性，又为粤剧的改革提供了更大的空间，更广阔的舞台。

当然，在改革中，有一些问题是需要注意的。

首先是管理的问题。粤剧团的管理人员必须提升自身在管理方面的素质修养。一般来说，不少粤剧团体的管理者以前是演员，或者现在仍然是演员。资历深的演员出任管理者，其积极作用非常明显，特别在整合资源方面，凭借着多年打滚出来的资深地位，有着得天独厚的优势，也能够更好地利用自己的资源，带领整个团体往前走。但是一个好演员，有时未必是一个好的管理者。他必须明确自己从演员到管理者的身份转变。如果粤剧团是一支军队，演员冲锋，管理者则要运筹帷幄。管理者要把团体的柴米油盐放在自己个人得失之上，让上至大老倌，下至小梅香，人人有戏演，人人发挥所长。所以，管理者要胸襟开阔、目光远大，先公后私；要不断提升自己行政管理的能力和职业素养。另外，政府部门也应该制定有针对性的负责人监督机制。

其次，粤剧要从事业性的福利型文化转变成产业性的市场型文化，也就是投身市场，把自己放在市场竞争中，这样才能重新焕发出活力。这里就有一个观念一定要把握清楚。有学者提出了一个观点，说粤剧要高雅化，要把它打造成为高雅的文化艺术产品。听起来没问题，实际上高雅化和岭南文化的核心精神是相违背的。岭南文化的核心精神是世俗性，这个世俗性就包括显浅性、现实性的特征。简单来说，高雅化，只能让一小撮人去欣赏。粤剧就是要继续坚持自己的世俗性，在市场当中，让戏剧的内容、思想、表现形式都贴近广大人民群众。现在粤剧处在式微衰退的时期，又是买方市场，那么现阶段的改革方向就当然是观众爱看什么，你就演什么，爱听什么，你就唱什么。批评的声音也有，有人说难道观众不爱听锣鼓小曲，就把粤剧演成话剧，这不是就丢掉粤剧了吗？像那个《决战天策府》不是就丢掉粤剧，演成现代音乐剧了吗？这个就是怎么处理市场和艺术的关系的问题。投身市场是基础，在这个基础上我们还必须坚持粤剧独特的形式美。比如说在演员方面，坚持唱做念打的戏剧功夫，包括粤剧各种声腔的综合运用、举手投足的戏剧动作程式、各种手眼身法步的讲究、南派武术特别是咏春拳为基础的粤剧武功等；在音乐方面，坚持以传统音乐为基础，包括五声调式的音乐旋律、以民乐为基础的乐队等。同时，我们可以在这个粤剧形式美的基础上加以各种创新性的包装：音乐可以用五声调式写很多新曲（新曲重复演出一百遍就成了旧曲，就成了新的经典）；以民乐为核心，也可以加入西方乐器，中西合璧本来就是岭南文化的重要特点；还要创造更多符合现代人生活的新的表演程式；等等。

粤剧是一种综合的成熟的艺术，这个本质我们不会丢掉。但是这种艺术，以市场为基础。物质基础决定上层建筑，要是人都活不下去了，艺术就是空中楼阁。当然我们即便把粤剧放在市场里，也要注意戏剧作品的本身不能单纯为了迎合观众而变得庸俗无聊。一部好戏，思想性当然要有，能够唤起大家某种情感的共鸣，在某些问题上能够引起大家深入的思考，这当然是改革者努力的方向，但是归根到底，以娱乐大众为己任，以市场为依归，这个才是粤剧发展到鼎盛辉煌的不二法宝。如果所有粤剧演员都想着“我是一个高雅的艺术家”，那这门艺术就离死不远了。如果大家都想着“我是一个演员”，这门艺术才能真正发扬光大。

再次，关于传承和发展。很多人说粤剧改革得失去了传统，像《决战天策府》那样：把动漫游戏都搞上舞台，没有以前的戏剧浓妆，没有穿以前的服装，没有听到很多熟悉的传统曲牌，合唱部分不是齐唱而是分声部合唱，灯光弄得绚烂无比、变化多端，还有以前根本看不到的裸眼3D投影技术，演员演出区域还不只在舞台，都跑到观众席上了。这是失去传统吗？

实际上当我们回顾我们的前辈所做过的改革，就会发现，粤剧在化妆、服装、道具、音乐这些方面的改革措施，都是迎合不同时代的观众审美需求的结果，同时也是市场竞争的结果。语言上，从使用官话到使用粤语方言；声腔上，从外来声腔到诸多大老倌创出自己独立一派的声腔艺术；音乐上，从梆子二黄到引进小曲、民歌甚至流行歌；乐器上，从硬弓组合到新的软弓组合，再加上西洋乐器；剧本上，从简单的提纲本到规范的剧情本。如果粤剧是一成不变的，恐怕我们现在还在听着戏棚官话，演员还在使用着混乱粗陋的提纲本。并且，唐涤生他们的改革就改到尽头了吗？笔者采访过一些香港的戏迷，他们确实认为粤剧已经改无可改，已经定型了。然而粤剧一直在改变，这个三十年和上个三十年就不一样，这个五年和上个五年也不一样，甚至每一场戏和上一场戏都不一样。唐涤生、薛觉先、红线女他们的改革，都是把粤剧放在当时的时代背景下进行的。每个时代都有新的观众，观众在每个新的时代也有新的审美需求，这就要求我们就必须在表现形式上有所创新，满足观众的娱乐需要。如果把某一个时代的粤剧表现形式当作粤剧亘古不变的形式，这无异于刻舟求剑。

我们不能用低级趣味去哗众取宠，但是可以在中国传统文化的基础上不断创新，千方百计满足观众的观赏需求，这也是我们的先辈所走过的路子。粤剧史上那么多大老倌给我们留下来的最宝贵的遗产，是一种打破原有模式的改革精神。一味遵循旧的模式，传承的是“术”，不一定就符合现在观众的审美要求。但要是看到了粤剧的本质，学到了改革的精神，传承的才是“道”。把握本质不变，用创新的眼光打破原来固化的套路，这样传承的才是粤剧的真谛。

所以，我们要理解三个点。

其一是以新带旧。在改革的过程中，有时候会使用一些激进的手段（比如引入流行唱腔，使用电子交响乐伴奏、吊威亚飞来飞去之类的），它是为了引起广大群众对粤剧的关注。先用抓眼球的方式把观众带进剧场，才谈得上培养观众。对于一些改革比较激进的戏，比如《花月影》《刺客》《决战天策府》等，我们不应该从一出戏（或者一出戏的其中一次演出）去判断粤剧的改革怎么样。应该看到，粤剧人所做出的种种创新，是没有成法遵从的，都是在摸索、试探。有的戏迷想看“原汁原味”的粤剧，有的戏迷想看贴近现代年轻人审美的表演，粤剧人其实都了解这些需求。只是为了某种目的，有时可能需要较为倾向某一方面。比如《决战天策府》演出的初衷，就是要把年轻人带进剧场，不管表现手法多激进，带进来再让你慢慢体会。同时，演员、编导们也积极听取观众意见。《决战天策府》首演之后，很多观众建议增加传统梆黄、锣鼓以及武戏的比重，于是在后面几年的演出中，该剧就增加了梆黄演唱以及传统戏曲武戏的“打出手”表演。这样通过一个戏的引导，大量年轻人反而不满足于看创新点，更希望去听传统唱腔、看传统表演。表面看来，这是改革的弊端，实质上这正是改革的成功之处，因为改革者达到了他们改革的初衷——让更多年轻人来看粤剧。

其二是新旧并存。在未来很长的一段时间里，粤剧可能都会呈现新旧并存的状况，新的表演模式和旧的表演模式同时存在。两者并不矛盾，我们鼓励多元化，以适应不同年龄层次观众的审美需要。

其三，今天创新的东西，是根据以前的传统去发展的，而其经过舞台的检验、时间的筛选，又会成为以后的传统。所以全社会都应该用辩证的眼光看待粤剧，粤剧不是一成不变的，传承和发展、传统和创新并不是割裂的，不要打着传统的旗号扯创新的后腿。我们不应该为粤剧是“遗产”而沾沾自喜，不应该在历史的神龛里看到粤剧，而应该致力于让它永远焕发青春活力，适应每一代观众的审美需要。因为，传统要传得下去才有“统”。

# A Study on the Present Situation and Development of the Reform of Cantonese Opera in the 21st Century

*Yang Yihong*

**Abstract**: Since the beginning of the 21st century, Cantonese opera has undergone considerable reform, and there have been many reform measures in the beauty of dance, music, subject matter, expression techniques, the form of transmission and so on. At the same time of the reform and innovation, there are some problems, such as the shortage of funds, the lack of talents, and the lack of experience in the reform. And these reforms have also raised some controversy. Cantonese opera is entertaining, commercial and inclusive, and its direction of development is to return to the market. In the process of development, we should pay attention to improving the management level of leaders and deal with the relationship between market and art. At the same time, in the issue of inheritance and development, we should understand three points: bringing the old with the new, new and old coexist, and looking at Cantonese opera from a dialectical point of view. Inheritance and development, tradition and innovation, are not separated.

**Keywords**: Cantonese Opera; Reform; Development; Tradition; Innovation

# 黑暗中的探索

## ——《土生子》中主人公的理性回归

邵鹏飞　李晓光*

**【摘要】** 理查德·赖特是20世纪美国黑人文学的重要代表作家，对20世纪后半叶黑人作家的文学创作产生了深远的影响。他的《土生子》被人称为“抗议小说”，小说展现了主人公别格·托马斯作为一个黑人的恐惧心理以及由犯罪走向死亡的过程。在最后一部分《命运》中，作者用大量篇幅来描写法庭上的场景，主人公别格内心出现了理性的回归。他对自己杀死善良白人的行为产生了质疑，也是他尚未泯灭的人性之光开始冲破怨恨、恐惧、报复等阴暗心理所构成的心灵枷锁。作者用这种“以人性唤醒人性，以良知激发良知”的生动情节，使整部作品中揭露社会的尖锐和透视人性的深刻相辅相成，相映生辉，给读者带来更多的启悟和思考。

**【关键词】**《土生子》　种族歧视　病态心理　理性回归　人性透视

美国黑人作家理查德·赖特（Richard Wright，1908～1960，以下简称“赖特”）是20世纪中叶美国黑人文学的重要代表作家，他于1940年出版的长篇小说《土生子》，一经问世就受到了美国各界的广泛关注。《土生子》也被人称为“抗议小说”。赖特从一个新的视角向人们展现了美国黑人生活真实的一面，开创了美国黑人文学的新纪元。作品中，主人公别格·托马斯（以下简称“别格”）从误杀玛丽后的兴奋到被捕入狱后的反

* 邵鹏飞，吉林大学公共外语教育学院硕士研究生，研究方向为社会语言学；李晓光，吉林大学公共外语教育学院教授，研究方向为社会语言学。

思和觉醒，给读者带来诸多的启悟和思考。作者正是通过以生动的笔触刻画别格逐步理性回归、实现自我的心理历程，实现对现实社会的理性观照，以及对美国黑人文化人格的理性透视。

## 一 《土生子》简介

《土生子》这部小说的灵感来自作者赖特的早年生活，是作者以轰动一时的新闻——黑人罗伯特·尼克森被指控谋杀一名白人妇女——为原型而创作的。小说共分为三个部分：《恐惧》，《逃跑》，《命运》。

在第一部分《恐惧》中，作者描述了别格和他的朋友通过一些消极的行为来反抗社会的不公平待遇。在第二部分《逃跑》中，去白人道尔顿家工作的别格在失手杀了女继承人玛丽·道尔顿之后，便开始了逃亡。在最后一部分《命运》中，被抓后的别格在狱中冷静思考，认识到了作为黑人的悲哀，他无法找到黑人的出路：其他黑人偷窃、混沌的生活不适合他，汤姆叔叔顺从式的生活不适合他，共产主义也无法将他拯救，别格觉得也许死亡才是真正的解脱。

## 二 别格的病态心理

### （一）仇恨心理

特定的社会制度决定了特定的社会心理，别格是“典型环境中的典型人物”①。别格的生活在他自己看来无异于地狱。首先，别格表面上恨他那个贫困潦倒的家，但其实质却是恨他自己。身为家中长子的他，理应照顾好弟弟妹妹，但面对现状自己却无能为力。其次，别格对白人表面顺和，但心里却是仇恨。即使玛丽和简两个人对他非常友好，但别格依旧认为所谓的关心都是对他的嘲讽，每一个白人都是恐惧的存在。最后，别格同样

① 胡铁生：《社会存在与心理动机——论〈土生子〉别格的人格裂变》，《外国文学研究》1997年第4期，第64页。

也恨黑人，黑肤色就是他所痛恨的，但他更痛恨黑肤色之下一颗颗顺从、麻痹、从不与命运做斗争的心。

### （二）恐惧心理

别格的恐惧心理主要是出于他对自身生命安全的担忧。当他生命受到威胁的时候，恐惧会占据他的内心。在抢劫白人熟食铺子之前，他的恐惧使得计划终止；在自我防范下杀了玛丽，以致在玛丽的尸骨被找到之后狼狈逃离；在担心女友可能告密而产生了强烈的焦虑后，残忍地将其杀害。社会环境和自己所处的地位使他经常处于惊魂未定的恐惧之中，而自己的行为又不断地促使他为自己的处境和安全担忧。从小说中大量的文字中都可以看出，恐惧心理是导致其病态心理的一个重要因素。

### （三）压抑心理

别格小时候的理想是当一名飞行员，但在当时社会的背景下，他的梦想瞬间破灭，周遭的生活环境使别格性格孤僻。从小他就知道黑人在社会中处境艰难，因此他不断压抑自己内心真实的想法，不爱说话，不喜形于色，将所有的不悦埋藏于内心深处。在白人家里工作时，与简告别握手时，与玛丽、简走在一起时，他都在强力压抑自己心中的厌恶之情，他只能通过对自己女友生理上的渴望来发泄他心中满满的压抑感。心理压抑长期不能得到宣泄释放，其行为轨迹在潜意识中已经埋下了扭曲的伏笔。

### （四）报复心理

在长期失衡心理的支配下，别格觉得要么自己被毁灭，要么自己毁灭他人，报复心理已经在潜移默化中逐渐形成。当他晚上送玛丽回家后，面对美丽的玛丽，生理冲动向他袭来。但美国立法规定，如果黑人男子晚上九点后还在白人妇女的房间逗留，就会被处以私刑。正当他思虑纠结时，双目失明的道尔顿太太的出现使别格完全心慌意乱，他本可以藏在床底下不被发现，但恐惧心理促使他惊慌失措，为防止被发现处以私刑，为自保而杀死玛丽并割下头颅，放入炉子中。在他擦拭指纹以及开窗通风并巧妙嫁祸于简的时候，在失手捂死玛丽、有意识地对尸体进行处理的过程中，在看到玛丽的父母痛失爱女、痛哭流涕的时候，别格的报复心理得到了强烈的满足。

## 三　别格病态心理产生的原因

### （一）出身贫寒

出生于贫苦黑人家庭的别格一出场，就给人留下了一种放纵、落拓、玩世不恭的印象。在父亲不幸去世之后的日子里，别格和母亲及弟弟妹妹一家四口过着拮据的生活，全家人挤在美国芝加哥黑人贫民区一个不足几平方米的地方，家里没有什么经济来源，只能靠着社会救助金勉强度日。拮据的生活，困难的条件，别格从小就深切感受到了生活给他带来的不公平。他对生活充满绝望，看不到通过自己的双手去改变贫苦面貌的出路，心中感到的是深深的无力、无助。长期的绝望情绪占据了别格的内心，使他脾气逐渐变得暴躁起来。由于他还未找到对白人世界宣泄自己情感的途径，所以为了掩盖自己的情绪，只能选择对家人一言不合就大发雷霆，对自己的朋友甚至不惜暴力相加。外界的环境使别格无所适从，别格只能通过外在的这种强硬的态度来遮掩自己内心的绝望情绪，外表越强悍，内心反而越绝望。

### （二）社会制度

看到暴力而冷漠的别格，我们不禁疑问，如果是家庭的贫苦导致别格心理的扭曲，那又是什么原因导致别格家庭的贫苦？别格生活的芝加哥存在严重的种族歧视，白人自出生就比黑人高一等，可以享有更多的权利，可以从事体面的工作，最为“公正”的法律也只为保障白人的权益不被黑人破坏而制定。由于严重的种族歧视和保护白人的社会制度，别格从小就感受到了黑人所遭受的一切不公平的待遇，使得别格对白人及整个白人社会都充满了敌意，对白人产生了极端的愤恨。他仇视所有的白人，这一点可以从别格与玛丽及玛丽男友简的交流过程中看出。玛丽和简总想化解种族之间的隔膜，与别格平等地进行交流，但在别格心里，种族隔膜的去除必须要用暴力才可以解决，所以别格对玛丽和简很是反感，无论玛丽和简怎样真诚相邀，别格始终认为玛丽和简是在嘲笑和戏弄自己。

虽然别格对白人充满敌意，但对白人又极度恐惧。白人对一代又一代的黑人进行思想上的奴役，让黑人思想麻痹，丧失反抗的心理，将恐惧演变成了黑人与生俱来的情感。这种情感在别格身上有着明显的体现。别格认为对于白人的好意，疏远和敌视才是最好的回应，所以他无视玛丽和简对他的关心。和朋友抢劫白人布鲁姆的店铺时，由于对白人发自内心的恐惧导致迟迟不敢动手，以至于在内心挣扎过后选择了放弃，事后因同伴对自己的揭露而恼羞成怒，并将所有的怨气发泄到自己朋友身上。当救济站安排他去道尔顿先生家里做司机时，他随身携带手枪防身，这一举动也充分体现出了别格内心的不安全感和畏惧感。

### （三）对不公的反抗

别格因意外而失手杀死了玛丽后，意外发现自己压抑的情绪竟然得到了前所未有的发泄，整个人的内心压力也得到了一种巨大的释放。他发现原来杀人的这种想法已经潜藏于他的内心多年，至此他觉得以这种方式去报复白人就是他真正的目的。作者正是借着一个失手错杀玛丽的引子将沉默中的别格点燃，潜在的压抑和反抗的心理造就了他病态、疯狂的人格。如果说别格杀死玛丽是无心之失，那后来杀死蓓西则是有意为之。当他把犯罪的真相告诉自己女友蓓西的时候，他又担心蓓西会出卖自己而将其残忍地杀害。他甚至将杀人后如何毁尸灭迹也列在了计划中，这也象征着他对其他黑人同胞充满了深深的不信任，杀害蓓西的同时也展现出了别格的凶狠和残忍。

## 四　别格的理性回归

大多数作品所描述的黑人形象要么是顺从，要么是反抗。他们为了避免与社会发生正面冲突，从而危及自身性命，大多选择无视自身的尊严苟且偷生。在社会长期不公平的情况下，别格没有受过良好的教育，用弗洛伊德个性欲望分析来说，别格的初期心理处于无意识状态，多以本能欲望冲动的快乐原则行事。[①] 因此，他在感受到社会的不公平待遇后，他的一系列所作所为是冲动产生的行为。

别格被捕入狱后，最初一直处于暴躁中，但他后来发现这样的暴躁于事无补。侦察和诉讼的环节中使他明白，在白人所建立的不公平、虚伪的法律制度下，法律是不会为黑人、为弱者、为自己所辩护的，而对他的判刑，则是白人进一步警示黑人最好的案例。别格的认识是他开始理性思考的展现。

别格认为“黑人白人彼此都是陌生人，我们不知道对方在想什么”，所以他在杀死玛丽之后，嫁祸于简，使其蒙冤。白人律师简在真相公布后，非但没有记恨别格，反而来监狱看望帮助别格。简的真诚让别格渐渐放下对其的戒备心理，并使已经消失已久的人性又开始渐渐恢复生机，在别格心中产生了一种久违的内疚感。他开始对杀死简的女友并嫁祸给简感到内疚，他悔恨因自己而让简承受痛苦的同时也真正感受到了简的良苦用心，但这一切已无法挽回。在开庭时，白人律师简冒着被其他白人谩骂的风险而为他辩护时，别格的内心发生了不一样的变化，“小说”或“作品”中的描述格外形象，别格突然感到“字眼变成了血肉，在他这辈子，一个白人第一次在他眼里变成了人；随着发现简的人性，他像刀割似地觉得悔恨：他杀害了这个人所爱的姑娘，使他受到了痛苦”[②]。此时，别格的理性已经开始复苏，以至于长期以来对白人的看法也发生了改变。

在最后一部分《命运》中，作者用大量篇幅来描写法庭上的场景，但显而易见的是，法庭只是主人公内心挣扎与碰撞的时空背景，作者想要强调的，是别格最后的回归，回归理性，回归自我。他开始认真地思索自己的所作所为并考虑带来的后果。虽然“命运”注定他难逃一死，法律判了他残忍的电刑，但他终归是得到了自我心灵的解脱。在监狱的夜晚，通过理性的思考，有了“干吗不杀死他自己内心中刚愎自用的渴望，不正是它把他引向这样的结局”[③] 的醒悟，在小说后半部分也表现出了别格对杀死玛丽和蓓西的无限悔恨，这是他自我理性的回归，也进一步说明别格的

① 车文博：《弗洛伊德主义论评》，吉林教育出版社，1991，第314页。

② 〔美〕理查德·赖特：《土生子》，施咸荣译，上海译文出版社，1983。

③ 〔美〕理查德·赖特：《土生子》，施咸荣译，上海译文出版社，1983。

内心深处还是善良的。最后当别格反问自己为什么不杀死自己当初那个可怕的对社会愤恨的想法时，他完全意识到了是自己咎由自取。整部小说在别格跟麦克斯告白的场景中结束，我们可以看到别格的人格最后升华了，他不再担心，不再害怕；对于别格来说，也许死亡才是爱和自由的开始。

## 五　别格回归理性的原因

叔本华认为，人的诞生，就是悲剧的诞生。在西方文学中悲剧被认为是最伟大的艺术形式。而别格正是在悲剧文学作品中诞生的典型悲剧人物。别格也曾有梦想，也曾有追求，但因当时的社会制度而没有资格与机会接受同白人一样的教育，最终导致他在性格上的扭曲，造成了悲剧的一生，不幸的结局以死亡作为标志。反观别格，正是出于对生命和生活的热爱，想要改变却找不到合适的出路才出此下策，采用极端的方式实现自我价值。

别格的表面和内心深处是截然不同的。从表面上看，别格是一个有着暴力倾向的黑人，是一个拥有病态人格的人；但事实上，从他的内心来看，别格是一个有爱、有梦、有良心的人。在别格看来，实施暴力是他获取良知的唯一途径。别格杀人是为了找到一种可以让他不再痛苦、得以解脱的途径，是他对社会制度进行报复的一种偏激行为。他在不公的社会环境下，思想一直处于极度的焦虑状态，认为在严重种族歧视的社会中黑人是无法通过自己的努力争取到和白人一样的公平的；最终，依靠本能意识的别格选择了杀人作为解决问题的方式。

在玛丽死后，别格感到前所未有的兴奋，偶尔心中也会出现一些自责感。但他不愿承认自己内心在杀死玛丽后产生的愧疚感，他强迫自己认为玛丽的死是咎由自取。在杀人之后，别格内心道德和良知的本能意识被挖掘出来，这主要是通过别格的梦境来体现的："他手中提着大箱子走在漆黑的大街上，当听到远处教堂的钟声的时候，感觉那种声音就像在自己头上一样，他马上跑到一个小胡同里面，打开自己的行囊，吃惊地发现里面装着一个黑色半睁着眼的自己的头颅，钟声更大了，想要躲藏，却发现周围都是白人……"[①] 教堂的钟声象征别格内心的良心发现，他潜意识中对杀死玛丽表现出了强烈的愧疚和悔意，"想要躲藏"象征别格的逃避心理，但别格无处可藏，更大的钟声则是对良心的质问，对灵魂的反思。从别格的梦境中可以看出他不是一个冷漠无情的人，而是一个温情、具有人性的人。小说中的别格一直处在意识与潜意识之间的矛盾当中，他的意识总是在驱使自己做出一些不符合道德甚至打破道德底线的事情，同时潜意识里的负罪感已经渗入别格的思想行为当中。当记者和警察盘问玛丽失踪的事情时，他下意识地想到了炉子，炉子这一形象始终占据着他的思想，可以看出别格确实是在思想上做了很大的斗争，他内心的良知被唤起。在杀死玛丽后也在不断地思考，是引导别格回到理性思维的重要条件。

杀死玛丽的别格，内心一直发生着些许的变化。他渐渐地重新找到了"自我"，但也进一步认识到了社会的黑暗，所有为改变而做的努力不会给别格的世界带来任何改善，只能留下深深的无奈与叹息。别格在被捕之后，经过一番冷静思考，试图告诉他人自己内心深处真实的想法，试图让别人理解真实的别格，而不是现在人们眼中的那个疯子，那个杀人狂魔。与此同时，他也尝试着用一种正常人的理性思维进行自我思考。法庭上，在看到美国法律的虚伪的同时，也在思考着他所做的一些行为到底让他得到了些什么，从中也明显能够看出别格已经不再是当初那个冲动没有理性的人，其实这恰恰也是别格人格的理性回归，即开始由无意识的思考转变为有深度的自我思考。

在探讨主人公理性回归的原因时，需要指出，白人律师简为别格进行辩护的行为起了重要作用。正是白人律师不计前嫌、以德报怨的行为，深深触动了别格，使他内心深处将所有白人与社会制度完全捆绑在一起的成见发生了动摇，使他对自己杀死善良白人的行为产生了质疑，也使他尚未泯灭的人性之光开始冲破怨恨、恐惧、报复等阴暗心理所构成的心灵枷锁。作者用这种"以人性唤醒人性，以良知激发良知"的生动情节，使整部作品中揭露社会的尖锐和透视人性的深刻相辅相成，相映生辉，给读者

① 〔美〕理查德·赖特：《土生子》，施咸荣译，上海译文出版社，1983。

带来更多的启悟和思考。

《土生子》中黑人青年别格在残酷的社会环境中为找寻自我而两次杀人，最终成为种族主义的牺牲品，以其悲剧的一生折射出美国种族主义的非人性。《土生子》的出现不仅唤醒了白人以及黑人的种族意识，留给人们些许思考：废除奴隶制之后象征着自由、平等的美国是否接纳非裔美国人真正成为“美国公民”？美国评论家罗伯特·布恩在《美国的黑人小说》一书中说：“对赖特派来说，文学是感情的净化剂——一种消除种族内部紧张关系的手段。他们的小说往往是痛苦与绝望交织的长声呼号……除了少数例外，他们的风格包含一种狂暴的现实主义，缺乏爱，甚至缺乏对语言的尊重。他们的人物刻画主要是针对社会问题的，但比一般的自然主义小说更趋向于探索心理深度。他们的主题使人想起舍伍德·安德森，主要写美国的等级制度如何产生可怕的畸形人物。白人读者鉴于自己对小说主人公的悲惨处境应负的责任，就有义务改变他们对种族问题的态度。”①

# Exploration in Darkness

## —The Rational Return of the Protagonist in *Native Son*

*Shao Pengfei　Li Xiaoguang*

**Abstract**: Richard Wright is an important representative writer of black American literature in the 20th century, who has exerted a profound influence on the literary creation of black writers in the latter half of the 20th century. His *Native Son* is known as a “protest novel”, which shows the protagonist Bigger Thomas' fear as a black man and the whole process from crime to death. In the last part *Destiny*, the writer applied amounts of space to describe the plots in the court, the protagonist Bigger, returned to reason in his heart. He questioned himself about killing the kind white, which showed his light of human nature that

---

① 转引自施咸荣《译者前言》，〔美〕理查德·赖特：《土生子》，施咸荣译，上海译文出版社，1983，第2页。

was not dead yet began to break through the chains made by hatred, fear, revenge and other dark emotions. The writer applied such vivid plots, that is, "to awake humanity with humanity, to stimulate consciousness with consciousness", which makes the sharpness of revealing the society and the profoundness of analyzing the humanity complementary with each other, and bring more enlightenment and reflection to the readers.

**Keywords**: *Native Son*; Racial Discrimination; Morbid Psychology; Rational Regression; Humanity Perspective

# “花落花开，不管流年度”：司马槱与苏小小的人鬼恋

石观海*

【摘要】苏小小是位史籍无载、生平难考却地上有墓、诗中有名的迷幻女性。南朝民歌《钱塘苏小小歌》给文人们提供了一个形象朦胧的“苏小小”雏形，唐宋以后的文人们不断地以诗词想象、小说情节去丰满她、激活她，终于使她成为钱塘第一才妓。实际上，苏小小是包括沈建在内的一个中国文人集体。为扩大苏小小的声名和影响而起到巨大助推作用的是白居易和刘禹锡。晚唐诗中人们虽然仍然没有忘记刘白等人集体塑造的“妓女”苏小小形象，但读了晚唐诗人的诗作，更会觉得中唐诗人极力渲染的苏小小不过是个缥缈的传说。宋人的几部书都记载了苏小小、司马槱的人鬼恋。历史上，文人的心底横亘着一个苏小小情结。

【关键词】苏小小　司马槱　巫山神女

## 一

诗词作品存在著作权问题的并不罕见，如《行宫》的作者是元稹还是王建、《蝶恋花（庭院深深深几许）》的作者是冯延巳还是欧阳修、《生查子（去年元夜时）》的作者是欧阳修还是朱淑真等，但大都不过是两个作者之间的分歧，出现多人作者之争的并不多见，然而也还是有，比如这首

* 孙东临，笔名石观海，本科及研究生毕业于吉林大学中文系，师从于公木（张松如）教授，获文学硕士学位，后为武汉大学中文系教授及中文系主任、吉林大学珠海学院中文系教授，主要研究方向为中国古典文学、中日比较文学及比较文化。

《黄金缕》——

妾本钱塘江上住。花落花开，不管流年度。燕子衔将春色去，纱窗几阵黄梅雨。

斜插犀梳云半吐。檀板轻敲，唱彻黄金缕。望断行云无觅处，梦回明月生南浦。

《黄金缕》就是《蝶恋花》，原本是唐教坊曲，曲名采自梁简文帝萧纲《东飞伯劳歌》的“翻阶蛱蝶恋花情”。自宋代成为词牌后，又名《黄金缕》，大约是取自李白《赠裴司马》诗中的“翡翠黄金缕，绣成歌舞衣”。此外，这个词牌还有《鹊踏枝》《凤栖梧》《卷珠帘》《一箩金》等异名。关于此词的作者，有人说是苏小小，有人说是司马槱，有人说是秦觏。就人物的时代而言，后两人都是北宋的，司马槱是司马光的宗亲，秦觏是秦观的胞弟，《黄金缕》又始于宋代，说他们是词的作者还有点儿靠谱。而苏小小却是南北朝时人，虽然可以把南北朝时期看作是词的萌芽时期，但《黄金缕》一词绝不可能创自李白之前，所以断断不能把她定为作者。

苏小小是位史籍无载、生平难考却地上有墓、诗中有名的迷幻女性。其名始见于南朝徐陵《玉台新咏》中的《苏小小歌》，宋人郭茂倩把这首歌收入《乐府诗集》卷八十五《杂歌谣辞》后，注释道：“一曰《钱塘苏小小歌》。《乐府广题》曰：‘苏小小，钱塘名倡也，盖南齐时人。西陵在钱塘江之西，歌云‘西陵松柏下’是也。”《乐府广题》的撰者沈建比郭茂倩的时代虽然早些，但其说很可能也是自己的臆想。这首民歌的原文是——

我乘油壁车，郎骑青骢马。何处结同心？西陵松柏下。

因为标题亦作《钱塘苏小小歌》，所以沈建猜测她是“钱塘”人氏；此歌收在梁陈人徐陵编纂的《玉台新咏》里，所以沈建推断其“盖南齐时人”；歌中有“西陵松柏下”之语，所以沈建又演绎出“西陵在钱塘江之西”，“钱塘江之西”是西湖，于是“西陵”便变成了“西泠”。只是苏小小是“名倡”的结论不知道沈建是如何推演出来的。想来在从前那个社会，有才华的女子是不会唱出这种颇为开放的情歌的，一旦敢于同情郎哥“结同心”而幽会于“松柏下”的，当然不会是“正经”人家的女儿，于是，沈建便凿凿有据似的向世人介绍说苏小小是一个“名倡”。

实际上，苏小小是包括沈建在内的中国文人的一个集体杰作。南朝民歌《钱塘苏小小歌》给文人们提供了一个形象朦胧的“苏小小”雏形，唐宋以后的文人们不断地以诗词想象、小说情节去丰满她、激活她，终于使她成为钱塘第一才妓。文人何以如此热衷苏小小这个原本十分模糊的江南女子呢？因为在口耳相传中她首先姿色出众，其次有才情、会吟诗，再次是沦落风尘，为青楼女子。最后一条虽然不堪，但是十分重要。倘若她是豪门名媛或者小家碧玉，即使再会吟诗，再有风情，谁敢和她交际往来，谁能在她头上说三道四？所以后世的人就总结道：“苏小小者，南齐时钱塘名妓也。貌绝青楼，才空士类，当时莫不艳称。以年少早卒，葬于西泠之坞。芳魂不殁，往往花间出现。”

## 二

《苏小小歌》唱的是苏小小与情郎哥幽会“西陵松柏下”，而苏小小却不一定是歌的作者，但不管是唱她的还是她唱的，人们提起这首歌时总要说《苏小小歌》，于是就有意无意地给人造成了这首民歌的作者就是苏小小的印象。苏小小随同这首歌亮相人世大约在6世纪中叶，此后一直到唐代宗宝应元年（762）即中唐开始时的200余年间几乎没有被人们谈及。她的再次为人关注并且成为热点，是中唐诗人韩翃、权德舆、柳中庸、白居易、刘禹锡、李绅、张祜、徐凝、殷尧藩等前呼后拥的结果。试看这些诗作：

> 归舟一路转青苹，更欲随潮向富春。吴郡陆机称地主，钱塘苏小是乡亲。
>
> 葛花满把能消酒，栀子同心好赠人。早晚重过鱼浦宿，遥怜佳句箧中新。

（韩翃《送王少府归杭州》）

万古荒坟在，悠然我独寻。寂寥红粉尽，冥寞黄泉深。

蔓草映寒水，空郊暧夕阴。风流有佳句，吟眺一伤心。

（权德舆《苏小小墓》）

草短花初拆，苔青柳半黄。隔帘春雨细，高枕晓莺长。

无事含闲梦，多情识异香。欲寻苏小小，何处觅钱塘。

（柳中庸《幽院早春》）

望海楼明照曙霞，护江堤白踏晴沙。涛声夜入伍员庙，柳色春藏苏小家。

红袖织绫夸柿蒂，青旗沽酒趁梨花。谁开湖寺西南路，草绿裙腰一道斜。

（白居易《杭州春望》）

何处春深好，春深妓女家。眉欺杨柳叶，裙妒石榴花。

兰麝熏行被，金铜钉坐车。杭州苏小小，人道最夭斜。

（白居易《和春深二十首》之二十）

苏州杨柳任君夸，更有钱唐胜馆娃。若解多情寻小小，绿杨深处是苏家。

苏家小女旧知名，杨柳风前别有情。剥条盘作银环样，卷叶吹为玉笛声。

（白居易《杨柳枝词》）

余杭形胜四方无，州傍青山县枕湖。绕郭荷花三十里，拂城松树一千株。

梦儿亭古传名谢，教妓楼新道姓苏。独有使君年太老，风光不称白髭须。

[自注]：州西灵隐山上有梦谢亭，即是杜明浦梦谢灵运之所，因名客儿也。苏小小本钱塘妓人也。

（白居易《余杭形胜》）

钱塘山水有奇声，暂谪仙官领百城。女妓还闻名小小，使君谁许唤卿卿。

鳌惊震海风雷起，蜃鬪嘘天楼阁成。莫道骚人在三楚，文星今向斗牛明。

（刘禹锡《白舍人自杭州寄新诗有柳色春藏苏小家之句因而戏酬兼寄浙东元相公》）

报白君，别来已渡江南春。
江南春色何处好，燕子双飞故官道。
春城三百七十桥，夹岸朱楼隔柳条。
丫头小儿荡画桨，长袂女郎簪翠翘。
郡斋北轩卷罗幕，碧池逶迤绕画阁。
池边绿竹桃李花，花下舞筵铺彩霞。
吴娃足情言语黠，越客有酒巾冠斜。
坐中皆言白太守，不负风光向杯酒。
酒酣襞笺飞逸韵，至今传在人人口。
报白君，相思空望嵩丘云。
其奈钱塘苏小小，忆君泪点石榴裙。

（刘禹锡《乐天寄忆旧游，因作报白君以答》）

一株繁艳春城尽，双树慈门忍草生。愁态自随风烛灭，爱心难逐雨花轻。

黛消波月空蟾影，歌息梁尘有梵声。还似钱塘苏小小，只应回首是卿卿。

（李绅（《真娘墓》）

嘉兴郭里逢寒食，落日家家拜扫回。唯有县前苏小小，无人送与纸钱来。

（徐凝《嘉兴寒食》）

漠漠穷尘地，萧萧古树林。脸浓花自发，眉恨柳长深。
夜月人何待，春风鸟为吟。不知谁共穴，徒愿结同心。

（张祜《题苏小小墓》）

吴国水中央，波涛白渺茫。衣逢梅雨渍，船入稻花香。
海戍通盐灶，山村带蜜房。欲知苏小小，君试到钱塘。

（殷尧藩《送客游吴》）

上面的这些诗作徐凝的一首算是个例外，他所讴歌的是嘉兴的苏小小墓，嘉兴的苏小小与钱塘的苏小小是不是一个人殊难论定，不过这首诗倒成了而今嘉兴与杭州争夺旅游资源“苏小小”的一个砝码。其余的诗作中涉及的都是钱塘的苏小小。从这些诗作可以知道，中唐时期杭州已经存在了苏小小墓，墓是什么时候修的不得而知，权德舆说“万古荒坟在”，想来坟墓存在的时间已经很长很长。

在上述这些诗人中，为扩大苏小小的声名和影响而起到了巨大助推作用的是白居易和刘禹锡。这两个人是中唐著名诗人，合称“刘白”。他们诗作的关注焦点和审美情趣，对他人往往起着导向作用。他们如何吟诵苏小小、如何解读苏小小，比苏小小墓的存在与否更为重要，更能决定着苏小小这个符号所具备的意义。此时的刘白，虽然都已年过半百，但共同的狎妓嗜好左右了他们的“苏小小歌”更偏重于情色。白居易说：

涛声夜入伍员庙，柳色春藏苏小家。（《杭州春望》）

若解多情寻小小，绿杨深处是苏家。（《杨柳枝词》）

苏家小女旧知名，杨柳风前别有情。（《杨柳枝词》）

梦儿亭古传名谢，教妓楼新道姓苏。（《余杭形胜》）

他在诗里已经对“苏小小”进行了重新的解读、想象和抽绎，“苏小小”已经不再是在坟墓中躺了几百年的木乃伊，而是活在春光无限、绿杨深处的“杭州苏小小”，是红尘世界最为婀娜妖娆的“多情”的“苏家小女”，与其宠爱的两个歌伎即长着樱桃口的樊素、舞着杨柳腰的小蛮没有什么不同。他在《和春深二十首》（之二十）说得更为直白：“何处春深好，春深妓女家。眉欺杨柳叶，裙妒石榴花。兰麝熏行被，金铜钉坐车。杭州苏小小，人道最夭斜。”

白居易当杭州刺史的三年，活得十分惬意，像他自己诗中写的那样，“艳听竹枝曲，香传莲子杯”“夜舞吴娘袖，春歌蛮子词”。杭州虽然不如苏州那么繁华，但是杭州的“苏小家”远胜于苏州的馆娃宫，这是他最引以为豪并且不忘写诗向朋友吹嘘的。被他视为知己的刘禹锡当然理解诗友的心理，所以才在诗中屡屡开他的玩笑：“女妓还闻名小小，使君谁许唤卿卿”“其奈钱塘苏小小，忆君泪点石榴裙”！

因此，刘白诗中的“苏小小”实际上是个借古尸还魂的中唐“妓女”形象而已，正因为“她”既眉如柳叶、裙妒榴花、芬芳四溢、光彩照人，又可以由文人们任意相狎，所以，成了此后骚人墨客向往的意中人，所以，她的芳魂才走进了拜倒在她石榴裙下的男人的梦中，演出了一段古今人鬼恋，幽明未了情。

## 三

晚唐诗人们虽然仍然没有忘记刘白等人集体塑造的“妓女”苏小小形象，但岁月的流逝似乎腐蚀着人们的记忆，就连名震晚唐诗坛的“小李杜”都记不得苏小小到底仙乡何处了。杜牧的七律《悲吴王城》写道——

二月春风江上来，水精波动碎楼台。吴王宫殿柳含翠，苏小宅房花正开。

解舞细腰何处往，能歌姹女逐谁回。千秋万古无消息，国作荒原人作灰。

有人说这首诗悲的是如今湖北省鄂州市的“吴王城”，窃以为非是，因为从颔联看来，对句有“苏小宅房”字样，苏小便是苏小小之省，晚唐人以为苏小小墓在苏州，而苏州向为吴国都城，此诗中的“吴王城”在苏州应无疑问。从李商隐和黄滔的诗可以找到旁证，李、黄二人的诗作为——

人高诗苦滞夷门，万里梁王有旧园。烟幌自应怜白纻，月楼谁伴咏黄昏。

露桃涂颊依苔井，风柳夸腰住水村。苏小小坟今在否，紫兰香径与招魂。

（李商隐《汴上送李郢之苏州》）

夫差宫苑悉苍苔，携客朝游夜未回。冢上题诗苏小见，江头酹酒伍员来。

秋风急处烟花落，明月中时水寺开。千载三吴有高迹，虎丘山翠益崔嵬。

（黄滔《寄蒋先辈在苏州》）

李、黄二人的诗歌从诗题即可知，他们心目中的苏小小墓都应在苏州。还有个叫罗隐的晚唐诗人，他在乐府《江南曲》中说“西陵路边月悄悄，油壁轻车嫁苏小”，结合同一诗中“水国多愁又有情”“吴王台榭春梦中”之类的句子，显然可推测他心目中的苏小小也是“水国”“吴王城”苏州中的人物。总之，读了晚唐诗人的这些诗作后，更会令人觉得中唐诗人极力渲染的苏小小不过是个缥缈的传说。

赵宋以后，情形有了微妙而明显的变化。

变化之一是苏小小又回到了杭州。比如下述的宋人诗词——

歌声引回波，舞衣散秋影。梦断别青楼，千秋香骨冷。青铜镜里双飞鸾，饥乌吊月啼勾栏。风吹野火火不灭，山妖笑入狐狸穴。西陵墓下钱塘潮，潮来潮去夕复朝。墓前杨柳不堪折，春风自绾同心结。

（沈原理《苏小小歌》）

野水横分青草陂，谁埋玉树与琼枝？湖边山自向水绿，门外柳今何处垂！

行雨行云钧是梦，施朱施粉未相宜。一从蕙死兰枯后，刚道桃花好面皮。

（周紫芝《湖堤步游，客言此苏小墓也》）

南高峰，北高峰，一片湖光烟霭中，春来愁杀侬。郎意浓，妾意浓，油壁车轻郎马骢，相逢九里松。

（康与之《长相思》）

沈原理把苏小小墓定在了钱塘江边，周紫芝是在西湖堤上散步时，别人告诉他湖边有苏小小墓，康与之词中有南北高峰，一看即知是杭州。苏小小的传说形象何以到了宋代又从苏州回归了杭州呢？恐怕原因在于苏杭二州经济地位的升降和文化影响的消长。论经济、论文化，在唐朝是苏州压倒了杭州，进宋代则是杭州压倒了苏州，如清人杜文澜所说：“殊不思谚（按指谚语‘上有天堂下有苏杭’）非唐时语也。杭在唐尚僻在一隅未显，何可相并。苏自春秋以来显，显于吴越。杭惟入宋以后，繁华最盛，则苏又不可及也。”（《古谣谚》）入宋以后，时人恐怕惟知杭州是中国的“天上人间”，像苏小小那种风姿绰约、才华超群的名妓只配出现在杭州的语境中。

变化之二是，苏小小演出了巫山神女的宋代版。战国时期楚国诗人宋玉的《高唐赋》和《神女赋》塑造了一位令千古文人迷魂的神女形象，她不仅令楚王“精神恍惚”，而且还使得历代的文人想入非非。从那以后，阳台梦、巫山一段云、“旦为朝云、暮为行雨”、“巫山云雨”、“除却巫山不是云”等便屡屡出现在后世骚人墨客的笔下。而令人惊奇的是，苏小小似乎成了1000多年以前的巫山神女的替身。不过，宋代“巫山神女”苏小小自荐枕席的对象不是君王，而是一位以历史巨著《资治通鉴》蜚声遐迩的司马温公的宗亲司马槱。

## 四

周紫芝的诗《湖堤步游，客言此苏小墓也》说苏小小墓在西湖，康与之的词《长相思》谓“南高峰，北高峰，一片湖光烟霭中”，似乎也是说苏小小墓在西湖，但沈原理《苏小小歌》却说“西陵墓下钱塘潮，潮来潮去夕复朝”，墓地附近是钱塘江潮涨潮落的地方，那么苏小小墓便离钱塘江不远。曹聚仁有篇西湖游记，大意说“西陵”是“江干”的意思，江干就是江头，位置在钱江大桥桥畔。其实“江干”就是江边，北宋时的杭州州治衙门就在今凤凰山东南麓的钱塘江边，而苏小小与司马槱发生了人鬼恋之后，她的墓地正是在司马槱任职杭州衙门的后面，或者说得再阴森些，就在衙门的地基下。

宋人的几部书都记载了苏小小、司马槱的人鬼恋，如——

司马槱，陕人……，制举中第，调关中第一幕官。行次里中，一日昼寐，恍惚间见一美妇人，衣裳甚古。入幌中执板歌曰：“家在钱塘江上住，花落花开，不管流年度。燕子衔将春色去，纱窗几阵黄昏雨。”歌阕而去。槱因续成一曲：“斜插犀梳云半吐。檀板轻笼，唱彻《黄金缕》。梦断彩云无觅处。夜凉明月生春浦。”后易杭州幕官。或云其官舍下乃苏小墓，而槱竟卒于官。（宋张耒《柯山集》卷四十四）

司马才仲初在洛下，昼寝，梦一美姝牵帷而歌曰：“妾本钱塘江上住。花落花开，不管流年度。燕子衔将春色去。纱窗几阵黄梅雨。”才仲爱其词，因询曲名，云是《黄金缕》，且曰“后日相见于钱塘江上”。及才仲以东坡先生荐，应制举中等，遂为钱塘幕官。其廨舍后，唐苏小墓在焉。时秦少章为钱塘尉，为续其词后云：“斜插犀梳云半吐。檀板轻笼，唱彻《黄金缕》。梦断彩云无觅处。夜凉明月生春渚。”不逾年而才仲得疾，所乘画水舆舣泊河塘，舵工遽见才仲携一丽人登舟，即前声喏。继而火起舟尾，狼忙走报，家已恸哭矣。（宋何薳《春渚纪闻》卷七）

贤良司马槱梦一美人，曰：“君异日守官之所，乃妾之居也，幸无相忘。”因歌《蝶恋花》一阕，既觉，唯记其半，词曰：“妾本钱塘江上住，花落花开，不管流年度。燕子衔将春色去，纱窗几阵黄梅雨。”槱续其后云：“斜插犀梳云半吐，檀板珠唇，唱彻黄金缕。望断行云无觅处，梦回明月生春浦。”后调官，得杭幕。后梦向之美人，曰：“时当谐矣。”相将就寝，乃为诗曰：“长天书锦雁来尽，深院落花莺更多。发策决科君自尔，求田问舍我如何。”槱曰：“吾方以少登第，子何遽劝吾退也？”曰：“其如命何！”自是每夕梦中必来。槱与同僚道其本末，众曰：“廨后有苏小墓，得非是乎？”君后刱二画舫，每与同僚游江上。一日昏后，舟卒见一少年，衣绿袍，携二（二，疑“一”之讹）美人同升画舫。俄顷，火发，舫已没。急至公廨，郎君已暴亡矣。其弟棫，字才叔，亦登第，善属文，长于诗。哭兄诗有云“画舸南游遂不归”，乃记画船事也。此诗之作，因梦与才仲燕语如平生，既寤，遂赋诗以写其悲怅之意。诗曰：“谁教作雁破裙飞，一舸南游遂不归。乍见音容悲且喜，不知魂梦是邪非？陟冈望远心犹在，携幼还家意已违。泪眼重寻丘壑去，可堪犹采故山薇。”（宋曾慥《类说·苏小歌蝶恋花》卷十八）

张耒和何薳二人的叙述都有些闪烁其词，只是说苏小小出现于司马槱的白日梦中，而曾慥则不再那么婉约隐晦，而是直书二人“相将就寝”，只是地点仍无变化。明人张岱的《西湖梦寻》大体继承了曾慥的说法，只是地点已经转移——

> 苏小小者，南齐时钱塘名妓也。貌绝青楼，才空士类，当时莫不艳称。以年少早卒，葬于西泠之坞。芳魂不殁，往往花间出现。宋时有司马槱者，字才仲，在洛下梦一美人搴帷而歌，问其名，曰：西陵苏小小也。问歌何曲？曰：《黄金缕》。后五年，才仲以东坡荐举，为秦少章幕下官，因道其事。少章异之，曰：“苏小之墓，今在西泠，何不酹酒吊之。”才仲往寻其墓拜之。是夜，梦与同寝，曰：妾愿酬矣。自是幽昏三载，才仲亦卒于杭，葬小小墓侧。”（明张岱《西湖梦寻》卷三）

至此，宋版的“阳台梦”便落下了帷幕，同时，神女苏小小的坟墓也迁到了西湖的西泠。

故事的过程很浪漫，但结局好像是冤魂索报似的，多多少少有些阴森可怖。或许是人鬼异域，彼此厮混必定要折阳间那位的阳寿，不到一年（张岱说“幽昏三载”），司马槱便撒手尘寰，何薳、曾慥说的最富诗意——司马槱携一丽人仙去了。如果再细细品味一下，就会觉得故事很像清人蒲松龄的创构，要是真的进了聊斋，说不定苏小小会重新托生为人的，只可惜她1000多岁，年龄太大了。

## 五

苏小小与司马槱的人鬼之恋很有些“得成比目何辞死，愿作鸳鸯不羡仙”的果敢和决绝，或许这正是历代文人梦中的憧憬。明人徐渭的《苏小小墓》诗曾经写道——

> 一抔苏小是耶非，绣口花腮烂舞衣。自古佳人难再得，从今比翼

罢双飞。

薤边露眼啼痕浅，松下同心结带稀。恨不颠狂如大阮，欠将一曲恸兵闺。

徐渭的心情似乎正显现了所有文人对这位传奇名妓的同情和艳羡，他的诗作也说明苏小小墓在明代还赫然存在。

到了清代，苏小小墓渐渐湮灭无闻了。虽然苏小小的坟头被岁月的波涛淘洗得了无痕迹，但是她的芳名却仍然撩拨着文人的心弦。据说清代著名的“扬州八怪”之一郑板桥到杭州西湖时曾特地到处寻访苏小小墓，结果查无踪影，不消说他当时的心情该是何等的失望和沮丧。不独文人如是，甚至连入主中原、不输文采更惹风骚的异族皇帝也都对苏小小颇为关注。据说康熙、乾隆都曾打听过苏小小。天子一打听，那可就成了大事，没有的，也必须有。1995 年上海古籍出版社出版的《西湖志》墓葬卷引《西湖新游记》说：

墓（按指苏小小墓）实系伪作。盖康熙南巡，偶向侍臣询及苏小小，浙抚乃连夜抔土西泠桥下，一夕成冢，以备御览。后人不察，乃以为埋香之所，误矣！

如果此书所言是真的，那么在康熙南巡以前苏小小墓业已荡然无存。浙江地方官员为了讨好皇帝，“连夜抔土西泠桥下”，抢着修起了苏小小的新坟。既然是用土堆起的新坟，能熬到康熙驾崩也就算长寿了。无怪乎后来的怪人郑板桥寻访苏墓时找不到踪影。

苏小小的坟平了，可名声却因为一个叫“古吴墨浪子”的文人而更加鹊起。此人写了一部拟话本似的小说《西湖佳话》，其中一篇以苏小小为主人公的《西泠韵迹》，以忘恩负义的公子哥儿阮郁、知恩图报的士人鲍仁为衬托，把 19 岁病逝的苏小小演绎成一个具有侠肠义胆、忠贞执着的纯情女子形象。才女薄命，好容易邂逅一个情投意合的公子，却又无法走到一起。才女又短命，正当韶华方盛之时便撒手尘寰。康熙时期的苏小小平添了更多的悲剧色彩，因此也愈加招来更多文人的叹息。

乾隆即位后，也仿效先祖下江南问苏小。不知从何时起，苏小小的一抔黄土又堆了起来。似乎是乾隆爷垂问的缘故，苏小小墓规格提高了很多——黄土变成了石筑。苏州人沈复的《浮生六记·浪游记快》对此曾记载道——

> 苏小墓在西泠桥侧，土人指示，初仅半丘黄土而已。乾隆庚子圣驾南巡，曾一询及。甲辰春，复举南巡盛典，则苏小墓已石筑其坟，作八角形，上立一碑，大书曰：“钱塘苏小小之墓。”从此吊古骚人，不须徘徊探访矣。

石头砌的八角形坟墓要比“半丘黄土”寿命长得多，而且一块大碑矗立于墓前，有心前来拜谒的人再无须像郑板桥那样辛辛苦苦地寻觅。70余年后的咸丰年间，王韬游杭州访西湖，不仅有幸目睹了这座石筑的苏小小墓，而且还看到一位大清将军特地为这位名妓修建了一座亭子，名之曰“慕才亭”。当西方发明的洋灰技术传来之后，民国初的有心人又为苏小小墓糊上了水泥，这下子如果没有大自然的天塌地陷和人为的掘坟盗墓，苏小小墓或许从此会长存于地表。

苏小小躺在西湖边，仿佛实践了江山美人、天人合一的法则，她的墓真的成了杭州西湖的一个诱人的景点，来过杭州的，只要肚子里有点儿墨水，都不忘去苏墓前流连一下。与苏小小同时代的或者比她晚一些的，不知有多少贵胄达官、巨匠名人，然而岁月长风的吹拂早已使他们变成了四散的烟云。而这个身世低贱的妓女却刻在了文人的记忆中，个中缘由到底何在呢？沈复曾经感慨道：“余思古来烈魄忠魂堙没不传者，固不可胜数，即传而不久者亦不为少，小小一名妓耳，自南齐至今，尽人而知之！此殆灵气所钟，为湖山点缀耶？”

但是，就像朱老夫子鞭笞歌伎严蕊一样，对名妓苏小小侧目以视的也不乏其人。与铁嘴铜牙纪晓岚并称“南袁北纪”的钱塘人袁枚在其作《随园诗话》中写道——

> 余戏刻一私印，用唐人“钱塘苏小是乡亲”之句。某尚书过金陵，索余诗册，余一时率意用之。尚书大加呵责。余初犹逊谢，既而

责之不休，余正色曰："公以为此印不伦耶？在今日观，自然公官一品，苏小贱矣，诚恐百年以后，人但知有苏小，不复知有公也。"一座辗然。

袁枚的话委实将了"某尚书"一军，叫他无言以对。不过，名妓苏小小难道就是因为她的"灵气所钟"而成为了"湖山点缀"吗？恐怕不尽然。说来说去大概还是因为文人的心底横亘着一个苏小小情结。

## 六

20 世纪 50 年代，大陆发生了翻天覆地的变化，"天堂"杭州也和其他地方一样归属了无产者。前朝的帝王们很心仪这块江南之地，现代的领袖们也是如此，他们有时会离开京师的尘俗喧嚣，来到西湖边养精蓄锐。一次，一位伟人眺望西湖的山光水色，对孤山一带成堆的名人坟墓不禁颇有微词，地方官听到后表示立即加以清理。拆迁坟墓的工作开始后，得知消息的民主党派们赶忙打电话给周公。于是，拆迁被中止，苏小小得以继续躺在烟水迷茫的西湖边。

转瞬是"山雨欲来风满楼"的年代，一个在西湖边休养身心的胡姓理论家，面对潋滟的湖光、空蒙的山色，诗兴大发，挥洒下许多词作，其中一首词叫《沁园春·杭州感事》，词中写道——

穆穆秋山，娓娓秋湖，荡荡秋江。正一年好景，莲舟采月，四方佳气，桂国飘［飞］香。雪裹棉铃，金翻稻浪，秋意偏于陇亩长。最堪喜，有射潮人健，不怕澜狂。　天堂，一向喧扬，笑今古云泥怎比量！算繁华千载，长埋碧［泪］血，工农此际，初［小］试锋芒。土偶欺山，妖骸祸水，西子羞［犹］污半面妆。谁共［天与］我，舞倚天长［吼风奇］剑，扫此荒唐［汝生光］。

胡理论家当过多年伟人的秘书，词作呈送伟人后，幸蒙御笔批点。上面词中中括号内的字是作者原来的用语，词旁还有伟人的批注："杭州及别处，行近郊原，处处与鬼为邻，几百年犹难扫尽。今日仅仅挖了几堆朽骨，便以为问题解决，太轻敌了，且与事实不合，故不宜加上那个说明。至于庙，连一个也未动。”胡理论家呈诗的同时还向伟人呈上一封信函，其中说道——

省委决定对西湖风景区进行改造。《浙江日报》已登了十几篇读者来信，要求风景区也要破旧立新，彻底整顿，把苏小小墓等毒害群众的东西加以清理。这是你多年以前就提出的主张，在现在的社会主义革命新高潮中总算有希望实现了。

从信中的措辞可知，令西子蒙羞的“土偶”“妖骸”当然指以“苏小小”为代表的各种“朽骨”。信发出的当晚，苏小小、林和靖、于谦、冯小青、苏曼殊，甚至徐锡麟、鉴湖女侠秋瑾、陶成章、杨哲商、沈由智、章太炎等30余座墓冢，尽行开始拆除。胡理论家在随后送呈御览的一封信中又说：“土偶、妖骸所指很广，并不限于有形的庙坟，一切旧文化中的偶像骸骨都包括在内，对这些东西必须进行很艰巨的长期的斗争。”杭州市政府真是雷厉风行，在不到两个月的时间内，先后拆迁了坟墓654座，千百年来被历朝文人同情和讴歌的苏小小就此被扫进了历史的垃圾堆，而且名在永不修复之列。

俗话说，“风水轮流转”“三十年河东，三十年河西”，改革开放以后，苏小小的千古亡魂突然时来运转，杭州酝酿着重修苏小小墓。只是重修的过程有些羞羞答答、拖拖拉拉。1982年，在苏墓原址上重建了一座四角亭，面积稍有扩展，亭身略微升高；1988年，在苏墓原址上又修造了六角攒尖顶亭，名字仍叫“慕才亭”；2004年，杭州根据旧有的墓亭照片，重新修筑了苏小小墓和慕才亭。新墓是用泰顺青石雕琢而成的，新亭内有12幅前人创作的楹联，特地邀请了当代12位会写字的人书写。这12幅楹联是——

桃花流水杳然去　油壁香车不再逢

金粉六朝香车何处　才华一代青冢犹存

灯火珠帘尽有佳人居北里　笙歌画舫独教芳冢占西泠
几辈英雄拜倒石榴裙下　六朝金粉尚留抔土垄中
千载芳名留古迹　六朝韵事著西泠
湖山此地曾埋玉　风月其人可铸金
花须柳眼浑无赖　落絮游丝亦有情
亭前瞻柳色风情已矣　湖上寄萍踪雪印依然
且看青冢留千古　漫道红颜本暂时
烟雨锁西泠剩孤冢残碑浙水呜咽千古憾
琴樽依白社看明湖翠屿桃花犹似六朝春
花光月影宜相照　玉骨冰肌未始寒
十载青衫频吊古　一抔黄土永埋香

人的命运真是不可言说，沉浮升降全不由己，生前如此，死后也如此，圣人孔仲尼是这样，妓女苏小小也是这样。孔圣人活着的时候何曾料到，在他死后的两千多年里，忽而被打翻在地，忽而被捧上了天；苏小小恐怕也没有想到，自己在1500年后竟能重新扬眉吐气。不过今后的日子仍长，钱塘江还要继续流淌，未来时日的命运如何，谁又知道?

## 七

本来是写“司马槱梦苏小小歌”的，但写着写着，一不留神就成了“苏小小墓的沧桑史”，就此打住。

据说炸开孤山西泠桥畔钢筋水泥的鉴湖女侠墓，劈开棺木时，为秋瑾陪葬的短剑赫然在目，令人立即想起她穿和服握短剑的飒爽英姿，她那刑前“秋风秋雨愁煞人”的浩叹也仿佛立即回荡在耳际。但是破开苏小小墓时，里面却空空如也，既不见尸骸，又不见衣冠。的确，苏小小只是一个遥远的传说，只是一个历代文人心底的千千结，是隋唐五代宋元明清的文人雅士集体无意识或集体有意识的一个创造。

文人们是造物主，他们造出来的苏小小，正如名字所暗示的那样，透露出男权社会的审美需要：小巧玲珑，轻颦浅笑，宛如扶风的弱柳，依人的小鸟。她有姿色，有文才，但不是诗人。《玉台新咏》虽有《苏小小歌》，可并不能证明歌就是苏小小作的，正如古乐府《莫愁乐》一样，唱莫愁歌的并不是诗人“莫愁”，现实中的“莫愁”女，有的说在荆州，有的说在金陵，有的说在洛阳，莫衷一是，其实，莫愁大概和苏小小一样都是个虚无缥缈的人物。苏小小更不是词人，因为南北朝即使可以看作词的萌芽时期，却也无论如何不能产生《蝶恋花》（《黄金缕》）这样的词牌。关于这首词牌名称变化的经纬《御定词谱》卷十三是这样叙说的——

《蝶恋花》，唐教坊曲，本名《鹊踏枝》，宋晏殊词改今名。《乐章集》注小石调，赵令畤词注商调，《太平乐府》注双调。冯延巳词有“杨柳风轻，展尽黄金缕”句，名《黄金缕》。赵令畤词有“不卷珠帘人在深深院”句，名《卷珠帘》。司马槱词有“夜凉明月生南浦”句，名《明月生南浦》。韩淲词有“细雨吹池沼”句，名《细雨吹池沼》。贺铸词名《凤栖梧》，李石词名《一箩金》，衷长吉词名《鱼水同欢》，沈会宗词名《转调蝶恋花》。

这首词原本属于唐教坊曲，名字叫《鹊踏枝》，南唐冯延巳作此词时有句云“六曲阑干偎碧树，杨柳风轻，展尽黄金缕”，人们才又称此词为《黄金缕》。冯延巳的那首词存在著作权的争议，有人说作者是南唐张泌，有人说是宋晏殊，有人则说是宋欧阳修。但不管是哪一个，始称《黄金缕》都不会早于南唐。苏小小所生的南齐距南唐有数百年之遥，她当然写不出叫《黄金缕》的词来。

但是文人们实在想把她打扮为出口成章的骚人，这样他们在穿越时空的时候，就可以与之结为“心有灵犀一点通”的知音。于是，关于苏小小的传说中就先后加入了她诗思泉涌的细节。在这些假他人之口吟唱出来的诗词中，比较好的是词《黄金缕》和七律《钱唐苏小小和马先生昨日湖桥首倡》。七律见于明田汝成所撰的《西湖游览志余》——

弘治初，于京兆，景瞻自南都谢事归杭，号南湖归叟。雅好吟咏，一日，展其先太傅肃愍公墓，邀马浩澜偕往。舟泊第三桥，景瞻曰："不到西湖二十年矣，山川如故，风景不殊，子当赋之。"浩澜诗云："画舫秋风湖上来，水涵天碧净无埃。一双鸂鶒（音西赤）忽飞下，千朵芙蓉相映开。鸟似彩鸾窥宝镜，花如仙子步瑶台。风光堪赏还堪赋，其奈江南庾信哀。"景瞻和云："二十年无此客来，水仙当为洗征埃。苏公残柳千行在，王母蟠桃几度开。华表又添新冢墓，粉墙犹绕旧楼台。相逢不饮花应笑，子建何须赋七哀。"吟毕，浇松而还。翌日，浩澜复与王天壁泛湖。天壁善箕仙术，每吟咏有窘，即扣仙续之，常携箕以行。浩澜因请召之，箕既动，浩澜问"仙何名"，书云："有事即问，问毕告名。"浩澜曰："有句'捧瑶觞，南国佳人一双玉手'，久未有对，愿仙成之。"即书云："趺宝座，西方大佛丈六金身。"二公咸骇愕，箕运如飞，复成一律云："此地曾经歌舞来，风流回首即尘埃。王孙芳草为谁绿？寒食梨花无主开。郎去排云叫阊阖，妾今行雨在阳台。衷情诉与辽东鹤，松柏西陵正可哀。"后书云："钱唐苏小小和马先生昨日湖桥首倡。"已而箕寂然不动。二公相顾若失，莫测所以。

文中所谓的"箕仙术"，盖即扶乩之类。假借"箕仙"而作的《和马先生昨日湖桥首倡》，当然是"秋坟鬼唱鲍家诗"，算不得苏小小的诗作。《黄金缕》也如前论，活着的苏小小不可能写出此词，所以，宋人阮阅的《诗话总龟》才把它列入"鬼神门"，胡仔的《渔隐丛话》则把它列为"鬼诗"，只有曾慥聪明，他在《乐府雅词》中径直署为"《蝶恋花》，司马槱"。

司马槱，宋人晁公武在《郡斋读书志》中介绍道——

司马才仲《夏阳集》二卷，右皇朝司马槱，字才仲，温公之侄孙。元佑初，与王常（按：王常，宋李焘《续资治通鉴长编》卷四百六十六作"王普"）辈同中贤良科，调钱塘尉而卒。喜为宫体诗，故世传其为鬼物所祟。

这个人是司马光的侄孙，与苏轼、秦觏等人有交往，据说他调任钱塘尉就是苏轼推荐的。从他下面的诗作看来，晁氏说他“喜为宫体诗”或许有据——

洛阳碧水扬春风，铜驼陌上桃花红。高楼迭柳绿相向，绡帐金鎏香雾浓。龙裘公子五陵客，拳毛赤兔双蹄白。金钩宝玦逐飞香，醉入花丛恼花魄。青娥皓齿列吴娼，梅粉妆成半额黄。罗屏绣幕围寒玉，帐里吹笙学凤凰。细绿围红晓烟湿，车马骈骈云栉栉。琼蕊杯深琥珀浓，鸳鸯枕镂珊瑚涩。吹龙笛，歌白纻，兰席淋漓日将暮。君不见灞陵岸上杨柳枝，青青送别伤南浦。（《洛春谣》）

销尽轻寒不自禁，新愁唯向静中深。寻常曾入三更梦，咫尺空论万里心。人去凤帏云漠漠，雁回珠箔日沉沉。春风洞口花常在，只许刘郎一度寻。（《闺怨》）

二月东风吹不恶，后园桃李先春落。高堂去妇对花愁，君恩非轻妾命薄。忆昔三星光在天，煌煌车马朱门前。结褵幸得事君子，愿托丝罗千百年。履痕才遍君家地，相看已觉君心异。门外新欢一破颜，室中旧爱双垂泪。妾心比玉自坚贞，君眼如星到处明。女子睽离泰山重，丈夫弃置鸿毛轻。莫夸绿发红颜好，女色由来不长保。君不见灞上銮舆祓禊回，阿娇已向长门老。（《妾薄命》）

既然喜爱创作情色气氛很浓的宫体诗，喜欢马逐飞香醉入花丛，梦中邂逅“吴娼”苏小小并且代为赋词一首，也是顺理成章的事。可惜的是，未能看到他另外的词作。而且，这首《黄金缕》的上阕与下阕之间，总叫人觉得有些欠一致：上阕为代拟苏小小口吻，下阕则俨然为第三者的叙述。也许是这个缘故，宋何薳才又把秦觏扯进来，说下阕是他给补齐的。而清人朱彝尊的《词综》收这首《黄金缕》时，就把作者署成了“秦觏”，并且加注说“足司马才仲梦中苏小小词”，也就是把司马槱梦中的苏小小词补成全璧。说秦觏，人们都很陌生。说他哥哥，大概知道的人很多。他哥哥就是以名句“两情若是久长时，又岂在朝朝暮暮”蜚声今古的秦观秦少游，只是秦觏的文名远远不如其兄而已。

根据现存的资料，这首《黄金缕》到底是司马槱写的还是秦觏写的，几乎无法判断。而且，作者是谁也好像没有太大的意义。只要知道历史上似曾有个苏小小，她曾惹得多少文人浮想联翩就足矣。转瞬之间，一切终成“纵荒坟，横断碑，不辨龙蛇”的故迹。

# “Flowers Bloom or Fade, Regardless the Passing of Time”: the Man & Ghost Love of Sima You and Su Xiaoxiao

*Shi Guanhai*

**Abstract**: Su Xiaoxiao is a mysterious woman, who has no historical records, her life records are difficult to verify, but she has a tomb on the ground and her name In poems. The folk song of the South Dynasty The Song of Qiantang Su Xiaoxiao provides a dimmed prototype of "Sun Xiaoxiao", which made the literati after the Tang and Song Dynasty constantly used the imagination of poetry and the plot of the novel to plump and activate her, finally making her the first talented prostitute in Qiantang. Actually Sun Xiaoxiao is a collective of Chinese literati including Su Jian. Bai Juyi and Liu Yuxi were huge boost to expand Sun Xiaoxiao's reputation and influence. But after reading the poems in the late Tang Dynasty, it made you feel that Sun Xiaoxiao heightened by the poets in the middle Tang Dynasty is only an ethereal legend. Several books in the Song Dynasty recorded the love between Sun Xiaoxiao and Sima You. There is a complex of Sun Xiaoxiao rooted in the heart of literati In history. It seems that there was a Su Xiaoxiao in history who has made so many literati think about her repeatedly.

**Keywords**: Su Xiaoxiao; Sima You; the Goddess of Wu Mountain

# 《冼太夫人记碑》书碑者徐德度及其书法

罗朋非[*]

【摘要】《冼太夫人记碑》记述了历史上杰出的政治家、军事家和社会改革家冼夫人一生的历史功绩。高州《冼太夫人记碑》最早刻制于清代同治十二年（1873），署茂名县知县徐德度书、曹万胜刻。碑刻全文有拓本存于高州市博物馆。本文以较为翔实的资料考证了碑文书者徐德度的出身、经历及其书法活动，并从书法艺术的角度对其作品做出分析和尽可能公允的评价。

【关键词】碑刻　书法　冼太夫人　徐德度

《冼太夫人记碑》，按碑首行文字“敕封高凉郡冼太夫人记”，碑名全称应作《高凉郡冼太夫人记》，此碑最早刻制于清代同治十二年（1873），署茂名县知县徐德度书、曹万胜刻。碑刻全文有拓本存于高州市博物馆。

碑主冼夫人（约512～602），高州人，是南北朝后期高凉越族首领，是我国历史上杰出的政治家、军事家和社会改革家。她一生顺应历史潮流，致力维护国家统一，促进民族团结，发展文化和经济，推动社会进步，功勋卓著。千百年来，历代皇朝均有封赠，广大老百姓则广建庙宇祭祀纪念。《冼太夫人记碑》碑文内容就是记述冼夫人一生的历史功绩。

碑文作者失考，据碑末徐德度记“右冼太夫人庙记”“县志不著时代及作者姓名”，则亦不可考；刻手曹万胜，当为民间工匠，亦不可考。书

* 罗朋非，茂名职业技术学院讲师，主要研究方向为民俗学。

者徐德度为县令，在历史上留有记录，故笔者不辞鄙陋，根据有限的资料，对该碑书写者徐德度其人其书做简单的梳理和评述。

## 一　徐德度的历史痕迹

### （一）同治十一年三月至十三年十月代理茂名县令

碑文末署："同治十二年癸酉署茂名县知县龙南徐德度书，曹万胜刻"。就此我们可以知道，碑文的书写者姓徐名德度，是江西龙南人，当时是茂名县知县。

查郑业崇著光绪十四年版的《茂名县志》卷四"职官志第四/职官表"同治朝知县栏，有一条"徐德度江西龙南人十一年三月初一署"的记录。

就"十一年三月初一署""同治十二年癸酉署茂名县知县"两条，可知徐德度任的茂名县署知县，是代理知县而不是实缺。

按：过去志书职官条，记职官都会注明是"任"还是"署"。又按：《二十年目睹之怪现状》第五回："若是要想那一个缺，只要照开着的数目，送到里面去，包你不到十天，就可以挂牌。这是补实的价钱。若是署事，还可以便宜些。""任"是实任，"署"是署事，也就是代理。所以《二十年目睹之怪现状》第五回说署事还可以便宜些。

据郑业崇《茂名县志》职官表徐德度条下一条"蔡逢恩江西新建人己巳末举人十三年十一月初三署"，可知徐德度署茂名县知县是同治十一年（1872）三月初一至十三年（1874）十一月初三，历时三年八个月。

### （二）徐德度的功名出身考辨

网上有一份"历代徐氏状元、榜眼、探花、进士、解元、贡生、举人"名单，其中"（三）清代徐氏举人"记录有："徐德度，江西龙南人，莱阳兴侍知县。"按此，徐德度应该是举人出身。

但张希京、欧樾华所著的《曲江县志》［光绪元年（1875）］卷一职官二十九记录是"同治朝：徐德度、江西龙南人、监生、元年任"。又，县志记官员，都会注明其科举功名，例如该书记徐德度的继任就注明是举人出身。

明清时期的监生有举监（由举人做监生）、贡监（也叫贡生，由秀才做监生）、荫监（凭借父辈做官而成监生）、例监（亦称捐监，用钱捐到的）几种。那么，徐德度有没有可能是举监？笔者查《龙南县志》（永禄、廖运芳、彭咸宁主编）“卷十六·选举”，清朝历朝进士举人拔贡名单中均无徐德度。

综合分析，徐德度不可能是举人，监生身份也不是正途出身，只能是荫监或例监。

### （三）可以确考的其他任职经历

#### 1. 咸丰三年，任县丞

笔者查到的徐德度的最早历史，是据清政府湖北按察使、江南大营帮办江忠源的随员彭旭《江西守城日记》的记载，具体如下。

> 咸丰三年六月初四日条：“章江门逼文孝庙贼巢孔近，方筑垒登，贼蹈瑕死扑。文兰与金甲谋，伏精锐败垣下，令开勇佯却诱敌。两路夹击，大有斩获，贼骇甚。其营进贤门外者，则徐德度之景德窑勇五百余人，又抽川、贵勇移驻其地为两大营，而军声稍稍振矣。”
>
> 初七日条：“初七日，贼船停泊丁家山，距永和门六、七里，烧毁民房，意在阻截官军粮道。当密派马永炽、徐德度督兵前往，贼遁。”

按此，徐德度率领景德窑勇500余人参加了清军的南昌守城，抵御太平军进攻。

又清实录咸丰朝实录卷一百十，咸丰三年记录有——

> 癸丑。十月。壬辰。
>
> 以守御江西省城出力。赏在籍县丞徐德度等蓝翎。总兵官音德布等升叙有差。

按此，咸丰三年（1853）时为县丞（副县长）的徐德度招募了500多名窑勇并率之与太平军作战，因此得到赏戴蓝翎的奖励。

**2. 同治元年至三年（1862～1864）任曲江县令**

徐德度任曲江县令有两条史料为证——

一是张希京、欧樾华编的《曲江县志》卷一职官二十九，关于同治朝的记录有“徐德度、江西龙南人、监生、元年任”下一条“赓飏正黄旗人举人三年任”，按此，徐德度任曲江县令是同治元年到任、同治三年离任。

二是在关于修葺韶关古迹风度楼的记载中，有关于徐德度任曲江知县的记载：“乾隆四十六年（1781），韶州知府扬本仁（陕西鄜人）；嘉庆十二年（1807），韶州知府扬楷；道光十一年（1831），分巡南韶连兵备道扬殿邦（安徽泗县人）；同治二年（1863），曲江知县徐德度（江西龙南人）；同治九年（1870），分巡南韶连兵备道林述训（安徽和县人）等，都先后对风度楼进行过不同程度的修葺。”

**3. 光绪年间任兴宁县令**

证据有三条。一是《兴宁县志》明清民国兴宁县令名录记：徐德度、江西龙南、光绪四年。二是兴宁和山岩旅游度假区记录该“岩右石壁刻有祝枝山题写的二尺见方的大字‘灵岩’，附有碑文，年久剥落不能辩认，后又由县令徐德度重写镌刻，惜均已亡佚”。三是百度兴宁吧《客家人之漫话兴宁》文章提及徐德度，原文是——

> 相传这些门和关名的字，除东门外全是知县徐德度所写。徐工书法，笔力遒劲，他于清光绪年间就任兴宁知县时，看到南、北、西三个门和关名的字都写得不好，于是把它换了，唯独东门“朝阳门”三个字，认为自己所不及，因而留了下来。

## 二　徐德度的书法活动钩沉

徐德度虽然不是名人，但就笔者搜索到的史料记载和他的存世书法作品，我们可以还原他书法活动的部分情况。

### （一）史迹、史籍可查的书法活动

徐德度喜欢题字，如在茂名任上书写的《冼太夫人记碑》，如在兴宁任上为名胜“灵岩”题字，为兴宁四个城门中的三个换题门名和关名。

此外，徐德度还喜欢为别人的藏书题签，笔者找到的记录有以下两条。

（1）何碧琪在其论文《略论〈集王圣教序〉刻立原委及文物馆岳雪楼旧藏本》提及文物馆本“是本清后期南移至广东收藏家递藏……后入孔广陶岳雪楼，其时徐叔勤题签”。

（2）清人孔广陶辑刻的收录明遗民书法的《岳雪楼鉴真法帖》，序中有“光绪六年（1880）孔广陶撰集，龙南徐德度写目”（转引自故宫博物院研究馆员尹一梅2009年在澳门金石书画学术研讨会的论文《刻帖中的明末清初遗民书迹》）。

### （二）现代拍卖会出现的作品

（1）广州华艺国际拍卖有限公司在2005年8月13日的拍卖会上，拍卖题识“祖玮八兄先生属，叔勤徐德度”的规格142cm×36cm的条屏：条屏书写的内容是怀素的诗作“题张僧繇醉僧图”：“人人送酒不曾沽终日松间挂一壶草圣欲成狂便发真堪画作醉僧图怀素帖。”此条屏当时拍卖成交价是人民币1320元。

（2）广东崇正拍卖有限公司在2014年秋季会上，拍卖一件标明“作者简介：徐德度，晚清茂名知县”的四条屏。这四条屏规格是142.5cm×35.5cm×4，题识为：“吉泉五兄大人正叔勤徐德度。”正文书写内容是：“‘案行书’者，后汉刘德升所作也，务从简易，相间流行，故谓之行书。王愔云，晋世以来，工书者多以行书著名。昔钟元常善行押书是也，尔后羲之、献之并造其极焉。献之尝白父云：‘章草未能宏逸。顿异真体，合穷伪之，略礼极草纵之致，不若藁行之间乎，于往法固殊也，观夫腾烟炀火，则回禄丧精，覆海倾河，则元冥失驭，天假其能，非学之功。”这四条屏全文155字，当时的拍卖估价是10000～15000元人民币。

（3）中国嘉德国际拍卖有限公司在2017年3月31日的嘉德四季第48

期拍卖会上，拍卖编号 0539 的书画七帧，其中第三幅是上款“夏达表兄大人法家正腕”，题识“叔勤弟徐德度”，形式为团扇的书法，该作品未知规格，内容是“倪云林清闷阁，有云林堂尤胜，客非佳流不得入。堂前植碧梧四，令人揩拭其皮。每梧坠叶，辄令童子以针缀杖头，亟挑去之，不使点污，如亭亭绿玉。”（标点为笔者所加），估价 2000～6000 元。

（4）笔者用 UC 浏览器在手机搜索“徐德度”，徐德度行书七言联、对联图录编号 0081 规格 132cm×32cm×2，拍卖地点是上海南京东路 432 号 4 楼工美拍卖大厅，拍卖时间标志是 2004 年 8 月 31 日至 2004 年 9 月 1 日，起拍价 500 元，此作品当时流拍。

## 三　徐德度书法赏析

### （一）《冼太夫人记碑》书法赏析

《冼太夫人记碑》原碑石现镶嵌于高州冼太庙中殿右墙上，由 6 块碑石组成，每块碑石高 1.22 米，宽 0.62 米。全碑总长 3.72 米，高 1.22 米。书写 36 行，共 1277 字，每字面积约 16 平方厘米。字迹保存完好，新涂红漆，清晰醒目。

此碑以赵楷书写，通观全篇整体布局，横有行，竖成列，全文字体大小统一。此碑用笔爽利，不含混，不故弄玄虚，起笔、运笔、收笔的笔路十分清楚，笔笔提得起、送得出、收得住，足见书者功力到家、用笔老到。其点画遒劲、横直相安、撇捺舒展、重点安稳，点画之间注意彼引此应，照应比较紧密。其字结体谨严方正、骨架劲挺，形体颀长秀美、字字挺拔。充分体现了赵体楷书的清秀典雅特征，不失为一件书法艺术成功作品。

但是，该碑布局过于规矩，缺少趣味。线条劲挺爽利有余，温润含蓄不足，如果线条还可以说是刻工问题，那么结体板正而无变化，字体修长有别于赵松雪的趋扁方，就不能不说是书写者的问题了。

总体上，该碑书法是赵体楷书的减肥版，但还没有得到赵体灵动流美的神韵。

### （二）徐德度墨迹书法赏析

可以查到的徐德度三幅墨迹书法，都是行草书。其中四条屏和团扇作品楷行草相间，以行为主，间以楷书，偶有草字，条屏作品则以草为主，间以行书，没有变化太大的狂草。

就线条而言，徐书线条比较安静、厚实、动感不强，笔画粗细变化不是很大，提按过渡自然，用笔爽利简洁，露锋入笔，顺势回锋，轻松自如，毫不做作，给人一种不激不厉的感觉，符合传统的中庸之道，笔道停匀有圆润含畜之美。但是其书精于提按而欠少使转，与大家相比，笔法还不够丰富。

就章法而言，徐书虽然腾挪起伏不多，但是其楷草相间的布局，流畅过渡的轴线，结构平正的楷书和纵横变化的草书交错在一起，看起来有紧有松，有正有斜，参差错落，形成对比。字间的牵丝映带，行气的左右照应，都自然而然，于规整庄严处见潇洒天真的韵致，显得流美动人。

在墨法上，徐书惯用浓墨，不用枯笔，因此缺少苍茫之气，有朗润之感。

### （三）徐德度书法总体评价

徐德度书法一望而知从赵而来，已得松雪七分真传，擅长行书，草书则有草字之形而无草书之意，观其“怀素帖”条屏，无字不草，但每字独立，三行书写，行距一致，轴线居中直下，绝无错落摆动。总体上，徐德度书法有一定功力，但是缺少自己的风格，可以说还囿于馆阁体中，放在书道不荣的今天，或许可以称为书家，但是在书法繁荣的古代，其书法尚难以入大雅之堂，皇皇32卷、收录有清一朝书法家过万人的《皇清书史》不录其名，则足以说明。

## 四　存考的几个问题

### （一）徐德度是否曾任莱阳知县

据网上“历代徐氏状元、榜眼、探花、进士、解元、贡生、举人”记录："徐德度，江西龙南人，莱阳兴侍知县。"则徐德度可能曾任山东莱阳知县，但笔者找不到相关的《莱阳县志》，不敢妄断是否；若是，任期起止时间分别是何年？再，莱阳兴侍是两个地名还是兴侍是莱阳的属地？还是这个记录干脆整体上是错误的？

### （二）徐德度最高军职是参军吗

冯询著的《子良诗录》有一首诗是写给徐德度的，原文是"马仙樵刺史属定所著诗草题四律以赠徐叔勤参军"。按史载：冯询，字子良，番禺人。嘉庆庚辰进士，历官吴城同知，署九江饶州知府。考其生活时代，以徐德度吻合，其署九江饶州知府时，正南昌被太平军围攻时期，《子良诗录》里面大部分的诗，写的就是这个时期的战事。所以，冯询应该和徐德度有交往，不可能弄错他的官职。但是，这个是否为徐德度最高军职呢？待考。

### （三）徐德度一生任职情况如何

现在我们可以确定徐德度的任职有：咸丰三年（1853）任县丞；同治元年至三年（1862～1864）任曲江县令；同治十一年（1872）至十三年（1874）任茂名县令；光绪四年（1878）前后任兴宁县令。那么，中间有十几年空白，他是在其他地方任职还是赋闲？

## 五　小结

徐德度，字叔勤。江西龙南人，监生，参加过清朝抵御太平军围攻南昌的保卫战。有军功，三任县令，仕途一般。爱好书法，喜欢题字，有书法作品留存至今。书法师法赵体，擅长楷行，书风秀丽端庄。其代表作《冼太夫人记》碑刻书法保存于茂名市高州冼太庙，为茂名历代人民所称颂。

## 参考文献

（清）郑业崇：《茂名县志》，光绪十四年（1888）。

（清）张希京、欧樾华：《曲江县志》，光绪元年（1875）。

兴宁县地方志编修委员会：《兴宁县志》，广东人民出版社，1992。

（清）永禄、廖运芳、彭咸宁：《龙南县志》。

冯询：《子良诗录》，延边大学出版社，1990。

艾晶、谭晓静：《从冯询存世之作〈子良诗存〉看其生平》，《黑龙江史志》2010年第17期。

谢欢孙：《咸同年间地方督抚权力的演变——以江西为例》，江西师范大学硕士学位论文，2002。

何碧琪：《略论〈集王圣教序〉刻立原委及文物馆岳雪楼旧藏本》，《美苑》2014年第5期。

李放：《皇清书史》，http：//yuedu.163.com/source/e93049c838d34266af139ce6d85c6ed1_4。

百度贴吧、兴宁吧：《客家人之漫话兴宁》，http：//tieba.baidu.com/p/964905125。

360百科风度楼：https：//baike.so.com/doc/7705212－7979307.html。

尹一梅：《刻帖中的明末清初遗民书迹》，转引自《豪素深心：明末清初遗民金石书画学术研讨会论文集》，2009。

艾晶：《冯询〈子良诗存〉整理与研究——以其交游诗与太平军战事诗为重点》，江西师范大学硕士学位论文，2008。

雅昌拍卖：《0365行书四屏立轴水墨纸本》，http：//auction.artron.net/paimai-art5064060365/。

雅昌拍卖：《0539花鸟书法（七帧）圆光绢本》，http：//auction.artron.net/paimai-art5102080539/。

# The Writer of *The Tablet of the Grand Lady Xian* Xu Dedu and His Calligraphy

*Luo Pengfei*

**Abstract**: *The tablet of the Grand Lady Xian* described the historic achievement of Lady Xian, the distinguished politician, militarist and social reformer. *The Tablet of the Grand Lady Xian* of Gaozhou was first engraved in Tongzhi 12 in Qing Dynasty (1873), signed by Xu Dedu, the county magistrate of Maoming, as the writer, and engraved by Cao Wansheng. The rubbings of the full inscriptions were stored in Gaozhou Museum. This paper researches on the writer of the tablet Xu Dedu's origin, life experience and calligraphy activities with informative material, analyzing and evaluating his works as fairly as possible from the perspective of calligraphy art.

**Keywords**: Inscriptions on Tablet; Calligraphy; The Grand Lady Xian; Xu Dedu

# 教育 教学

EDUCATION AND TEACHING

# 容闳与中国近代第一所大学

王 杰*

【摘要】建立于1895年的北洋大学堂，是天津大学的前身，是中国近代第一所现代性质的大学。容闳作为中国首位留美接受现代教育的留学生，作为“中国留学生之父”，对于北洋大学的建立与发展做出了重要贡献。容闳在北洋大学建立与发展中的开创性、奠基性贡献及其思想理念上的深远影响，奠定了他作为中国现代教育先驱的重要历史地位。

【关键词】容闳　现代大学　北洋大学　办学思想

容闳是中国近代著名的教育家、外交家和社会活动家。他是第一个毕业于美国耶鲁大学的中国留学生，是中国留学生事业的先驱。他“以西方学术灌输于中国，使中国日趋于文明富强之境”的“兴学强国”理想，对北洋大学的建立与发展产生了巨大的影响。北洋大学堂是天津大学的前身，是中国近代第一所现代性质的大学。其建立与发展得益于容闳先进的教育理念、办学思想及一系列有效举措。容闳在北洋大学建立与发展中的开创性贡献及思想理念上的深远影响，奠定了他作为中国现代教育先驱的重要历史地位。

## 一　容闳对于北洋大学堂建立的思想影响

1847年初，容闳进入美国耶鲁大学学习，1854年以优异的成绩从耶鲁

* 王杰，天津大学教授，天津大学大学文化与校史研究所所长。

大学获得文学学士学位。长达7年的系统地接受西方现代高等教育，以及他本人的勤奋好学、善于思考，使容闳开阔了视野，具备了较为先进的现代意识。回国后，他提出了四项富国自强计划："一，中国宜组织一合资汽船公司。二，政府宜选派颖秀青年，送之出洋留学，以为国家储蓄人材。三，政府宜设法开采矿产以尽地利，并兼筑铁路以谋运输之便利。四，禁止教会干涉人民词讼，以防外力之侵入。"① 他的计划与当时李鸿章、张之洞等人推行的"求强""求富"的洋务运动不谋而合。洋务运动重视"实业"，回国之后的容闳被推荐至曾国藩处，他向曾国藩进言："制造机器之机器，以立一切制造厂之基础也。"② 他受到曾国藩重用，被派发去美国购买制器之器。这样的经历，也促使他反思中国教育，并提升了对于工程教育的认识。

由于两次鸦片战争的失败，"师夷之长技以制夷"的策略成为朝野共识。洋务运动的推行者认为先购买西洋的船炮，然后仿制、试造，就可获得成功。曾国藩创立"安庆军械所"，大量征用"覃思之士"，如李善兰、华衡芳、徐寿等，开始潜心仿制洋枪洋炮。可是，由于没有先进的制造标准，没有专业的工程人士，没有精良的制造设备，仿制枪炮效果不佳，轮船的试制行动迟缓。一次次的失败，使清政府逐渐认识到有了"制器之器"，还需要有"制器之人"。接受容闳的建议，洋务派在江南制造总局附设了一所机械学校，招收中国学生，传授机械工程原理、制造技术等，以培养中国自己的工程技术人员。容闳认为，要给中国工人传授一些先进的机械原理，并给他们实习的机会，以便中国将来能够有自己的工程师、技师和技术工人，独立自主地管理自己的工厂，制造自己的机器，"不再仰仗外国工程师"。江南制造局附设机械学校，"为中国培养出一批早期的熟练工人和工程技术人员"③。容闳的建言反映出他不仅认识到了引进西方先进的技术设备的重要性，更认识到了培养自己的技术人员，实施技术教育

① 容闳：《西学东渐记》，徐凤石、恽铁樵等译，生活·读书·新知三联书店，2011，第76～78页。

② 容闳：《西学东渐记》，徐凤石、恽铁樵等译，生活·读书·新知三联书店，2011，第66页。

③ 刘建强：《曾国藩幕府》，中国广播电视出版社，2005，第300页。

的重要性。

但是，其后于1894年爆发的甲午战争将“师夷之长技以制夷”的策略击打得粉碎。洋务派购买的大量军舰和洋枪洋炮没能够赢得战争，培养的西学西艺类人才也没能够挽救战争的失败。甲午战争后，人们对于容闳的建议有了更加深刻的认识。

容闳在其回忆录《西学东渐记》中表达了这种认识：“予意以为，予之一身既受此文明之教育，则当使后予之人，亦享此同等之利益，以西方之学术，灌输于中国，使中国日趋于文明富强之境。”[①]“西方之学术”不同于西方之技术，学术主要是指西方的科学以及由此创造的工程技术。容闳的认识包含了两层意思：

一是理想追求，通过“以西方之学术”，“使中国日趋于文明富强之境”，这是当时少数“睁眼看世界”的知识分子向西方探求强国的理想——兴学强国。容闳的主张影响了中国一批有识之士。盛宣怀在草拟的筹建北洋大学堂的章程中就提出相同的认识：“中国智能之士，何地蔑有，但选将才于铸人广众之中，拔使才于诗文贴括之内，至于制造工艺皆取材于不通文理不解测算之匠徒，而欲与各国絜长较短，断乎不能”，“自强首在储才，储才必先兴学”。[②]

盛宣怀是李鸿章的得力助手，他的许多洋务思想与李鸿章的思想相一致。如李鸿章提出“自强”“求富”的洋务运动的目标，并指出：“用人最是急务，储才尤为远图。”[③]盛宣怀在北洋大学堂的拟设章程中写道：“自强首在储才，储才必先兴学。”[④]并由此树立了北洋大学堂开办的指导思想——兴学强国。从盛宣怀修改的丁家立草稿中就可看出他对李鸿章“自

① 容闳：《西学东渐记》，徐凤石、恽铁樵等译，生活·读书·新知三联书店，2011，第22页。

② 《盛宣怀请奏设立本校章程禀》（1895年9月19日），北洋大学—天津大学校史编辑室编《北洋大学—天津大学校史资料选编1》，天津大学出版社，1991，第3~15页。

③ 李鸿章：《筹议海防折》（1874年12月10日），《李文忠公全书·奏稿·卷二十四》；陈远晖主编，高时良、黄仁贤编《中国近代教育史资料汇编·洋务运动时期教育》，上海教育出版社，2007，第652~653页。

④ 直隶总督北洋大臣王文韶呈光绪皇帝奏折：《津海关道盛宣怀创办西学学堂禀明立案由》（1895年9月30日），北洋大学—天津大学校史编辑室编《北洋大学—天津大学校史资料选编1》，天津大学出版社，1991，第16~18页。

强”思想的坚持，他将“无以为立国之本”改为“无以为自强之本”，这与容闳的思想如出一辙。

二是“以西方之学术”“使中国日趋于文明富强之境”的方法，即“予意以为，予之一身既受此文明之教育，则当使后予之人，亦享此同等之利益”①，就是通过建立与他所接受的美国高等教育的相同的培养，造就能够“兴学强国”之人。

容闳充分认识到高等教育的重要性，认为教育可以改变人，从而改变一个国家。教育的好坏能决定一个国家的繁荣与落后。“至大学之给学位，亦非有金钱之效用。惟已造就一种品格高尚之人才，使其将来得有势力，以为他人之领袖耳。大学所授之教育，实较金钱尤为宝贵，盖人必受教育，然后乃有知识，知识即势力也。势力之效用，较金钱为大。”② 他把教育与知识、与国家富强联系起来，认为只有教育才能改变中国贫穷落后的命运。

容闳于 1870 年年底拜见了北洋大臣、洋务运动的首领人物李鸿章。容闳见到李鸿章开门见山地指出：中国之所以落后于西方，是因为国人的思想愚昧和科学技术落后，要想摆脱当前落后现状，唯有教育救国。根据目前国内的实际情况，先以精英教育的方式入手。容闳的建议得到了李鸿章的首肯，虽然当时由于条件所限制，李鸿章没有采纳容闳的建议迅速建立西式大学，但是容闳的建议对于李鸿章产生了深刻的影响。

当李鸿章主政直隶总督时，就与人商量在天津开办西式大学。甲午战争之前又与盛宣怀商议开办大学之事。对于这段历史，上海图书馆藏《盛宣怀档案》中有一份 1895 年丁家立草拟的计划在《申报》《直报》上刊登的北洋大学堂成立及招生公告，其中有盛宣怀亲笔批改的这样一段记载：“前任北洋大臣大学士李未及举行，今复请于现任北洋大臣王。”“复请”，即再次请示。说明北洋大学堂的成立是李鸿章没来得及办的一件事，同时也说明此前盛宣怀向李鸿章报告过成立大学堂的计划，或者是李鸿章指示

① 容闳：《西学东渐记》，徐凤石、恽铁樵等译，生活·读书·新知三联书店，2011，第 22 页。

② 容闳：《西学东渐记》，徐凤石、恽铁樵等译，生活·读书·新知三联书店，2011，第 23～29 页。

盛宣怀落实的一件事。

在李鸿章的支持下，盛宣怀聘请美国教育家丁家立一同草拟了北洋大学堂的创建规划。

丁家立是北洋大学堂首任总教习。上海图书馆盛宣怀档案中保存有丁家立草拟的筹建北洋大学堂英文手稿，其主要内容是按照美国大学模式建立北洋大学堂。1895 年 9 月盛宣怀上奏章程，以美国哈佛大学、耶鲁大学等为蓝本，开办北洋大学堂，“头等学堂——此外国所谓大学堂也”。头等学堂分设律例、工程、矿冶和机械四个学科，是一所以现代科学技术学科为主的大学。北洋大学堂的开办是符合容闳在中国开办现代大学的设想的。

## 二　容闳对于北洋大学堂办学的人才贡献

建立现代大学必须有管理现代大学的人。容闳为招揽人才、组建教学力量做了大量工作，做出了重要贡献。北洋大学堂创建初期的四位掌校人来自庚款留美的学生，这四位掌校人分别为唐绍仪、梁敦彦、梁如浩和蔡绍基。

1868 年，容闳向清政府提出以选派幼童出洋留学为重点的四项条陈。1870 年，在容闳的反复劝说下，曾国藩终于表示愿意向朝廷奏请派留学生，获得朝廷批准。1871 年 8 月，清廷成立“幼童出洋肄业局”。11 月，李鸿章奏请以由陈兰彬任出洋局委员、容闳为副委员，驻美办理一切管理留学幼童的事务。陈兰彬负责留学学生在美期间的中文学习，容闳则负责孩子们在美国的教育。直至 1881 年清政府撤回留学生为止，选派幼童出洋留学长达 10 年。

庚款留美的前三批学生成材率极高，其中就包括了北洋大学堂的四位掌校人唐绍仪、梁敦彦、梁如浩和蔡绍基。

1895 年北洋大学堂创办时，督办由盛宣怀兼任。盛宣怀调任后由津海关道兼任，沿袭成例。1903 年至 1910 年的八年间，唐绍仪、梁敦彦、梁如浩和蔡绍基接替出任北洋大学堂负责人。

唐绍仪，又名唐绍怡，字少川，生于 1862 年 1 月 2 日，广东省珠海市唐家镇唐家村人。1873 年留学美国幼童之一，后入哥伦比亚大学，归国后长期从事外交事务，是清末民初著名的政治活动家、外交家。1903 年唐绍仪接任津海关道，兼任北洋大学堂督办至 1904 年。其间，为北洋大学在庚子之乱后的复校，和西沽校址的建设做出了贡献。其后调任清朝议藏大臣，1904 年与英国交涉办理西藏主权事宜，唐绍仪坚持民族立场，运用灵活的外交手段，力主推翻英国与西藏地方政府签订的所谓“拉萨条约”，挫败了英国妄图将西藏从中国领土中分割出去的阴谋。辛亥革命后出任中华民国第一任总理，是近代第一位致力于收回海关控制权的人。任总理期间，勤于公务，注重办事效率，使政府呈现一派新气象。抗日战争爆发后，唐绍仪发表了支持抗战的言论，被认为是自卢沟桥事变后，“主张抗战最力之一人”。

1904 年，唐绍仪上调朝廷后由梁敦彦接任津海关道，同时兼任北洋大学督办。梁敦彦，字朝璋，别字崧生，广东省顺德县勒流镇龙眼乡人，生于 1857 年，与唐绍仪同为 1873 年清廷派出的留美幼童之一。1881 年在耶鲁大学肄业归国，分发福建船政学堂任英文教习。应张之洞聘，历任两广、湖广督署文案，知州府候补道。累升汉阳、天津海关道。他在北洋大学掌校三年，其间启用王劭廉担任教务提调，实现了学校管理由外国人到中国人的平稳过渡，并且保证了办学质量。1907 年，梁敦彦作为清朝公使出使美、德、墨、秘、古巴，同年官至外务部侍郎、尚书、右丞（副部长）。1911 年 10 月出任内阁外务部大臣，是清末的知名外交官之一。辛亥革命发生后，梁敦彦于 1914 年任北洋政府交通总长，是中国近代著名的政治活动家、外交家。

1907 年梁敦彦出任驻美公使后，北洋大学堂督办由梁如浩接任。梁如浩生于 1861 年，原名滔昭，号孟亭、梦亭，字如浩，与唐绍仪同为唐家镇人。1873 年与唐绍仪等幼童赴美留学，先后入读哈德福中学与史蒂芬工学院。1881 年与唐绍仪等人一同归国。其后赴朝鲜筹设海关。归国后被委任为关内铁路运输处处长，后升任北宁铁路总办。1902 年后出任奉锦山海关道兼关内外铁路总办、天津海关监督、牛庄海关道、天津海关道、上海海关道、外务部右参议、外务部右丞兼署奉天左参赞、内阁邮传部副大臣等职。民国建立后曾出任华盛顿会议中国代表团高等顾问、“接收威海卫委员会”委员长等职，是中国近代著名的政治活动家、外交家。

1908 年梁如浩授外务部右参议，蔡绍基接任津海关道，并出任北洋大学堂督办。蔡绍基生于 1859 年，字述堂，珠海拱北北岭人。1872 年首批留美幼童之一，入耶鲁大学学习法律。归国后任大北电报局译员、上海海关译员。后与唐绍仪、梁敦彦一起随袁世凯赴朝鲜，归国后出任山海关监督。蔡绍基在北洋大学先为帮办，后为督办。1910 年蔡绍基离任。

自 1903 年至 1910 年，在长达八年的时间里，这些曾经的留美幼童接力赴任，先后执掌北洋大学堂，群策群力，使该校在庚子之难后走出困境，重建校舍于西沽，延续了中国近代第一所大学的弦歌，功不可没。

## 三　容闳关于北洋大学堂派遣留学生的远见卓识

中国著名学者舒新城曾对容闳在中国留学教育史上的首创精神予以了高度的评价。他指出："无容闳，虽不能一定说中国无留学生，即有，也不会如斯之早，而且派遣的方式也许是另一个样子。故欲述留学之渊源，不可不先知容闳。"①

容闳也将自己的留学主张作为"我对中国的永恒热爱的表现"，他在《西学东渐记》中写道："我的爱国精神和对同胞的热爱都不曾衰减；正好相反，这些都由于同情心而更加强了。因此，接下去的几章专门用来阐述我苦心孤诣地完成派遣留学生的计划：这是我对中国的永恒热爱的表现，也是我认为改革和复兴中国的最为切实可行的办法。"②

在他的带领下，截止到 1877 年，头两批幼童已有 50 多人升入中学，有 18 人已升入大学。这得到了洋务首领李鸿章的重视。出于开办洋务的需要，他提出希望留学生们成为开矿、机械、造船、邮电及各种军事、工业技术的人才。这年 3 月 6 日，李鸿章给留学事务所来信指出："中国所亟宜讲求者，煤铁五金之矿，……出洋学生内有颖异可造之才，望送入矿务学堂，先穷究其理器，一二年后再令游览美国五金矿所，或暂充工役，或随同研究，必自能辨识地产之有无厚薄、机器之如何用法。融会贯通，可

---

① 舒新成：《近代中国留学史》，中华书局，1927。

② 容闳：《西学东渐记》，徐凤石、恽铁樵等译，生活·读书·新知三联书店，2011，第 1 页。

得上等考单，确有把握，然后遣回，再发往各省矿局试用。庶于国计有裨，千祈留意。”① 因此，大多数留学生在美国的中学毕业后，基本上分别进入各类工科专业学习，如詹天佑入耶鲁大学土木工程系学习铁路工程，欧阳赓入耶鲁大学学习机械工程，吴仰曾入哥伦比亚大学矿冶学院学习，许多人进入斯梯文工业学校。

据统计，幼童赴美留学生中，从事工矿、铁路、电报者 30 人，其中工矿负责人 9 人、工程师 6 人、铁路局长 3 人；从事教育事业者 5 人，其中清华大学校长 1 人、北洋大学校长 1 人；从事外交行政者 24 人，其中领事、代办以上者 12 人，外交部部长 1 人，副部长 1 人，驻外大使 1 人，国务院总理 1 人；从事商业者 7 人；进入海军者 20 人，其中 14 人为海军将领。总之，除早亡、留美不归和埋没故里者外，大都在不同的岗位上为中国的现代化事业做出了应有的贡献。

容闳的赴美留学计划对于北洋大学堂造成指导性影响，李鸿章、盛宣怀在北洋大学堂筹建时就将资送毕业生留学作为学堂的主要任务之一。《拟设天津中西学堂章程》中规定：该学堂学生毕业后“准给考单挑选出堂或派赴外洋分途历练；或酌量委派洋务职事”。同时，在头等学堂章程中列出“头等学堂年经费——所节省之经费，除另造二等学堂及每次考试花红外，其余积存生息，以备四年后挑选学生出洋川资经费”。1899 年北洋大学堂第一批本科生毕业，原本毕业后即可赴美国留学，可是因为英法等八国联军攻占了天津，北洋大学堂被德军强占为兵营，学堂被迫停办，留学一事只能搁浅。

1901 年，北洋大学堂创始人盛宣怀通过南洋公学资送北洋大学堂第一批学生赴美留学。这是中国首批大学出国留学生，是中国高等学校留学教育之始。当时，学堂设“留美学堂监督”一职，由学堂总教习丁家立兼任。丁家立亲自带领北洋大学堂第一批毕业生赴美留学。此批留学生共 8 名，具体情况是：

陈锦涛入美国耶鲁大学学习博物学（物理学），王宠惠入美国耶鲁大

---

① 李鸿章：《复区海峰、容纯甫函》（1877 年 3 月 6 日），《李文忠公全书·朋僚函稿》卷 17；陈学恂、田正平编《中国近代教育史资料汇编·留学教育》，上海教育出版社，2007，第 135 页。

学学习法律学，张又巡入美国耶鲁大学学习法律学，王宠佑入美国哥伦比亚大学学习矿学，严一入美国哥伦比亚大学学习政治学，胡栋朝入美国康奈尔大学学习工程学（土建），陆耀廷入美国康奈尔大学学习工程学（土建），吴桂龄入美国康奈尔大学学习机械学。这批留学生分别取得了硕士或博士学位，回国后大都成了国家的栋梁。王宠佑获得哥伦比亚大学硕士学位，回国后曾任汉口炼锑总工程师、汉冶萍铁厂厂长等职，是中国著名的矿冶专家，被誉为“锑王”；张又巡获得耶鲁大学法学博士，回国后曾任清华学校校长，是中国著名的教育家；王宠惠获得耶鲁大学法学博士学位，曾担任孙中山临时政府外交总长、北京政府内阁总理，是《联合国宪章》的起草者之一，是中国第一个在海牙国际法庭担任正法官的法学家，著作有《宪法平议》《宪法范言》《比较宪法》等，可以说是近现代中国法学的奠基人。

1903 年，庚子之役中校园被毁的北洋大学堂在西沽武库复校，旋即派学生赴美国留学。1906 年，梁敦彦执掌该校时，复校后第三班三十四名学生全班送出留学，其中三人赴法，其余皆留学美国哈佛大学、耶鲁大学、康奈尔大学、麻省理工学院等著名大学。1901 年至 1907 年中国官费留美学生总计有 100 余人，其中北洋大学堂就占有半数以上。他们后来大都成为中国著名的专家学者，如著名经济学家马寅初，医学家刘瑞恒，数学家秦汾，银行金融家钱永铭，冶金学家温宗禹、蔡远泽，法学家赵天麟、冯熙运，师范教育家李建勋、齐璧亭，等等。

北洋大学堂出国留学生全部为公费派遣，除资送学生留美外，还有留英、法、德、日、比等国。由于北洋大学堂课程安排、讲授内容、所用教科书，均以美国著名的哈佛大学、耶鲁大学等为标准，故所培养的学生质量很高，毕业生从第一届起即可免试直接进入美国著名大学的研究院深造。北洋大学堂的出国留学教育不仅为中国培养了高层次人才，同时也为中国的高等教育争得了荣誉。

近代中国派遣官费留学生始于 1871 年容闳率领的首批幼童赴美留学，但 1881 年清政府又将“留美幼童”全部召回国内。此后 20 年间几乎没有一名官费留美学生。在中国首先派遣大学毕业生出国深造的是北洋大学堂，这是继“留美幼童”撤回后的首批官费留美学生，由此开启了中国大学生留学的闸门，带动了近代中国留学大潮的到来。

# Rong Hong and the First University in Modern China

*Wang Jie*

**Abstract**: Beiyang University, founded in 1895, is the predecessor of Tianjin University and the first modern university in modern China. Rong Hong, as the first foreign student to study in the United States to receive modern education, as "the father of Chinese students abroad", made an important contribution to the establishment and development of Beiyang University. Rong Hong's groundbreaking, foundational contribution and far-reaching influence in the establishment and development of Beiyang University laid an important historical position as a pioneer in modern education in China.

**Keywords**: Rong Hong; Modern University; Beiyang University; School-running Thought

# 美育与人生的成长历程

罗筠筠*

**【摘要】** 美育，是人的素质提升、人格成长当中极为重要的因素，或者说美育素质是人的素质结构中的重要内容，甚至支撑着、带动着人的整体素质的提升和人格结构的完善。优秀人物、卓越人物，或者用马斯洛的话来说是“自我实现者”，都会有对美好的追求；他们的理性选择和意志品质，都会伴随着情感动力，伴随着审美眼光的追寻和对美好的向往。在中国传统文化中，素质教育的思想源远流长。美育在素质教育中具有极为重要的地位，无论是中国古代的教育体系，还是古希腊的、文艺复兴的伟大的人才摇篮，都受到美育的滋养孕育。美育之所以重要，就在于它可以升华感性、引导趣味和完善人格。

**【关键词】** 素质教育　美育　感性　感性超越　审美情趣

美育究竟是什么？美育的目的是什么？美学是什么？对于当代大学生来说，许多人并不十分了解。政治家、哲学家、科学家、美学家有大量论述，古今中外最伟大的人物，不仅用理论，而且用自己的人生，对大学教育、人生教育和艺术美学的关系做出深刻、生动的诠释。美育的本质问题，与人生息息相关。现在大家比较关心人的素质问题，而美育，是人的素质提升、人格成长当中极为重要的因素，或者说美育素质是人的素质结构中的重要内容，甚至支撑着、带动着人的整体素质的提升和人格结构的完善。正如著名美学家朱光潜所说：“离开人生便无所谓艺术，因为艺术

---

* 罗筠筠，北京大学哲学博士，中山大学哲学系教授、博士生导师。

史情趣的表现，而情趣的根源就在人生；反之，离开了艺术便无所谓人生，因为凡是创造和欣赏都是艺术的活动，无创造、无欣赏的人生是一个自相矛盾的名词。”①

## 一　伟大人物人生轨迹中的美育之光

马丁·路德·金是著名的美国黑人运动的领袖，可以说是一个政治家，他是在1968年遇刺的。50多年前，他发文指出，“我们要以极大的热情坚持不懈地工作，去跨越科学进步与我们道德进步之间的鸿沟”。当时美国的经济较为发达，可能现在我们也面临着这样的问题。马丁·路德·金看到了一个较为严重的问题，这个问题其实现在仍然影响着很多发展中国家和发达国家，就是人类精神上的贫困，与科学技术的发达、经济发展形成鲜明的对照，我们在物质上变得越富有，在道德和精神上就变得越贫困，也就是内心世界的空虚。他说每一个人都生活在两种世界之中，就是内部世界和外部世界，内部世界是用艺术、文学、道德和宗教表达的精神目的的世界。而外部世界呢，是我们赖以生存的那些装置、技术、机械和手段的综合。他说我们的问题是，内部世界丧失于外部世界之中，我们允许赖以生存的手段超越生活的目标。也就是说，我们只去追求这些物质的东西，而不去关注我们的精神。而他说，增大的物质力量如果没有相应的灵魂上的成长，就意味着增大了灾祸，当人类的本性中的外部世界征服了内心世界，社会就进入了一种暴风雨之中。马丁·路德·金之所以在历史上地位很重要，不仅仅在于他领导了争取权利解放的黑人运动，还在于它追求心灵的解放，追求精神世界的充实和美好。

伟大的科学家爱因斯坦有一本书，专门讨论大学教育。他认为用专业知识教育人是不够的。单凭专业教育，可以培养出有用的“机器”，但是不能培养出和谐发展的人。要使学生对价值有所理解，并产生热烈的感情，才是最基本的。我们现在大学教育甚至中学教育、小学教育，都是为了上大学，上了大学以后这个教育是为了什么呢？是为了学一个专业，出

① 朱光潜：《谈美》，《朱光潜全集》第1卷，安徽教育出版社，1987，第90～91页。

去可以工作、可以养家糊口就行了吗？他说必须要让学生对美和道德有鲜明的辨别力，否则即使掌握了专业知识，也不一定都能去做很好的事情。比如海关人员稽查毒品需要专业知识，但如果没有道德上的约束，还可能用专业知识去犯罪。我的母校北大，曾经有一位专业知识很好的学霸，可是他用学到的计算机知识把中关村一条街的投币的电话全部都解码了，自己不花钱随便用。丑恶的行为来自丑陋的心灵，行为美是心灵美的折射。爱因斯坦的助手霍夫曼，后来成为研究爱因斯坦的专家，他说："爱因斯坦的方法，虽然以渊博的物理学知识为基础，但在本质上，是美学的、直觉的。……除了他是牛顿以来最伟大的物理学家以外，我们可以说，他是科学家，更是艺术家，科学的艺术家。"① 爱因斯坦十分热爱音乐，有很高的音乐修养，小提琴演奏陪伴了他的一生。他自己曾经多次表示，科学研究中所取得的成就，在很大程度上得益于自己的艺术修养和美学思维。1933 年获得诺贝尔物理学奖的英国剑桥大学教授狄拉克说："我深信，这个理论（相对论）的基础比起我们仅仅从实验数据所能得到的支持要更有力得多。真实的基础来自这个理论伟大的美。"②

雅斯贝尔斯是德国著名的现代哲学家。他说教育活动关注的应该是如何将人的潜力最大限度地调动起来，并且得以发挥。优秀人才的培养，不是靠知识的灌输，而是靠潜力的开掘。他认为，教育是人的灵魂的教育。而灵魂的教育，并非理智知识和认识的堆积。优秀的人才，能够自己决定成为什么样的人，能够自己把握安身立命之本。老师可以领进门，学生也要有自己的创造性，要把自己的潜力发挥出来。他说，谁要把自己单纯地局限于学习和认知上，即便他的学习能力非常强，那他的灵魂也是匮乏而不健全的，就会把自己的个性，自己的能力给埋没了。正因为如此，雅思贝尔斯在《时代的精神状况》等著作中深刻地论述了人的超越性，强调以美学和哲学超越人的现实存在。

辛亥革命以后第一任教育总长，曾任北京大学校长的蔡元培先生，有 15 卷的《蔡元培全集》，其中 37 篇都是关于美育和美学的文章。他在北大

---

① 《爱因斯坦文集》第 1 卷，徐良英翻译，商务印书馆，1976，第 284～285 页。

② 《爱因斯坦传》，转引自沈致隆《从爱因斯坦的智能结构看科学美和科学美育》，《江苏教育研究》2013 年第 19 期，第 3～7 页。

担任校长期间讲授的唯一的课程就是美学，而且他还连续发表了三篇文章论述以美育替代宗教的主张。其中第一篇发表于1917年，至今已经一百多年了。一百年前的中国，被西方列强欺侮，封建王朝刚刚结束，就在那样的背景下，他考虑了很多关于美育的问题。他认为人的精神世界分为两个方面，一个方面是情感，另一个方面是智识。我们有理性，有智识，所以可以讲求因果关系。但是，西方国家的科学那么发达，为什么还有好多厌世的、自杀的？就是他们单重智识、不及情感之故。西方的理性主义，推动了科学发展，但也忽略了人的感性。哲学家马尔库塞写了《单向度的人》，说科技发达以后，人只从一个方向发展，就只是从理性的方面发展，情感的东西都不考虑，会出现很多问题。所以我们的大学教育，不能仅仅是教专业知识，只教这些科技的东西，还要有感情方面的考量。蔡元培先生以大量著述深刻而独到地阐述了关于美育与人生、以美育代宗教的思想，在中国教育史上产生了深远的影响。

实际上，当我们打开任何一部伟人的传记，都会从他们的人生轨迹中看到美育之光。尽管优秀人物、卓越人物，或者用马斯洛的话来说是“自我实现者”，都会经历坎坷蹉跎，甚至可能带有浓重的悲剧色彩，但他们在追求卓越或价值实现的过程中，都会有对于美好的追求；他们的理性选择和意志品质，都会伴随着情感动力，伴随着对美的追寻和对美好的向往，伴随着精神世界的不断充实与丰富。

## 二　素质教育的思想主张在中国传统文化中源远流长

大教育家孔子提出有教无类的思想。他的弟子中，颜回思想文化素质是比较高的；而子路虽粗犷勇猛，但也能弹琴，孔子叫子路去弹琴而示威。可见，有教无类与因材施教相结合，人人可以成才。这是因为，人的生理、心理素质和社会文化素质，构成了一个综合性的整体。今天，教育这么发达，更加具备了进行素质教育的资源和条件。

人的素质其实有两个方面，其中一个方面是遗传素质，这个方面是比较难改变的。比如想当歌唱家，如果没有遗传好嗓子，就比较困难了。但是除了先天的秉性禀赋以外，还有通过教育得到发展的可能性，或者叫作潜质，是可以改变或培养的。早在魏晋南北朝的时候，刘勰在《文心雕龙》中就论述过：“才有庸俊，气有刚柔”①，人的才气是“庸”还是“俊”可能是天生的；秉性禀赋也不一样，有刚柔之分。但他还有两句话：“学有浅深，习有雅正”，就是说无论天生的才气如何、秉性如何，并不能完全决定一个人的素质，后天学习的深浅与雅正，才是更重要的。所以素质可以包括先天的和后天的两个方面：先天的因素相对稳定，但也是可以改变的；后天的学习、塑造、成长，才最终决定一个人的素质。古代流传下来一首很有名的古琴曲名为《墨子悲丝》，其中流传了墨子的一段名言：“染于苍则苍，染于黄则黄。五入为五色，不可不慎也。”杜甫有一首诗《白丝行》，其中说“已悲素质随时染，裂下鸣机色相射”。墨子和杜甫都表达了这样的意思：人的素质是可以由后天的影响、培养、教育来改变的。明代的哲学家李贽的“童心说”认为：“夫童心者，真心也。若以童心为不可，是以真心为不可也。夫童心者，绝假纯真，最初一念之本心也。若失却童心，便失却真心；失却真心，便失却真人。人而非真，全不复有初矣。童子者，人之初也；童心者，心之初也。夫心之初，曷可失也？然童心胡然而遽失也。”② 就是说童心本是纯真的，童心是不说假话的，随着年龄的增长，说真话人家不爱听，为了让人家高兴，你就说他爱听的，爱听的那个就不一定是真话，社会人越来越变得圆滑，这就是浸染。所以，人的素质是可以被改变的。

从上面的介绍可以看出，虽然中国古代先贤没有提出“素质教育”这个概念，但从孔子、墨子开始，一直都有一个重要的传统，那就是认为后天的培养、教育可以改变人。在中国传统文化博大精深的宝库中，素质教育的思想是有重要地位的，至今仍给我们以重要的启迪。

## 三　美育在素质教育中具有重要地位

美育和素质教育有什么关系？感性教育和素质教育有什么关系？在中国的

① 刘勰：《文心雕龙·体性第二十七》。

② 李贽：《童心说》，收录于李贽《焚书》。

古典教育体系中，有六经和六艺。六经，用今天的话来说是必修课。这六门必修课是：《诗》《书》《礼》《易》《乐》《春秋》。可以看出，不是纯粹的智育，不是仅仅学一门学问或手艺，到社会上去混吧，反正饿不死，成家立业、买房买车。但是古代教育体系非常完备。《诗》就是《诗经》，孔子定的，三百零五首经典。《书》，就是《尚书》，是历史和政治，包括尧、舜、大禹等等留下的传统。《礼》，就是《周礼》，是一种德育。《易》，就是《周易》，是哲学，乾坤震巽坎离艮兑。乾和坤，一个天一个地，一个刚一个柔，体现了中国最早的辩证思维。特别是系辞，阴阳五行，对后世影响很大。《乐》，就是《乐记》，音乐。所以这个里头必修课里头就有两门都是跟美育有关的，就是诗教和乐教。《春秋》，就是《春秋左氏传》，是鲁国的历史。六艺，可以看作选修课。礼、乐、书，与六经是重复的。还有就是体育，射应该算古代的军事和体育。御，是指驾驶马车的技术。数就是数科，是有技术性的专门的学问。以今天的眼光来审视六经和六艺，当然其中的具体内容许多已经陈旧过时，甚至也有糟粕，但可以看出文史哲文学艺术道德等，构成了相当完备的知识结构和思维方式，其中艺术的和人文的教育占了很大比重。这样的教育体系，照搬到今天当然不符合时代要求，但对我们的深刻的启发在于：人的成长，必须经过全面的素质教育，决不能偏颇单一，绝不能急功近利。

到了民国，蔡元培先生将美育比作是神经，将体育比作骨骼，将智育比作肠胃。肠胃有了营养，就饿不死人，但是还要有道德的、哲学的教育，人才可以有充实的、高尚的精神世界。当他把美学比喻成神经的时候，就是说好像看不见，但是人要没有神经就没有起码的感觉；人如果没有精神世界就只能尸位素餐。

在中国自古以来的教育体系中，美育的重要地位就一直延续下来。在《尚书》的《舜典》中，就有这样的记载：

帝曰："夔！命汝典乐，教胄子，直而温，宽而栗，刚而无虐，简而无傲。诗言志，歌永言，声依永，律和声。八音克谐，无相夺伦，神人以和。"夔曰："於！予击石拊石，百兽率舞。"①

① 《尚书·舜典》。

舜帝让分管音乐的官员夔[1]去发展音乐，不仅强调了音乐的教育功能，而且提出音乐的韵律特征：直而温，宽而栗，刚而无虐，简而无傲，就是非常中庸。可见，孔子后来总结出来的中庸，早在上古时代就有了思想起源。中庸，孕育于音乐之中，而音乐运用于教化之中。在舜帝那里，并不是让贵族子弟都学会弹琴，学会唱歌，学会这样的一门技巧，而是通过这个音乐要培养人的人格。不仅音乐有这样高的要求，而且提出“诗言志”，对后世的文学产生了很大影响。

雅典学院是古希腊最早的一个大学，诞生了苏格拉底、柏拉图、亚里士多德等影响人类历史的大哲学家。苏格拉底有点像中国的孔子，也是“述而不作”，他经常与周围的人讨论问题，甚至走在街上遇到年轻人，就问他问题，问到人家哑口无言了，就成了他的学生。苏格拉底是最早的思想启蒙大师，他引用德尔斐神谕提出“认识你自己”的千古名言，蕴含了人格教育、素质教育的深刻哲理。柏拉图认为所有的东西都是从理念来的，发表了著名的“洞穴比喻”，强调人不能仅仅相信听到看到的事物。这种思想对于素质教育也是颇有洞见的。而亚里士多德可以说是西方古代最早的“全面发展”的典范，今天世界上的许多学科都有他开创性的贡献。古希腊人才辈出，哲学家、修辞学家、数学家、几何学家、天文学家、建筑学家、医学家等等群星灿烂。而其中，给世界文明做出巨大贡献、一直到西方文艺复兴时期已然产生巨大影响的，还包括许多伟大的艺术家、雕塑家、美术家、戏剧家、音乐家、诗人等等。“希腊”一词，早已成为典雅、优美的象征。大政治家伯里克利斯说：“我们是爱美的人。”希腊是欧洲文明的发源地，也是杰出卓越的伟大人才的摇篮，后来的诗人雪莱曾在诗中吟道：“我们都是希腊人。”

后来中世纪末期的欧洲文艺复兴，被看作是希腊罗马古典文化的“再版”和“升级换代”。从素质教育的角度来看，古今中外的历史给我们以什么样的启发呢？首先，教育从来都应该是素质教育，不只是智力的、一门技巧的、实用主义的，综合素质教育才能塑造全面发展的优秀人才。第

① 夔，是中国神话传说中的一条腿的怪物，出自《山海经·大荒经》，相传为尧、舜时代的国家乐官。

二，即使是专业的、专门的人才，也需要素质教育，这样才能有开阔的视野，才能有创造性。而素质教育不是灌输式的，不是老师的观点都对，师生之间应该是讨论式的、激发式的、启迪式的。“吾爱吾师，但吾更爱真理”——亚里士多德的名言，道出了素质教育的真谛。第三，美育在素质教育中具有极为重要的地位，无论是中国古代的教育体系，还是古希腊的、文艺复兴的伟大的人才摇篮，都受到美育的滋养孕育。比如前面提到的百科全书式的大哲学家亚里士多德，就写下了著名的《诗学》，它不仅是古代美学的集成和总结，也是西方美学重要的奠基之作。

## 四　美育通过解放和提升人的感性来塑造人格

美学，在英语中是 aesthetics，就是审美的意思。1705 年，在德国有一位启蒙主义哲学家叫鲍姆嘉通，他从古拉丁语里找来这个词，这个词在古拉丁语中是指艺术，与中国古代讲的“六艺”中“艺”是一个意思。鲍姆嘉通认为，人类追求真善美，追求知情意。在这种“三足鼎立”的结构中，求真的这个方面已经有了逻辑学这个学科；求善的这个方面已经有了宗教和伦理学，逻辑学和伦理学从亚里士多德时候就有了。可是对于人的情感这个方面，尽管在古希腊哲学中也讨论很多，但是一直没有一个专门的学科去研究。所以他是找了 aesthetics 这个词，意指美学，其中显然蕴含了感性、感性学的意思。而后由日本人将 philosophy（爱智）翻译成哲学，将 aesthetics 翻译成美学。

对于美学这个词，一直都有人误解，或做偏狭的、扭曲的理解。我原来有个师兄，在北大读硕士的时候，他戴着校徽坐火车，车厢里的人说：“呀！你是北京大学的呀，真厉害！你是哪个系的呀？”他说我是哲学系的。“哎呀，太厉害了！我们都不懂哲学。”然后再问，那你哲学学什么？他说，我是学美学的。结果人家哄堂大笑，说一个男的还学美学呢！所以许多人就以为美学这东西就是臭美，活着就是美容美发、化妆打扮那一套。这里，我们从“发生学”的视角介绍美学这个词，就是要指出美学与情感、感性的关系。就是要指出美育，就是情感教育。而情感教育，是极为重要的人生教育、素质教育。正如朱光潜所指出的：“情感的生活胜于理智的生活。”①

如前所述，素质教育是一个综合性的系统工程，贯穿人的成长的全过程。其中，美育绝不是可有可无的，而是在实施中具有重要地位。现在也有好多的家长，都会让孩子学一点舞蹈、钢琴、绘画、书法等。或许，其中许多孩子不一定成为艺术家，但他已经有了气质上的一种熏陶。弹钢琴不一定成为郎朗，但学会弹钢琴，会有一种节奏感、韵律感，会有一种优雅的气质。例如许多人从小学了舞蹈，即使没有成为舞蹈家，那种优雅的气质会陪伴终生。

广东有一所职业技术职业学院，获得了教育部的教学成果二等奖，书法、绘画、古琴、茶艺、茶道等的教育，很有特点，相当成功。例如学习茶道、茶艺，一定要了解茶文化的历史和源流，实际上接受了传统文化的熏陶。艺术的、文学的、哲学的教育，不可能立竿见影，因为美育，是感性教育、趣味教育和人格教育三者的结合。

感性教育，之所以不会立竿见影，而是潜移默化，是因为感性教育主要是潜意识的教育。弗洛伊德写了《梦的解析》，对潜意识的研究非常深入。他认为潜意识有很大的作用，而艺术对潜意识的宣泄很重要，并且也有引导作用。美育通过解放和提升人的感性来塑造人格，这一点是非常重要的。如果我们不关注感性教育，在感性教育上薄弱、忽视，会导致很多问题。比如早恋问题，十三四岁，豆蔻年华，情窦初开，古代的时候，十三四岁结婚都有的，过了这个年龄很可能嫁不出去了。现在，家长一发现孩子早恋，就把手机收了，信息都删了，老师家长共同施压，解决问题了吗？这根本不是真正解决问题的方法，因为感性问题不是靠打压能解决的。二是要通过宣泄、引导、升华来解决的。感性泄导是什么意思呢？就是让这个受教育者在一个正常的、文明健康的途径中释放感性。而艺术就是很重要的宣泄。当然，不是非要去听个古典音乐，非要弹钢琴等等，而是需要涓涓细流、潜移默化，需要艺术陶冶情操。

感性的升华，就是通过把人的感性从动物性的层面提高到人文的层

① 朱光潜：《给青年的十二封信》，《朱光潜全集》第 1 卷，安徽教育出版社，1987，第 523 页。

面。按照弗洛伊德的观点，每一个人的“我”，都有本我、自我、超我这样的三重结构。简单地说，本我是本能的、欲望的我；自我是理性的、社会关系与社会规范中的我；超我是理想的、更高境界的我。感性的升华，并不仅仅是从感性到理性，而是感性本身走向更高的境界。艺术在提高人们的审美情趣、鉴赏境界的同时，也实现了感性上的升华，换句话说，就是感性地塑造人格。对于超我来说，理性地、有意识地塑造人格，和感性地、潜移默化地塑造人格，完全可以并行不悖，互动互融。而且，后者往往更重要。人生是有限的，但“李杜诗篇万古传”，艺术之美与人生境界之美共同纳入永恒，实现了超越。人格提升的过程，就是不断超越自我的过程，哲学为我们提供了理性超越的思想指导，而艺术与审美，为我们提供了感性超越的精神通道与精神食粮。

提到审美情趣，就需要谈谈趣味。朱光潜先生说：“趣味是对于生命的彻悟和留恋，生命时时刻刻都在进展和创化，趣味也就要时时刻刻在进展和创化。”[①] 在马斯洛的需要层次论中，有“求知需要”，这是一个很高层次的需要。而求知需要既有感性层面，又有理性层面，感性层面就主要表现为兴趣。幼童对许多陌生的事物都感兴趣，这说明人是一种从一开始就充满好奇心、有着求知需要的“灵性动物”。但是，兴趣是有高下之分的，当我们说“趣味”的时候，当然包括兴趣，但已经是兴趣和品位、取向选择的综合的词汇。虽然“萝卜白菜各有所爱”，但趣味是有高下美丑善恶的区别的，所以我们看到周围的人，有的趣味高雅；有的趣味低俗。而一个人的趣味，是一个人人格品位的折射，也是这个人人格成长、人格培养的重要因素。人的日常生活离不开各种爱好、休闲消遣，有的人吃喝嫖赌，醉死梦生，不能自拔。例如酷爱赌博的人也会振振有词地宣称“这是我的爱好”“这是我的消遣”。蔡元培先生强调，我们应当追求高尚的消遣，追求高尚的趣味。他说西洋的科学越发达，美术也越进步，有房屋更求美观，有雕刻更求精细，一块美石不制桌面，而制成雕像。无所不在的审美情趣的追求，与文明的进步是同步的。蔡元培先生写了篇文章专门讲

① 朱光潜：《谈读诗与趣味的培养》，《朱光潜全集》第 2 卷，安徽教育出版社，1987，第 100 页。

胎教，而胎教主要靠美育，尤其是音乐美育。因为，美育要贯穿到人生的各个阶段，从胎儿开始，然后幼儿、青少年、成年人，甚至老年人离退休以后都要不断地培养高尚的情趣。以趣味的美好，追求人生的美好、人格的健康。

综上所述，美育之所以重要，就在于它可以升华感性、引导趣味和完善人格。美育不是一个直线，不是一个平面，而是立体、多元的有机系统。通过感性的、趣味的教育培养，达到人格健康、人格高尚、人格美好。真正的修养不追求任何具体的目的，而在于帮助我们找到生活的意义。

## Aesthetic Education and the Growth Process of Life

*Luo Yunyun*

**Abstract**: Aesthetic education is a very important factor in the improvement of human quality and the growth of personality, or that the quality of aesthetic education is an important part of the quality structure of human beings, and even supports and drives the improvement of the overall quality of human beings and the perfection of personality structure. Great people, outstanding people, or, in Maslow's words, "self-realists", all have the pursuit of beauty; Their rational choice and will quality will be accompanied by emotional motivation, with the pursuit of aesthetic vision and yearning for beauty. In Chinese traditional culture, the thought of quality education has a long history, in which Aesthetic education plays a very important role. No matter the ancient Chinese education system, or the great talent cradle of ancient Greece and Renaissance, were nurtured by aesthetic education. The reason why aesthetic education is so important is that it can sublimate sensibility, guide interest and perfect personality.

**Keywords**: Quality Education; Aesthetic Education; Sensibility; Perceptual Transcendence; Aesthetic Taste

# “形势与政策”课教学中价值性与知识性的统一

李克和*

【摘要】习近平总书记在学校思想政治理论课教师座谈会上提出，讲好新时代的思想政治理论课，必须做到“八个统一”。“八个统一”中关于坚持价值性和知识性相统一，对于提高高校思政课教学质量具有很强的现实指导意义。在“形势与政策”课教学设计上坚持价值性与知识性相统一，是由这门课程的性质所决定的。思想政治理论课的一个重要目标是塑造学生的价值观，但是它需要有知识体系的支撑，要将价值性与知识性有机地结合起来。以价值判断为经，以知识板块为纬，这样来组织内容、制作课件、讲授课程、把握进度。“形势与政策”课需要注意处理好价值性与知识性的关系、已知知识与未知知识的关系、发散讲述与聚合总结的关系。

【关键词】思想政治课　价值性　知识性

习近平总书记在学校思想政治理论课教师座谈会上提出，讲好新时代的思想政治理论课，必须做到“八个统一”①。“八个统一”是对学校思想政治理论课教学实践的科学总结，也为进一步讲好思想政治理论课指明了方向。

---

* 李克和，吉林大学珠海学院教授，形势与政策教研室主任，研究并讲授《易经与中国文化》。

① 习近平总书记在学校思想政治理论课教师座谈会上提出，讲好新时代的思想政治理论课，必须做到“八个统一”：坚持政治性和学理性相统一，坚持价值性和知识性相统一，坚持建设性和批判性相统一，坚持理论性和实践性相统一，坚持统一性和多样性相统一，坚持主导性和主体性相统一，坚持灌输性和启发性相统一，坚持显性教育和隐性教育相统一。

本人从2013年开始讲授“形势与政策”这门课程。联系教学实践，我们深深体会到，“八个统一”中关于坚持价值性与知识性相统一，对于提高高校思政课教学质量具有很强的现实指导意义。众所周知，“形势与政策”这门课程，在思政课体系中处于十分重要的地位，而且具有代表性。这些年来，我们在“形势与政策”课教学中，坚持价值性与知识性相统一的教学设计思路，取得了比较好的教学效果。因此，本文以“形势与政策”课程为例，联系实际，探讨学校思政课教学中价值性与知识性相统一的问题。

## 一　设计思路的缘起

为什么在“形势与政策”课教学中要坚持价值性与知识性相统一的教学设计思路？这由以下三个因素所决定。

第一，在“形势与政策”课教学设计上坚持价值性与知识性相统一，是由这门课程的性质所决定的。

“形势与政策”课在高校属于思想政治理论课，思想政治理论课的一个重要目标是塑造学生的价值观。“形势与政策”课是采用专题教学，其选题无疑是符合社会主义核心价值观要求的。但是，它不能只是空洞的价值说教，它需要有知识体系的支撑。它也不能只讲知识，而忽视价值观的引导。它需要将价值性与知识性有机地结合起来，在润物细无声中去发挥思想政治理论课的功能作用。

第二，在“形势与政策”课教学设计上坚持价值性与知识性相统一，是由这门课的特点所决定的。

（1）“形势与政策”课的教学目的与其他思想政治理论课有所不同。“形势与政策”课固然有培养学生树立正确价值观的任务，但它主要是通过形势与政策的讲解培养学生的理性思维能力，能够理性客观地看待形势与政策。其侧重点是让学生学会价值判断而不是获取现成的价值观念，尽管价值判断会受价值观念影响，但终究是两个不同的范畴。价值观念虽然也需要一个形成过程，有些是要在价值判断的浸染下逐步形成的，但毕竟具有相对的稳定性；而价值判断是对价值观念的运用，一刻也离不开包含理论与实践浓缩而成的知识体系的支撑。

（2）“形势与政策”课的课程内容也有其独特性，充分体现在时代感、动态感、变化感。它没有固定的相对稳定的教材，而是一种与时俱进的专题教学。教学的题材是国际国内大事大情，涵盖政治、经济、社会文化、港澳台事务、国际与外交等方面值得关注和需要领会的重点、热点、焦点问题。知识点多，更新快，政治时效性强。每一个事件的介绍评述都离不开价值性与知识性融合统一。对于一些事件来说，如果不讲清具有大量知识含量的地域背景、文化背景、时代背景、来龙去脉等，价值观的运用就会无的放矢，或因过于空洞抽象而极大地淡化讲课效果。“形势与政策”课在讲授内容上需要做到四个结合，即与党中央新的文件精神维度相结合，与时事发展的进度相结合，与参考教材的更新向度相结合，与时事动态的知识背景相结合。

（3）“形势与政策”课的讲授方法不同。“形势与政策”课课时较少，一般是上大课，讲专题，以前都是由领导干部做报告的形式授课，现在改为必修课，由老师在课堂讲课。在很难形成固定统一的框架结构的同时，专题之间内容跨度很大，但又要顾及基本理念和相关知识的相对连贯性、衔接性。从讲授风格上来看，也不能按部就班、一成不变，讲课中容易陷入价值性与知识性相脱离的偏差或失衡。

第三，在“形势与政策”课教学设计上坚持价值性与知识性相统一，是由学生的心理状态所决定的。

“形势与政策”在高校思想政治理论课系列中出场较晚。吉林大学珠海学院从2012年开始开设。一开始是选修课，后来为必修课。在课程开设的教学调研中，我们发现，学生对“形势与政策”课存在认识误区。

误区之一：“形势与政策”课主要是介绍国内外大事大情、热点焦点问题，客观中立，没有价值性。

误区之二：“形势与政策”课是报告，不是课程，没有知识性。

误区之三：“形势与政策”课作为思政课就是洗洗脑，只要价值性，不需要知识性。

这些认识误区说明：学生对于课程的心理认知处于粗浅的、感性的、盲目的状态，而这种状态具有一定的普遍性。这就促使我们思考，在“形势与政策”课的设计思路上，需要体现价值性与知识性的高度结合、高度统一，并且需要我们在教学过程中不断地坚持这样的设计思路，通过良好的教学效果，才能使学生的认识误区得以扭转，从而实现教学目的。

## 二 教学过程的创新

教学实践使我们体会到，在“形势与政策”课教学过程中体现和坚持价值性与知识性相统一，是时代的挑战，需要我们不断地探索和创新，才能不负使命。

### （一）结构的解析与整合

价值既是一个哲学范畴，也是一个经济学范畴。在思想政治理论课教学中，价值更多的是作为哲学范畴的认识工具使用，体现的是价值观和价值判断。“形势与政策”课讲授的内容主要是动态变化发展的事物，因此，在认识工具上更多的是适用价值判断，当然也要在价值判断中潜移默化地引导学生形成正确的价值观念。

“形势与政策”的价值判断主要有三类，即“为什么”“是什么”“怎么办”。“形势与政策”课教学内容的每一个专题都包含这三个价值判断，都离不开这三个价值判断。一般来说，在“是什么”和“怎么办”当中，离不开事实判断和决策判断，但对于我们这门课程来说，价值判断更多地渗透于其中。

“形势与政策”课涵盖的知识包罗万象，内容繁复。但从使用频率和使用习惯分析，“形势与政策”课的知识板块主要是背景知识（包括时代背景、地域背景、文化背景、历史背景等），概念知识，专业知识，数理知识四块。“形势与政策”课中的每一个事件都包含了背景叙述、概念阐发、专业说明、数理分析。

在“形势与政策”课教学中坚持价值性与知识性相统一，就是将每个专题的内容解构为三大价值判断和四大知识板块，让三大价值判断与四大知识板块在融合互动中展现价值观，完善学生的知识结构，从而达到教书育人的目的。

### （二）课件的设计与贯通

课件制作，随着高科技发展已经发生了很大变化，各学科领域的教学在课件设计与制作上呈现不同特色。对于“形势与政策”课程来说，课件设计与制作有着特殊的要求与难度。

按照“为什么”“是什么”“怎么办”的价值判断，将内容划分为三个部分。在每一个价值判断之中，都需运用相应的知识加以说明，将每一个价值判断都建立在较为丰富的知识含量的基础上，做到价值性与知识性的衔接统一、互融互通。

### （三）板块的纲目与经纬

以2018～2019年上学期“形势与政策专题讲稿”第二讲和第六讲为例，进行教学设计。第二讲是讲国内事件，第六讲是讲国际事件。第二讲的内容是：“改革开放40年：改变中国影响世界。”首先进行内容解析：围绕改革开放，按照三大价值判断将内容划分为三部分。

第一部分回答“为什么”要改革开放，给出的价值判断是“只有改革开放才能发展中国”。

第二部分回答改革开放“是什么”，给出的价值判断是“改革开放40年的巨大变革与辉煌成就”。

第三部分回答以后“怎么办”，给出的价值判断是“将改革开放进行到底”。

在由基本价值判断构成课件纲目的基础上，厘清需要运用的知识点，按照四个知识板块归类。四个知识板块有重叠互通，只是在支撑不同价值判断时灵活运用，教材中不足的知识点要适当加以补充，由知识点构成课件的血肉。

课件的纲和目，不仅仅是统领和从属的关系，也是一种纵横交错的关系。课程安排需要把握这种关系，以价值判断为经，以知识板块为纬，这样来组织内容、制作课件、讲授课程、把握进度，当然更有利于做到价值性与知识性的统一。

例如，第六讲：“深入调整的大国关系。”内容为三块：“大国关系变化及其原因”；“未来几年大国关系走势”；“应对大国关系变迁的中国之策”。实际是在回答“为什么”“是什么”“怎么办”的价值判断。这样的提示和讲解，学生更容易跟上教师的思路，同时在有兴趣、易理解的基础上受到启发，进而激发学习的主动性。

## 三　需要注意处理好的几个关系

“形势与政策”课坚持价值性与知识性相统一的教学设计思路，特别需要注意处理好以下几个关系。

### （一）价值性与知识性的关系

价值性与知识性，是蕴含于思想政治教育的两种重要元素。在“形势与政策”课的内容中，价值性与知识性是相互依存、缺一不可的。但它们之间不是平行关系，价值性是灵魂，知识性是养料，知识是载体，价值观是目的。在思想政治理论课中，不存在价值中立的单纯知识传播，也不存在没有知识支撑的单纯空洞说教，要寓价值观引导于知识传授之中。“形势与政策”课的每一纲目都有内涵明确的价值判断，其知识点的选取是符合逻辑需要的合理运用。

如讲“改革开放是中国的第二次革命”这一价值判断，就要运用“革命”的概念知识、马克思主义“革命”理论的背景知识和“一次革命”“二次革命”的专业知识以及二者共性的数理说明。

“形势与政策”课的授课对象来自各专业，要使不同专业、不同年级的学生在学习中有价值判断的认知感和有与本专业本层次知识相融的获得感，就要让学生认识到以下几点。

其一，坚持价值性与知识性相统一首先是方法论，“形势与政策”课的教学内容可能在三五年内陈旧了，变成了垃圾信息，但是坚持价值性与知识性相统一去认识事物、认识社会、解决问题的方法永不过时。

其二，知识从不是单一的，都具有相应的结构性，完善的知识结构是能力提高的必要条件。“形势与政策”课的知识要点不是游离于知识结构之外的零散知识盲点，而是完善知识结构的一环。

其三，坚持价值性与知识性相统一，是一个运用知识阐述论证价值判断的互动过程，价值有浸润性功力，知识具有基础性作用。

### （二）已知知识与未知知识的关系

“形势与政策”的内容很多是最新的突发和热点问题，前沿性的知识较多。对不同年级的学生存在大量已知知识与未知知识的问题。没有对知识的充分理解和把握，就不能辨别符合逻辑的价值判断。

已知知识与未知知识是知识性中相互联系彼此补充的知识共同体。在“形势与政策”课教学中，千万不可忽视学生的未知知识，要经常加以知识拓展，运用前缀知识与后缀知识把价值判断说得有理有据。如讲“改革开放是社会主义制度的自我完善和发展”，就需要讲清社会主义既是一种理想，也是一套理论，还是一个制度，其制度依靠革命去建立，通过改革去完善和发展。这里就包含了前缀知识与后缀知识，也就是通常所说的“前理解”。

### （三）发散讲述与聚合总结的关系

发散讲述与聚合总结的关系，从本质上来看，也是发散思维和聚合思维的关系。对于我们的课程而言，首先是需要发散的，因为时代的发展和国际风云的变迁，包括国内改革开放事业的深化，都在加快节奏，都在出现“联动效应”。政治、经济、社会、文化、科技、外交、军事等领域之间的互动联系更加紧密。今天的课堂，尤其是“形势与政策”的教学课堂，在很大程度上是需要打开眼界、扩展视野的课堂。每一个事件的发生、每一次战略的调整、每一个重要政策的出台等，都不是简单的、偶然的。比如“一带一路”，比如粤港澳大湾区建设，比如提出建立人类命运共同体，比如“两个一百年”的战略目标等等，都涉及宏观战略思维和综合时代背景，如果用狭窄的眼光和简单的线性思维，是很难深刻理解的，老师也是很难深刻表述的。因此，知识性必然带有扩展性、发散性。价值性要潜移默化地渗透于、体现于发散讲述之中。

然而，我们的课堂，不仅要打开学生的眼界，更要提升学生的境界。虽然分散在点、块、线中的价值判断会以"积少成多，聚沙成塔"的方式，在渐进的积累过程中、在不断的启发中形成一定的价值理念，但价值理念毕竟带有抽象性和哲学性，需要教师通过总结、引导、提升，在更深层次上使学生形成价值观。如今的大学生，信息量大，获取信息的途径较多，而相当一部分学生思维也比较活跃，但视角纷杂，因而教师在"形势与政策"课堂上的聚合总结、价值引导，是至关重要的。关键在于，发散讲述和聚合总结之间的关系要处理好，不可偏废。发散不可跨度过大，聚合不可篇幅过长，不仅要比例适当，还要适度地互融。同时，聚合总结需要保持趣味性和启发性，可以通过课堂提问、课堂讨论等方式，调动学生主动思考、自我启发的积极性。

在"形势与政策"课教学中坚持价值性与知识性相统一，我们品味到了一点甜头，但还只是一个探索尝试。在今后思想政治理论课的教学实践中，将全面落实习近平总书记提出的"八个统一"，让思想政治理论课焕发出新的活力。

## The Unity of Value and Knowledge in the Teaching of Situation and Policy

*Li Kehe*

**Abstract**: General Secretary Xi Jinping pointed out at a forum of ideological and political theory for teachers that to do a good job in ideological and political theory in the new era, it is necessary to achieve "eight unity", one of which, the unity of value and knowledge, has a strong practical guiding significance for improving the teaching quality of ideological and political course in colleges and universities. Insisting on the unity of value and knowledge in the teaching design of Situation and Policy course is determined by the nature of this course. An important goal of ideological and political theory course is to shape students' values, but it needs the support of knowledge system and the organic combination of value and knowledge. Take the value judgment as the longitude, take the knowledge plate as the latitude, thus organize the content, makes the PPT, teach the course, grasp the progress. In the course of Situation and Policy, attention should be paid to the relationship between value and knowledge, the relationship between known knowledge and unknown knowledge, and the relationship between divergent narrate and aggregation summary.

**Keywords**: The Course of Ideologies and Politics; Value; Knowledge

# 翻转课堂在高校英语口语教学中的应用前景*

钱　一**

**【摘要】** 随着全球化和中国改革开放的深入，大学生英语口语能力的重要性越来越引起关注。教育不能是一成不变的，尤其在互联网信息化日益发达的今天，知识来源的渠道多种多样，大学英语教学的传统模式已不能满足学生的需求。翻转课堂的应运而生，有着深刻的时代背景，并且与英语口语教学的特点不谋而合。翻转课堂在高校英语口语教学中有着广阔的应用空间，给教学模式带来了变革的机遇，同时也对师生的教学与学习提出新的挑战。

**【关键词】** 英语口语　翻转课堂　动力机制　教学模式

## 一　引言

在全球化和信息化的时代，教师这一职业是否会被机器人取代？美国旧金山的一家教育科技公司利用人工智能技术，为非英语为母语的外国学生们打造了一位了不起的“AI（artificial intelligence）老师”。而且仅通过社交网络平台，世界各地的学生就可以上这位“老师”的课了。这是一位可以 24 小时召唤的私教，它根据用户个性化的需求匹配课程，不厌其烦地给用户发通知，布置各种学习任务。“AI 老师”还可以针对学生弱点进行

---

* 本文为珠海市哲学社会科学规划项目（课题编号：2017YBC143）成果。

** 钱一，吉林大学珠海学院公共外语教育学院讲师。

指导，帮助完善线下老师的课程，这就是所谓的“自适应学习”（adaptive learning）。

面对人工智能技术的迅速崛起，相关研究列出了即将被取代、或容易被取代的职业，但教师职业没有被列入其中。原因在于，教师是最不容易被取代的职业之一，教学中的课堂互动、即时交流、差异化基础上的精准施教、结合情感激励的情景教学等，都为教师预留着发挥优势的广阔空间。正如福建教育学院黄家骅教授所指出的：“机器人只是替代教师的部分劳动，并不能取代教师的角色。不适合新技术革命的部分教师可能会下岗，掌握新技术的教师仍然为学生所需要。这是因为，虽然机器人也有对话、写作、动作等交流功能，并且也将有相应的‘表情’或特殊的感情表达，但和人类丰富细腻的感情相比差距甚大，更不用说达到教师‘春风化雨、润物无声’的教学境界，以及‘以理服人、以情感育人’的大爱境界了。”① 但不管怎样，可以肯定的是传统的课堂教学模式已经远远落后于时代了。面临着时代的进步，大学英语教学的改革也势在必行。那么，大学英语课到底怎么上？评判大学英语课教学质量的标准是什么？怎样的教学模式是最受学生欢迎的？翻转课堂的出现，为我们带来新的冲击和启迪，引起了高校英语教学和相关理论研究领域的普遍重视。我们知道，大学英语课的目标是提高学生的听说读写译的能力，然而口语能力的提升，又是其中最为能动、最为重要的环节。本文基于高校大学英语教学现状及其所处的时代背景，结合教学实践，谈一谈大学英语口语教学的翻转课堂。

## 二　大学英语口语教学的重要性

### （一）从社会需求来看

随着人工智能技术的迅速发展、不断深入，各种机器翻译软件 App（application）应运而生，只要拿出手机打开软件，在一定程度上就解决了言语沟通不畅的问题。那么，英语口语翻译、英语口语教学的重要形式是

① 黄家骅：《人工智能重构未来学校》，《中国教育报》2017 年 9 月 21 日。

不是降低了呢？我们的回答是否定的。事实证明，人工智能和翻译软件，很难解决词语翻译不准、情感表达错位等问题，一些专业领域的深度表达，更难通过机器翻译来实现。世界上不同的语言，各自具备独特性，汉英两种语言的词汇概念、句法语序等都不是一一对应的，存在很多“理解困境”。举个简单的例子，汉语里的“气”这个词，在英语里就没有对应词，因此在翻译时，只能音译这个词加上必要的解释。可以说语言体现了运用这种语言的人对这个世界的看法，是一种文化的载体，所以机器无法精确地翻译一种语言的深层含义。语言也是人们传达情感的手段，当两个人在用语言表达交流时，也是在通过即时的情景氛围、表情眼神、语音语调进行情感沟通，让彼此产生综合感悟能力，从而填补文化差异鸿沟。尤其是，口语翻译表达与文字不同，其即时性、情境性、情感性、互动性更强。在口语翻译和口语交流中，多渠道地、综合性地在跨越文化背景和思维方式之间的差异。因此，机器翻译对于口语翻译和交流来说，是辅助性的，而不是取代性的。

随着全球化程度的加强和中国改革开放的深入，出于工作需要及文化交往需求，在各个领域，尤其在学术界，世界各国人员流动交流越来越频繁。其中，作为世界语言（global language）的英语所起的作用无疑是重要的，不可或缺的。我们所处的时代，总体上对于英语口语人才的需求是不断强化的，而不是弱化的。

### （二）从学习动力机制来看

对于大学英语教学来说，阅读和听力是接受性的语言能力教学，也就是说，学生主要是从读和听的材料中被动地接收知识信息；写作和口语教学则是在提高语言主动产出的能力，尤其是口语教学体现了语言最本质、最直接的产出功能，即表达与交流。因此，只要一个人在口头交流时表现出很好的英语口语能力，人们往往就会认为这个人的英语很好，就好像一般来说，口语流利发音标准的老师会更受学生的欢迎，口语好的学生也同样会给老师留下深刻的印象，这适用于任何一种外语学习。可以说英语口语能力的提高直接体现出英语学习成果。那么，口语教学是否可以成为英语教学各个环节中的首要核心部分，让学生在口语教学中深刻感受到学习英语的益处，获得成就感，提高学习兴趣，从而建立英语学习的动力机制呢？这一切说明了在大学英语的五大技能听说读写译中，体现跨文化交际能力的口语能力更为重要。

关于学习心理机制的研究，影响较大的是心理学的两个流派。第一，是以桑代克①为代表的基于行为主义心理学的联结主义学习观。这种学派认为，人的行为是“刺激—反应”建立起来的联结，学习就是要建立条件刺激与行为的联结过程，主张“学习—强化—再学习”的学习范式。可以看出，这样的学习范式，是强调强化行为的重复，在这样的基础上一方面巩固学习成果，另一方面形成自主学习的习惯或行为倾向，从而实现学习的目的。从这一视角出发我们看到，英语学习中的口语训练，是频繁而能动的重复，口语学习与训练中建立起来的“刺激—反应”联结，更加活跃地体现了“学习—强化—再学习”的范式运用。第二，基于格式塔心理学②的认知学习理论，隶属于心理学的认知学派。与“刺激—反应”联结理论不同，这一理论认为，学习的过程，不仅仅是外界刺激和内在反应之间的联结，更重要的是学习主体大脑中和外部信息相关的认知结构。按照格式塔心理学的重要理念，外部刺激和内部反应不是分裂的，而是重要的、互相关联的整体，形成一种整体的结构。学习的过程，是整体结构变化的过程，其中的关键在于学习主体主动地在头脑内部建构图式，使学习中获得的信息和认知能够得到理解和内化。这一理论同样给我们以重要的启示，即英语教学中，应当更加重视主动学习的动力机制的调动。实践也表明，无论是教还是学，“哑巴英语”费时费力，事倍功半。社会上一些强化英语培训，实际上也是强调听说强化。在词汇、阅读、语法、听力、翻译、口语等教学环节中，口语最活跃、最能动，最能够体现、调动、发挥主动性学习的动力机制，同时也更能够有效促进和带动其他环节的学习。

---

① 爱德华·李·桑代克（Edward Lee Thorndike，1874.08.31～1949.08.09），美国心理学家，心理学联结主义的建立者，为学习心理学体系的创立做出贡献。提出练习律、效果律等一系列学习的定律。1912年当选为美国心理学会主席，1917年当选为国家科学院院士。

② 格式塔心理学（gestalt psychology），又叫完形心理学，是西方现代心理学的主要学派之一，诞生于德国，后来在美国得到进一步发展。反对行为主义心理学的“刺激—反应”公式，认为整体大于部分相加之和，主张以整体的动力结构观来研究心理现象。学派的创始人和代表人物主要有韦特海默、苛勒、考夫卡等。

### （三）从提高教学质量要求来看

早在2007年修订的《大学英语课程教学要求》中，大学英语教学是高等教育的一个有机组成部分，大学英语课程是大学生的一门必修的基础课的共识已经明确。大学英语教学是以英语语言知识与应用技能、学习策略和跨文化交际为主要内容，以外语教学理论为指导，并集多种教学模式和教学手段为一体的教学体系。大学英语的教学目标是培养学生的英语综合应用能力，特别是听说能力，使他们在今后工作和社会交往中能用英语有效地进行口头和书面的信息交流，同时增强其自主学习能力，提高综合文化素养，以适应我国社会发展和国际交流的需要。[①] 经过十几年的研究探索和实践，在独立学院，大学生的英语口语整体水平不尽如人意，一些学生还提出口语课对他们的英语口语没有大的帮助甚至毫无帮助。这一问题应当引起老师们的关注。

2018年4月《中国英语能力等级量表》颁布问世，将学生的英语听说应用能力纳入了英语等级考试的重要考核内容中，与量表对接，由教育部考试中心提供的大学英语NETS－6级测试（相当于CET－6级水平）已经在一些高校如吉林大学开展，预计将取代现行的大学英语6级考试，且有别于之前的大学英语四、六级考试，它将口语列为必考的一项，与阅读、写作、听力、翻译并列。由此可见，大学英语口语教学的重要性不言而喻，与日俱增。[②]

## 三　大学英语口语教学现状

### （一）教材方面

大学英语口语教学普遍使用各类大学英语教材中的听说综合教程，如《新视野大学英语视听说教程》《新进阶大学英语听说教程》。这样，与英

① 来源于百度百科《大学英语课程教学要求》。
② 来源于百度百科《中国英语能力等级量表》。

语交际能力密切相关的听力教学和口语教学顺理成章地结合在一起，优势显而易见。这是因为，听说教程中的每一个单元都会有一个核心主题，而后的听力练习以及一些视频资料可以有效地给学生提供一定的相关话题的语言信息输入（input），随后，学生就会以对话、回答问题、小组辩论等形式实现语言信息的输出（output），从而锻炼提高英语口语能力以及交际能力。但是其中也存在一定的问题，例如《新视野大学英语视听说教程》，输入的部分即英语听力练习和一些视频资料来自英语国家原汁原味的街头采访，其用词、句型、语音、语调可以说都是原生态的，语速也相对较快。所以，仅仅凭借课上两三次的播放练习，难度较大。尽管有的学生可以选对听力答案，但对其中具体语言细节也还是糊里糊涂，一知半解，并没有快速有效地接受输入。在接下来的口语输出中，很少会使用其中的词汇、句型、观点等，输出与输入之间重复率太小，淡化了强化学习的效果。换言之，学生在课堂上做完听力练习后，没有足够的消化理解时间，不能很好地输出，口语教学效果不尽如人意，口语能力进步缓慢。

### （二）学生方面

从独立学院来看，新生最突出的特征是英语能力参差不齐，尤其体现在英语口语能力方面。有的学生在高中阶段已经上过英语口语课，还有外教授课，对用英语表达十分感兴趣，很有成就感，有的甚至想再多学一门外语、或有出国留学计划。但由于课程安排，他们迫切练习口语的愿望却受到了限制，没有获得足够的时间来提高口语能力。但大部分学生英语功底较差，基本知识不过关，问及原因时，有的学生坦言高中的英语课还有使用当地方言进行教学的情况，老师的普通话和英语发音都不够标准，更没有英语口语教学了，还有就是他们更注重与英语考试分数密切相关的读写听译，不重视似乎可有可无的口语。所以，在大学英语口语教学环节中，这部分学生缺乏练习口语的主观能动性，宁愿充当看客，不愿开口，对说英语有恐惧感。即使是开了口，一般也会因为英语发音不准，基本英语句型错误，更有不会造句，而只用个别单词应付了事的，直接造成不知所云、交流不畅，这种课堂体验的挫败感就使得学生更加不愿意说英语了。久而久之，恶性循环，结果就是很多学生口语能力没能得到应有的提高。虽然，这一问题可以通过分级教学得到适当的解决，但这种分级教学还仅限于系别之间的分级，比如文科类的院系可以选用难度较大的英语教材，艺术类的学生可以使用相对简单的教材，而英语课堂不能有效地因材施教，满足学生个人需求。

### （三）教学方面

大学英语教学更多地注重课堂讲解单词语法、课后完成练习这样一个模式。国内各大英语考试也向来重视读写听译的英语能力考查，如大学英语四、六级考试，虽有口语考试，却并没有强制考生必考。这也是传统教学法仍然受到许多教师学生青睐的原因。所以在大部分高校，口语教学在五大技能中所占课程比例很小，期末也不会进行口语考试。一般是口语练习仅限于阅读课文前的互动导入部分以及听说课上的少数问题讨论和对话练习，其他大部分时间都用于分析课文重点句型，讲解作文结构，完成课后词汇翻译练习，以及播放听力练习。此外，授课班级学生人数过多，且有的班级是多系合班上大课，人数一般在 60 人上下，没有足够的时间开展有效的口语教学活动，班级凝聚力也不够，学生之间的生疏也会阻碍有效的口语交流。往往是老师带着一腔热情满心期待地开展口语互动，结果却只能草草收场。这种现象在独立院校的口语教学课堂上并不鲜见。面对这样的教学现状，老师们不免会有挫败感，产生教学忧虑，也有的老师可能会主动削弱已经微乎其微的口语教学，转而把更多的时间投入其他教学。

## 四　大学英语口语教学的翻转课堂

### （一）翻转课堂的由来

根据哈佛大学马祖尔（Mazur）教授[①]的同伴教学法理论，学习过程应由两个阶段构成：“知识传递阶段”和“知识内化阶段”。同伴教学法强调学

① 埃里克·马祖尔（Eric Mazur），哈佛大学教授，发明同伴教学法（Peer Instruction，简称 PI），实现了学生在课堂上的合作和互动，有效地提高了教育教学质量，于 2014 年获得首届全球高等教育 Minerva 奖。

生之间的互助式学习，即学生通过互相讨论，发挥其在教学中的主体作用，获得和理解新知识并提高自己发现问题、分析问题和解决问题的能力。同时提出计算机的应用在未来教学领域会越来越广泛，或许可以完成部分教师的工作。同伴教学法，在一定程度上为翻转课堂的产生奠定了基础。

翻转课堂（flipped classroom），又称“反转课堂”或“颠倒课堂”。顾名思义，翻转课堂是对学习过程的“翻转”，包括对于课上与课下学习内容的翻转、教师与学生角色定位的翻转。2007 年，美国科罗拉多州林地公园高中的两名化学老师试行了类似于翻转课堂的教学尝试。在课前，他们将课程讲授内容制作成视频，并将其连同其他一些教学资料上传到网上，与学生们分享，学生可以根据自己的需求自主学习相关内容。这样一来在课上，老师不需要花费大量时间讲解知识点，而是以与学生互动讨论的形式来巩固学习内容。课前的线上教学完成了基本知识的传递，课上的教学帮助学生开启知识的内化过程。可以看出，翻转课堂是以学生为中心、调动学生自主学习、线上线下学习共存的新型教学模式。直至 2011 年，可汗学院（Khan Academy）发起人萨尔曼·可汗的 TED 主题演讲“让我们用视频重造教育”，把这一模式进一步细化完善，触发了大量老师们开始尝试打破以往课上进行知识传递，课后进行知识内化的传统教学模式。概括来讲，翻转课堂是指教学结构的调转，将“知识传递”和“知识内化”的顺序颠倒过来，从而颠覆了教与学的过程。

英特尔公司全球教育总监 Brian Gonzalez 曾给翻转课堂下了这样的定义：“颠倒的教室是指教育者赋予学习者更多的自由，把知识传授的过程放在教室以外，让大家选择最适合自己的方式接受新知识，而把知识内化的过程放在教室之内，以便同学之间、同学和老师之间有更好的沟通和交流。”①

### （二）翻转课堂的优势特征

1983 年，哈佛大学心理学教授霍华德·加德纳博士（Howard Gardner）和波士顿大学神经学教授托马斯·赫尔（Thomas Hoerr）提出了多元智能理

① 《未来的课堂：颠倒的教室》，http：//www.yb.cn/ad/news/01110/t20111010_ 456993.html。

论。在《智能的结构》一书中，加德纳博士提出了七个智能范畴，1995 年时增加至八个，后有学者在此基础上总结出人的九种智能，分别为语言智能（linguistic intelligence）、数理逻辑智能（logical/mathematical intelligence）、视觉空间智能（visual/spatial intelligence）、身体运动智能（bodily/kinesthetic intelligence）、音乐智能（musical intelligence）、人际交往智能（interpersonal intelligence）、自我认知智能（intrapersonal intelligence）、自然认知智能（naturalistic intelligence）和存在智能（spiritual intelligence）。[①] 这九种智能往往或多或少地存在于每一位学习者身上，学生在完成一项特定的学习任务时，需要其中的几种智能综合运用，这导致了个人在学习能力、学习动力、学习习惯、学习方法等方面的千差万别。所以，在英语教学过程中，学生们都必然地要根据自己的英语基础、学习能力、学习兴趣、学习目标和将来计划，选择适合自己的学习模式。老师要充分意识到并重视学生的个体差异，从而因人而异地施教，避免不分对象，千篇一律。由此看来，在传统教学模式下，学生们在课堂上统一接受知识，是存在弊端的。因人施教、差异教学，关键在于尊重并且给予学生自主学习的权利，调动并且发挥其自主学习的愿望。例如，让其按照自己的基础条件、兴趣、愿望和自我设计，为自己挑选合适的学习伙伴和学习小组，从而提高学习效率。翻转课堂教学模式无疑顺应了这一理论。

### （三）翻转课堂口语教学模式

翻转课堂的种种特点与大学英语口语教学非常契合，可以解决课堂教学中的一些问题。总体来说，翻转课堂可以最大限度地体现学生的主体性，发挥学生主观能动性，尊重学生个性特长，使得自主学习发挥出最大的作用。那么，其具体模式该是怎样的呢？在参考了各种著名教学模式（如哈佛大学的课内外协作学习模式、中国学者马秀麟提出的翻转课堂模式）以及独立学院学生特点、教材特点后，我们认为，英语口语教学翻转课堂的基本程序是：课前老师上传资料，布置作业——课前学生学习资

① 参见百度文库《哈佛大学加德纳博士多元智能理论》；关慧、林津石《多元智能理论在大学英语教学中的具体应用——以大学英语〈新视野视听说教程〉教学为例》，《沈阳农业大学学报》（社会科学版）2011 年第 2 期。

料，完成作业——课上学生展示成果，师生讨论问题——课上学生互相评价，老师进行总结——课后老师反思记录——期末老师给予总结，实行阶段性评价机制。

首先，老师可以把学生分成若干个自主学习小组，小组成员的英语水平应该相差不多，并乐于互相帮助，合作学习。在课前，老师可以把相关教学资料，例如微课视频、文档课件等全部上传到师生互动平台，供学生自主学习，同时布置作业，包括听说教程中为口语教学提供输入的听力练习；口语教学的高级衍生活动，如英语主题报告（presentation）、英语辩论准备、主题扩展口语项目（project based learning）以及英语口语视频制作等，以便于学生在课前根据自己的情况合理安排学习时间。这也就是学习过程中知识传递的阶段。以教程中某一单元为例，这一单元的主题为食物（food）。老师在课前制作相关的单词，以及讲解中国及世界著名食物的课件、微课视频等资料，上传到网上，并要求学生完成单元中所有的听力练习，达到能够用英语复述听力原文的程度，从而避免出现在课上对这部分的学习过快或者过慢的问题。此外，为了让学生更多地参与课堂教学，体现互助学习，老师可以安排每一小组成员共同完成一个课堂展示（presentation），介绍一种食物，或者制作英语视频教会大家做一种食物，等等。老师需要向学生指明其中的要求，如学生们准备的 PPT 的基本格式、必要内容，当然还要留给学生发挥自我创意的空间。这不仅可以满足学生对更多知识的渴求，也可以让学生从中获得满足感，激发英语学习兴趣。

在课上，老师以互动式检查、练习、评价（interactive check，practice，value）为主要方式，帮助学生们展示课前自主学习成果。可以邀请各个小组成员共同向大家展示，之后老师要进行打分，还可以要求学生进行自评与互评，评价方式可以是学生实名填写准备好的评价表，对彼此的努力程度、自主学习的过程与成果进行反思（peer review）。老师也要在课上对每一组的表现提出中肯的意见，对学生做得好的地方一定要表扬肯定，鼓励学生继续努力，让学生产生自主学习的成就感。课堂上完成的这个阶段则是知识的内化。课后，老师要仔细分析学生的评价表，反思教学中可能存在的问题，及时弥补修正，以求更好的教学效果，完善教学模式。

学期末，老师对每名学生的自主学习状况给出综合性评分，作为课程最后得分的一部分，将学生的自主学习纳入课程的评价机制里。当然，也可以再增加期末口语考试，实行阶段性评价加上期末考试的口语评价机制。随着学习过程的翻转，学习内容也从原来课前简单预习，课上接受知识转变为课前自主学习、课上巩固知识。学习时间也由课上学习占大部分到以课前自主学习为主。教师是策划者、辅导者、辅助者，学生真正成为学习的主体，在自主学习动力机制充分发挥作用的过程中，提高学习效率。同时，英语口语学习与训练自然而然地贯穿于全过程，占据了突出的地位，也发挥了带动其他环节的作用。

## 五　挑战与反思

在信息化的时代，网上学习资源多种多样，各种英语学习 App，各种慕课网站等都可以让学生随时随地获得知识。大学英语口语教学面临着时代带来的挑战。

### （一）对老师的挑战

有别于以往，老师的课堂教学不再是知识的主要来源，老师也不再是知识的主要传授者，而是引导学生自主学习的指导者、推动者、督促者。在传统的英语口语课堂上，老师按计划进行教学活动，虽有师生互动，但程度很低，方便老师掌控。而在翻转课堂教学模式下，课前阶段需要老师的引领鼓励，课上需要老师的监督管理，口语活动形式广泛，师生互动或生生互动更为频繁，课堂的“主人”是学生，老师是课堂的“管家”。是否能管好，是否能恰当地激励调动学生进行互动，并且及时给出合理公正的指导评价，这是对于老师的智商情商、知识结构、组织能力的巨大挑战。为了避免出现课上“失控”的局面，老师在课前必定要做大量的准备，尽可能多地搜集信息，开阔视野，为学生挑选有益的辅助材料，并掌握多媒体工具制作科技含量高、直观形象、能吸引学生兴趣、兼具新颖时代感和历史文化感的课件、微课视频等。这对老师的精力与时间投入都提出了更高的要求。同时，也需要老师对于翻转课堂所需要的科技手段有良好的把握运用能力，对于翻转课堂的本质特征和理论依据有更深的理解，对于教学实践有与时俱进的创新能力，有善于总结和不断改善的能力。

### （二）对学生的挑战

在传统口语教学模式下，老师只是要求学生集中注意力听课。在老师的授课上，提出的问题不会太多也不会太难，对话练习也是简单的模仿，学生与老师互动的机会有限。由于班级人数过多，有的学生在一个学期里，与老师互动次数可能为零。在课前，老师也不会布置太多的作业，最好的情况是每个学期每名学生做一个课上报告（presentation）。被动学习之所以效果不好，一个重要原因就是容易产生惰性。翻转课堂在口语教学中的应用，将有效改变这种动力不足的状况。按照老师要求，学生必须在课前自主学习大量的内容，不仅包括教材上的，也包括其他补充的学习材料，所以学生要有良好的自律性和主观能动性，按时完成该完成的内容，当然这也需要老师的监督和管理。学生还要习惯于彼此合作，共同完成口语作业和课上展示。作为课堂“主人”的学生也会感到口语课的压力，必须投入相当的时间自主学习，还要有合作创新精神以求得到老师和同学们积极的评价。可见，翻转课堂对于学生来说，有利于克服惰性，它是动力机制得以充分调动的勤奋学习，是体现自我设计和责任感的自主学习。

总体来看，翻转课堂在大学英语口语教学中的应用还处于初级阶段，进入普及、升级阶段还需要克服诸多障碍。实现翻转课堂教学创新与改革，还需要进一步解放思想，形成共识，这需要各级领导、教师和学生的共同努力。但是，我们认为，翻转课堂具有广阔的应用前景和发展空间。我们应当以积极的心态面对挑战，不断地尝试、实践、创新、总结、完善，让翻转课堂与高校英语教学的结合绽放出更为强大的生命力。这不仅是提高教学质量的需要，也是广大英语教学的从业者扩展职业前景的重要选择。

## 参考文献

周平：《基于现代教育技术的翻转课堂及其理论基础溯源》，《外语电化教学》2015 年第 2 期。

马秀麟、赵国庆、邬彤：《大学信息技术公共课翻转课堂教学的实证研究》，《远程教育杂志》2013 年第 1 期。

张金磊：《“翻转课堂”教学模式的关键因素探析》，《中国远程教育》2013 年第 10 期。

张金磊、王颖、张宝辉：《翻转课堂教学模式研究》，《远程教育杂志》2012 年第 4 期。

赵玉静：《浅析同伴互助教学法在教学中的重要作用》，《中国乡镇企业会计》2011 年第 5 期。

关慧、林津石：《多元智能理论在大学英语教学中的具体应用——以大学英语〈新视野视听说教程〉教学为例》，《沈阳农业大学学报》（社会科学版）2011 年第 2 期。

Catherine H Crouch, Eric Mazur, *Peer Instruction: Ten Years of Experience and Results*, (American Journal of Physics, 2001).

# The Prospect of Applying the Flipped Classroom Teaching Mode in the Education of Spoken College English

*Qian Yi*

**Abstract**: In the past few years, with the fast development of globalization and the advancement of China's opening and reform policy, the importance of spoken English is clearly noticed and the capacity of college students' spoken English draws broad attention. In the era of the Internet and information technology, education cannot stay still, due to the easy access to the vast knowledge on the Internet for everyone. Thus, the traditional teaching mode will no longer meet the students' needs. Under this situation, just in time, the concept of flipped classroom helps sort this problem out, offering a new teaching mode especially suitable for the spoken college English education, which has great potential for its application and offers us an opportunity to remodel the traditional teaching mode. Among other things, it brings new challenges to both the teachers and the students.

**Keywords**: Spoken College English; Flipped Classroom; Dynamic Mechanism; Teaching Mode

# 独立学院英语听力自主学习策略研究*

吴 静**

【摘要】随着网络技术的不断更新与大学英语教学改革的不断深入，自主学习已成为当代大学英语学习的重要组成部分。结合独立学院学生及听力学习的特点，教师可对新生进行自主学习策略培训，如元认知、认知和社会/情感策略培训；通过2016级学生与2014级学生相关数据比较分析，从而证实教师对学生进行的听力自主学习策略培训，有益于提高学生自主学习能力和学习效率，提升学生听力能力和英语综合运用能力。

【关键词】自主学习 元认知策略 认知策略 社会/情感策略 独立学院

## 一 自主学习的特点与必要性

### （一）自主学习的定义与特点

美国从事自主学习研究的莫曼教授对自主学习的有关定义做了系统的

* 本文为2016年度广东省社科规划项目外语信息化专项项目“网络环境下培养独立学院学生英语自主学习能力的可行性与策略性研究”的阶段性成果。

** 吴静，英语语言文学硕士，讲师。现任教于吉林大学珠海学院公共外语教育学院，研究方向为大学英语教学、英美文学。是吉林大学珠海学院第九批“百人工程”培养对象，此文的撰写亦受到本项目的资助。

总结，归纳出自主学习的三个特征：①强调元认知、动机和行为等方面的自我调节策略的运用；②强调自主学习是一种自我定性的反馈循环过程，认为自主学习者能够监控自己的学习方法或策略的效果，并根据这些反馈调整自己的学习活动；③强调自主学习者知道何时、如何使用某种特定的学习策略，或者做出合适的反应（Zimmerman，1989、1990）。[①] 中国学者一般认为，自主学习是指学生自己主宰自己的学习，是与被主学习相对立的一种学习方式（余文森等，1999）。[②] 自主学习可分为三个方面：一是对自己学习活动的事先计划和安排；二是对自己实际学习活动的监察、评价、反馈；三是对自己的学习活动进行调节、修正和控制。自主学习具有能动性、反馈性、调节性、迁移性、有效性等特征（董奇、周勇，1994）。[③]

### （二）独立学院学生进行自主学习的必要性和困难

随着网络技术的广泛运用和独立学院办学机制的成熟，加大自主学习在大学英语教学中的比例是大势所趋。作为全国一流的独立学院，吉林大学珠海学院 2014 年就已经着手进行力度较大的英语教学改革——减少课堂教学课时，增加学生自主学习时间。2018 年 9 月之后学院已经取消专门的听力课程。另外，相较于普通院校的学生，独立学院学生没有较强的自主学习意识，也相对缺乏系统的自主学习策略，因此教师在课堂听力教学过程中应给予学生一定的策略培训，引导学生在自主学习过程中使用有效的听力策略，从而帮助学生提高他们的英语听力能力。

---

① Zimmerman，B. J.，Schunk，D. H.（1989）. Self-regulated learning and academic achievement：Theory，research and practice. Springer-Verlag，New York Inc. & Zimmerman，B. J（1990）. Self-regulated learning and academic achievement：An overview. Educational Psychologist，25（1）：3－17. 转引自庞维国《自主学习——学与教的原理和策略》，华东师范大学出版社，2003。

② 余文森等：《让学生发挥自学潜能，让课堂焕发生命活力——福建省中小学“指导—自主学习”教改实验研究总结》，《教育研究》1999 年第 3 期，第 6 页，转引自庞维国《自主学习——学与教的原理和策略》，华东师范大学出版社，2003，第 2 页。

③ 董奇、周勇：《论学生学习的自我监控》，《北京师范大学学报》（社会科学版）1994 年第 1 期。转引自庞维国《自主学习——学与教的原理和策略》，华东师范大学出版社，2003，第 2 页。

## 二　听力自主学习策略培训

### （一）听力自主学习策略的意义

诸多研究表明，二语听力学习者使用各种策略来弥补语言知识的不足（Goh，2002b；O'Malley & Chamot，1990；Vandergrift，2003）。[①] 无论是理论研究者，还是教学实践者，都已经认识到语言学习的成功在很大程度上取决于学生是否有能力充分利用各种学习资源和学习机会。这种能力指的就是学生使用语言学习策略的能力，即学生用来提高目标语语言能力的程序、规则、方法、技巧或调控方式（Oxford，1990；O'Malley & Chamot，1990）。[②] 作为语言实践能力的重要组成部分，听力能力的提高也离不开听力自主学习策略的恰当运用。独立学院多数学生英语基础不够扎实，同时自控能力与耐力不足，只有学会运用一定的学习策略，才有可能取得预期的自主学习效果。在这种情境之下，教师在课堂教学中不但要发挥传授语言知识的作用，还应给予学生适当的听力自主学习策略培训指导，引导学生充分运用网络平台丰富的视听资源进行高效的自主学习，帮助他们提升英语听力能力。

### （二）听力自主学习中元认知策略的培训

学习者在面临学习任务之前以及在实际的活动开展期间，激活和维持注意力与情绪状态，提出与学习有关的问题并制订学习计划，监控学

---

① Goh，C. C. M. （2002b）. Learners' self-reports on comprehension and learning strategies for listening. Asian Journal of English Language Teaching，12：46 – 68. & O'Malley，J. M. & Chamot，A. U. （1990）. Learning Strategies in Second Language Acquisition. Cambridge：Cambridge University Press. & Vandergrift，L. （2003）. Orchestrating Strategy use：Toward a model of the skilled L2 Listener. Language Learning，53（3）：461 –494. 王艳：《英语听力教学与研究》，外语教学与研究出版社，2012。

② Oxford，R. L. （1990）. Language Learning Strategies：What Every Teacher Should Know. Englewood Cliffs，NJ：Newbury House. & O'Malley，J. M. & Chamot，A. U. （1990）. Learning Strategies in Second Language Acquisition. Cambridge：Cambridge University Press. 转引自任庆梅《英语听力教学》，外语教学与研究出版社，2011。

习的过程，维持或修正学习行为，评价学习结果等，这都是元认知作用的表现。个体用于计划、监控和调节自己学习过程的一切策略，统称为元认知策略。①

研究学者 Vandergrift（2010）指导学生在听力过程中使用元认知策略，结果发现他们的听力成绩明显好于那些没有被指导使用元认知策略的学生。② 在听力学习中，元认知策略能够帮助学习者规划、管理听力学习，包括确立目标、制定计划、监控任务的执行和评估任务的完成情况。③ 对独立学院学生来说，有一个明确的英语听力学习目标与计划，是助力他们通过自主学习提升听力能力的首要条件。因而，教师在听力教学活动中，首先应让学生接触并熟悉元认知策略的使用。

**1. 确立听力自主学习目标、制订计划**

在课堂教学中，教师可引导学生每学期制订好本学期的听力自主学习目标和计划。在当今发达的网络环境下，教师可以推荐学生使用口碑较好的英语听力网站或者手机 App，例如 BBC Learning English、VOA、CNN Student News、TED Talks、English Online France、China Radio International、普特听力网、可可英语网、沪江英语网、听力课堂网、扇贝听力 App、每日英语听力 App 等。教师可以提示学生根据自己的实际听力水平和预期目标，选择合适的精听和泛听材料。同时，为了保证学生拥有足够的英语听力自主学习时间，教师可以在课堂上向学生强调听力学习日程的安排，即学生要学会确立好本学期的听力学习目标之后，对英语听力的自主学习有一个具体的时间规划。

**2. 监控听力自主学习任务的执行**

在协同学生制定了合适的听力目标和计划之后，教师在课堂教学中可提醒学生监控自己听力学习的进度；考虑到独立学院学生的自控能力较弱，教师可以发挥应有的协同监督作用，例如，教师可以在课堂上或者网

---

① 庞维国：《自主学习——学与教的原理和策略》，华东师范大学出版社，2003。

② Vandergrift, L.（2010）. Researching listening in applied linguistics. In B. Paltridge & A. Phakiti（Eds.）. Companion to Research Methods in Applied Linguistics（pp. 160 – 173）. London: Continuum.

③ 王艳：《英语听力教学与研究》，外语教学与研究出版社，2012。

络上以测试为主要考察方式，督促学生按自己制定的自主学习计划开展听力自主学习。

**3. 评估听力自主学习任务**

教师在指导学生进行听力学习的过程中，可向学生强调，每一次自主学习任务完成之后，要进行一次全方位的评估。评估的内容主要包括以下几个方面：①本次自主学习材料难度是否适中；②本次自主学习材料的中心思想；③本次自主学习在语言应用能力方面的收获；④本次自主学习所用听力自主学习策略是否合适；⑤本次自主学习中表现出的不足及改进方法。

## （三）听力自主学习中认知策略的培训

与主要用于调控认知过程、处理内部信息的元认知策略不同，认知策略主要用于处理外部信息。[①] 认知策略是指学习者为促进知识的学习或技能的掌握而表现出的行为、技巧或行动（Derry & Murphy，1986；Rubin，1987）。[②] Vandergrift（1997）[③] 基于 O'Malley 和 Chamot（1990）[④] 以及 Vandergrift（1996）[⑤] 等对听力学习者的研究，列出了听力理解中常用的认知策略——推断、联想、总结、翻译、转移、重复、使用资源、分组、笔记、演绎/归纳、替换。因认知策略在独立学院学生中培训的实操性受限，笔者着重从以下三方面的策略培训进行论述。

---

① 庞维国：《自主学习——学与教的原理和策略》，华东师范大学出版社，2003。

② Derry，S. J. & Murphy，D. A.（1986），Designing systems that train learning ability：From theory to practice. Review of Educational Research，56（1）：1 – 39. & Rubin，J.（1987）. Learner Strategies：Theoretical assumptions，research history，and typology. In A. Wenden & J. Rubin.（Eds）. Learner Strategies in Language Learning.（pp. 71 – 83）. Englewood Cliffs，N. J：Prentice Hall International.

③ Vandergrift，L.（1997）. The comprehension strategies of second language（French）listeners：A descriptive study. Foreign Language Annuals，30（3）：387 – 409. 转引自王艳《英语听力教学与研究》，外语教学与研究出版社，2012。

④ O'Malley，J. M. & Chamot，A. U.（1990）. Learning Strategies in Second Language Acquisition. Cambridge：Cambridge University Press. 转引自王艳《英语听力教学与研究》，外语教学与研究出版社，2012。

⑤ Vandergrift，L.（1996）. The listening comprehension strategies of core French high school students. Canadian Modern Language Review，52（2）：200 – 233. 转引自王艳《英语听力教学与研究》，外语教学与研究出版社，2012。

**1. 预测策略**

在英语听力学习中，学会运用预测策略对提高英语听力理解能力有很大的帮助。然而，通过观察学生的课堂表现，笔者发现，预测策略并没有在学生中被广泛运用。为了加强学生对这一策略的使用，教师可以在课堂听力教学开始之前，根据听力练习问题中的词句，对学生进行适度的引导，鼓励学生在听力进行之前进行适度的预测，例如预测材料中的某个人物或事件的发展，或者说话者的意图等。这样一来，学生在听力的过程中，相对而言，会更有目的性和专注力。在听力进行的过程中，教师可以在材料中关键之处暂停，让学生根据之前所听到的内容，对接下来可能听到的部分进行适度推测，例如某个人物或事件的结局，或者说话者的结论等。当然，教师同时也需要向学生说明的是，预测是一种假设，多数时候能够让听者在听前和听的过程中有心理准备，可以引导听者有意识地提取材料中的重点信息，但不能以此为准进行最终的判断。

**2. 推断策略**

在英语听力中，推断是听力能力较强的学生群体常用的一个策略。一方面，说话者在传达信息的时候，有可能会采用比较委婉的表达方式，这需要听者运用一定的推断方式才能获取言外之意；另一方面，如果听者的词汇量比较有限，那么在练习听力的过程中碰到的生词会对听力理解造成一定的障碍。不论是哪种原因，如果听者能够恰当地运用推断策略，那他将会取得更好的听力效果。

此外，推断策略也是非常有效的听力自主学习策略之一。教师可以在听力教学过程中引导学生使用以下两种推断方式：根据语言知识推断和根据语境推断。听力材料中难免会有个别结构较为复杂或者用词较难的长难句，如果学生想要迅速获取句子传达的大意，那么在听力过程中要充分利用自己所学的句法和词法相关知识进行推断，从而理解说话者表达的想法或观点。如果学生根据现有的语言知识不能够对所听到的材料进行判断，那么他们可以利用英语听力材料的主题，依照上下文语境内容对听力内容进行解读，这也不失为一个较好的听力自主学习策略。

**3. 笔记策略**

在听力过程中采取恰当的笔记策略（note-taking strategy）对学生听力

效率的提高有很大帮助。进入大学阶段，学生接触到的英语听力材料相较高中阶段而言，词汇和语法层面更加复杂，而且材料通常篇幅较长，包含的信息量非常大。仅仅凭大脑的短时记忆，学生在听力有限的时间内，很难将瞬间捕捉到的重要信息在听力结束之后完整提取出来。因此，为了让学生在课外自主学习过程中提高学习效率和听力能力，教师可以在课堂上向学生演示如何在听力学习过程中运用恰当的笔记策略，以最快的速度记录下最重要的信息，从而运用所记录信息理解听力材料的中心思想及论证逻辑，最终达到提升学生听力能力的目标。

笔者在独立学院教学多年，发现多数学生阅读能力很强，但听力能力较差，主要原因在于不会运用边听边记笔记的听力自主学习策略，或者没有使用正确便捷的笔记策略。因此，教师在听力教学过程中，可给予学生以下具体的笔记策略指导。由于人脑短时记忆的局限性，如果学生想要在规定的听力时间内获取较多的信息，那么利用单词的缩略形式是一个较为稳妥的策略。例如：World Trade Organization 可以缩略为 WTO，professional 可以缩略为 pro.，legislation 可以缩略为 legis. 等。当学生在听取政治经济、历史文化、科学实验等主题类的题材时，教师可以引导他们采用第二种策略——利用阿拉伯数字替代英语表达，因为在这类题材中，数字提及不可避免，而且和数字关联的信息往往是听力的主要目标。如果教师在听力教学中给予学生适当引导，让他们熟悉英语中数字的常用口语表达方式，学会在听力过程中快速使用阿拉伯数字替代相应的英语表达，那么学生的听力目标达成相对容易很多。当学生在听力过程中面对的是事物或事件发展演变类的主题时，第三种策略是较为有效地利用图形或符号完成的笔记策略。英语中，不少有关事物或事件发展趋势、事件的因果关联等词汇拼写较难，但这些往往是材料中重要的信息。为了能够在最短时间内记录下事件相关的发展状况，教师可以向学生演示如何使用一定的符号或者图形方式快速记下重要信息以便正确理解事物或事件最终的结果。例如：在听到类似增加或者减少的发展状况时，可以分别用↑和↓来表示；在听到因果关系叙述之时，可以考虑使用←表示事件发生的原因、→表示事件导致的结果等。

### （四）社会/情感策略在听力自主学习中的培训

心理学研究表明，情感是影响语言学习的一个重要因素，学习者的情感状态会影响到他们的学习行为和学习效果。[①] 通过课堂观察、问卷调查和学生访谈，笔者发现，学生在英语听力学习过程中总是处于被动地位，不仅对学习兴趣较低，没有主动性和积极性，而且缺乏自信心。

**1. 提高学生的学习兴趣，增强学生的自信**

教师可以在课堂听力教学过程中采用一些增强学生学习英语兴趣的做法，例如课前或者课间休息时段给学生播放主题明确、有趣的热门英语短视频（不带中文字幕或者只有英文字幕的视频），这一类的视频，不仅可以训练学生的听力能力，同时也可以激发学生对英语文化的好奇心，让学生对英语这门语言及语言背后的文化习俗等产生兴趣，从而自发地进行语言的学习和文化的了解。另外，在课堂教学中，教师也可以给予学生一定的奖励性措施，如对自主学习表现积极努力的学生给予一定程度的加分奖励，这不仅有助于提高学生的学习热情，也能够增强学生英语学习的自信心。

**2. 改变传统单一的学习方法，鼓励小组合作学习**

小组合作学习相较个人学习较为突出的优点便是，学生可以感受到来自同龄人的学习动力，或者接受到来自同龄人对学习的启发和动力。教师在班级中开展以 4 ~6 人为一个学习小组的合作学习方式，这样不仅可以加强学生的团队合作意识，更可以激发学生进行自主学习的动力，同时也可以促使学生在自主学习过程中相互监督以促进听力自主学习目标的完成。

## 三　听力自主学习策略培训的可行性研究

### （一）听力自主学习策略培训的对象

在教学实践中，我们曾经举办了英语听力自主学习策略培训，参加培

① 崔燕宁：《大学英语自主学习理论与实践研究》，西南财经大学出版社，2013。

训的学生为吉林大学珠海学院2016级文科类的本科生，其大学英语视听说课程由同等资历的教师承担，教学大纲、教材和教学进度保持一致。项目研究成员在入学初从2016级授课班级中抽选出6个实验班，进行为期两年的自主学习与听力自主学习策略培训，并将他们参加过策略培训之后的四级听力部分成绩和2014级未参加过任何策略培训的学生（周课时比2016级学生多1个课时）四级听力成绩进行对比，从而检验网络环境下英语听力自主学习策略培训是否能促进学生的听力自主学习效果以及听力能力的提升。

### （二）听力自主学习策略培训前后的测试

为了解听力自主学习策略培训对学生听力成绩的影响，在培训前后分别对实验组（2016级文科类专业随机抽出的学生）和对照组（2014级文科类专业随机抽出的学生）进行了听力水平测试。前测成绩为高考英语听力成绩，后测成绩为四级听力部分成绩。

### （三）网络环境下听力自主学习策略培训对学生自主学习效果提升的实验数据比较

实验数据结果表明，两种指导方式（年级）的四级听力分数之间存在显著的差异［$F(1, 440) = 6.77$，$p = 0.01$］，2016级的四级听力分（$M = 151.31$）高于2014级的四级听力分（$M = 143.90$）。

不同性别之间的四级听力分数不存在显著差异［$F(1, 440) = 1.74$，$p = 0.19$］，女生的四级听力分数（$M = 152.18$）与男生的四级听力分数（$M = 138.60$）差别不大。不同高考分组之间的四级听力分数存在显著差异［$F(2, 440) = 31.81$，$p < 0.001$］，高分组的四级听力分数（$M = 168.27$）要高于中分组的四级听力分数（$M = 147.64$），而中分组的四级听力分数（$M = 147.64$）要高于低分组的四级听力分数（$M = 133.26$）。指导方式（年级）和高考分组之间的交互作用显著［$F(2, 440) = 8.35$，$p < 0.001$］，表明不同的指导方式对于不同高考分组所起到的效果不同（见图1）：高分组和中分组在第二种指导方式下得到的提升最多，低分组反而分数有所下降。其他交互作用则不显著。

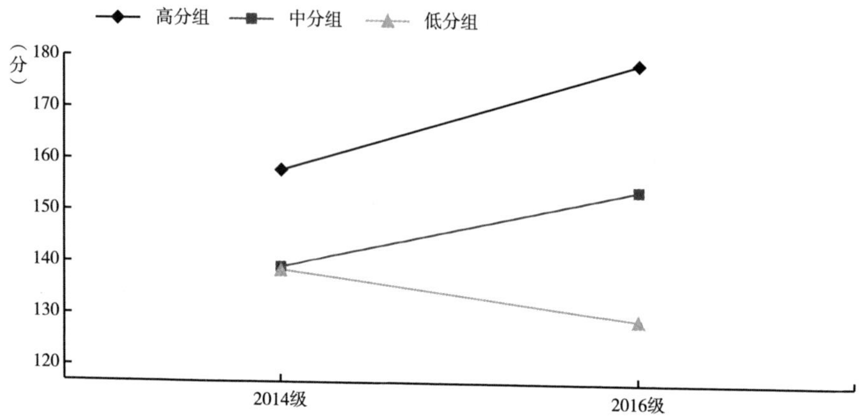


**图 1　指导方式（年级）和高考分组之间的交互作用：四级听力分数**

## 四　基于本次研究的结论

### （一）听力自主学习策略培训对独立学院学生自主学习效果的影响

本次实验采用课堂教学为主、教师网络在线指导为辅的方式在学生听力自主学习的过程中进行了元认知策略、认知策略及社会/情感策略的培训，结果显示，教师有针对性的听力自主学习策略培训，可有效增进学生对听力自主学习策略的了解与运用，增强听力自主学习策略使用意识，提高听力自主学习策略的使用频率及水平；采用该模式对学生进行的听力自主学习策略培训可以有效提高学生英语听力成绩及听力理解水平。

### （二）听力自主学习策略培训实验结果的反思

在本实验中，经过培训实验组高分组听力测试成绩有显著提高，而低分组听力测试成绩提高不明显。出现这一结果的原因可能是低分组的学生虽然有老师同等程度的策略指导，但在自主学习过程中，可能因为自主意识程度不高，自我监督程度不够，对元认知、认知和社会/情感策略的使用率较低，从而导致听力自主学习效率较低，学习效果较差。这种结果同独立学院的学生特质紧密关联。

## （三）小结

综上所述，在当今网络飞速发展的时代，独立学院的大学英语课程改革势在必行，自主学习必将成为未来大学英语学习的重要方式之一，所以加强学生自主学习能力和自主学习策略的培训也是今后大学英语教学过程中必不可少的。通过实验可以看出，策略培训有益于学生稳步提升听力能力和听力成绩；在注重对全体学生进行策略培训的同时，教师还需多关注英语能力中等及英语基础较弱的学生，让他们首先有合适的听力目标，养成正确的听力习惯，学会使用恰当的听力自主学习策略，达到听力能力逐步提高和英语应用能力稳步提升这一最终目标。

# A Study on Self-learning Strategies of English Listening in Independent Colleges

*Wu Jing*

**Abstract**: With the constant upgrade of net technology and deepening reformation of college English teaching, self-regulated study has become an indispensable part of contemporary English learning. Considering the characteristics of students in independent colleges and English listening, teachers can give freshmen strategy training in self-regulated studies in terms of meta-cognitive strategies, cognitive strategies, and social/affective strategies. With regard to data comparison between students of grade 2016 and those of 2014, it is concluded that students will benefit from strategy training as they can better listening abilities, improve learning efficiency, and enhance their comprehensive understanding of English in the process of learning on one's own.

**Keywords**: Self-regulated Study; Meta-cognitive Strategies; Cognitive Strategies; Social/Affective Strategies ; Independent Colleges

# 公共外语教学中的英汉对比课程

庞　森*

【摘要】在大学非英语专业大学生学习英语过程中，存在一个很普遍的问题——中式英语（Chinglish）。它极大地影响了学生英语各方面能力的提升，并造成了跨文化交际的障碍，必须引起英语学习者、英语教师及研究者的重视。本文拟在前人研究的基础上，结合自身的英语教学实践，从理论根源上分析中式英语的成因，并提出在大学英语课程体系中开设英汉对比课程，认为它是帮助学生有效减少中式英语的切实可行的办法之一。

【关键词】中式英语　语言迁移　英汉对比　英语教学

## 一　引言

在笔者多年从事大学英语的教学工作中发现，在非英语专业大学生学习英语过程中，存在一个很普遍、严重影响其跨文化交际能力而有时又很难自我察觉一个问题——中式英语（Chinglish）。它不可避免地出现在各种不同层次的英语学习者的语言输出中，甚至有些教师一不留神也会出现类似的失误，这已经成为中国学生学习英语路上最大的一只拦路虎。因此，对中式英语产生原因的研究就显得尤为重要，因为我们只有明确其产生的原因才能对症下药，对英语教学做适当调整，有效减少其出现的频率及数量，培养出适应我国经济发展和国际交流需要，具有较强的综合文化素养及英语综合应用能力的人才。本文拟在前人研究的基础上，结合自身的英

* 庞森，吉林大学珠海学院公共外语教育学院讲师，研究方向为英汉语言文化对比研究与翻译。

语教学实践，从理论根源上分析中式英语的成因，并试验性地提出在大学英语课程体系中开设英汉对比课程认为它是帮助学生有效减少中式英语的切实可行的办法之一。

## 二　中式英语的定义及表现

### （一）中式英语的定义

“中式英语”（Chinglish）一词由来已久，许多国内外学者从不同的角度对它进行了定义。琼·平卡姆认为中式英语是“具有中国特色的英语”（English with Chinese characteristics）。[①] 邓炎昌的定义是：“中式英语是受汉语的干扰或影响而产生的语言。”[②] 李文中则提出：“中国式英语是指中国的英语学习和使用者由于受母语的干扰和影响，硬套汉语规则和习惯，在英语交际中出现的不合规范英语或不合英语文化习惯的畸形英语。这种英语往往对英语国家的人来说不可理解或不可接受。”[③]

从上述定义中我们可以看出，中式英语可以说是规范英语在中国的误用，是中国的英语学习者由于受到了汉语语言、文化、思维习惯等各方面的影响和干扰，在英语交际中产生的不符合英语语法、语言习惯、不规范的英语，它常常会影响跨文化交际的有效实现。

### （二）中式英语的表现

由于受母语根深蒂固的影响，中式英语普遍存在于我国的英语学习者和使用者当中，不同层次的英语学习者都会不知不觉地使用中式英语，犯不同程度的错误。笔者在大学英语教学过程中发现，在非英语专业学生的语言输出（口语、翻译及写作）中经常会出现一些不中不西的说法。

在基础比较薄弱的学生中常常会出现一些比较明显的词汇使用错误、

---

① Pinkham, J.. The Translator's Guide to Chinglish (Foreign Language Teaching and Research Press, 1998).

② 邓炎昌、刘润清：《语言与文化——英汉语言文化对比》，外语教学与研究出版社，2001。

③ 李文中：《中国英语与中国式英语》，《外语教学与研究》1993 年第 4 期。

逐字对应翻译等问题。例如：①She very beautiful（她很漂亮）；②Welcome you to visit our university（欢迎您来我校参观）；③Yesterday my house was stolen（昨天我家被偷了）。而以上三个句子的正确译法分别是①She is very beautiful；② Welcome to our university；③My house was robbed yesterday.

基础一般的学生则更容易出现搭配错误、主谓不一致等语法问题。例如：①I like the dictionary, but its price is too expensive（我喜欢这本词典，但是它价格太贵了）；②I want to learn more knowledge about English（我想学习更多的英语知识）；③The teacher as well as the students often go to the library to watch books（老师和学生都经常去图书馆看书）。以上三句的正确说法分别为：①I like the dictionary, but it is too expensive；②I want to acquire more knowledge about English；③The teacher as well as the students often goes to the library to read books.

基础较好的同学有时会有这种情况：语法没有任何问题，但却不符合英语约定俗成的用法，这种类型的中式英语是最不容易自我察觉的。例如：①We must make an improvement in the living conditions for the people（我们一定要改善人民生活水平）；②He seizes my hand（他抓住了我的手）；③He is as stupid as a pig（他像猪一样蠢）。以上各句虽然没有语法错误，但却是不地道的英语，也属于中式英语的范畴，正确说法分别为：①We must improve the living conditions；②He seizes me by the hand；③ He is as stupid as a goose.

通过以上举例可以看出，中式英语广泛存在于各种水平的英语学习者中，必须引起英语教师及研究者的高度重视。只有发现问题才能解决问题，因此探讨中式英语产生的原因对于我们解决问题至关重要。

## 三 中式英语产生的原因

近年来，国内外学者对中式英语产生的原因展开了广泛研究，视角延伸至语言、文化、思维、认知等多个维度，其中尤以迁移理论支持者最多。“迁移”（transfer）最初是心理学的一个术语，是指在学习过程中，学习者已有的知识、技能、经验等对学习新知识的影响。"语言迁移"的概念最先是美国语言学家 Robert Lado 在他的著作《跨文化语言学》中提出来的，他认为，在学习第二语言时，学习者广泛地依赖已经掌握的母语，并经常把母语中的语言形式、意义和与母语相联系的文化迁移到第二语言学习中去。[①] 这种迁移又分为正迁移（positive transfer）和负迁移（negative transfer）。当母语规则与第二语言规则相同时，学习者把母语规则迁移到第二语言中去，这时母语规则能够减轻第二语言学习的负担，减少第二语言学习中的错误，促进第二语言的学习，此时母语对第二语言学习的影响是积极的，这种影响被称作正迁移。比如，中国学生在用英语做自我介绍时，通常会脱口而出：My name is Li Ming. 这个句子很少出现错误，不仅因为它简单，更因为表达同样意义的汉语句子"我的名字叫李明"的语序、语义和英语完全一致。然而，中国学生却常常忽略英语名词单复数和动词时态的变化，这是因为汉语中没有名词数和动词时态的变化。由此可见，当母语规则与第二语言规则有差异时，学习者把母语规则迁移到第二语言中去，母语便会干扰第二语言的学习，此时母语对第二语言的影响是消极的，这种影响被称为负迁移。母语的负迁移作用是第二语言学习中的一个主要障碍。

在中国，大多数英语学习者在学习英语之前已经有了牢固的汉语基础，并对中国文化有基本的了解，所以在英语学习过程中尤其是学习英语之初，母语对英语学习的消极影响很大。因为英语和汉语分属于不同的语系，差别相对较大，学习者不可避免地将汉语的思维习惯和语法规则生搬硬套到英语中，这就产生了中式英语。

## 四　对大学英语教学的启示——开设英汉对比课程

众所周知，学习英语对我们以汉语为母语的学习者来说，一般有两种途径：一是直接法（direct method）；二是比较法（contrastive analysis）。直接法来得快，少了母语这个中间环节，思维和交流流畅，还能使学习者

① 蒋祖康编著《第二语言习得研究》，外语教学与研究出版社，1999。

摆脱母语的框框，准确理解英语。比较法可以使我们充分利用母语系统储存的知识和经验，学起英语来要容易得多，并且拿汉语去对比英语所学的东西会概念清晰，记忆牢固。[①] 由此可见，这两种方法各有千秋，但对于大多数中国英语学习者来说，要在汉语环境中学好英语，想采用直接法十分困难，所以比较法对外语学习和教学就显得尤为重要。

吕叔湘先生在《中国人学英语》一书中指出："我相信，对于中国学生最有用的帮助是让他认识英语和汉语的差别，在每个具体问题——词形、词义、语法范畴、句子结构上都尽可能用汉语的情况来跟英语做比较。通过比较，我们才能更好地认识掌握汉英两种语言的结构规律，从而在教学中收到事半功倍的效果。"[②] 许国璋、王佐良、王力等先生也曾不遗余力地倡导过这一方法，他们指出外语教学"最有效的方法就是中外语言的比较教学"[③]，因为通过比较，我们才能了解两种语言的相同之处，就可以在学习过程中加强母语对外语的正迁移；知道两种语言的不同之处，就可以设法降低负迁移，从而有效减少中式英语的出现。

然而，纵观现在中国的大学英语教学，课程设置中通常只有注重语法规则和词汇知识学习的大学英语读写课，或者最多再加一门提升听力、口语能力的听说课，所以对于很多英语文化现象、语法知识点，学生只知其然而不知其所以然。即使有些教师有意识地在课堂中加入了一些关于西方文化、思维方式等方面的内容，以帮助学生更好地理解掌握某些英语知识，但是因为课堂时间有限、个人精力有限无法使这些知识形成系统。因此，为了帮助学生从根本上提升英语综合能力，克服中式英语的负面影响，十分有必要开设英汉对比课程。而且随着英汉对比研究的深入和成果的积累，学界对英汉两种语言在语音、词汇、语法、语篇、语用、修辞、跨文化交际等方面都做了详尽的比较研究，这为英汉对比课程进入大学英语教学课程体系提供了必备的条件。

当然，由于英汉对比范围十分广泛，要在非英语专业学生中开展英汉

---

① 李晓：《英汉对比在英语教学中的运用》，《科教文汇（中旬刊）》2009 年第 3 期。

② 吕叔湘：《中国人学英语》，中国社会科学出版社，2005。

③ 《王力先生在第一届国际汉语教学讨论会全体会上的讲话》，《语言教学与研究》1985 年第 4 期。

对比课程需要本着实用性原则去选择材料，根据学生的认知、接受能力及需要调整理论和实用性技巧的比例，并应同时广泛采用学生习作中经常出现的中式英语作为实例，使学生能够从自己的错误中不断学习、进步，培养学生自觉发现中式英语的能力和对比分析意识。具体来讲，可以根据各校的实际情况安排相应学时，从语音（2 学时）、词汇（4 学时）、语法（4～6 学时）、句法（4 学时）、语篇（4 学时）、语用（4 学时）、思维（4 学时）、文化（4 学时）等各方面对英汉两种语言及其背后的民族文化和思维方式做全面、深刻的对比，并给学生指出每个部分相应的补充学习方法。需要特别注意的是，思维和文化层面的对比也应始终贯穿在其他各层面的对比教学中。

## 五　结语

在英语学习过程中，中式英语作为一种主要由于汉语语言、思维及其文化干扰而引起的错误，在各层次非英语专业学生的英语输出中常常会出现，它极大地影响了学生英语各方面能力的提升，并造成了跨文化交际的障碍。为了克服汉语对英语学习的负迁移，减少中式英语出现的数量和频率，我们可以采用对比法对英汉两种语言在语音、词汇、语法、语篇、语用、修辞、跨文化交际等方面进行全方位的对比学习。因此，在大学英语教学改革的大潮中，为了使英语教学有新的突破口，开设英汉对比课程既有其必要性，也有其可行性。在全面推广之前可先将英汉对比课程在通过了四级考试、英语程度较好的学生中开展成为拓展课，也可开设为全校选修课，供那些致力于全面提升自己英语能力的好学者选择。

## Contrastive Courses between English and Chinese in Public Foreign Language Teaching

*Pang Miao*

**Abstract**: Based on so many years of college English teaching practice, it has been found that among the many problems that non-English majors face in learning English, there is a very common problem-Chinglish, which has greatly affected the improvement of students' English competence in all aspects, and already become a severe barrier to cross-cultural communication, so it deserves much attention from English learners, English teachers as well as English researchers. On the basis of previous studies and combined with the author's own English teaching practice, this paper analyzes the causes of Chinglish from the theoretical roots, and tentatively puts forward that offering contrastive courses between English and Chinese in college English curriculum system is one of the feasible ways to help students effectively reduce Chinglish.

**Keywords**: Chinglish; Language Transfer; Contrastive Study Between English and Chinese; English Teaching

# 社会治理

SOCIAL GOVERNANCE

# 城市文化建设的先进理念与核心内容

温玉杰*

【摘要】城市文化是城市的性格、灵魂，是衡量城市文明程度和发展水平的重要标志，是城市发展的内在动力。优秀的城市文化建设将极大地提升城市的品位，丰富城市的内涵，壮大城市的生命。城市文化建设的观念需要变革，坚持以人为本。城市文化建设要围绕人的文化素质的提升，追求市政建设和文化建设相得益彰，历史传统与现代文明高度统一，城市发展的共性与个性互相兼顾，公共文化与产业文化协调发展，高雅文化与大众文化相互照应。城市文化建设是一个系统工程，创建城市的价值观体系是其核心内容。城市文化建设应认真保留城市记忆，保护生态环境，提高城市文化管理水平。

【关键词】城市文化　以人为本　价值体系　文化产业　城市记忆

## 一　时代呼唤：以文化建设为城市铸魂

文化是一个民族身份的象征，是一个城市的灵魂，是一个国家综合实力特别是软实力的重要组成部分。最典型的例子是，16 世纪西方的文艺复兴运动直接引发了资本主义人文精神和工业化社会的产生与发展。文化的力量既然能推动整个欧洲的腾飞，哪一个城市的发展又能离开文化的推力

* 温玉杰，1981 年毕业于吉林大学中文系，副编审职称，中国戏剧家协会会员。从事多年戏剧评论工作和企业文化、城市文化建设研究工作。从事专业写作十几年，期间出版过《小楼轶事》《断剑》等小说戏剧集，还在《文艺报》《戏剧报》《中国文化报》《戏剧文学》《希望》杂志等多家省、中央级报刊发表过作品。

呢？所以，有专家断言：21 世纪的城市经济主流是文化经济，传统产业即便再发展也需大力增加文化价值，新兴产业的生力军非文化产业莫属。这种大趋势决定了新一轮的城市竞争是文化建设之争，是文化产业之争。美国哈佛大学终身教授戴维·兰德斯在《国家的穷与富》一书中提醒人们："如果说经济发展给了我们什么启示，那就是文化乃举足轻重的因素。"①

历史发展到今天，判断一个城市的发展水平，绝不可能再单纯地看其发展速度和 GDP 总值，还要看城市的生存环境、文化品位和科技水准，更要看城市公民的精神状态和现代素养。有人认为：我们制订了市民文明公约，我们竖起写有文明口号的标语牌，我们确定了城市名片的主题词，我们建设了绿草如茵的文化广场，我们有图书馆、展览馆、艺术团体……我们已经"很文化"了。不错，从广义讲，这些都是城市文化的元素。但更为重要的是，用"以人为本"的根本性理念和城市的价值观体系把这些文化元素有机地串联起来，把体现历史传承的、充满个性特征的、有利于凸显城市形象的文化元素发掘和打造出来，把具有强烈文化功能和精神引导作用的文化实体设施建设起来。

文化兴则经济兴。对于一个城市而言，文化是城市的性格，是城市的灵魂，是衡量城市文明程度和发展水平的重要标志，是城市向更高水平迈进的内在动力。优秀的城市文化建设将极大地提升城市的品位，丰富城市的内涵，壮大城市的生命。最终，创建了美好城市文化的广大市民将共享城市文化的美好果实。

## 二　城市文化建设的重要理念

以习近平同志为核心的党中央早就提出：努力铸造中华文化的新辉煌，大力提升我国的文化软实力。显然，中国的最高决策层已深刻意识到文化建设对于可持续发展的重要性和迫切性。那么，对于一个城市而言，文化建设的迫切性就显得尤为突出。这个问题可以从三个方面得到佐证。

① 〔美〕戴维·S. 兰德斯：《国家的穷与富》，转引自吕硕颖《用文化引导品牌提升》，《纺织服装周刊》2011 年第 39 期，第 10 页。

### （一）城市文化建设的观念需要进一步提升

早在西周初期就有人提出“敬德保民”的治国之道，从此“民惟邦本”的中国文化传统逐渐形成。孔孟时期更提出了系统的“民贵君轻”“仁者爱人”“乐民之乐，忧民之忧”等民本思想。党中央提出的“人民高于一切”，其实也是对这一思想的传承和发展。城市文化建设要把“以人为本”这一根本性的理念作为一切决策的基础和前提；要实实在在地让“符合人性，为人服务”成为城市文化建设构想、设计、施工的主要参照指标；要真心实意地让人民是否满意成为检验城市文化建设好与不好的标准。比如：居民小区能否给人们提供更大的休闲空间，城市的风景区能否给青年人留出一块谈情说爱的专属地，图书馆、博物馆的设施及制度是否更方便人使用，各种文艺演出能否成为市民争相追逐的时尚，城市能否提供较为充裕的停车场，城市有没有一个专门为艺术家建立的创作、交流、营销区域，等等。

### （二）城市，必须高扬起文化建设之旗

法国地理学家潘什梅尔曾对城市谈过一种观点：“城市现象是一个复杂的现实，城市既是一个景观、一片经济空间、一种人口密度；也是一个生活中心和劳动中心；更具体点说，也可能是一种气氛、一种特征或者一个灵魂。”① 而我们的城市还有缺乏独特的形象符号、历史特色民居和古迹维护不当、休闲娱乐空间小且缺乏特点等现实问题。我们必须高扬起城市文化建设之旗，把文化之光注入城市的内心深处，以文化建设提升城市的生命质量，让文化雨露滋润人的精神世界。因为，我们不仅需要城市美丽的外表，我们更需要城市高贵的灵魂。只有如此，我们的城市才会健康发展，才会美丽高雅，才会长盛不衰。

### （三）城市文化建设要围绕人的文化素质的提升

毋庸讳言，在城市经济实力倍增的同时，人的道德水准、文明程度的

---

① 转引自孙建科《以城市文化促社会和谐》。http：//xueshu. baidu. com/usercenter/paper/show？ paperid = 4193b00bbef92f156f41431f40ae68f9&site = xueshu_ se.

提高相对滞后，随地吐痰、乱扔垃圾、横穿马路等现象在城市中依然不少。改善社会风气，除了加强法制建设以外，最重要的就是人的文化素质的提升。只有每个单体的个人实现了道德、良知和品格的升华，整个城市才能变得美好起来。这就必须搞好城市文化建设。因为文化可以潜移默化地影响和改造人的灵魂，引导和提升人的境界，更重要的是，城市文化建设的核心和落脚点本来就是要建立一套城市的价值观体系，这是一个城市的道德方向和文明标杆。城市文化建设的迫切性是显而易见的，最重要的是需要城市的管理者和广大市民把这种紧迫感变成扎扎实实的行动，用勤劳的汗水、高超的智慧和极大的热情为城市文化建设全力奋斗。

## 三　城市文化建设的基本定义

进入现代社会以后，“文化”已成为一个内涵丰富、外延宽广的多维概念。学者泰勒说：“文化是复杂的整体，它包括知识、信仰、艺术、道德、法律、风俗以及它作为社会一分子所习得的任何才能与习惯，是人类为使自己适应其环境和改善其生活方式的努力的总成绩。”① 所谓现代社会的城市文化建设，就是要在城市的实体建设上，为市民提供一个优良的、具有文化服务和文化品位的生存空间，在精神建设上打造一个先进的、人性化的，并为广大市民由衷接受和愿意付诸行动的价值观体系。换句话说，就是要从文化建设的硬件和软件两个方面来实现为城市的主体——市民服务的根本性目的。

## 四　城市文化建设的基本原则

### （一）市政建设和文化建设相得益彰、互为补充

市政建设和文化建设是城市建设的两大支柱，没有经济基础的城市文

① 〔英〕泰勒：《原始文化》。转引自关翠玲《泰勒“文化”定义与大学文化建设》，《价值工程》2011年第6期，第319页。

化是空中楼阁，没有文化的城市经济则是没有灵魂的钢铁水泥。国内外许多城市建设的实践表明，文化不仅助力经济发展，而且其本身已经构成一种“经济因素”。文化发展对于经济发展直接发挥建构作用和促进作用，两者应当互融互动，相辅相成。文化水平和文化氛围，是一个城市对于优秀人才、良性资金和优质企业的重要吸引力、凝聚力。改革开放以来，文化走向市场，市场促进文化，城市的文化建设有了更为广阔的舞台，也有了新的动力。但需要指出的是，城市文化建设更需要内涵式发展，没有重点、没有细节、没有特色、内涵贫乏的文化项目或文化建筑可能会适得其反。要充分考虑城市自身的历史、现实、地理、环境、人文等实际情况，且市政建设与文化建设两者要相得益彰、互为补充。

### （二）历史传统与现代文明高度统一、完美结合

没有历史感的城市，总是给人一种轻飘飘的感觉。中国有许多历史积淀深厚的城市，如果在城市文化建设中对历史文化资源没有给予充分地挖掘、梳理和发扬光大，对于现代文明的追求很可能是舍本求末。对于历史文化资源，既需要传承、珍惜，也需要整合、发展，一些只注重形式的简单的“复古”行为是不可取的。我们倡导的历史传统是要挖掘中国数千年的文化底蕴，是要发扬古人优秀的人文精神，并在这一基础上不断创新。文化本来就是多元的、继往开来的。身处当代，城市文化建设不能缺少必要的现代文明元素。青年人是城市的未来，如果没有他们需要并喜欢的城市文化设施及城市文化活动，期待这座城市会具有活力会很难。因此，我们所需要做的就是在城市文化建设中，尽可能地做到历史传统和现代文明的高度统一、完美结合。

### （三）城市发展的共性与个性适当兼顾，互动互融

我们正处在一个日益全球化的时代，城市文化建设必然要借鉴世界的先进经验。好的、有益于城市发展的文化元素，我们完全可以大胆引进，经过消化，为己所用。比如：滑板运动、咖啡文化……但保持个性对城市文化建设仍然是非常重要的。因为全球化不是一元化，城市文化建设不是标准化建设。我们需要而且必须注重“城市特质形象”的定位，注重张扬

城市优秀的个性特征。其实，正是由于各个城市在寻求文化共性的基础上全面保持和发扬个性，才构成了万千城市的万种风情。在这一点上，法国的巴黎、中国的苏州做得比较成功。

### （四）公共文化与产业文化协调发展、共存共荣

城市人口规模的日益扩大、经济结构与城市人口结构的多元化，从量和质两个方面对城市的文化建设提出了要求：一是要满足广大民众对公共文化的需求，比如文化休闲广场、城市公园等；二是要建立强有力的文化产业体系，按社会效益和经济效益双赢的原则生产各类文化产品。

在两者的把握中，政府要认真处理好文化需求（消费）与文化供给（生产）的关系，解决好开放文化市场和健全文化管理机制的矛盾，使公共文化和产业文化协调发展、共存共荣。

### （五）高雅文化与大众文化相互照应、合理搭配

由于学识、教养、经历、性格的不同，人们对文化的关注点和要求肯定是不同的。特别是在城市化的进程中，一批原有的中低收入居民的生活环境发生很大变动，面临新的挑战。而随着经济发展，又有大批农民涌入城市，这两类群体更倾向于需要大众文化。知识分子、中产阶级、白领人士则需要相对高雅的文化，而且对于提升文化档次、文化品位的需求愈发强烈。这种需求的不同，就要求政府在城市文化建设的布局中，对高雅文化和大众文化进行合理搭配，不可顾此失彼。同时，随着时代的发展，尤其是新科技、新媒体的出现与普及，两种文化之间要互相影响，加强互动，这样才能更好地打造城市的大文化景观。

## 五　城市文化建设的基本内容

城市文化建设是一个系统工程，各城市必须结合自身的人文历史、地理位置、生态环境、市民结构等诸多因素，统筹规划，合理布局，切不可一刀切或照抄照搬。纵观西方发达国家和我国比较成功的城市文化建设实例，可以大致总结出城市文化建设的基本内容。主要有以下九个方面。

### （一）文化名片与文化定位

顾名思义，一个城市名片性的文化定位，就是要鲜明、简要地把城市的个性特征和内在价值反映出来。这有利于城市形象的快速宣传，也是打造城市品牌的重要途径之一。所谓的城市整体营销，往往首先就要从最基本的城市定位做起。比如：昆明的“昆明天天是春天”、丽江的“让心灵得到休息的地方”、洛阳的“千年帝都，牡丹花城”、香港的“动感之都”、上海的“国际大都会”，等等。这些简洁、个性、准确的城市名片主题词，显然对宣传这些城市起到了重要的推动作用。

名片性的文化定位，有时还应包括市花、市歌、市鸟的确定。这些看似简单的东西，其实是需要极大的智慧的。高度凝练的总是整体的精华所在，而精华总是最能反映本质的。

城市的文化定位，最重要的是要在受众心目中确立城市独特的、不可替代的位置。要做到这一点，首先要把了解、把握和总结好自己的资源优势；其次要考虑社会公众对定位的认同感，不能简单、主观地硬性宣传。

其实，国内有许多城市的自然资源和文化资源都丰富，但往往因为城市文化定位不当，或者不知道如何定位，导致在打造自己城市名片时，游离不定，模仿他人，或生拉硬扯，不伦不类，造成其城市文化定位要么模糊不清，要么千城一面。说到底，城市的定位就是要把自身具有的功能优势和文化特征两个方面融合起来，形成具有概括性的、个性化的简洁表述，这样的城市文化定位才会具有持久的生命力和生动的表现力。

做好文化定位，有时可以发动全体市民，甚至全国参与。像三亚市就曾在全国征集城市名片用语，效果很好。给城市确定名片性的文化定位，不可急于求成，更不可靠官员个人意志或行政手段。集思广益，请教专家往往是行之有效的好办法。否则，非常容易昙花一现。

### （二）文化建筑与文化景观

景观性的文化建筑又称城市形象文化建筑，主要是指城市的外观形象建设。大到整个城市的空间布局、标志性建筑的风格特色、休闲广场的文化个性、城市公园的风格主调，小到路灯、护栏、停车站、雕塑甚至路牌、广告等，都要讲究整体和谐、审美情趣，同时要有艺术美感和个性张力。形象文化好比城市的脸面，是城市文化的物质载体，是城市的视觉识别体系，一切城市文化的内涵和性格都要通过其体现出来。比如：悉尼的歌剧院就极其成功地提升了这座城市在世界的文化地位；丽江古城的石板路和木质的两层民居，强烈地展现了纳西族文化的古老神韵；陕北的城市形象缺少不了窑洞，新疆的城市形象缺少不了穆斯林的圆屋顶；提到自由女神，就想到纽约；提到埃菲尔铁塔，就想到巴黎。所有这些，无疑都是景观性文化建筑对城市形象文化所发挥的作用。

城市文化广场常被误解为是一块宽阔的绿地，有小憩的椅子、石铺的小路，偶尔放养一群白鸽。市民需要这样的广场用于散步和休闲，但我们需要赋予其更多的文化内涵。比如：在方便的位置建名人墙，立名人雕像；或宣传展示与城市历史有关的逸闻大事；或设置一些有艺术品位的雕塑；或在醒目处竖起现代化的电子大屏幕，用它播报各种市政信息、民生信息及文化信息。既然名为文化广场，就要更多地彰显文化，并用文化感染、影响和教化市民。

再说城市雕塑。近年来，许多城市热衷于搞城雕，初衷是为了强化城市的文化内涵、美化城市的公共环境。若城雕意境指向不高、设计理念平庸，反而大煞风景。好的雕塑完全可以超越时间和历史，使自己成为一个城市乃至一个民族的不朽标记。古希腊已化作尘土，但雅典神庙、帕特农神庙的柱廊依然屹立，令20世纪的人们惊讶和感叹；当今中国的深圳，错落在不同地方的日记似的雕塑，再现了当时的历史事件，令人回味无穷。举这些例子只是想说明：对于城市雕塑，应赋予它丰富的内涵、深刻的寓意和独特的个性。

### （三）文化设施的文化功能

城市的文化建设离不开各种功能性的文化设施，因为它们具有不可替代的重要文化功能。比如：图书馆、展览馆、烈士陵园、城市博物馆、城市艺术区、城市名人纪念馆，等等。

设计建造这些文化设施，特别是城市博物馆、城市艺术区这类文化特性极强的设施，一是不可离开本城市的历史渊源和文化传承；二是文化设施的外观及附属景观，应尽量体现本城市的独特风格，要与城市形象文化的核心特点相统一；三是文化设施要体现时代感，在使用中不断赋予其新的内容。总之，从外观到内容都要赋予它生动的、鲜活的、具有历史感或时代精神的特点。

城市博物馆不仅仅是通常所见的文物存放展览馆，它的主要作用应该是真实地记录这座城市从诞生到发展的成长史。比如：城市历代的行政首脑、历代的重大事件、历代的名人名著、历代的民生状况、历代的建筑史料、历代的环境变迁，等等，都应该存有实物或保留文字记载。没有这样一个城市博物馆，这座城市就缺少了根脉，而根脉往往蕴含了巨大的文化价值。

### （四）文化活动的文化内涵

经常开展各种形式的主题性文化活动，是城市文化建设十分重要的一个方面。对此，许多城市都不遗余力。比如：广西的民歌节、上海的国际电影节、北京的电视节、哈尔滨的冰雪节、丽江的情人节、深圳的读书月、潍坊的风筝节，等等。特别是世界各国竞相争办的奥运会，更能说明一场文化体育盛事所带来的巨大声誉及其对城市建设的深远影响。

但是，并非只要搞文化活动就可以收获成功。有的城市也出现了事与愿违的结果。比如长春电影节投入很大成本，却办得不温不火，没有太多影响力。造成这种情况的主要原因，是主办者没有认真研究和把握本城市的文化特点、财政能力、活动目标及后续资源。

其实，文化活动的主要任务不是对外的，而是为本城市民所需所用；文化活动的根本目的也不是经济的，而是为陶冶市民的情操，提升市民的品位。例如，深圳搞的读书月、市民大讲堂等文化活动，不仅深受市民喜欢，而且也给城市带来了巨大的声望和活力。珠海的梅溪牌坊大庙会及北山音乐节也开始有了一些声望和感召力。“文化搭台，经济唱戏”是有局限性的，文化活动应该以文化价值来担纲宗旨。

### （五）文化仪式的文化浸染

仪式，通常是指赋予特定内容的、约定俗成的程式化的活动。比如：

节庆仪式、结婚仪式、成人仪式、毕业仪式、开学仪式、会议仪式、迎宾仪式，等等。显而易见，这些仪式中的任何一种都充满了文化特征，而且不同民族、不同区域也大不相同。健全而成熟的城市文化建设，绝不会放过仪式这种常见的活动，而且要赋予它历史的、新鲜的、积极向上的内涵，对参加或参观仪式的人进行文化浸染、引导。

最典型的是成人仪式。当少年步入成年时刻，组织者不失时机地通过成人仪式，向他们进行人格教育、责任教育。应该说这时收到的效果一定会比平时干巴巴的说教要好得多。因为仪式有一种庄严感，仪式会把人带入一种独特的氛围，仪式能够带来语言之外的形式震撼。还有节庆仪式，这是非常能代表民族文化的一种仪式，值得大书特书。关键是举办者要做到有名有实，有的放矢，切勿搞无聊的形式主义。

中国传统文化中的“礼”，实际也带有仪式的特性，并被推到了“礼义廉耻”这一经典的中国传统道德规范的首位。推而广之，毕业仪式、开学仪式、迎宾仪式甚至会议仪式都可以成为一个城市推广价值观的文化载体，关键在于怎样开发、怎样设计和怎样实施。可见，仪式对于传播文化、教化民风、启迪民智是非常重要的。

### （六）文化名人的文化效应

文化名人，是一个城市重要的文化资源和精神财富。英国人有一句最著名的话是：“给我们一个印度也不换莎士比亚。”而法国也一向以拥有雨果、司汤达、左拉、小仲马、巴尔扎克等大作家而骄傲。在中国，到了曲阜就会想到孔子，到了绍兴就会思念鲁迅……所以，从某种意义上讲，一个城市如果没有一个或几个公认的、具有声望的文化名人，这个城市的魅力和影响力总是显得底气不足。而发挥名人的文化效应，正是城市文化建设的重要内容之一。

文化名人多半是极具个性的，甚至会有些争议。这不仅需要城市给予极大的包容，更需要给予适当的保护。没有个性的人成不了名人，同样，没有胸怀的城市也成不了气候。文化名人会为欢迎他的城市带去亮色和魅力。

文化名人不仅需要发现，也需要培育，更需要宣传。有很多时候，文化名人是“藏在深闺无人识”，或成名之前诸多坎坷。这就要求一个城市的人才机制、激励政策、管理水平、文化理念必须保持正确性、先锋性和灵活性。

文化名人是城市的品牌，是城市的财富，是城市的骄傲，其价值是无法计算的，有的时候甚至会对全社会的发展进步产生推动力。像曹雪芹对于中国，海明威对于美国，萨特对于法国，莎士比亚对于英国的意义，怎样评价都不会过分。

我们有必要下力气张扬文化名人的价值，特别是提高对他们的知名度和尊崇度。吉尔吉斯斯坦可以为作家艾特玛托夫举行国葬，英国国家元首可以把写《国富论》的小职员奉为座上宾，我们也可以。这不是娇宠文化名人，这是对知识、对人才、对文化的一种尊重和敬仰，而这种尊重和敬仰是会带来巨大回报的。在城市文化建设的进程中，尤其应该如此。

### （七）文化产业的文化经营

经营性的文化产业主要是指演艺业、出版业、旅游业、电影业、音像业、实用美术业、动漫游戏业、工艺品业、特色时装业、艺术教育业，等等。党中央和国务院多次强调，发展文化产业是市场经济条件下繁荣社会主义文化、满足人民群众精神文化需求的重要途径。显然，城市的文化建设离不开经营性的文化产业的支撑。因为，纯公益性的文化建设无法满足广大民众多方面的文化消费需求，也不足以构成一个城市的完整文化体系。

建立和发展文化产业，需要城市政府采取多种政策措施加以扶持，要进一步放开个体、私营、民营、外资等非国有经济成分进入文化产业领域。对于品牌性的文化产业、市场需求量大的文化产业，则应该给予其更多的资金、政策上的扶持。同时，政府还应该注意深化文化体制改革，全面解放和发展文化生产力，理顺国家、团体、个人之间的责任、权利关系，建立科学的、灵活的文化产业管理体制。

这方面最成功的例子，是深圳的大芬村油画产业基地、丽江的《丽水金沙》歌舞演出、漓江的《印象刘三姐》实景演出以及吉林省的农村题材影视生产。尽管他们的行业不同、表现方式不同，但其内在的成功规律是一样的，那就是：政府扶持、任用能人、市场对路、经营有方。

总之，经营性的文化产业，其实最能体现市场经济条件下的城市文化建设的重要功能。它不仅满足了广大群众的文化消费需求，提升了城市的文化品位，更创造了巨大的经济效益。可谓一箭三雕。何乐不为？

### （八）以文化著述承载文化财富

人类历史的绝大部分是依靠文化著述得以传承的。显然，文化著述对于一个民族、一个国家非常重要。城市的文化建设与发展自然也不例外。

一个城市从诞生的那天起，就应该积累自己的文化著述。这种著述包罗万象，有哲学的、历史的、艺术的、地理的、经济的、行政的、民生的、人物的……这实际上就是一座城市的成长史、发展史。一个完整体系意义上的城市文化建设，绝对不可以缺少文化著述的建设。

文化著述的建设并不只局限于修史、编地方志，还可以紧密地结合现代社会的经济动向、民生状态、城市状况研究、市场发展趋势等事关城市生存发展大事的课题，组织专家调研和编写。

城市如果存有历史或前期留下的著述，这是前人馈赠给我们的财富。除了继承和保护以外，城市今天的主人也应该为后人留下关于这座城市的种种文化记录。否则，这段空白将是城市发展史上的一种遗憾。这便是专题性的文化著述所要承担的历史责任。

### （九）创建城市的价值观体系

历史经验告诉我们，任何一个城市要想把全体市民的意志和力量凝聚起来，都必须有一套与经济基础、政治制度相适应的价值观体系，并以此对社会思潮进行引领和整合，使之朝着有利于实现社会预期目标的方向发展。城市文化建设的核心任务和落脚点是创建城市的价值观体系。这个价值观体系应是城市全体市民共同信奉并付诸行动的精神追求和道德准则。

说到底，人的现代素质如何，道德水平如何，将直接决定一个城市的形象质量和发展前景。一个城市的文化建设，应当能够影响市民的灵魂，培育市民的现代素质和高尚情操。道德和文明要潜移默化影响人的灵魂和意识才能产生效果，而这样潜移默化则有赖充满生机的某种载体来完成。

所谓的“城市价值观体系”，至少应该包含以下几个内容。①城市文明公约。建立一整套符合社会发展趋势、符合人道主义精神、符合法制社会要求、符合本城市实际情况的城市文明公约，这种公约需要全民参与、全民共享、全民信守。②城市精神。人需要一种精神，民族需要一种精神，城市同样需要一种精神。比如，深圳的“务实高效的拓荒牛精神”已成为深圳人的普遍精神，进而演化成了深圳的城市精神。一个城市一旦形成一种积极的精神，就会产生巨大的凝聚力、向心力，促使广大市民团结一致、共同前行。城市精神的打造不可凭空臆想，而是要从城市的历史传统、主流文化和朴实民风中提炼出一种积极的、有普遍性的精神来。③城市榜样人物。“榜样的力量是无穷的”，城市的榜样人物是可以培育和打造的。榜样人物必须具备如下标准。第一，榜样应是城市价值观的化身，是人们公认的最佳行为和道德的集中体现，是城市精神的典型表现者。第二，榜样有着顽强的个性和良好的作风，是每个人遇到问题和困难所要效仿的对象。第三，榜样的行为出类拔萃，又并非高不可攀，他（她）的身上有许多普通人的情感，可以使人们在个人追求与公共目标之间找到一种现实的联系。第四，榜样通过各种载体的介绍和传播，将直接鼓舞市民的斗志，激励市民的热情，进而转化成强大的生活和工作积极性。有了这样的榜样人物，城市的价值观就有了看得见的、具有感召力的鲜活载体。④城市的经典用语。书面用语和口头用语，是人们在日常生活中接触最多的东西。因此，用语如何将最直接地表达一个城市及城市市民的道德水准和文明程度。

创建城市的价值观体系，非常有必要规定一些经典的文明用语，用来规范和指导人们的言谈举止。经典文明用语要简洁流畅、易懂易记。经典文明用语一经确定，不可束之高阁，而是要通过各种手段，如马路牌、小区告示栏、宣传手册、各种会议、主流媒体、大型广告等，向市民进行宣传，积极引导，使之最终成为市民融入血液的一种习惯用语。

创建城市的价值观体系，要始终贯穿“以人为本”的理念。要尊重差异，包容多样；要维护人的尊严，保障人的权利，实现人的价值；不允许任何违背人性和人道的东西在城市价值观体系中出现。特别是要避免轻人文精神、重硬件建设，轻实质内容、重表面文章的花架子式的沽名钓誉。《尚书》中说：“民惟邦本，本固邦宁。”市民是城市的主人，他们一旦成为价值观的忠诚实践者，必将产生无比巨大的精神和物质力量，产生对整个城市的正面推动力。

创建城市先进的价值观体系，不是一朝一夕能实现的，需要动员全城的市民积极参与、不懈努力。特别是政府的职能部门，要充分利用城市现有的功能性的文化设施，开展各种主题性的文化活动，赠阅专题性的文化著述，全方位、多角度地对市民进行文明教育，灌输城市精神，从而使先进的价值观深入人心、融入血液、化作行动。这样，在不久的将来，城市的精神面貌就会有很大的飞跃，市民的道德素质就会有极大的提升。这一天，就是城市文化建设收获的日子。

## 六　城市文化建设必须注意的几个问题

### （一）认真保留城市记忆

城市记忆是在城市的历史长河中一点一滴地积累起来的，是一个城市最宝贵的文化存储。比如，一条凝刻历史岁月的古老旧街、一片积淀丰富信息的传统民居、一个流传已久的人文古物。这些都是一个城市难得的宝贵财富，切不可随意丢弃，一定要全力加以保护。否则，极有可能造成城市历史文脉被割断，最终导致城市记忆的消失。

### （二）不可牺牲城市环境

城市环境不仅是城市形象的重要组成部分，更是民众生存的基本条件。因城市文化建设而破坏了环境，是得不偿失、舍本求末的愚蠢行为。生态文化，不仅是城市文化的基础和保障，而且是一个城市文化档次、文化境界的重要标尺。所以，在城市文化建设中，主管者务必精心设计、精心施工，把保护环境、维持生态放在极为重要的位置；务必在人与自然、城建与生态之间找到最佳的完美平衡点。

### （三）城市文化形象要高起点

城市文化形象是给人的第一视觉感受，也被称作城市的视觉识别系统。我们讲的高起点，主要是指其内涵要丰富、独特而又准确，并非要“新、奇、怪”，更不是建多少现代化的城市地标。遗憾的是，有许多城市为了“气势”“形象”而不顾自身的生态环境和历史的文化传承，一味地追求建筑体量的高容积率。这不但破坏了原有的城市构建和轮廓，更削弱了城市的文化身份和特征。

### （四）注意提高城市文化管理水平

城市文化建设不是有了良好的硬件设施就算大功告成，还必须有良好的、高水平的管理。在管理内容上切忌重表象、轻内涵；在管理方法上切忌重人治、轻法治；在管理技术上切忌重经验、轻科学；在管理效应上切忌重短期、轻长远。随着社会变迁，文化管理也越来越需要专业化和管理队伍的职业化，需要对于网络时代新媒体的充分了解，需要发挥具有创造力的优秀人才的作用。

## Advanced Concept and Core Content of Urban Cultural Construction

*Wen Yujie*

**Abstract**: Urban culture is the character and soul of the city, an important symbol to measure the degree of urban civilization and the level of development, and the internal driving force of urban development. The excellent construction of urban culture will greatly improve the taste of the city, enrich the connotation of the city and strengthen the life of the city. The concept of urban cultural construction needs to be changed and people-oriented should be adhered to. The construction of urban culture should revolve around the improvement of people's cultural quality, and pursue the complement of municipal construction and cultural construction, the high unity of historical tradition and modern civilization, giving consideration to the commonness and individuality of urban development, the development of public culture and industrial culture in harmony, and the correspondence of elegant culture and mass culture. The construction of urban culture is a systematic project, and the establishment of the value system of the city is the core content. The construction of urban culture should seriously preserve urban memory, protect the ecological environment and improve the level of urban cultural management.

**Keywords**: Urban Culture; Adhering to People-oriented; Value System; Culture Industry; Urban Memory

# 中国洋垃圾进口禁令与国内固体废物治理利用

白晓天*

**【摘要】** 2017 年，中国政府颁布洋垃圾进口禁令，这是新时代推动中国经济由高速增长阶段转向高质量发展阶段，打好污染防治攻坚战的重大举措，有利于解决由洋垃圾进口和走私所造成的严重生态环境污染问题，同时倒逼国内固体废物治理和资源回收利用走上正轨。本文分析了洋垃圾进口的成因，实施洋垃圾进口禁令的必要性、意义和影响，在“拒外”之策已有效实施的背景下，探讨国内固体废物治理利用的“治内”之策，结合实际，就新形势下如何加强国内固体废物治理利用提出了针对性建议。

**【关键词】** 洋垃圾　进口禁令　固体废物

## 一　绪论

2017 年 7 月 18 日，国务院办公厅正式印发《关于禁止洋垃圾入境推进固体废物进口管理制度改革实施方案》。方案要求，2017 年底前，中国全面禁止进口对环境危害大、群众反映强烈的固体废物；2019 年底前，逐步有序减少固体废物进口种类和数量；到 2020 年，将国内固体废物回收量由 2015 年的 2.46 亿吨提高到 3.5 亿吨。中国实施洋垃圾进口禁令和加强国内固体废物治理利用是中国打好污染防治攻坚战，促进经济向高质量发展阶段转型在固体废物领域的重大举措。在这一背景下，再生资源市场原

---

* 白晓天，珠海市社会科学界联合会学会科研部主任科员，主要研究方向为生态经济学。

有的供求关系被打破，国内再生资源回收行业面临挑战和机遇，国内固体废物治理利用的体系规划、管理机制和产业政策亟待进一步建立并完善。

## （一）文献综述

洋垃圾进口禁令颁布一年多来，媒体将关注点主要放在禁令对固体废物出口国的影响及被中国拒收的洋垃圾的出路问题上。在学界，王贺洋回顾了洋垃圾进口的历程，分析了中国洋垃圾进口禁令对世界的影响；[①] 安宁、赵烨分析了禁令政策在国内和国际的合法合规性，对限制固体废物进口可能引发的贸易争议提出了应对建议；[②] 刘建国分析了禁止洋垃圾入境的经济背景和环境背景，提供了国内生活垃圾分类在公众履行环境责任、固体废物全生命周期管理、再生资源品质方面的思考；[③] 王学琛简要介绍了洋垃圾禁令对国内包装行业和再生塑料行业的影响。[④] 本文使用文献研究的方法，介绍洋垃圾进口禁令的相关情况，分析禁令对固体废物进口和再生资源回收产业链的影响，重点对政府在加强国内固体废物治理利用，提高资源化水平方面所应采取的措施原则，具有很强的问题导向和政策针对性。

## （二）相关术语

### 1. 洋垃圾

洋垃圾指进口固体废物，有时又特指以走私、夹带等方式进口国家禁止进口的固体废物或未经许可擅自进口属于限制进口的固体废物。[⑤]

---

① 王贺洋：《中国“洋垃圾”禁令的全球影响》，《生态经济》（中文版）2018 年第 S1 期，第 2 ~ 5 页。

② 安宁、赵烨：《限制固体废物进口可能引发的贸易争议》，《吉首大学学报》（社会科学版）2018 年第 1 期，第 47 ~ 50 页。

③ 刘建国：《禁止洋垃圾入境对我国垃圾分类的意义与启示》，《资源再生》2018 年第 3 期，第 10 ~ 13 页。刘建国：《垃圾分类与禁止“洋垃圾”入境》，《中国经济报告》2018 年第 6 期，第 51 ~ 54 页。

④ 王学琛：《“洋垃圾”禁令一年　中国决策影响全球固废处理系统》，《资源再生》2018 年第 9 期，第 12 ~ 15 页。

⑤ 百度百科：《洋垃圾》，https：//baike. baidu. com/item/% E6% B4% 8B% E5% 9E% 83% E5% 9C% BE/8898033？fr = aladdin，最后访问日期：2018 年 11 月 3 日。

**2. 固体废物**

《中华人民共和国固体废物污染环境防治法》（2016 修订版）对固体废物有如下定义："在生产、生活和其他活动中产生的丧失原有利用价值或者虽未丧失利用价值但被抛弃或者放弃的固态、半固态和置于容器中的气态的物品、物质以及法律、行政法规规定纳入固体废物管理的物品、物质。"该法将固体废物分为工业固体废物、生活垃圾和危险废物三类。内地环保部门在固体废物治理的实践中，一般将固体废物分为一般工业固体废物、危险废物、医疗废物、污水厂污泥、生活垃圾五大类。

## 二　洋垃圾进口的成因和限制的必要性

### （一）洋垃圾进口的成因

中国进口洋垃圾始于 20 世纪 80 年代，主要是改革开放后中国大力推动经济建设对原材料日益增长的需求与计划经济年代原材料供给不足的矛盾所致。在需求侧，国内消费和出口贸易的规模决定了中国国内制造业企业对原材料的巨大需求。作为生产要素之一的资本的组成部分，原材料以内销产品的形式一部分留在中国境内，还有相当一部分以出口产品的形式流出中国，走向世界。中国是一个人口大国、消费大国、制造业大国和出口大国，中国对原材料的需求无疑是巨大的。在供给侧，国内原生原材料生产成本较高，资源类固体废物回收率较低，而发达国家资源类固体废物回收率较高，可利用的固体废物产量大，但在后续处置阶段的人力、技术、环境成本较高。中国在这一方面则具有比较优势，但同时也存在一些成本被忽视的问题。在供需矛盾和比较优势的共同作用下，中国从发达国家进口资源类固体废物，弥补了国内巨大的供应缺口，发达国家不但不需要承担资源类固体废物后续处置的高成本，还可通过出口这些固体废物赚取利润，从而达到双赢。而且，由于中国货物出口量远超进口量，驶出中国的贸易货船满载货物，而驶向中国的货船则装载不足，所以作为压仓物的洋垃圾享有极优惠的运费，这使得贸易双方盈利水平不太受地理距离的影响。在这种经济利益的驱动下，中国从发达国家大量进口"垃圾"也就不足为奇了。

### （二）限制的必要性

然而，在进口洋垃圾的过程中，一些外国不良商人和不法分子在发货和转运时常常以次充好，不按合同供货，夹带、走私大量国家禁止和限制进口的非资源垃圾和未分拣垃圾。各类品质参差的洋垃圾运抵境内后，大多运往沿海地区的回收企业或家族作坊进行分拣回收，回收再生方式简单粗放，产生了大量有毒有害气体、液体和受技术所限无法进一步利用的固体残余，并被直接排放和倾倒到自然界中，造成了严重的环境污染。非法入境的洋垃圾还带有大量细菌、病毒，对国内公共卫生构成很大威胁，严重时甚至危及国家安全。尽管中国法律对洋垃圾违规进口有严格限制，但受利益驱使，洋垃圾进口和走私规模不断扩大，从 1995 年到 2016 年，中国的年固体废物进口量从 400 多万吨增长到 4000 多万吨，二十年间翻了十倍。2016 年中国进口固体废物总量超过 4650 万吨，限制进口类固体废物量达 4440 万吨，占比高达 95.5%。[①] 尤其重要的是，中国本身是世界第一人口大国，且正在超越美国成为世界第一消费大国，因而中国国内固体废物治理问题越来越突出。如果继续为发达国家处理垃圾，则实在是做“种别人家地，荒自己家田”的荒唐事。中国固体废物治理的战役到了不得不全面打响的时候。

## 三　洋垃圾进口禁令及其意义

中国政府从 2017 年开始发布实施洋垃圾进口禁令，这个禁令是指 2017 年以来中国一系列关于禁止进口固体废物的官方文件的统称。其中最重要的有二：一个是中国国务院办公厅 2017 年 7 月 18 日发布的《关于禁止洋垃圾入境推进固体废物进口管理制度改革实施方案》，方案明确要求“2017 年年底前，全面禁止进口环境危害大、群众反映强烈的固体废物；2019 年年底前，逐步停止进口国内资源可以替代的固体废物”。另一个是

① 《“洋垃圾”禁令持续推进美国网友表示大力支持》，http://www.hbzhan.com/news/detail/125519.html，最后访问日期：2018 年 11 月 3 日。

中共中央、国务院2018年6月24日发布的《关于全面加强生态环境保护　坚决打好污染防治攻坚战的意见》，意见提出“全面禁止洋垃圾入境，严厉打击走私，大幅减少固体废物进口种类和数量，力争2020年年底前基本实现固体废物零进口”。

从禁令内容看，国家出台这项政策，主要基于以下两点考虑：一是解决洋垃圾进口和走私所带来的严重的环境污染问题，“一些地方仍然存在重发展轻环保的思想，部分企业为谋取非法利益不惜铤而走险，洋垃圾非法入境问题屡禁不绝，严重危害人民群众身体健康和中国生态环境安全”；二是解决中国国内垃圾资源化水平低的问题，“促进国内固体废物无害化、资源化利用”，“切实加强固体废物回收利用管理，大力发展循环经济”。① 这便是实施洋垃圾进口禁令的意义所在，首先是保护中国国内生态环境和人民群众身体健康，其次是倒逼国内固体废物治理和资源回收利用走上正轨。中国实施洋垃圾进口禁令是新时代中国全面加强生态环境保护，打好污染防治攻坚战，提升生态文明，建设美丽中国，推动环保事业发展，践行“以人民为中心”发展思想和“绿水青山就是金山银山”理念的重大决策，是一件功在当代、利在千秋、珍视自然、造福于民的好事。禁令实施后，洋垃圾进口回收的利益链条被打破，短期内必然对全球固体废物贸易、再生资源回收产业造成冲击；但从长期来看，它促使各国重新思考生产消费方式和固体废物治理等问题，更好地承担起各自应有的生态环境保护责任，有利于各国加速推进循环经济发展。因此，中国的洋垃圾进口禁令不仅得到中国国内民众的普遍欢迎和积极拥护，还获得不少外国民众的支持和称赞。

## 四　洋垃圾进口禁令对国内固体废物进口和回收利用产业链的影响

### （一）固废进口贸易代理行业将消亡

2017年12月15日，环保部出台《限制进口类可用作原料的固体废物

① 国务院办公厅：《禁止洋垃圾入境推进固体废物进口管理制度改革实施方案》。

环境保护管理规定》（下文称“2017 年《限进固废规定》”），取消了贸易单位代理进口，仅允许加工利用企业自营进口固体废物。国家环境保护部土壤环境管理司有关负责人称，部分不法贸易单位转让固体废物进口许可证、倒卖进口固体废物等违法现象时有发生，导致部分进口固体废物进入环保设施不达标企业，甚至流入一些无任何环保设施的“小作坊”，造成环境污染。禁令之下，拿着许可证靠做固废进口生意牟利的贸易代理商已无生存可能。

### （二）部分固废回收利用企业面临转型压力

洋垃圾进口禁令并非一刀切地禁止一切固体废物入境。众所周知，中国是一个制造业大国和出口大国，出口产品带走的是原材料，如果没有原材料从境外流入，或仅靠回收利用进口产品带来的原材料，大规模的面向出口的生产就会变得难以为继。所以，国家对部分可用作原料的固体废物采取了放行的态度，但从 2017 年《限进固废规定》来看，这个留下的口子是趋于收紧的：一方面，可用作原料的固废进口数量和企业准入数量趋于减量和严控，2018 年限制类进口固废总体上呈现减量审批的趋势，限制进口类固废进口企业通过审批的数量也大幅减少；另一方面可用作原料的固废进口质量标准和企业准入审批标准趋于严格。比如 2018 年 3 月开始实行的《进口可用作原料的固体废物环境保护控制标准——废纸或纸板》要求进口废纸中的夹杂物不得超过进口废纸总重的 0.01%，几乎是在要求只有纯废纸才能入境。再比如 2017 年《进口废纸环境保护管理规定》要求进口废纸加工利用企业规模不小于 5 万吨/年，同时进一步细化了对进口废纸加工利用企业的环境管理要求。[①]

新规定和新标准进一步倒逼在规模、管理等方面处于劣势的企业加速淘汰或转型升级。显而易见，这些企业正在经历着变革中的阵痛，整个行业处于寒冬且正在洗牌。不少企业闻风而动，在禁令实施前就将工作重点

① 《环境保护部土壤环境管理司有关负责人就〈限制进口类可用作原料的固体废物环境保护管理规定〉〈进口废纸环境保护管理规定〉答记者问》，http：//www. hebhb. gov. cn/gzhd/zcjd/201712/t20171231_ 59907. html，最后访问日期：2018 年 11 月 13 日。

转向对国内固废资源的回收渠道建设。[①] 还有个别企业尝试在境外合资建厂，将固体废物分拣加工环节转移到发达国家，对废塑料、废纸等资源类固体废物进行清洗和精筛等处理，加工成符合中国进口标准的可用作原料的固体废物后再进口到国内。[②]

### （三）部分行业原材料供给不足面临危机

2008 年金融危机以后，国内对原材料需求减少，再生资源市场出现萎靡，导致回收企业产能过剩，整个行业比较低迷，国内经济增长速度放缓。因此，可以把洋垃圾进口禁令看成是再生资源回收行业供给侧改革的一项举措，有利于市场达成新的供求平衡。但不同品类再生资源的供求状况不尽相同。洋垃圾进口禁令实施以来，作为原材料的进口废纸供应大幅减少，国内废纸的回收体系尚不完善，造成废纸短缺，价格居高不下，造纸厂利润降低，不少企业转产、减产。比如使用“美废 8 号”进口废纸作原材料的国产新闻纸，2018 年 8 月全国平均价格为 6350 元/吨，较去年同期（5100 元/吨）上涨 24.5%，国内能够正常生产新闻纸的厂家减少到仅剩 3 家。[③] 而禁令对废钢铁、废塑料等其他品类再生资源价格的影响相对不显著，原因是这些品类在国内的回收相对较好且回收量增长较快，在市场上仍处于供大于求而需要进一步去产能的阶段，其价格主要受需求影响，有涨有跌，不够稳定。

### （四）倒逼国内改革完善固体废物治理利用体系

洋垃圾进口禁令实施后，国内产出的固体废物必定要取代进口的固体废物成为主要的再生资源回收利用来源，这就倒逼国内加速改革完善固体废物治理利用体系，打通再生资源回收利用产业链和固体废物的收运处理

① 中国再生资源回收利用协会废纸分会：《2017 年中国回收纸行业发展报告及 20 强企业经营状况调查报告发布》，http：//www.crra.org.cn/html/2018/feizhi_ 1113/688.html，最后访问日期：2018 年 11 月 22 日。

② 《“禁废令”催生商机：中国多家企业已在美投资建厂，把洋垃圾加工干净了再运回来》，http：//www.sohu.com/a/250339474_ 739556，最后访问日期：2018 年 11 月 20 日。

③ 王学琛：《“洋垃圾”禁令一年中国决策影响全球固废处理系统》，《资源再生》2018 年第 9 期，第 12～15 页。

公共事业链，按照减量化、再利用、资源化、无害化的原则，以无害化处理为底线，以提高资源化水平为核心，以减量化为长远目标，推动固体废物治理利用体系的供给侧改革，促进国内循环经济走上良性发展轨道。

## 五　新形势下国内固体废物治理利用体系的改革建议

在中国经济由高速增长阶段转向高质量发展阶段的总要求下，围绕推进供给侧结构性改革的主线，在污染防治攻坚战的号角声中，中国实施洋垃圾进口禁令，“拒外”已彰显成效，新形势下应重点解决国内固体废物治理利用问题，“治内”任重道远。本文从政府视角出发，就加强国内固体废物治理和利用提出以下建议。

### （一）把握治理利用的重点对象

在固体废物治理利用时，应对各类固体废物进行准确全面的调查统计，不能受公众和媒体的刻板印象左右，要切实找出产出量巨大、回收利用率低、市场需求大的固体废物类别，进行重点治理利用。《中华人民共和国固体废物污染环境防治法》将固体废物分为工业固体废物、生活垃圾和危险废物三类。这个分类并未很好地覆盖所有固体废物，现实中还有建筑垃圾、报废车辆、电子废弃物、废旧家具、园林垃圾、医疗垃圾等，既未被计入工业固体废物，也未被大量并入生活垃圾，但体量巨大。据统计，2016 年全国生活垃圾清运量约 20362 万吨，而一般工业固体废物产生量达 309210 万吨；[①] 全国建筑垃圾年产生量超过 350000 万吨，建筑垃圾普遍采用堆放和掩埋的处理方式，其综合利用率不足 5%，远远低于欧盟 90%、日韩 97% 的利用率；[②] 据商务部统计，2017 年的全国机动车回收数量为 174.1 万辆；[③] 电子垃圾问题尤为严重，中国每年淘汰超过 1 亿台电脑、4000 万台电视、2000 万台空调和

---

① 李金惠、赵传军、刘丽丽：《固体废物处理利用行业 2017 年发展综述》，《中国环保产业》2018 年第 10 期，第 7～15 页。

② 乔法容、周林霞、冷元元：《循环经济：绿色发展伦理研究》，人民出版社，2016，第 33 页。

③《2017 年 9 月全国报废机动车回收情况》，http：//scjss. mofcom. gov. cn/article/cx/201710/20171002656384. shtml，最后访问日期：2018 年 12 月 6 日。

1000万台冰箱，2017年中国产生电子垃圾总量高达720万吨，预计到2030年将增长到2700万吨。[①] 目前，全社会的关注焦点似乎集中在生活垃圾上，但生活垃圾的体量并不是最大的。由于有数量庞大的民间捡拾大军对生活垃圾中的可回收物进行收集，零星送进各个废品回收站，所以这部分资源占生活垃圾的比重无法由市政环卫部门进行日常统计。有研究者认为，国内生活垃圾的回收利用率远超发达国家，是非常高的。[②] 所以有关部门在推动生活垃圾减量化、资源化、无害化治理的同时，更要加强对其他体量巨大、利用潜力巨大的固体废物类别的治理和利用。上文提及的国内废纸回收体系不完善的问题，是需要优先解决的。目前有相当一部分源自生活垃圾的废纸未被很好地回收利用，直接进入了焚烧厂或填埋厂。应尽快提高对废纸的分拣能力和回收利用率，以满足巨大的市场需求。

### （二）理顺政府各部门的主体责任

政府应对固体废物的监管责任部门职能进行有效统筹和整合，以提高治理利用的效率。目前固体废物污染防治工作由环保部门负责，再生资源回收则由商务部门负责；不同类别固体废物的主管部门不同，比如生活垃圾归市政环卫部门监管，废旧物资回收归商务部门监管，电子废弃物归工信部门监管，建筑垃圾归住建部门监管，医疗垃圾归卫生部门监管，园林垃圾归园林部门监管，河道垃圾归水务部门监管，有害垃圾归环保部门监管。这种局面造成责任主体过多，污染防治与资源回收这两张网不能有效融合。政府应做好顶层设计，结合实际创新体制机制，增强各部门大局意识，以推动污染防治和发展循环经济为最高目标，通力协作，形成合力。

### （三）强化政府对企业的角色

在生产领域，政府应加强对企业生产和销售环节固体废物产出量和危

① 《电子垃圾围城——我国终于成为世界第一电子垃圾生产国》，https：//baijiahao. baidu. com/s？id = 1596367664103729252&wfr = spider&for = pc，最后访问日期：2018年12月6日。

② 徐海云：《我国可回收垃圾资源化利用水平比较分析》，《共享绿色世界两网融合与垃圾治理探索》，人民邮电出版社，2018，第25页。

害性的监督管理，主导制定更具操作性、更有约束力、更加严格的法律法规和行业标准，比如进一步规范工业固体废物、建筑垃圾等产出、处理和利用，进一步规范包装的生产、使用和回收等，加大违规处罚力度，这是源头减量最重要的工作。在环保领域，对承担固体废物无害化处理工作的环保企业加强监督，防止企业隐瞒信息非法排放，鼓励环保企业与回收企业合作，探索“两网融合”的创新模式。在资源回收领域，矛盾问题比较突出，固体废物的资源化不仅取决于政府推动循环经济的决心，更取决于市场对再生资源的需求，市场上普遍存在“利大抢收，利小少收，无利不收”的现象，资源化较好的几个品种如废钢铁、废有色金属、废塑料及废纸基本形成了较完整的回收利用产业链，但废玻璃、废电池、废节能灯、废纺织品等品种，由于回收成本高、利用价值较低和利用方式有限等多种因素，回收率较低，这些品种单靠市场行为是不可能让企业盈利的。然而目前除了生活垃圾由政府环卫部门直接参与管理，其他类别的固体废物基本交给市场来调节，企业一旦不能盈利，便会放弃对一些低价值的可回收资源进行回收利用，仅仅依靠市场无法保证固体废物治理利用的公益性。因此，政府要对再生回收市场进行深入研究，根据经济形势提出合理的资源化目标，摸清企业的盈利点和亏损点，对企业为发挥社会、环境效益所做的贡献给予补贴和奖励，确保企业、行业的健康持续发展。

### （四）加大对相关领域的资金投入，鼓励技术创新

固体废物治理利用产业偏向资本和技术密集型，生活垃圾的智能分类回收、专业分拣厂的大型自动化分类分解、电子废弃物的大规模拆解回收、固体废物生物化学处理、焚烧厂排放物残余物处理利用、填埋场的渗滤液处理利用等诸多领域都需要高科技支撑，但目前该领域资金投入和科技创新明显不足。政府应对固体废物治理应用产业给予扶持，支持从发达国家引进先进的固体废物处理技术和装备，鼓励高校、科研机构与企业合作开展技术研发，对重大技术创新和应用成果予以奖励，不断增强国内固体废物治理利用能力。

### （五）切实维护公众的利益

在推行生活垃圾强制分类制度时，要符合中国的国情和民情，不一定

照搬发达国家的做法进行过细的分类，可利用高科技手段让更多的公众能够以便捷的方式进行回收物投送并获得物质回报。在推进生活垃圾清运处理和回收利用“两网融合”时，如要改变当前民间捡拾大军+废品回收站收购的模式，应考虑部分专业捡拾者的生存问题，让他们在新的模式中发挥新的作用，比如由企业招募，将其培训成为专业分拣工人或智能回收终端的收运维护者等。在进行垃圾无害化处理时，不能一味追求垃圾零填埋，一窝蜂地建设焚烧发电项目。任何一种垃圾处理方法都是有缺陷的，焚烧时产生的有害气体和焚烧后留下的飞灰、残渣等如处理不当，会对公众健康构成严重威胁，要始终将公众健康放在首位，实施更加精细的规划、管理和监督。

### （六）更加有效地开展宣传教育

政府应加强对公众的宣传教育，相关宣传教育不一定是知识性、技术性或实用主义的，比如教会公众如何进行生活垃圾分类，更重要的是从打基础、管长远的普及教育和文化引导入手，从社会价值观入手，从年轻一代入手，从改变公众的消费观念和行为习惯入手，让公众深刻认识到人的行为、生活环境与人的幸福三者之间的关系，引导公众更多地进行健康低碳的精神消费，减少不理性、不环保的物质消费，从而真正实现生活垃圾的源头减量。

## 参考文献

《中国洋垃圾禁令影响多大？美国某地 2 ~ 3 月将被废纸堆满》，https：//finance. sina. com. cn/consume/puguangtai/2018 - 07 - 27/doc - ihfvkitw4369987. shtml，最后访问日期：2018 年 11 月 12 日。

《拒绝“洋垃圾”，中国给世界的“警示”》，https：//www. sohu. com/a/273504025_650187，最后访问日期：2018 年 11 月 12 日。

《泰国、马来西亚、越南纷纷向“洋垃圾”说不，洋垃圾何去何从?》，http：//www. sohu. com/a/273326452_ 99926848，最后访问日期：2018 年 11 月 13 日。

# Ban on Import of Foreign Waste & Treatment and Utilization of Solid Waste in China

*Bai Xiaotian*

**Abstract**: The ban on import of foreign waste issued by the Chinese government in 2017 is a major move in the new era to promote China's economy from a stage of high-speed growth to a stage of high-quality development and a good fight against pollution, which is conducive to solving the serious ecological and environmental pollution problems caused by the import and smuggling of foreign waste, at the same time forcing the domestic solid waste treatment and resource recycling to the right track. This paper analyzes the causes of foreign waste import, the necessity, significance and influence of implementing the ban on foreign waste import. Under the background of the effective implementation of the "rejection" policy, this paper probes into the "internal control" policy for the treatment and utilization of domestic solid waste. Combined with the reality this paper puts forward some principled reform proposals on how to strengthen the treatment and utilization of solid waste in China under the new situation.

**Keywords**: Foreign Waste; Ban on Import; Solid Waste

# 财经 探索

FINANCE AND ECONOMICS EXPLORATION

# 吉林省全域旅游的发展路径*

李燕军**

**【摘要】** 中国的旅游事业，出现了由景点旅游（点状）、线路旅游（线状）向全域旅游（立体）的转变。全域旅游是一种全新的旅游模式，有着深刻的时代背景，是旅游事业走向新境界、迈向新台阶的重要标志。全域旅游折射了社会变革、时代发展、民众需求。全域旅游是指在一定区域内，以旅游业为优势产业，通过对区域内经济社会资源尤其是旅游资源、相关产业、生态环境、公共服务、体制机制、政策法规、文明素质等进行全方位、系统化的优化提升，实现区域资源有机整合、产业融合发展、社会共建共享。因此，全域旅游是以旅游业带动和促进经济社会协调发展的一种新的区域协调发展理念和模式。吉林省推进全域旅游具备一定的优势，但也面临着压力和挑战。吉林省全域旅游的发展路径主要是：坚持旅游规划先行；在保持景点核心地位的同时加强与周边环境的互动；发挥“旅游+”功能，推动旅游与其他相关产业深度融合、跨界联动、相融相生，构筑新业态；优化旅游公共服务；进一步打造优质导游人才队伍。

**【关键词】** 全域旅游　体验式旅游　旅游资源整合　导游素质

---

* 本文为以下基金项目的成果：①吉林省教育厅“十三五”社会科学项目“吉林省发展健康旅游的可行性及对策研究”（合同编号：JJKH20190421SK）；②吉林省高等教育教学改革研究课题“吉林省应用型本科教学质量体系构建研究”，2018 年。

** 李燕军，长春财经学院管理学院教授，旅游管理专业带头人，研究方向为旅游管理。

中国的旅游事业，明显出现了两种趋势：一是旅游方式呈现小团体、多样化、个性化、精细化的特征，个人游、自驾游、家庭游、伴侣游、“驴友”自行发起组织的旅游等，各种变化层出不穷，令人目不暇接，尤其体现在从“观光式”到“体验式”，深刻反映了游客心理需求的多元化；二是旅游市场越做越大，被业界称之为“全民旅游”。旅游业呈现出规模化、系统化、整合化趋势。在这样的趋势中，旅游业发挥了对社会经济文化的辐射、带动、融合的作用。这两种趋势，表面看起来截然相反，却有着必然的内在联系，而且相辅相成。而这样的两种趋势，又催化、酝酿出了中国旅游事业具有全局性、战略性的转变：由景点旅游（点状）、线路旅游（线状）向全域旅游（立体）转变。全域旅游是一种全新的旅游模式，有着深刻的时代背景，是旅游事业走出新境界、迈向新台阶的重要标志。吉林省的全域旅游，已经略具雏形，规模初现，是吉林省整合、发挥全域生态、地域文化与东北亚旅游中心优势，走在新时代、迎接新开放、实现新跨越的务实举措。

## 一　全域旅游的时代背景与深刻内涵

全域旅游的出现，并非源自任何人的心血来潮、突发奇想。即使全域旅游已经成为一种旅游发展的战略决策，也必然折射社会变革、时代发展、民众需求。因此，全域旅游是时代的宠儿，其诞生和发展，有着深厚的社会文化的土壤。

### （一）游客心理需求的扩展与提升

著名心理学家马斯洛曾提出著名的“需要层次论”，认为人的心理需求可以概括为生理需要、安全需要、交往需要、尊重需要、认知需要、审美需要、自我实现的需要。[①] 旅游事业发展的实践表明：对于游客来说，这些需要层次，在旅游中是全面体现、互相贯通的。尤其是随着中国改革开放的深入和生活水平的提高，随着教育的普及和民众文化修养的提升，

① 参见〔美〕马斯洛等著，林方主编《人的潜能和价值》，华夏出版社，1987。

旅游中认知需要、审美需要的比重大大增加。以往的衣食住行、购物、交友等，也都注入了新的内涵。“体验式”旅游，本身就意味着更为立体的、全方位的体验。导游也在以往的路线组织、生活安排、景点介绍、购物引导等工作项目的基础上，转向更为丰富的知识文化的传播、审美情趣的领略、生态历史的讲解等。游客不仅仅是到了一个景点，而是到了一个地区，置身于情境之中的参与式体验，甚至“穿越时空”的多元化需求，已经成为旅游市场扩展与转化的重要动力。全域旅游的出现，是满足人民群众“对美好生活的需要”应运而生的。

### （二）旅游硬件设施的优化发展

交通、通信等硬件设施的普遍优化，不仅为游客提供了方便，也一定会为游客扩展眼界、打开心胸创造了条件。而许多地方硬件设施、基础建设的优化发展，本身就是与旅游事业发展的影响推动作用分不开的。数字化、网络化、智能化等新兴科技的发展，必然会对一个地区各种资源的优化组合提出要求、创造条件。虽然，高科技发展迅速，其变化在未来会有新的、难以预料的功能作用，但我们不难设想其在社会各个领域互动互融、共建共享、协调发展中的巨大能量，这是一种“迫切而现实的未来预测”。AI、AR 技术，将进一步为游客的全方位、全过程、全时空旅游体验创造条件，而这也正是全域旅游的特征与内涵。

### （三）旅游业与各种资源、产业行业的互动互融极大增强

如果说旅游事业的发展，需要依托社会经济文化各个领域的进步与发展，那么，不容否认的是，旅游业也对各行各业具有重要的带动、促进作用。所谓“旅游资源”，已经不仅仅是历史遗迹、人文景观、自然景观等，一个地区的生态环境、经济发展水平、公民文明素质、教育发展程度、科技发展水平、体制机制、风俗民俗等，都已经具备了丰富厚重的“旅游价值”。同时，当一个地区的旅游资源被开发达到一定程度时，其再上一个台阶的努力，已经出现某种意义上的“饱和”现象，无论是旅游效益的“溢出”，还是旅游资源的“外化”，又或是旅游对各个领域新的意义上的旅游资源的“接纳”，都需要对原本格局进行创造性整合与变革。因此，

全域旅游是社会协调发展的题中应有之义，是旅游事业决策者和管理者在大数据时代系统思维的体现。

### （四）大数据时代的关联性深刻影响新一轮旅游发展战略

无论是新的旅游区、旅游线路、旅游产品的开发，还是在以往旅游基础上的新的规划、转型、升级、换代，传统意义上的“旅游”已经不能“一花独放”“异军突起”“独领风骚”，而必须成为整体发展战略的有机构成。“当今社会，对于各级政府的不同部门来说，来自社会各个领域的数据都更加充分，但数据隔离会使数据处于静态，造成数据能量的巨大浪费。对于任何一个决策机构来说，政府决策在一定意义上都是带有全局性的，跨地区、跨领域、跨部门、跨分工的数据关联与数据重组，将使数据发生难以估量的巨大‘增值效应’。如中国许多地区已经拉开帷幕智能化建设，其中包括智能电网、智慧交通、智慧医疗、智慧环保、智慧城市等等，而大数据的通畅性、关联性、分享性是数字化智慧的灵魂。……更需要各级决策者从决策素质的内在深处切实提升整体思维、系统思维意识和能力。数据关联与分享，是真正的共赢思维，如果说以往的部门主义、地方保护主义等等可能造成以邻为壑的恶果，那么，任何数据割据、数据孤岛，都必然造成整体和局部的共同戕害。大数据思维，即是大格局思维、大系统思维。”① 无论是全局性旅游战略，还是局部性旅游战略，都需要综合考虑前瞻性、生态性，考虑价值多元化。例如任何“主题旅游”，都需要在突出特色主题的前提下考虑到旅游全要素的综合体现，在实现商业价值的同时实现文化价值、生态价值；既要紧跟市场发展趋势，又要把握宏观战略导向和政策导向；既要植根于产业发展的市场前景，又要着眼于区域发展方向；既要珍惜和发掘各种资源，又要不断创新、优化；既要让旅游事业兴旺，体现其独特的优势，又要观照与社会经济文化的协调发展。

综上所述，全域旅游是指在一定区域内，以旅游业为优势产业，通过对区域内经济社会资源，尤其是旅游资源、相关产业、生态环境、公共服务、体制机制、政策法规、文明素质等进行全方位、系统化的优化提升，

① 刘在平：《大数据时代的决策思维》，《珠江论丛》2017 年第 1 期，第 29 ~ 30 页。

实现区域资源有机整合、产业融合发展、社会共建共享。因此，全域旅游是以旅游业带动和促进经济社会协调发展的一种新的区域协调发展理念和模式。全域旅游中，各行业积极融入其中，各部门齐抓共管，全城居民共同参与，充分利用目的地的各种条件、资源、要素，为前来旅游的游客提供全过程、全时空的体验产品，满足游客全方位的心理需求。

## 二　吉林省发展全域旅游的优势

2018 年，吉林全省接待游客 22156.39 万人次，同比增长 15.15%；实现旅游总收入 4210.87 亿元，同比增长 20.07%，分别高于全国平均水平 4.65 和 9.17 个百分点，旅游业保持了持续快速增长的强劲势头。应当说，吉林省开展全域旅游，是具备一定的基础和优势的。

### （一）冰雪产业走出吉林路径

冰雪产业是吉林人践行习近平总书记“两山理论”，立足旅游却又突破旅游走出的一条全产业链发展新路。冰雪格局初定。全省“西冰东雪”产业格局已经形成。长吉都市冰雪运动、休闲度假和大长白山冰雪生态度假两个产业集聚区效应显现，东部冰雪体验之旅、西部渔猎文化之旅、南部康体养生之旅日臻成熟。冰雪市场繁荣。2017～2018 年雪季，全省接待游客 7263.89 万人次，同比增长 17.18%；实现冰雪旅游收入 1421.81 亿元，同比增长 22.57%，占全省旅游平均总收入的 36.85%。冰雪是寒冷的，但自古以来“咏冰颂雪”的诗词文章汗牛充栋，赋予了东北大地冰天雪地以“文化温度”。随着产品体系的创造性开发，全省已经形成冰雪休闲度假、冰雪温泉养生、冰雪观光体验、冰雪民俗史迹四大产品体系，冰雪 + 温泉成为冬日旅游的最佳搭配。具有一定季节性的冰雪旅游，在整合的基础上，已经成为带动全省经济文化发展的生力军，而“冰雪文化”的概念也逐步形成。

### （二）避暑休闲产业成为夏日经济新形态

2018 年避暑季，高标准集成消夏避暑全民休闲季，“清爽吉林·22℃

的夏天”，实至名归。全省接待游客 11440.75 万人次，同比增长 14.09%。实现避暑旅游收入 2093.49 亿元，同比增长 19.02%，占全省旅游总收入的 48%。盛夏之际，地处东北的吉林地域普遍拉开凉爽的幔帐，长白山景区、净月潭风景名胜区、长白山魔界风景漂流、长春劳动公园、仙景台风景名胜区、防川风景名胜区、龙湾漂流、长白山天池、白鸡峰国家森林公园等，构成深受游客喜爱、蜚声全国的夏季旅游胜地。吉林省的夏季休闲避暑旅游已经具备了良好的基础，但旅游资源的整合、服务的全面展开和质量提升，还有广阔的空间。我们知道，过度繁忙会使人焦虑；过度休闲又会使人空虚。现代人追求休闲中的修养，将休闲避暑旅游纳入全域旅游，将会绽放新的魅力。

### （三）全域旅游全面推进

聚焦全时段体验。将冰雪旅游和避暑旅游作为产业发展的鸟之两翼、车之双轮，构建“联动冬夏、带动春秋、驱动全年、四季皆有特色”的全时段旅游发展格局，文旅产品渐呈多元化，皆有不俗表现。乡村旅游成为旅游业发展的新支撑和脱贫攻坚的新助力；边境入境游停留区域辐射半径延伸，入境研学游方兴未艾，跨境自驾游蓬勃发展。由此可以看出，吉林省全域旅游已经初具规模，全面推进全域旅游的发展步伐、提升质量的战略机遇期已经成熟。

### （四）宣传营销独树一帜

一张蓝图，双品牌驱动，吉林文旅凸显张力。依托两座“金山银山”，整合冬夏两种资源，瞄准两个 3 亿人市场，经过 3 年的持续打造，从形式创新，到内容为王，“温暖相约・冬季到吉林来玩雪”和“清爽吉林・22℃的夏天”双品牌深入人心。吉林省冬夏两季温差明显，各自具有鲜明的季候特征，适合于不同的旅游产品。然而，根据全域旅游的理念，两季的差异只是旅游要素当中某种要素更为突出的问题，但全要素的提供、全方位的服务、审美体验，则是共同的。夏季为冬季相邀，冬季为夏季铺垫，是完全可能的。从全域旅游新颖理念出发的旅游宣传营销，有着巨大的创新空间。

## 三　吉林省全域旅游面临的压力和挑战

### （一）发展空间的竞争

在日益加剧的旅游市场竞争中，辽宁、黑龙江、京津冀等地区先行一步；西部地区以西部大开发为契机，凭借自然文化资源优势加快崛起；中部地区的河南、湖南、安徽等省强化措施，奋力推进全域旅游发展。从2016年中部地区旅游数据来看，各地旅游业发展面临你追我赶的竞争形势，如不加大力度实现超常规发展，就会在市场竞争中陷入被动。

### （二）基础设施急需发展

吉林省直达欧美主要境外客源市场的航线航班欠缺，省内支线机场和航线建设有待加快。机场、高铁、高速公路与主要景区交通对接仍需加强，景区停车场、旅游厕所、标识标牌、游客中心等配套设施有待完善，旅游信息化程度亟待提高，公共服务空间发展不均衡，旅游者与当地居民尚不能共享公共服务。必须认识到，全域旅游对基础设施的完善、配套提出了更高的要求。基础设施的建设，主要目的是为游客提供方便、快捷的服务条件，但同时不能忽视审美、和谐。一味追求奢华，不仅会因资金等问题而耽搁发展进度，而且可能在功能性上适得其反。全域旅游中必然蕴含的生态文明的理念，是旅游基础设施建设中的重要的精神指南。

### （三）跨界融合有待深化

旅游新业态、新产品不足，旅游与新型城镇化建设、生态文明建设、对外开放等协同推进力度有待加强，与交通、文化、体育、健康、养老、农业、工业、科技、教育等相关产业的融合有待加快。旅游和农业、文化等方面有一定融合，但融合程度还不高，项目同质化、低端化严重；旅游和工业、信息化、文化创意等方面的融合，还有较大的提升空间。

## 四　吉林省全域旅游的发展路径分析

### （一）坚持旅游规划先行

全域旅游规划应是一个科学的、基于旅游总体规划的规划类型，应从全域旅游发展的基本理念角度出发，思考全域旅游规划的编制内容。如果说旅游总体规划是从旅游部门管理、旅游产业和旅游者的基本需求满足来考虑旅游发展的，那么全域旅游规划就应该从全社会、国民经济各产业和旅游者获得的品质角度来思考旅游发展。

要加强规划对全省全域旅游的示范引领，规划全域旅游带、覆盖全域的高速旅游网，形成全景式规划、全时段体验、全业态融合、全要素集聚、全领域覆盖，具有吉林特色的全域旅游发展格局。

### （二）保持景点核心地位

从“景点旅游”发展到“全域旅游”，并不意味着“去景点化”，旅游景区依然是旅游业发展的核心要素，是旅游行业和地方旅游形象的窗口。旅游景区要成为全域旅游发展的先行区和增长极，就必须突破传统的思维局限，打破“景区单打独斗”“景区内外两重天”的局面，将景区及周边建设成功能上相互补充、空间上协调、业态上丰富多样的有机整体。

### （三）延展旅游业态、聚力全产业推进

发挥“旅游＋”功能，推动旅游与其他相关产业深度融合、跨界联动、相融相生，构筑新业态，促使旅游发展从“围景建区、设门收票”向“区景一体、产业一体”转变。协调推动旅游与农业、林业、工业、电商等行业联动。

依托旅游发展基础，完善体制机制改革，充分发挥“旅游＋”的优势，让更多的本地特色产业，优势产业融入旅游，在提升地区的旅游综合吸引力同时，为城乡居民提供就业和创业机会，实现旅游惠民富民的目的。

（1）旅游＋农业。推动田园观光、采摘篱园、乡村酒店、生态渔家、温泉养生等乡村旅游传统业态提质升级；培育田园艺术景观等创意农业；鼓励发展定制农业、会展农业、众筹农业、家庭农场、家庭牧场等新型业态，建设一批休闲农业观光园、现代农业示范园区等田园综合体。

（2）旅游＋工业。充分发挥吉林省在汽车、轨道客车、化工、森工、矿业、科研、电影制作、知名院校等方面的产业基础和资源优势，开展工业旅游项目，打造以汽车文化、轨道交通为代表的具有旅游功能的工业小镇，培育形成具有吉林特色的工业旅游产业体系。

（3）旅游＋康养。发展以中医药文化和养生体验为主题的中医观光、疗养康复、中医药科考等健康养生旅游产品，加快以通化等地区为代表的中医药健康旅游示范区建设。

（4）旅游＋体育。以节事、赛事活动为载体，结合群众健身、大众休闲运动，开发滑雪、滑冰、雪地摩托等冰雪特色运动旅游产品和漂流、皮划艇等水上运动旅游产品。

（5）旅游＋会展。围绕长春、吉林、延边等有条件的地区，发展商务会展旅游，建设一批会议会展场馆，吸引国际知名会议会展公司、国际品牌会议、会展落户吉林，培育有国际影响力的商务会展企业及活动品牌。

### （四）优化旅游公共服务

全域旅游目的地建设要求，旅游发展方向由“抓点”向“抓面”转变，旅游主管部门应更多关注区域旅游公共服务系统的构建，从传统封闭式服务转变为城市全方位服务，实现旅游服务供给新突破，让每个城市乃至全省的每一个与旅游相关的环节更加贴心便利，形成一个“畅游”的体系。通过创新旅游厕所建设管理、提升旅游公共交通服务水平、完善旅游信息平台建设和服务、丰富各类游客服务中心功能等措施，全面提升旅游市场秩序与行程安全综合保障，以满足本地居民和外地游客的不同体验和需求，提升区域旅游综合吸引力。

### （五）进一步打造优质导游人才队伍

全域旅游的发展，需要全面发展的优秀旅游管理人才和导游人才。导游是一项专业性较强的职业，同时也应当由综合素质较高的人才来担当。导游不仅是旅游活动的组织者和引导者和旅游团队的管理者，同时也是游客之间或游客与相关人员之间关系的协调者，是知识文化的传播者，甚至是旅游文化和旅游文明的守护者与培育者。全域旅游，无疑对导游队伍的建设提出了更高的要求。通过优化旅游院校课程设计、提高旅游从业者的入职门槛、加大培训力度和考核力度等实际有效的措施，打造一支既有良好的专业能力，又具备优秀综合素质的导游队伍，是吉林省旅游事业迅速发展的当务之急和长远之计。

## 参考文献

樊文斌：《“全域旅游”视角下大连旅游专项规划探析》，《规划师》2015 年第 2 期，第 107 ~ 113 页。

郑治伟、王崇文：《“全域旅游”视阙下的京津冀旅游公共服务发展研究》，《改革与战略》2017 年第 1 期，第 109 ~ 112 页。

于洁、胡静、朱磊、卢雯、赵越：《国内全域旅游研究进展与展望》，《旅游研究》2016 年第 8 期，第 86 ~ 91 页。

王磊、刘家明：《宁夏建设全域旅游示范区研究》，《宁夏社会科学》2016 年第 4 期，第 123 ~ 127 页。

《中国吉林省旅游行业现状调研及发展趋势分析报告（2018 ~ 2025 年）》，中国产业调研网。

《中国冰雪旅游发展报告 2018》，世研旅游大数据，2018 年 12 月 26 日。

## The Development Path of Global Tourism in Jilin Province

*Li Yanjun*

**Abstract**: The tourism industry in China has changed from scenic spot tourism (dot) and route tourism (line) to global tourism (stereoscopic). Global tourism is a new tourism model, which has a profound background of the times, and an important symbol of tourism toward a new realm and a new step. Global tourism reflects social change, the development of the times and the needs of the people. Global tourism refers to taking tourism as the dominant industry in a certain region, through the economic and social resources, especially tourism resources, related industries, ecological environment, public services, institutional mechanisms, policies and regulations in the region, to optimize and improve the quality of civilization omni-directionally and systematically, so as to realize the organic integration of regional resources, the integration and development of industries, and the joint construction and sharing of society. Therefore, global tourism is a new concept and mode of regional coordinated development, which drives and promotes the coordinated development of economy and society with tourism. Jilin Province has some advantages in promoting global tourism, but it is also facing pressure and challenges. The development path of tourism in Jilin Province is mainly as follows: adhere to tourism planning first; strengthen the interaction with the surrounding environment while maintaining the core position of scenic spots; give full play to the function of "tourism +", promote the deep integration and cross-border linkage of tourism and other related industries, blend into each other, build new business type; optimize tourism public services; further build a team of high-quality tour guides.

**Keywords**: Global Tourism; Experiential Tourism; Tourism Resource Integration; Quality of Tour Guides

# 北部湾城市群对外经济关系及前景展望

蔡　溢*

**【摘要】** 北部湾城市群具有一定的地缘优势和开放传统，在“一带一路”国家倡议中地位突出。北部湾城市群应抓住机遇，从工业、农业、旅游产业等方面深化改革，实现实质性提升；应以湛江和北海为核心，实施“走出去”战略，突出海洋主题和东盟特色；在对外交流上，应充分发挥民间和社团的功能作，利用“一带一路”海上丝绸之路对湛江及北海的城市定位，积极走“创品牌”的制造业升级之路。

**【关键词】** 北部湾城市　对外开放　海上丝绸之路

2017 年 1 月 20 日，国务院批复了《北部湾城市群发展规划》。按照规划，北部湾城市群将成为发挥地缘优势，挖掘区域特质，建设面向东盟、服务“三南”（西南、中南、华南）、宜居宜业的蓝色海湾城市群的国家级城市群。尽管这一区域目前的发展水平与长三角、珠三角等发达地区有较大的差距，但其地缘位置具有较大的独特性。这一地区横跨广西、广东、海南三省，连接东部和西部广阔的地区，是中国陆上距离东盟最近的地区，又具有“一带一路”沿线、沿边的优势，因而具有广阔的发展空间。

---

* 蔡溢，广东海洋大学寸金学院北部湾经济研究中心，副研究员，主要研究方向为全球化与国际贸易。

## 一　对外经济关系的大背景及北部湾城市群的定位

北部湾城市群，包括广东西部沿海地区的湛江、茂名、阳江，广西的南北钦防四城市和崇左、玉林，以及海南的海口等城市。历史上，这一区块一向被认为具有战略防御地位，但不是对外开放的前沿。广东的经济中心在珠江三角洲，湛江以及广西的南宁、北海、钦州、防城港等，对外资吸引力较弱。

2018 年，习近平主席宣布了对外开放的四大新举措：一是大幅度放宽市场准入；二是创造更有吸引力的投资环境；三是加强知识产权保护；四是主动扩大进口。[①] 四大措施使得中国的对外开放再上新高度。中国改革开放以来，解放了生产力，激活了民营经济，释放了人才、资金、技术等要素的活力。党的十八大以来，各城市不断放宽入户标准，对农民工及社会弱势群体增加了柔性政策，一系列有利于新生代农民工融入城市的法律法规和政策出台，城市管理更加人性化，这一系列改革举措减少了经济发展的障碍。

中国将来的趋势是成为进口大国，这也是美国、欧盟、日本、澳大利亚等发达国家曾经走过的路。产品生命周期理论告诉我们，一个产品在初创和刚投入市场的婴儿期时，起决定作用的是研发和技术；产品进入衰退期，起决定作用的是人工成本。例如：汽车曾经是技术密集型产品，最初美国占有技术优势，所以大规模出口；接着进入成熟期，比美国技术稍落后的日本和德国开始大规模生产并且出口；技术成熟后，可以进行标准化、规模化的生产，人工成本低的国家开始发挥后发优势，中国成为汽车生产大国和出口大国。中国随着人工成本不断上升以及资源、环境等问题凸显，随着中产阶级的扩大，对高质量、高附加值的商品和服务的需求大增，这促使中国迈向进口大国。从“全世界购买中国货”到“中国人在家门口购买全世界商品”的转变，这也是深入对外开

---

① 转引自张茂荣《四大新举措助推中国对外开放再上新高度》，2018 年 4 月 12 日，http://news. cri. cn/20180412/7d14c8d0 - 527d - a6bd - af43 - e7c97d329566. html。

放，减少贸易摩擦的重要举措之一。2018年中国将汽车整车税率为25%的135个税号和税率为20%的4个税号的税率降至15%，将汽车零部件税率分别为8%、10%、15%、20%、25%的共79个税号的税率降至6%。这项举措将会影响其他商品。可以预知的是，国家降低进口商品关税的方向不会改变；缩小贸易顺差，基本达到贸易平衡的方向不会改变。所以，我们的消费层面和实体经济要做好从出口大国向进口大国转变的思想准备。

“一带一路”倡议是中国扩大对外开放、实现贸易对象国多样化、减少对欧美市场依赖性的重要举措。“一带一路”不带有意识形态色彩，更不是胡萝卜加大棒或新式的殖民主义。有学者指出：“如果所有国家都通过各类补贴大规模实施产业政策，那就会带来市场与价格机制的失灵，资源配置的扭曲和生产效率的大幅下降。”① 中国从现有的国际贸易规则中受益良多，所以以往通过补贴来促进相关产业出口的做法将会得到纠正。尽管中国经过40年的改革开放，GDP已经达到了美国的60%，但人均GDP在2017年为8643美元，世界排名第71位，还达不到世界的平均水平，不足美国的1/7。更何况中国经济发展存在着各种问题，比如贫富差距拉大，地区发展不平衡，经济发展的推动力仍然是出口、投资，特别是房地产领域的投资，消费严重不足甚至出现了中产阶级消费降级②的趋向。可以预测的是，中国决不主动发起与美国的“冷战”，反而会不断深化市场化改革，更多地融入国际规则中。

从北部湾城市群的历史来看，合浦和徐闻是“海上丝绸之路”的始发港，早在汉代就已经跟波斯、斯里兰卡等古丝绸之路沿线的国家做贸易。合浦的汉代大型古墓遗址就是其历史见证。鸦片战争以后，北海和湛江相继成为对外贸易港口。在北海，出现了中国近代史上最早的海关、邮局、西医、洋行。北海边上的广州湾，也就是现在的湛江，是与香港齐名的“七子之一”，曾经商贾云集。北海和湛江这两个城市是中国最早对外开

① 樊磊：《中美贸易战：警惕“修昔底德陷阱”视角陷阱》，2018年8月28日，http：//www.ftchinese.com/story/001079136？page＝2。

② 张林：《房租暴涨、消费降级与“金融难民”》，2018年8月24日，http：//www.ftchinese.com/story/001079092。

放、最早接受外国文化的地区之一。2017 年，习近平把访问北海作为广西的第一站，要求北海挖掘“海丝”文化，进一步打造向海经济。国家对湛江的城市定位是与深圳、厦门、宁波等城市一起，构建海上丝绸之路的支点城市。对北海的定位是门户和枢纽城市，对广西的定位是 21 世纪海上丝绸之路与丝绸之路经济带有机衔接的重要门户。在这样的背景下，湛江提出借助海洋优势建设“南方海谷”；北海加大了铁山港区的开放和开发，加快了海洋经济园区的建设。

## 二　北部湾城市群对外合作层面：以湛江和北海为例

笔者认为，对外开放有三个层次：第一层次是商品的往来，即外贸；第二层次是资本的往来，即招商引资和“走出去”战略；第三层次是品牌和软实力的输出。比如美国利用其强大的软实力，把麦当劳等品牌在全世界输出。目前，我国正从第一层次迈入第二层次的对外开放，而湛江、北海等城市处在第一层次，第二层次的开放刚刚开始，第三层次几乎没有。

### （一）湛江和北海沿海城市对外开放的特点

第一，两个城市的对外开放历程都比较曲折，但开放的力度在逐渐增长。湛江经济经历了曲折的发展过程：“港口兴市”（1956 年至 20 世纪 90 年代）；“两水一牧”（1985 年至 1992 年）；从“大发展”到“大走私”（1992 年至 1998 年）；“工业立市，以港兴市”（2003 年以来）。湛江经济发展总体上比较缓慢，人均 GDP 长期低于全国和广东省平均水平。[①] 北海的经济同样经历了曲折的发展过程，20 世纪 90 年代的房地产泡沫重创了北海经济，一直到 2003 年以后，北海才从房地产泡沫中复苏过来。至 21 世纪初，北海尚未形成强有力的工业体系和支柱产业，工业的薄弱也影响了旅游业等第三产业的发展。北海的房地产

① 李玮舜：《关于湛江在首批沿海开放城市中“吊车尾”现象的研究分析》，《改革与开放》2014 年第 1 期，第 27～28、31 页。

卖的是阳光、沙滩、海水等自然风光，但把北海作为长居地的外地人非常少。

第二，湛江利用外资规模较小，主要集中在制造业领域。湛江经济的外向程度比较低，工业实力不强，但港口优势明显，增长幅度比较快。以 2017 年的数据为例，全年签订利用外资项目 48 个，比上年增长 269.2%；合同外资金额 16065 万美元，下降 44.1%；实际利用外资金额 8095 万美元，增长 32.0%。同期，广东省利用外资 229.06 亿美元。湛江在广东省排名大概是第 14 位。对外合作的领域主要集中在制造业领域。

第三，湛江和北海有个共同的特点，即把东盟作为对外开放的重点。在外贸方面，湛江市在“十二五”期间与东盟双边贸易额年均增长 18.6%，由 2011 年的 4.31 亿美元增至 2015 年的 7.95 亿美元。而且，东盟已成为湛江的第一大出口市场。湛江代表广东参与东盟的区域合作，政府把“走出去”“请进来”的重点也放在东盟地区。[①] 北海的情况也同样，至 2016 年，共有东盟 6 个国家计 51 个企业到北海投资，实际利用外资 4644 万美元，其中新加坡、泰国、马来西亚是投资居前三名的国家，投资领域主要集中在制造业、房地产业、服务业等。根据北海日报的统计，截至 2016 年，北海共有 22 个企业走出去到东盟国家投资，中方协议投资额 25853 万美元，投资涉及东盟 5 个国家，主要集中在柬埔寨、越南、老挝三国，投资的领域主要集中在电子信息、农业综合开发方面。[②] 北海虽在全国 14 个沿海城市的对外开放重要性排位比较低，但在广西的排位比较靠前，仅次于南宁、桂林等城市。

其他城市中，南宁作为北部湾城市群的核心城市，借助其政治地位以及东盟博览会平台，外贸增长的主要动力是与东盟的贸易及对外投资，并利用南宁机场对外开放口岸发展国际物流。崇左借助其与越南濒临的地理位置发展对越贸易，对越贸易量长期居广西第一位。

---

① 林宇云：《我市召开双向开放对接东盟工作座谈会，湛江双向开放首选东盟》，《湛江日报》2016 年 1 月 21 日。

② 蔡志军：《东盟成为北海第二大贸易伙伴》，《北海日报》2017 年 10 月 13 日。

## （二）工业、农业、旅游等方面的对外开放与合作

**1. 2012～2016 年湛江外贸发展的基本特点**

湛江 2012～2016 年的对外贸易数据表明，其进出口总量比较稳定，增长比较缓慢，优势产业比如小家电、机电、水海产品、家具出口增长明显。由于“一带一路”的推进，湛江对“海上丝绸之路”（简称“海丝”，下同）沿线国家的出口增长明显。

（1）2012～2016 年的五年，湛江对外贸易总量比较稳定，主要的出口商品是小家电、机电、水海产品、家具。以 2016 年为例，在传统大宗商品出口中，家具出口 61.3 亿元，增长 13.6%，湛江家具以质量好、价格优著称，产品远销东盟、欧美等地区。

（2）最重要的特点是，湛江对“海丝”沿线国家出口量增长较快，“海丝”沿线国家对湛江对外开放的重要性凸显。根据湛江海关数据，2016 年湛江对“海丝”沿线国家外贸进出口总值为 90.4 亿元，比上年增长 6.1%，占湛江外贸进出口总值的 29.7%；其中对“海丝”沿线国家出口 77.9 亿元，增长 17.9%，占同期湛江出口总值的 40%。新加坡、越南、印度和马来西亚为其主要贸易伙伴。湛江对“海丝”沿线国家主要出口商品为家具、机电产品和钢材。

（3）水海产品出口 41.6 亿元，增长 12.3%，湛江国家水海产品外贸转型升级示范基地于 2016 年 4 月通过 SGS 集团审核认证，大大提高了水产品的国际竞争力。

（4）机电产品出口 39.4 亿元，增长 15.5%，湛江小家电不断推出拥有核心科技的高端产品，通过广交会等平台拓展海外市场，国际化步伐进一步加快。

（5）另外出口较多的有钢材 9.9 亿元、纸及其纸板 8.8 亿元。对“海上丝绸之路”沿线国家出口稳步增长。

（6）湛江出口商品与经济结构比较相似，即民营企业出口以家具和小家电、水海产品为主。国有企业以钢材、造纸为主。民营企业在湛江的传统行业比较有优势，而国有企业在新兴的临海工业方面比较见长。

**2. 湛江利用外商直接投资及入境旅游：外资增长速度放缓，入境旅游具有发展空间**

湛江利用外商直接投资增长出现较大的波动。其中 2013 年较 2012 年有较大幅度的增长，之后 2014 ~ 2015 年保持了稳定增长的势头，但 2016 年出现了较大的滑坡，比 2015 年下降 60%。（见表 1）湛江的旅游业显示出较大发展空间，2012 ~ 2016 年，入境旅游人数呈现稳步增长的势头，旅游外汇收入 2016 年达到 8512.2 万美元，几乎比 2012 年翻了一倍。相比海南岛和北海，湛江的旅游资源也非常丰富，有沙滩、海岛等发展旅游的自然条件，湛江的气候特点使其适合旅游的时间比较长，能够吸引北方的游客来此过冬和养老休闲。

**表 1　湛江 2012 ~ 2016 年对外贸易、利用外资、旅游收入**

| 对外贸易 | | | | 实际利用外资 | 入境旅游 | 国际旅游 | 国内旅游 | 国内旅游 |
|---|---|---|---|---|---|---|---|---|
| 年份 | 进出口总额（亿美元） | 出口额 | 进口额 | 直接投资额（万美元） | 人数（万人次） | 外汇收入（万美元） | 人次（万人次） | 收入（万元） |
| 2012 | 46.9 | 22.1 | 24.8 | 8726 | 18 | 4816.1 | 2221.4 | 1240858.6 |
| 2013 | 55.1 | 26.2 | 28.9 | 13183 | 24.7 | 5845.4 | 2518.6 | 1518435.5 |
| 2014 | 63.2 | 29.4 | 33.7 | 15027 | 28.7 | 6540.2 | 2878.7 | 1977915.2 |
| 2015 | 51.5 | 28.1 | 23.4 | 15716 | 33.2 | 7305.6 | 3293.8 | 2670535.4 |
| 2016 | 304.4 | 194.8 | 109.7 | 6132 | 37.1 | 8512.2 | 3745.8 | 3442631.9 |

注：2016 年进出口计量单位为“亿元”。

资料来源：湛江统计局 2017 统计年鉴。

**3. 北海外贸：发展速度快，重点行业外贸实力大增，外贸实现多元化，新兴市场发展较快**

以北海为首的广西沿海地区对东盟的外贸势头良好。按照 2017 年的统计数据，北海市经济总量不足湛江的 1/2，人口仅有 170 万，是湛江的 1/4。但 2013 ~2016 年的对外贸易金额与湛江差距不大，如 2016 年进出口总额仅比湛江市少 79.06 亿元。2013 ~2017 年，北海市的对外贸易总量呈现出平稳增长的势头（见图 1）。按照广西的区域规划，沿海重点发展石油化工、造纸、轻工食品、海产品深加工、海洋生物制药、海洋化工等海洋产业以及北海的电子信息技术产业。2017 年 1 ~11 月的数据显示，广西北部湾沿海已形成油脂加工、原油冶炼、铜矿精炼等大型产业集群，随着“一带一路”倡议、“中国－东盟合作”等国家规划的深入而不断迎来利好，产业发展持续稳定。① 广西作为“一带一路”桥头堡的优势已经发挥出来，2017 年，广西外贸进出口 3866.3 亿元人民币，增长 22.6%，增幅较全国高 8.4 个百分点。北部湾经济区 6 市进出口 3319.4 亿元，增长 21.6%，占 85.9%。② 在对外贸易方面，可以说，广西北部湾经济区发挥了领头羊的作用，也是广西对外开放的未来。

东盟地区对北海的重要性非常明显。2017 年，东盟已经成为北海仅次于香港的第二大贸易伙伴。2016 年 1～2 月，北海对柬埔寨、新加坡、缅甸外贸呈现井喷式增长，激增 7.3 倍、22.4 倍、10.2 倍。对柬埔寨出口高新技术产品同比飙升 11.4 倍，进口机电产品同比飙升 17 倍。以 2018 年为例，上半年贸易额为 20.6 亿元，同比增长 58.8%。其中，与马来西亚贸易额为 10.1 亿元，同比增长 538.1%，成为对东盟最大贸易国。③

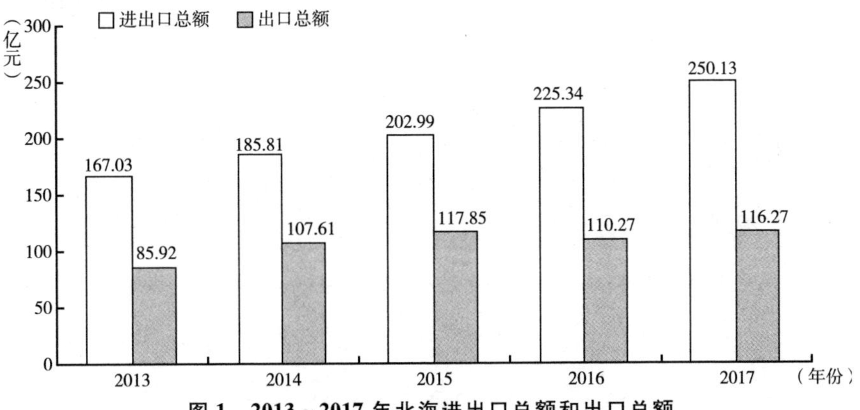


**图 1　2013～2017 年北海进出口总额和出口总额**

资料来源：北海统计局 2017 年国民经济和社会发展统计公报。

---

① 南宁海关统计分析：《1～11 月广西外贸进出口增长 27.6% 沿海工业发展良好汽车产业出口活力不足》，2018 年 1 月 24 日，http://nanning.customs.gov.cn/nanning_customs/600333/600339/600341/1732030/index.html。

② 南宁海关统计分析：《2017 年广西外贸进出口快速发展外贸结构进一步优化》，2018 年 1 月 24 日，http://nanning.customs.gov.cn/nanning_customs/600333/600339/600341/1732031/index.html。

③ 北海商务局：《2018 年上半年北海外贸进出口增长超五成加工贸易领涨全区主要地市》，2018 年 8 月 14 日，http://xxgk.beihai.gov.cn/bhsswj/gzdt_84719/201808/t20180814_1804485.html。

按照北海商务局的统计，北海与65个“一带一路”国家中的46个有贸易往来，贸易额为25.4亿元，同比增长40.4%。2018年上半年对非洲市场贸易额为15.2亿元，同比增长64.1%，成为北海第二大贸易市场；对南非的贸易额为14.4亿元，同比增长70.9%。对拉丁美洲市场的贸易额为12.8亿元，同比增长112.9%，比一季度增幅上升129.5个百分点；对巴西的贸易额为9.5亿元，同比增长136.9%，比一季度增幅上升175.3个百分点，是北海对外贸易增长较快的国家之一。从图2可以看出，北海2017年外贸进出口波动幅度比较大，但2018年2～6月，外贸呈现了比较快的上升势头，说明北海外贸找对了方向，发展潜力比较大。其中进口的增长又快于出口的增长，恰恰符合了当前中国外贸发展的新特点。

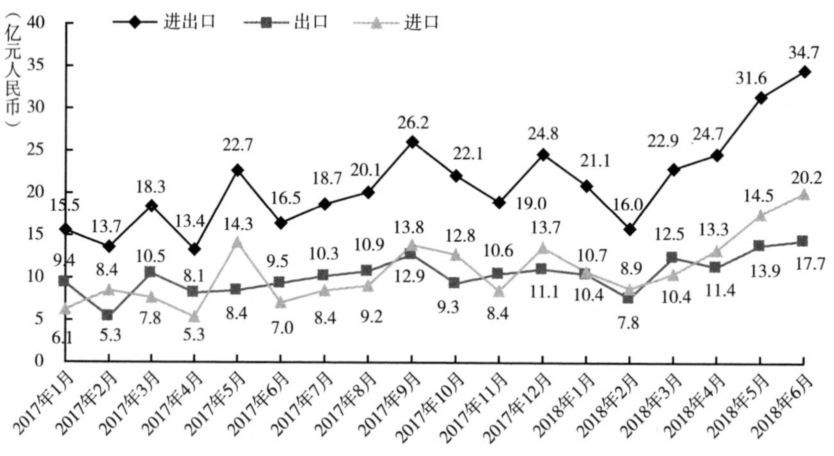


**图2　2017～2018年6月北海外贸进出口月度走势**

资料来源：北海商务局。

**4. 北海涉外旅游及国际合作**

北海早在20世纪90年代就已经是闻名全国的优秀旅游城市，旅游资源十分丰富。但北海的入境旅游者人数增长缓慢，比如2015和2016年，北海入境游客人数分别只有湛江1/2不到。（见表2）为什么以旅游见长的“旅游城市”不敌一个非旅游城市呢？

表 2　北海 2009～2017 年旅游收入及人数

| 年份 | 旅游总收入（万元） | 同比增长（%） | 游客总人数（万人次） | 同比增长（%） | 国际旅游收入（万美元） | 同比增长（%） | 入境旅游者（人次） | 同比增长（%） |
|---|---|---|---|---|---|---|---|---|
| 2009 | 528459.30 | 35.42 | 821.94 | 17.32 | 1721.41 | 10.43 | 61437 | 10.30 |
| 2010 | 686428.20 | 29.89 | 945.73 | 15.06 | 2173.03 | 26.24 | 73008 | 18.83 |
| 2011 | 877389.34 | 27.82 | 1109.09 | 17.27 | 2574.46 | 18.47 | 83073 | 13.79 |
| 2012 | 1123359.62 | 28.00 | 1321.08 | 19.11 | 3429.11 | 31.17 | 98800 | 18.88 |
| 2013 | 1399434.55 | 24.58 | 1532.74 | 16.02 | 4307.88 | 25.63 | 115820 | 17.28 |
| 2014 | 1760527.17 | 25.80 | 1782.78 | 16.31 | 4745.91 | 10.17 | 120938 | 4.42 |
| 2015 | 2228600.00 | 20.96 | 2156.59 | 26.58 | 5086.93 | 7.19 | 129000 | 6.71 |
| 2016 | — | — | — | — | 5571.08 | 9.52 | 135500 | 5.02 |
| 2017 | 3682000.00 | 27.98 | 3084.36 | 24.03 | 6077.14 | 9.08 | 145400 | 7.30 |

注：2016 年旅游总收入和游客总人数数据缺失。

资料来源：根据北海旅游政务网旅游统计数据整理。

首先，北海旅游资源与海南国际旅游岛同质化现象比较严重。北海的旅游资源集中在沙滩、海岛、红树林等，而海南岛拥有同样的旅游资源且更优。比如北海虽然拥有洁白如雪的银滩，但三亚也拥有长达十几公里的沙滩，且开发和保护的力度比北海更好。在名气上，海南国际旅游岛的名声绝非北海可比。

其次，在旅游基础设施方面，三亚等城市经过多年国际旅游岛的培育和开发，已经形成了能与国际接轨的旅游基础设施，比如在游轮码头、五星级酒店方面。而北海的旅游基础设施不完善，比如全市到目前为止还仅有一家五星级酒店，相比三亚遍地开花的国际五星级酒店，北海显然对高端游客的吸引能力大大不足。在著名的银滩风景区，周围脏乱差、矮破小的环境和基础设施与 4A 级景区格格不入。

最后，北海的旅游服务等软条件也不尽如人意。北海的旅游满意度曾经位居全国旅游城市倒数位置，近年来虽有所改善，但离高端游客的需求还有较大的距离。[①] 北海的旅游国际化程度比较低，没有专业的、会英语的旅游服务团队，也没有形成规模的旅游项目。

① 2015 年之前，北海旅客满意度排名居全国 60 多个重点监测的旅游城市末位；2017 年第一季度居广西设区市游客排名第五位；2018 年第一季度居广西第二位。资料来源：均据广西壮族自治区旅游发展发展委员发布的公告。

为吸引高端游客，改善旅游基础设施，北海市出台了多个吸引国际五星级酒店的文件。截至2018年，喜来登、希尔顿、万豪、洲际、温德姆等已经进驻北海，另外还有希尔顿安泊酒店、北欧大酒店等已签约。如果这些项目都能够得到顺利运作，会对北海的旅游市场带来一些积极的影响。比如，在服务上的改善，对高端游客的吸引力的提升，还有其先进的经营管理理念方面，将对北海市酒店业带来影响和提升。

## （三）对外交流与“走出去”倡议

### 1. 湛江对外交流：澳新是重点，“一带一路”沿线国家市场潜力巨大，“走出去”倾向明显

湛江目前有5个国际友好城市，分布于澳大利亚、俄罗斯、美国及南非。另外廉江市有1个国际友好城市。从地理位置上来说，湛江与澳大利亚城市具有天然的共通性：如都靠近海洋，海洋特色明显；都是滨海城市，在城市发展的过程中，大都把海洋产业作为城市的支柱产业。从气候上来说，湛江的气候也与澳大利亚有众多的相似性，都是高温多雨、滨海风光。从交流频次上来划分：湛江与澳大利亚凯恩斯交流最频繁，加上澳大利亚有众多的湛江籍华侨，客观上促进了湛江与澳大利亚的交流比较频繁，政府间交流以友好城市之间的互访为主，民间交流以企业、学校交流为主。湛江对外交流围绕该市的产业发展重点、港口建设以及吸引外商直接投资参与湛江市的优势产业建设，比如水产、农业等。（见表3）湛江的友好城市大多是与湛江城市发展具有相似性或互补性，比如都是以港口带动物流发展、农业比较发达或者资源与湛江发展港口“大工业”有互补性。

**表3　韩国、新西兰、澳大利亚城市与湛江的官方部分交流项目**

| 时间 | 出访/来访城市 | 交流事项 | 与湛江对接/达成意向或协议 |
|---|---|---|---|
| 2013年7～8月 | 韩国浦项 | 考察了世界著名的韩国浦项钢铁公司（POSCO）、迎日湾港和釜山、浦项 | 与宝钢湛江基地对接 |
| 2013年7～8月 | 澳大利亚杰尔顿 | 第四届中西部经济峰会，能源、矿产合作，为宝钢服务 | 钢铁、石化、能源、矿产，港口建设 |

续表

| 时间 | 出访/来访城市 | 交流事项 | 与湛江对接/达成意向或协议 |
|---|---|---|---|
| 2014 年 7 月 | 新西兰克莱斯特彻奇 | 中国(湛江)-新西兰克莱斯特彻奇投资推介会 | 投资湛江。PGG 种子公司现代农业技术、Ngai Tahu 控股集团、Leighs 建筑公司 |
| 2016 年 9 月 20 日 | 澳大利亚杰尔顿 | 友城交流 | 广东海大与澳洲杜拉克工学院签署了合作意向书;水产企业在长途运输和加工业的交流;城市建设 |

资料来源：综合湛江日报等资料汇集。

“一带一路”国家倡议对湛江企业的对外交流产生了重要的影响，对沿线国家的贸易将从单纯出口转换到投资和本地化生产。2018 年，湛江小家电企业曾在政府的组织下考察了东南亚、中亚等市场。东南亚、中亚基础设施、交通、能源等比较落后，水泥、钢铁等建筑原材料，高铁、家用电器、港口设备等出口东南亚、中亚市场，具有广阔的空间。柬埔寨、缅甸、土耳其等市场对小家电需求量较大，湛江企业可以对接。湛江小家电外销市场包括巴西、南非、澳大利亚、俄罗斯、泰国等，与“一带一路”国家贸易大有可为。除了上述这些国家以外，湛江企业还考察了俄罗斯和白俄罗斯等市场，这些市场的外贸额增长速度非常快。2017 年湛江对“一带一路”沿线国家进出口额 94 亿元，占湛江外贸总值的 27.2%。[①]

湛江企业“走出去”主要体现在以下两方面。一方面，加大对“一带一路”沿线国家的投资。比如鸿制科技等家电企业牵头，投资 20 亿元，用于“一带一路”沿线国家产业合作、品牌并购及沿海港口、航运、基础设施、当地资源开发等。另一方面，多家企业想对“一带一路”国家的企业参股合作，建立长期、稳定的市场，并欲建立研发中心、制造基地等。[②]湛江的资本、企业的品牌与技术也到了要“走出去”的一步。而“一带一路”倡议提供的广阔的发展空间让很多湛江的企业跃跃欲试。

---

① 根据湛江海关 2017 年的统计数据。

② 湛江市外事侨务局：《湛江制造——湛江小家电阔步走向一带一路》，2018 年 5 月 21 日，http://www.zjwq.gov.cn/xqzz/20180521/12532.html。

### 2. 北海对外交流：民间交流频繁，“走出去”战略积极推进

北海共有大约14个友好城市，分布于美国、加拿大、澳大利亚及东盟等地区。（见表4）北海市的对外交流，主要有以下几方面的特点。

（1）北海市与友好城市民间交流频繁。教育和文化交流等非常多，仅2015年就接待来自柬埔寨、美国、加拿大、丹麦、中国台湾等国家和地区团组15个共269人次的来访。

（2）在工业和产业合作方面，北海与友好城市交流不够多，但北海已经意识到招商引资的重要性，在巩固对港台等地区招商引资的同时，努力加大对欧美、日韩、加拿大、澳大利亚等发达国家的招商引资力度。

**表4　2014～2015年北海友好城市部分交流项目**

| 时间 | 出访/来访城市 | 交流事项 | 与北海对接/达成意向或协议 |
|---|---|---|---|
| 2014年4月 | 美国塔尔萨市 | 第26届国际友好城市青少年艺术竞赛 | 11～12月，塔尔萨市华盛顿高中代表团访问北海市北海中学 |
| 2015年4月 | 日本八代市 | 新八代市成立十周年纪念庆典 | 教育系统工作人员交流 |
| 2015年5月 | 澳大利亚黄金海岸 | 汉阙设计方案终稿提出建议 | 参加汉阙揭幕仪 |
| 2015年9月 | 柬埔寨白马省 | 市旅发委开展座谈，洽谈合作交流事宜；与合浦洽谈芒果加工 | 冠德科技（北海）与白马省投资兴建七星级豪华酒店的意向 |
| 2015年11月 | 泰国合艾市 | 水产养殖 | 远洋捕捞、珍贵鱼种养殖捕捞 |
| 2015年11月19～22日 | 越南岘港市 | 2015东亚海岸带可持续发展地方政府网络年会（PNLG） | 和来自韩国、菲律宾、泰国、印尼的地方政府或PNLG代表一起发表对同气候变化、自然灾害、蓝色经济相关的重点行动或计划，地方政府/PNLG成员在未来5年可以承诺达到的关键目标，评估这些目标将如何促进当地实现可持续发展等重要议题进行演说 |

资料来源：根据北海年鉴（2014～2015）整理。

“走出去”战略实施尚在起步阶段，由政府主导，方向主要有以下两点。

（1）北海市对接国家“一带一路”的思路是积极“走出去”。北海市的规划：一是推动北海优势产业“走出去”，提升北海“走出去”企业的影响力。通过加强引导和扶持，推动北海具有相对优势的电子信息、乳制品加

工、水产品加工等一批有实力的企业“走出去”，提升北海“走出去”企业的影响力。二是推动北海传统产业“走出去”，着力解决传统产业发展面临的资源瓶颈。充分利用东盟国家、西部非洲国家丰富的海洋资源、渔业资源，积极推动北海的南珠养殖、海水养殖业走出去，建设海产品养殖基地以及远洋渔业、加工基地；以越南、老挝、柬埔寨等东盟国家为重点，充分利用当地丰富的土地、劳动力资源以及良好的种植条件，积极鼓励我市的甘蔗、果蔬、花卉、农产品加工等特色农业企业‘走出去’，建立种植、加工销售基地。[①] 北海把自身产业的发展与“走出去”战略结合，虽然工业基础薄弱，但在电子信息产业、农业、海洋产业、南珠产业方面仍然具有优势。

（2）面向东盟寻求开放合作突破点，充分发挥与东盟国家陆海相连的独特优势，积极参与共建“21 世纪海上丝绸之路”，与东盟国家加强园区合作、产业合作、海上合作，积极融入“粤港澳大湾区”。

## （四）引进外资及“走出去”战略实施的概况与成效

### 1. 湛江引进外资及“走出去”战略实施：流向国、行业

“走出去”战略实施效果明显，投资的国家大都是“一带一路”沿线国家。投资的行业集中在湛江市的支柱产业，第一是能够增加外贸收入的行业；第二是湛江的农业和渔业种植和加工正大踏步地迈向“走出去”。比如，已经有湛江的水产企业在土耳其设立水产基地，进行水产养殖和销售（见表 5）。

**表 5　2013～2014 年湛江企业“走出去”战略实施情况**

| 年份 | 投资国家及地区/投资配套 | 行业 | 新设/增资企业数及金额 |
|---|---|---|---|
| 2013 | 俄罗斯、美国、泰国、多哥、柬埔寨、中国香港 | 贸易、农业种植、教育办学、海产品加工 | 7 家新设、1 家增资，4448 万美元 |
| 2014 | 印尼、所罗门群岛、柬埔寨、中国香港 | 贸易、农业种植、海产品加工 | 4 家新设、2 家增资，55470 万美元 |

① 北海市人民政府办公室：《关于印发北海市扩大开放合作和促进开放型经济发展“十三五”规划的通知》，2017 年 7 月 24 日，http：//www. beihai. gov. cn/zwgk/jcxxgk/zfwj/szfbgswj/201707/t20170727_ 1594991. html。

续表

| 年份 | 投资国家及地区/投资配套 | 行业 | 新设/增资企业数及金额 |
| --- | --- | --- | --- |
| 2014 | 美国波士顿、巴西圣保罗 | 2014 波士顿水产品博览会、中国商品博览会、海丝博览会 | 贸易成交 7000 万美元；300 万美元 |
| 2014 | 宝钢配套 | 钢铁 | 钢铁设施配套 |
| 2014 | 中国香港及澳门 | 旅游项目配套 | 湛江港旅游项目配套 |

资料来源：根据湛江年鉴 2014 ~ 2015 年整理。

### 2. 北海引进境外投资及“走出去”战略实施

北海市引进境外投资以港澳台为主，引进境外投资的主体是制造业。以 2016 年为例，北海市新设境外投资企业 8 家，分别来自新加坡和中国台湾、香港、澳门，投资行业为商贸服务业、房地产业、制造业、一般农作物种植业，落户合浦县 1 家、海城区 2 家、铁山港区 2 家、北海出口加工区 2 家、广西北海工业园区 1 家，投资总额超过 1000 万美元的有 3 家。北海市的支柱产业是房地产业和电子信息产业。2015 年以来，在铁山港发展造纸和石油化工等出口加工业，并且随着城市的发展，对商贸物流等第三产业的需求量大增，引进境外投资的力度也在加强。2014 ~ 2016 年，引进境外投资的数量有较大增长（见表 6）。

**表 6　2014 ~ 2016 年北海实际利用境外投资情况**

| 年度 | 金额（万美元） | 增长（%） |
| --- | --- | --- |
| 2014 | 14901 | 75 |
| 2015 | 18600 | 24. 90 |
| 2016 | 21000 | 12. 84 |

资料来源：根据北海年鉴整理。

北海在“走出去”战略中，利用其在海洋产业、电子产业方面的优势，积极开拓“一带一路”沿线国家的市场。

从 2015 ~ 2016 年北海市境外投资项目来看，主要集中在北海市的优势产业，如海产品加工行业及渔业，电子信息产业以及房地产开发产业。投资国家及地区以中国香港、东南亚、非洲、越南为主，集中在制造行业。

## 二 北部湾城市群对外经济关系的前景展望

### （一）共建“一带一路”等倡议对该区域的影响

北海和湛江是“海上丝绸之路”的起点，是陆地距离东盟地区最近的沿海开放城市，又有面向“三南”的区位优势，拥有铁山港和湛江两大港口，在中国新一轮开放开发中战略地位显著。但存在的问题主要是：第一，湛江作为北部湾城市群规划的中心城市，到2017年才通高铁，交通不太发达。第二，广西和湛江、茂名、阳江、海口等地区，历来对人才和劳动力的吸引力不足，每年人口的净流出要大于人口的净流入。第三，经济基础薄弱。北部湾城市群的制造业不发达，没有形成在全国有优势的产业集群。近年来，随着规划的出台，南宁、玉林、湛江、北海等地开始发展机械、汽车、钢铁、石化、电子信息等产业，“大工业”时代到来了。民营企业也是北部湾城市群的一个弱点，与浙江及珠三角地区比较，民办企业数量少，规模小，知名度低。北部湾城市群的十多个城市，除北海、防城港、阳江等少数几个城市外，其他城市的人均GDP低于全国人均水平，湛江作为中心城市，更是低于全国和广东省人均水平。经济基础薄弱，严重地影响了对外开放和招商引资的力度。

中国高铁东南亚计划以及区域全面经济伙伴关系（RECP），号称是中国版的跨太平洋伙伴关系协定（TPP）。如果这两个计划能够顺利实施，北部湾城市群将成为与东盟合作的大平台。加上广西北部湾经济区与东盟外贸和经济合作的大背景，可以预测东盟仍将是这一区域的开放的重点。预测未来10年间，在对外投资、外贸等方面，随着该区域经济实力的增强会有较大的提升空间。

### （二）第三产业合作前景分析：旅游、文化等

随着中国经济的转型，未来第三产业占GDP的比重将达到60%以上，北部湾城市群旅游具有广阔的发展空间。首先，这一带的生态环境良好。北部湾沿海号称中国最后一块处女地，开发的力度比较小，污染

少，旅游资源丰富，具有不亚于全球著名旅游胜地的海滨风光。目前缺少的是服务配套和基础设施配套。将来随着这两块内容的改善并且做出特色，会吸引国内外的游客。其次，湛江和北海这两个城市比较，湛江旅游业不输于北海，从历年的旅游总收入和入境游客及旅游外汇收入来比较，北海的旅游业具有很大的提升空间。尽管湛江市不是一个旅游城市的定位，但可以与北海等沿海城市结成一个共同体，构建北部湾沿海城市旅游共同体。再次，旅游业也可以带动北海、湛江等地房地产业、休闲产业的发展，提升人气。建设国际级的滨海旅游目的地需要北部湾城市群联手，特别是北海、湛江与海口城市的联手，因为海南国际旅游岛已具有成功经验。

### （三）友好城市："走出去"战略继续实施的对策

北部湾城市群在开展友好城市交流以来，取得了丰硕的成果。特别是在人文和文化交流方面，作为非官方交流的重要形式，友好城市有效地解决了政府官方外交一条腿走路的局限，具有广阔的发展空间。

借助"中国－东盟博览会"的国家级平台，让更多的北部湾城市能够扩大影响力。广东省的湛江、茂名、阳江以及海口等城市也应积极参与这个展会。

扩大友好城市的交流范围，除了传统的人文和文化交流外，应持续扩大经贸交流。沿海城市北海、湛江都有强大的工业基础，在共建"一带一路"倡议中地位突出，应在旅游、酒店服务业、钢铁、环境保护、医疗、海洋产业等方面与海外城市有更多的合作。

"走出去"战略应升级。目前，不管湛江还是北海等城市，与境外的合作还停留在初级加工品方面，在品牌建设方面还具有较大差距。北部湾城市群人口众多，经济基础薄弱，需要有一两个核心产业和品牌。政府应加强引导，继续做好人才等资源的蓄容。在制造业领域、旅游产业领域形成规模化，打造优质品牌，使该城市群的对外经济合作能够走向更高的层次，获得更多的附加值。

在文化产业方面，东盟对中国的文化产品有需求，市场广阔。北部湾城市群应注重形成对东盟文化产品出口方面的优势，在文化产品上融入现代制造业的元素，通过不定期的对外文化交流活动来推动北部湾城市群的地域文化及中国文化，使中国的制造业能够搭乘文化快车走得更远。

### （四）民间交流：学校交流、华侨华人等社会团体的交流

（1）教育国际化是趋势，北部湾城市群高校众多，南宁聚集了与东盟交流频繁的高校群体，开设有东盟的各种语言教学项目，是中国与东盟合作最密切的城市之一。湛江市具有除广州之外的广东省最密集的高校群体，现有5个本科院校。但这些高校的共同特点是国际化程度还存在不足。湛江的高校可以拓展与澳大利亚、泰国等境外学校的合作，在师资、学生群体、管理等方面积极“走出去”。民办高校应该进一步改善办学体制，改革国际化的办学思路，与境外院校开展多层面的合作。

（2）湛江地区有众多的海外华侨团体，比如澳洲广东同乡会、泰国广东同乡会，应该借助社团优势进一步拓展海外交流。随着北部湾城市群的经济实力增强，会有更多的海外侨胞关注这一地区，会有更多的外资投资该区域。作为高校群体，比如像民办本科院校，应提供交流平台，无论是以学术交流的方式，还是以投资的方式，进一步支撑海外湛江同乡会对湛江市及北部湾经济区的建设，加快区域经济的发展。

## 三　结语

“一带一路”国家倡议使包括湛江、北海在内的北部湾城市群地缘优势得以凸显，为其带来重要的战略发展机遇。北部湾地区需要进一步深化改革，扩大开放，以清晰的战略定位和切实的举措抓住机遇，谋求发展。第一，北部湾城市群横跨三省区，临近东盟，与东盟的外贸、旅游、文化及第三产业的合作有一定基础，前景广阔。第二，北部湾9个城市中有7个都面向海洋，这样的特色和优势应充分坚持、发挥。湛江和北海都把海洋产业作为支柱产业，但还停留在制造业领域，第三产业的合作还比较少。北海的城市定位是旅游和商贸城市，但距离国内一流的旅游城市还有较大差距，应不断吸收国际旅游城市的优点和投资来丰富北海的旅游资源。湛江等城市也应不断借用外资来开发丰富的旅游资源。第三，北部湾

城市群对外交往侧重于政府的官方合作，民间交流较少，应充分发挥友好城市、高校、华人华侨团体等的积极作用，让民间力量进一步成为对外开放交流的生力军。第四，积极走“创品牌”的制造业升级之路，让北部湾制造、北部湾品牌进一步充分而深入地跨入海外市场。

## 参考文献

许露元、邬丽萍：《北部湾城市群各城市的经济联系与地缘经济关系》，《城市问题》2016 年第 10 期，第 59 ~ 64、96 页。

陈禹静：《推动广西北部湾城市群发展的战略思考》，《学术论坛》2014 年第 6 期，第 58 ~ 61 页。

许抄军、兰艳泽、陈臻：《“一带一路”背景下北部湾经济圈港口城市间合作模式创新》，《经济地理》2018 年第 5 期，78 ~ 84 页。

申勇：《中国东南沿海湾区经济发展路径探析》，《中国经贸导刊》2017 年第 5 期，第 6 ~ 8 页。

湛江市年鉴编纂委员会、王中丙主编《湛江年鉴》，广东人民出版社，2015。

湛江市年鉴编纂委员会、王中丙主编《湛江年鉴》，广东人民出版社，2014。

许振国、谭瑞军、蔡文婷、程雨杰：《开放合作》（图片专辑）；李延强主编《北海年鉴》，广西科学技术出版社，2017，第 19 ~ 20 页。

李延强主编《北海年鉴》，广西科学技术出版社，2015，第 17 页。

## The External Economic Relations and the Prospect of Beibu Gulf Urban Agglomeration

*Cai Yi*

**Abstract**: Beibu Gulf Urban Agglomeration has a certain geographical advantage and opening tradition, and has a prominent position in the “The Belt and Road” national strategy. Beibu Gulf Urban Agglomeration should seize the opportunity, deepen the reform from the industry, agriculture and tourism industry and so on, and realize the substantive improvement. With Zhanjiang and Beihai as the core, it should carry out the strategy of “going out”, highlight the ocean theme and ASEAN characteristics, give full play to the function of folk and social organizations in foreign exchanges, take advantage of the "The Belt and Road" and the Maritime Silk Road to positioning of Zhanjiang and Beihai, and actively take the way of "creating brand" to upgrade the manufacturing industry.

**Keywords**: Beibu Gulf Urban Agglomeration; Opening to Outside; Maritime Silk Road

# 法治 建设

CONSTRUCTION OF LEGAL SYSTEM

# 生态环境损害赔偿磋商的探究：从制度到实践*

## ——以贵州省的环保司法实践为探究基础

陈小平　高申统**

【摘要】生态环境损害赔偿磋商的研究，多集中在其法律属性的讨论上，缺乏系统性的调研论证。贵州省在生态环境损害赔偿磋商问题上进行了一些有益的探索，如生态环境损害的鉴定评估、资金管理和非对抗的环境社会自治模式，等等。本文对于这些实践中的做法进行了调研，总结经验，发现问题，在此基础上对比分析生态环境损害赔偿磋商的制度建设，然后对贵州省的生态环境损害赔偿磋商制度进行反思，提出定分止争、强化监督、制度突破等建设性意见。

【关键词】生态环境损害赔偿磋商　法律属性　鉴定评估　资金管理　社会自治

## 一　引言

实现经济和生态环境的均衡发展，是新时代的新要求。中共中央办公厅、国务院办公厅于 2015 年 12 月 3 日出台《生态环境损害赔偿制度改革试点方案》，确定在部分省市开展生态环境损害赔偿制度的改革试点。《生态环境损害赔偿制度改革试点方案》的重点内容之一是“开展赔偿磋商”，

* 本文系贵州民族大学法学院（学生）科研项目“法律专业学位研究生工作站律师方向”重点课题（课题编号：2019ZD003）。

** 陈小平，贵州民族大学法学教授，民商法学、经济法学硕士研究生导师、博士生导师。

并明确了关于开展赔偿磋商由省级政府作为赔偿权利人等八项试点内容。2017 年 8 月“两办”再次出台《生态环境损害赔偿制度改革方案》，明确规定赔偿磋商为生态环境损害赔偿诉讼的前置程序。

在过去三年的改革试点中，“两办”及贵州等四省，相继出台了“赔偿磋商”的行政法规和地方规章，确立了赔偿权利人主体资格、司法登记确认、第三方组织磋商等制度。与此同时，“赔偿磋商”制度，无论是在理论上还是在实务操作中，都存在一定的争议和问题，总体上处于探索阶段。

此次调研旨在对生态环境损害赔偿磋商制度进行系统性的调研分析，探索出有益的实践经验，以供后续研究之参考。本次调研的主要目标是：①分析生态环境损害赔偿磋商的制度规范；②掌握贵州省生态环境损害赔偿磋商的实施现状，总结调研中遇到的问题；③对生态环境损害赔偿磋商进行反思，提出有益建议。

本文的研究方法如下：①文献研究法：收集生态环境损害赔偿磋商的规范性文件和期刊论文，并对其进行分析、归纳和总结。②比较分析法：通过对比分析试点改革省市的地方规章和政策性文件，对生态环境损害赔偿制度进行横向和纵向的分析、比较。③访谈调研法：通过访谈全国首例“赔偿磋商”案的工作人员，分析其实施中存在的问题，总结出实践中的有益经验。

本次调研的经过如下：2018 年 12 月，联系调研单位，确认访谈对象。12 月 21 日，围绕生态环境损害赔偿磋商的 15 个问题，对国浩律师事务所（贵阳）的主任进行访谈。2019 年 1 月，联系调研单位，确认访谈对象。1 月 7 日，围绕着鉴定评估、主体积极性、赔偿资金的管理等 15 个问题，对清镇市人民法院环境资源审判庭庭长进行访谈。2019 年 2 月，全面归纳、分析、总结了试点改革中“赔偿磋商”的现状和有待解决的问题，形成文献综述。

## 二　生态环境损害赔偿磋商的制度探究

### （一）法律属性分析

关于生态环境损害赔偿磋商的法律属性，一直以来存有争议，主要是是公法属性还是私法属性的争论。①纯粹的民事性质论，认为生态环境损害赔偿磋商，是由政府作为生态环境的所有权人与赔偿义务人进行磋商，达成赔偿协议。[①] 因此，“赔偿磋商”属于私法上的民事自由协商。这种理论只考虑到赔偿磋商的手段，却忽略了赔偿磋商的目的，从而对生态环境损害赔偿磋商的性质产生了误解。②公法化的民事性质论，首先肯定了生态环境的民事性质，进而提出赔偿权利人作为政府具有维护公共利益的职责。政府提起赔偿磋商，修复受损生态环境，实则是其履行职责、维护公共环境利益之体现。因此，赔偿权利人并不具有私法上完全自由的意志，维护公共环境利益应当被作为赔偿权利人进行磋商的限制性要求。这种理论考虑到磋商赔偿的客体，但具有局限性。③行政性质论，认为从现代行政民主化、“赔偿磋商”的语境、赔偿磋商的主客体、目的与过程论、行政契约论与磋商协议的映射关系等方面分析，均体现了生态环境损害赔偿磋商的行政性质。这种理论修正了赔偿磋商的目的和手段的混淆，但却增加了赔偿磋商与诉讼衔接的难度，引发对司法确认的合理性质疑，不利于实务操作。④双阶构造延伸论者，认为生态环境损害赔偿磋商的性质应当划分为前阶段的公法、后阶段的私法和第三阶段的行政形式选择自由。这无论是从实务还是理论上对缓和关于生态环境损害赔偿磋商的法律属性之争，均具有引导作用。

## （二）生态环境损害赔偿磋商制度的结构分析

### 1. 客体

生态环境损害赔偿磋商以修复受损生态环境为目的，重在对损害生态环境本身的责任追究。磋商的对象为受损生态环境的赔偿，客体自然就是受损生态环境本身。但是，从哲学的视角出发，透过现象看本质，进行赔偿磋商、修复受损生态环境为现象，修复受损生态环境、维护公共环境利益是本质。生态环境损害赔偿磋商的客体究竟是生态环境自身还是公共环境利益，采用不同的理论，会得出不同的法律属性之判断。可以明确的是，生态环境损害赔偿磋商的客体认定是生态环境自身，有利于实务操作。

① 刘倩：《生态环境损害赔偿磋商法律属性探析》，《环境保护》2018 年第 17 期。

**2. 主体**

依据《贵州省生态环境损害赔偿磋商办法（试行）》第2章的磋商主体之规定，将磋商的权利人和义务人明确为政府和生态环境损害实施者。这不仅是“限制公权，保障私权”的法治精神体现，更是中国由权力治理走向合同式治理的创新性体现，更预示着中国紧跟世界潮流，正在大刀阔斧地进行行政民主化的探索。

依据《宪法》第九条之规定，国家和集体对自然资源拥有所有权。根据代理理论，政府代表国家行使权力，因而政府作为赔偿权利人就具有宪法上的合宪性。另外，在目前的《生态环境损害赔偿磋商办法（试行）》中，忽略了集体组织这一权利主体。因此，赔偿权利人是否应进行扩大解释呢？值得进一步探究。

**3. 磋商内容**

《贵州省生态环境损害赔偿磋商办法（试行）》第1章第2条，将损害事实和程度之认定、修复方式等明确为磋商之内容，但在实践中缺乏可操作性。第一，以泰州案为例，由于缺乏统一的认定标准，赔偿义务人和鉴定评估专家就受损生态环境是否有修复之必要产生过异议。第二，损害事实与损害行为之间的因果关系难以认定，如雾霾的原因既可能是汽车尾气，也可能是工厂废气，还有可能是焚烧秸秆。第三，鉴于生态环境损害赔偿磋商的特殊性，关于磋商内容的规定，一方面要明确规定磋商的内容及其参考标准，另一方面，还需考虑磋商内容的规定对赔偿权利人和赔偿义务人积极性的影响，也就意味着要给予磋商当事人以适度的让渡空间。

**4. 磋商程序**

《贵州省生态环境损害赔偿磋商办法（试行）》第3章，将磋商的启动、发起、申请、召开磋商会议、签订赔偿协议、司法登记确认以及磋商的终止情形规定为磋商的程序。其中，磋商的终止是通过磋商的次数来认定的，具有单一性和“一刀切”之疑。当赔偿磋商人不按照规定参加磋商会议的该如何认定？又或者，出现了其他不可抗拒的情形该如何认定呢？

### （三）试点省份生态环境损害赔偿磋商制度之比较

他山之石，可以攻玉。通过对立法体例的对比分析（见表1），可以掌握一部法律的整体面貌，避免管中窥豹。《贵州省生态环境损害赔偿磋商办法（试行）》共分5章25条，分别是总则、磋商主体、磋商程序、保障及其他、信息公开。《浙江省生态环境损害赔偿磋商办法（试行）》分5章27条，分别是总则、磋商主体、磋商程序、协议履行、保障及其他、附则。《江苏省生态环境损害赔偿磋商办法（试行）》以条的形式进行划分，共计18条。《湖南省生态环境损害赔偿磋商办法（试行）》共分29条。通过对以上四省生态环境损害赔偿磋商实施办法的对比，采用章节的结构模式，显得条文清晰，严密完整，有利于实务者的法律操作和普通民众对法律的了解、学习和运用。

**表1　试点改革省份《生态环境损害赔偿磋商办法（试行）》的体例对照**

| 类别 | 贵州省 | 浙江省 | 江苏省 | 湖南省 |
| --- | --- | --- | --- | --- |
| 结构 | 5章25条 | 5章27条 | 18条 | 29条 |
| 组成 | 总则、磋商主体、磋商程序、保障及其他、信息公开 | 总则、磋商主体、磋商程序、协议履行、保障及其他、附则 | — | — |

通过对各试点省市《生态环境损害赔偿磋商办法（试行）》体例的结构化对比分析，江苏、湖南、浙江三省的生态环境损害赔偿磋商办法体现出：①生态环境磋商的原则全面，重视对赔偿义务人平等地位的保护。②引入检察院的监督，无论是签订赔偿协议还是终止磋商，均需要报备检察院。③引入证据保全制度，保全磋商过程中所得之证据。④严格监督赔偿权利人和赔偿义务人权利的行使，规定了赔偿义务人非法干预磋商和赔偿权利人滥用职权、玩忽职守等非法违纪行为的后果。⑤合理、明确地规定了启动赔偿磋商程序的条件、赔偿资金的范围以及磋商的终止情形。

### （四）生态环境损害赔偿磋商配套制度

单单一部生态环境损害赔偿磋商办法，并不能有效地支撑起生态环境损害赔偿磋商的实施全过程，因而会影响到修复受损生态环境目的的实现。磋商办法以生态环境的损害事件报告和损害鉴定评估办法为前提，以资金监管和生态环境修复管理办法为延续。为了更好地实施贵州省的生态环境损害赔偿磋商，达到修复受损生态环境之目的，贵州省可充分借鉴江苏、湖南和浙江三省关于生态环境损害赔偿配套制度的建设经验具体见表2。

**表2　试点省份生态环境损害赔偿磋商的配套制度对照**

| 江苏、浙江两省生态环境损害赔偿磋商相关制度建设情况 | |
|---|---|
| 江苏省 | 浙江省 |
| 《江苏省生态环境事件报告办法(试行)》<br>《江苏省生态环境损害鉴定评估管理办法(试行)》<br>《江苏省生态环境损害赔偿磋商办法(试行)》<br>《江苏省生态环境损害赔偿起诉规则(试行)》<br>《江苏省生态环境损害赔偿资金管理办法(试行)》<br>《江苏省生态环境损害修复管理办法(试行)》<br>《江苏省生态环境损害赔偿信息公开办法(试行)》 | 《浙江省生态环境损害赔偿磋商管理办法(征求意见稿)》<br>《浙江省生态环境损害鉴定评估办法(征求意见稿)》<br>《浙江省生态环境损害修复管理办法(征求意见稿)》<br>《浙江省生态环境损害赔偿资金管理办法(试行)》 |
| 湖南、贵州两省生态环境损害赔偿磋商相关制度建设情况 | |
| 湖南省 | 贵州省 |
| 《湖南省生态环境损害赔偿磋商管理办法(试行)》<br>《湖南省生态环境损害调查办法(试行)》<br>《湖南省生态环境损害修复监督管理办法(试行)》<br>《湖南省生态环境损害赔偿资金管理办法(试行)》 | 《贵州省生态环境损害赔偿磋商管理办法(试行)》 |

## 三　贵州省生态环境损害赔偿磋商的实践探究

### （一）贵州省生态环境损害赔偿磋商案简介

截至2019年1月7日，贵州省出现三例生态环境损害赔偿磋商的相关案件：黔西南、黔南和息烽县各一例。黔西南的案子，最先由环保组织向法院提起环境损害公益诉讼，随后由于环保厅提起生态环境损害赔偿磋商，本案由公益诉讼案转为生态环境损害赔偿磋商案，最后达成赔偿协议。黔南的案子是由贵州省环保厅直接提起的生态环境损害赔偿磋商。在磋商的过程中，赔偿权利人和赔偿义务人私下调解成功，不纳入生态环境损害赔偿磋商案。而大鹰田的生态环境损害赔偿磋商案，是三案中最成功、最规范的赔偿磋商案。

## （二）清镇市生态环境损害赔偿磋商的实践探索

**1. 鉴定评估模式**

2017 年 1 月 22 日，清镇市人民法院立案受理并进行审查，并于 2017 年 1 月 23 日至 2 月 6 日，在贵州省高级人民法院门户网站对协议主要内容进行公示，以保障公众知情权和参与权。2017 年 2 月 27 日，清镇市人民法院以〔2017〕黔 0181 民特 6 号《民事裁定书》作出裁定，确认《生态环境损害赔偿协议》有效。

贵州省息烽县小寨坝镇高家坝村大鹰田，位于贵阳开磷化肥有限公司（下称开磷公司）生产厂区西北侧约 1.6 公里处，西侧约 170 米为息烽河，水体功能为保留区，执行地表水Ⅲ类标准；周边为树林和灌木林，该区域为息烽河地下水补给区域。

2012 年 6 月，开磷公司与息烽诚诚劳务有限公司签订委托劳务协议，由诚诚公司将开磷公司的污泥渣运往配套建设的交椅山渣场。2012 年底，诚诚公司开始将污泥渣运往大鹰田非法倾倒，直到 2015 年底被贵阳市生态文明建设委员会责令停止。贵州省环境保护厅（下称环保厅）将本案作为生态环境损害赔偿行政磋商试点，报贵州省试点工作领导小组同意后实施。

之后，贵阳市环境保护局对案件进行调查并作出关于大鹰田废渣倾倒造成生态环境损害案件的调查评估报告，贵州省环境科学研究设计院编制了损害评估报告，对生态环境污染损害进行了鉴定评估，并提出生态环境损害修复建议污染损害评估报告。环保厅在征询开磷公司与诚诚公司同意磋商的意见后，共同委托贵州省律师协会作为中立第三方磋商机构。贵州省律师协会指派生态文明专业委员会律师及专家顾问组成工作组主持磋商。

2017 年 1 月 4 日，环保厅主持召开磋商会议，环保厅工作人员及代理律师、开磷公司法定代表人及代理人、诚诚公司代理人到会，省政府法制办、贵阳市生态文明建设委员会、息烽县人民政府派人出席磋商会议。会议邀请了贵州大学环境法专家、贵阳市生态文明基金会代表参加。会议就损害事实、责任主体、赔偿范围达成一致意见，但就损害评估报告中建议的两种修复治理方案的选择存在分歧。会后经进一步磋商，环保厅、开磷公司、诚诚公司达成最终一致意见，于 2017 年 1 月 13 日签订了《生态环境损害赔偿协议》，并共同向贵州省清镇市人民法院申请司法确认《生态环境损害赔偿协议》效力。

贵州省采取机构鉴定和专家出专家意见两种办法。采用机构鉴定的办法，鉴定周期长、成本高、效率低。贵州省在实践中还实施了专家辅助鉴定的办法，克服了机构鉴定的弊端。这种利用专家证言定案的方式，在温洪军诉西洋肥业大气污染责任纠纷案中首次运用。之后，继续运用这一方式处理了一些环境案件，较好地处理了鉴定问题。但在实践中应做到引入专家意见方式要灵活多样，注意对其严格的认证把关。

**2. 资金管理模式**

生态环境损害赔偿资金的管理和使用在实务的操作中存在极大的问题，贵阳市对此进行了两种探索。

第一种模式是以法院为主导，协调财政与环保职能部门，按照财政管理规定使用资金。①赔偿义务人支付赔偿资金前，由法院向财政部门告知有一笔需要上缴国库的资金，并说明该笔资金需要用于生态环境损害的修复，请财政部门立即拨付相关部门使用。②财政部门审核同意后，由法院通知环保部门。环保部门根据财政部门拨付的这笔资金量来设计生态环境损害修复的方案，并由环保部门向发改委申请立项、使用该笔资金。③经过财政部门和发改委审批后，由环保部门经过招投标来确定生态环境损害修复的设计施工单位，最后财政部门拨付该笔资金。

第二种模式是设立专项基金。清镇市法院与绿色发展基金会，共同成立贵州省生态环境修复专项基金。赔偿资金由法院委托给绿色发展基金会管理。为规范基金的管理主体，以及资金的管理、使用和监督，在设立专项基金时同时制定《生态环境修复专项基金管理办法》。如生态环境修复管理委员会是基金管理的主体，委员会主任为绿色发展基金会成员，副主任为清镇市法院成员，案件的原被告、环境专家、审计人员、人大代表或政协委员混合组成委员会。

**3. 新型环境社会自治模式**

通过学习新时代“枫桥经验”①，清镇市人民法院坚持自治、法治和德治的“三治”融合，构建了一种非对抗的环境社会治理模式——清镇市企业发展促进自治会。该组织由环保组织牵头，是设立在企业当中的第三方监督组织，旨在引导企业遵纪守法，引导公民依法维权。自治会会员由村民和公司共同组成，行政部门、法院和律师共同参与其中。

该组织的运作模式如下：①日常环保巡查：清镇市企业发展促进自治会组织志愿者，对辖区的企业进行日常的环保巡查。志愿者若发现企业存在污染问题后，立即向自治会报告。由自治会以书面形式向企业发出整改通知，并向环保部门报告。②定期培训：自治会定期组织环保专家、律师等专业人士对企业进行培训，帮助企业查找环保问题，并将问题反馈给企业。企业若及时对自治会通告的污染问题进行整改，达到环保要求后，本次环保督查自行结束。通过这种自我监督、自我管理的生态环境社会治理模式，在赔偿权利人提起生态环境损害赔偿磋商前即可将大多数的环境损害问题以调解的方式解决。

### （三）调研中遇到的问题

磋商案案件数量与生态环境损害事件数量不对称。2017 年 8 月，中央第七环境保护督察组向贵州省政府反馈的督查意见中，至少有 9 起关于生态环境损害的事件。但是贵州省进行生态环境损害赔偿磋商的案件仅仅 3 例，成功的仅 1 例。从生态环境损害赔偿磋商的执行情况来看，磋商案案件的数量与生态环境损害事件的数量不成正比。

---

① 新时代“枫桥经验”的主要内容是在开展社会治理中实行“五个坚持”，即坚持党建引领、坚持人民主体、坚持“三治融合”、坚持“四防并举”、坚持共建共享。人民主体是新时代“枫桥经验”的核心价值，实现人民的利益是新时代“枫桥经验”的价值导向。党建引领是新时代“枫桥经验”的政治灵魂，反映了新时代“枫桥经验”的本质特征。路径创新是新时代“枫桥经验”的实践特质。坚持自治、法治、德治“三治融合”是新时代“枫桥经验”的主要路径。人防、物防、技防、心防“四防并举”是新时代“枫桥经验”的重要手段。共建共享是新时代“枫桥经验”的工作格局。

### （四）生态环境损害赔偿的资金管理争议大

关于生态环境损害赔偿资金的监管争议如下：①由于严格的财政管理制度，资金上缴国库后，便被作为非税收入纳入地方政府统一使用。这种管理办法不仅程序烦琐且时效性差，不利于生态环境损害修复的工作之需。②大鹰田生态环境损害赔偿磋商案主要涉及地下水的生态功能损失，当时赔偿资金为200万。这笔资金的一部分直接用于生态环境损害的修复，另一部分则作为设立生态基金会的启动资金。但这种设立生态基金会来管理赔偿资金的模式，并未被贵州磋商办法所采用。③进入法院执行款账户不具有切实可行性，超出法院的职责范围。法院是一案一账户，每一案的账户资金具有期限性，过了期限则需要将资金上缴法院，进入财政账户，不利于生态环境损害的修复之需。另外，法院的职责是审判，并无管理由于司法登记确认所产生资金之职责。④赔偿资金交给企业自己使用，则存在极大风险。一方面因为生态环境损害的修复工作具有长周期性；另一方面，一旦企业倒闭，生态环境损害的修复工作未完成，则会给其后的生态环境修复工作带来极大的不便。⑤赔偿资金交给公益组织。环保组织具有公益性质，在存管资金时则会因为运营资金而引发营利性与公益性的冲突。

## 四　对生态环境损害赔偿磋商的若干思考

### （一）定分止争：确定法律属性，坚持平等磋商

关于生态环境损害赔偿磋商法律属性的公法属性和司法属性之争，主要体现为四种学说，分别是纯粹的民事性质论、公法化的民事性质论、行政性质论和双阶构造延伸论。若在其法律属性的认定上毫无休止地争论下去，于我国生态环境损害赔偿磋商的发展进程无益，于我国生态环境的保护和修复无益。

理论来源于实践，实践又是检验真理的唯一标准。唯有以尊重实务工作者在实践中的创造性为原则，选择适宜实务部门操作的法律属性，才能更好地实

现理论服务实践的目的，才能更有效地指导环保司法的实践。据此，应当定分止争，宜将生态环境损害赔偿磋商的法律属性定性为民事性质的磋商。这种属性的认定，在2019年6月最高人民法院发布的《最高人民法院关于审理生态环境损害赔偿案件的若干规定（试行）》和人民法院保障生态环境损害赔偿制度改革五大典型案例中也间接性地得到了认可。

除了对生态环境损害赔偿磋商属性的定分止争外，还应当在《贵州省生态环境损害赔偿磋商办法（试行）》中增添平等原则，重视对赔偿义务人平等地位的保护，提高其参与赔偿磋商的积极性，以更有效地实现生态环境损害赔偿的磋商。

### （二）强化监督：约束赔偿权利人，避免行政主导化

在生态环境损害赔偿的磋商中，由第三方来组织磋商，并采用公示制度，以保证公众、专家等利益相关方对磋商的了解，进而保证磋商的透明、公正和程序合法，但这并不能有效控制政府充当赔偿权利人时的自由裁量空间。

若能建构政府的责任制度，则会更有效地监督赔偿权利人。因此，应当在《贵州省生态环境损害赔偿磋商办法（试行）》中加入以下规定：①赔偿权利人恶意磋商的，磋商协议无效，且应当对赔偿权利人进行行政处罚或刑事处罚。②赔偿权利人消极磋商的，应当根据其是否造成生态环境的无法修复或重大损害，给予行政处分；触犯渎职罪的，给予刑事处罚。③赔偿权利人强制磋商的，赔偿义务人可以申请法院变更、撤销赔偿协议或者申请行政复议或诉讼。强制磋商给赔偿义务人造成损失的，还应当给予赔偿。④设定赔偿权利人的职权负面清单，明确赔偿权利人的民事磋商权利和生态环境的行政监管边界及责任范围。

### （三）完善制度：修改启动时机，扩大让渡空间

关于如何增加磋商当事人的让渡空间，应从制度出发提高磋商主体的积极性。一方面需要厘清作为赔偿权利人的身份问题，避免赔偿权利人既当裁判员又当运动员的冲突角色；另一方面要完善生态环境损害赔偿的发起规定。

针对赔偿权利人：①适当增加生态环境损害赔偿权利人主体，如集体组织

等。②制定生态环境损害事件报告办法，增加磋商案的案源获取方式。③将生态环境损害赔偿磋商纳入赔偿权利人的政绩考核范围。

针对赔偿义务人：①提前赔偿义务人进入赔偿磋商的时机至完成生态环境损害的调查、鉴定评估以及生态环境损害修复方案的编制之前。②根据控辩交易原理，污染者对生态环境损害事实的自认，可作为其参与生态环境损害鉴定评估和编制生态修复方案等磋商的前置性程序条件之一。③在赔偿义务人履行赔偿磋商协议后，尽量减轻其刑事处罚、行政处罚，给予政策辅助，促使企业在勇于承担污染责任的同时，又能继续盈利，甚至获得更好的发展前景。

## 五　结语

在中国生态环境损害赔偿磋商的试点改革中，贵州省率先完成了全国首例生态环境损害赔偿磋商案，并开创了概括性委托、第三方组织磋商、司法确认、15 天信息公示制度。但对比其他试点省份的配套制度建设，贵州省在生态环境损害的事件报告、鉴定评估和资金管理办法等方面仍需加快地方立法步伐。完善的配套制度能更加有力地推动本省生态环境损赔偿磋商的实施，科学、高效的地方环保立法必将能守护好这金山银山般的绿水青山！

## 参考文献

陈小平：《生态环境损害赔偿磋商：试点创新与制度完善——以全国首例生态环境损害赔偿磋商案为视角》，《环境保护》2018 年第 8 期。

郑世红、曾桢：《生态环境损害赔偿行政磋商协议的司法确认》，《人民司法（案例）》2017 年第 35 期。

罗光黔：《生态环境损害赔偿资金，由谁管？怎么管？——基于地方探索实践的一些思考》，《中国生态文明》2018 年第 4 期。

张林鸿、葛曹宏阳：《生态环境损害赔偿磋商的法律困境与制度跟进——以全国首例生态环境损害赔偿磋商案展开》，《华侨大学学报》（哲学社会科学版）2018 年第 1 期。

程雨燕：《生态环境损害赔偿磋商制度构想》，《北方法学》2017 年第 5 期。

郭海蓝、陈德敏：《生态环境损害赔偿磋商的法律性质思辨及展开》，《重庆大学学报》（社会科学版）2018 年第 4 期。

刘倩：《生态环境损害赔偿磋商法律属性探析》，《环境保护》2018 年第 17 期。

# A Probe into the Consultation on Compensation for Ecological Environment Damage: from System to Practice

## —On the Basis of Environmental Protection and Judicial Practice of Guizhou Province

*Chen Xiaoping*, *Gao Shentong*

**Abstract**: The research of the consultation on the damage compensation of the ecological environment is more focused on the discussion of its legal attributes, lack of systematic research and demonstration. Guizhou Province has made some useful explorations on the consultation on compensation for ecological environment damage, such as the appraisal and assessment of ecological environment damage, the management of funds and the non-antagonistic autonomous mode of the environmental society, and so on. In this paper, the practice is investigated, the experience is summed up, and the problems are found. On the basis of this, the system construction of the consultation on the damage compensation of the ecological environment is compared and analyzed, and then the consultation system of the environmental damage compensation for the ecological environment in Guizhou is reflected, proposing constructive suggestions such as settling and resolving the conflicts, enhancing supervision, and the breakthrough of system.

**Keywords**: Consultation on Compensation for Ecological Environment Damage; Legal Attributes; Appraisal and Assessment; Management of Funds; Social Autonomy

# 设区的市地方性法规合法性审查中抵触问题研究*

田　飞**

【摘要】2015 年《立法法》作出新的重大修改，其第 72 条内容规定所有设区的市能够行使地方立法权。省级人大对报请批准的设区的市地方性法规进行合法性审查，报请批准的地方性法规不与上位法相抵触时应当予以批准。在地方立法实践工作中，省级人大在对设区的市报请的地方性法规审查批准过程中，面临如何处理好设区的市地方性法规与上位法相抵触的问题。本文结合对全国部分省、自治区立法有关规定和做法的梳理，对目前“不予批准”和“修改后予以批准”以及“附修改意见方式予以批准”等几种处理抵触问题的主要方式进行分析，力图为妥善处理设区的市地方性法规合法性审查中抵触问题抛砖引玉。

【关键词】设区的市　地方性法规　抵触问题

2015 年 3 月《立法法》作出重大修改，其第 72 条内容规定所有设区的市能够享有并行使地方立法权。地方立法主体在原有 80 个的基础上，增长 274 个之多（设区的市达到 240 个。此外，还有 4 个没有设区的地级市

* 本文系 2018 年云南省人大常委会机关一般课题研究项目“人大对‘一府两院’监督权力行使机制研究”（项目编号：2018YNRD05）阶段性研究成果。

** 田飞，云南省人大常委会农业工作委员会办公室主任科员，法学硕士，研究方向为立法学、环境资源保护法学。

以及30个民族自治州），总计达到了354个。[①] 根据2015年修改后的《立法法》第72条第四款的内容规定，设区的市的人大，可以对环境保护和历史文化保护等方面内容制定符合行政区域实际需要的地方性法规，前提是制定的地方性法规不能与上位法相抵触。[②] 2018年3月，审议通过了《宪法》修正案，《宪法》修正案第47条内容规定，《宪法》第100条增加一款内容，即："设区的市的人大及其常委会，在不同上位法相抵触的前提下，可以制定符合行政区域实际需要的地方性法规，报请省级人大常委会批准后予以施行。"[③] 上述规定以国家根本大法的形式确认了设区的市的立法权，使地方立法权的主体显著增多，并对地方立法主体的立法权限进行扩充，进一步健全完善了社会主义立法体制。

## 一　问题由来

中国的立法体制既不同于联邦制国家，又区别于单一制国家，而是具有中国特色的社会主义立法体制。中国的立法始终坚持在中央的集中统一领导之下，中央和地方适度分权，并充分调动和发挥地方的立法能动性和积极性，形成具有一定层次而又高度统一的立法体制。[④] 2018年3月，《宪法》作出了最新修改，进一步明确规定设区的市享有地方立法权。确保设区的市在法律法规允许范围内，能够制定充分体现行政区域内实际需要的地方性法规，从而促进地方治理水平和治理能力的提升，并推动地方经济社会不断向前发展。但是，在地方立法实践中，省级人大在审查批准设区的市报请批准的地方性法规过程中，时常会遇到一些困难和问题。其中最为核心和关键的问题是在对设区的市地方性法规合法性审查过程中，如果遇到抵触问题时如何处理？2015年新修改的《立法法》第72条内容规定：

① 田成有：《在扩容与限制之间的地方立法》，《人大研究》2018年第6期。

② 蒲晓磊、姜东良：《地方立法权来了设区的市如何立良法促善治》，《法制日报》2016年11月15日。

③ 王鑫昕、王亦君：《宪法修正案草案提请十三届全国人大一次会议审议设区的市地方立法权拟入宪》，中青在线，2019年2月13日。

④ 王怡：《中国特色社会主义立法理论与实践——2016年中国立法学研究会学术年会会议综述》，《地方立法研究》2017年第1期。

“设区的市的地方性法规，须报请省级人大批准后予以施行。”根据该条法律规定可以推断出，省级人大在对设区的市地方性法规审查过程中，如果发现该设区的市的地方性法规同上位法相抵触的，就不能予以批准。问题在于省级人大不批准设区的市的地方性法规是以决定还是以决议的形式作出，假如省人大常委会作出不批准的决议或者决定后，下一步该如何处理此问题？这些问题在《立法法》中都没有作出明确规定，需要由各省、自治区人大根据各地实际情况作出规定。[①] 尽管截至目前，全国各省级人大常委会还没有出现不予批准设区的市的地方性法规的情况，但从逻辑上来推断，现在没有出现不予批准的情况，不代表以后也不出现不予批准的情形。

乔晓阳在2015年出版的《〈中华人民共和国立法法〉导读与释义》一书中写道：“省级人大对报请批准的设区的市的地方性法规，应当对其合法性进行审查。如果在审查中发现报请批准的设区的市的地方性法规，与上位法相抵触的，省级人大可以不予批准，或可以附审查修改意见后予以批准，也可以发回报批机关修改后重新报批后予以批准。”[②] 从以上文字表述可以看出，省级人大对与上位法相抵触的设区的市的地方性法规，即审查中发现合法性存在问题的地方性法规，有权不予批准，可以附审查修改意见后予以批准，也可以发回修改后再进行批准，但具体如何操作目前法律法规没有进行明确规定，实践中也还没有十分成熟的做法。当前，全国大部分省、自治区人大在审查批准设区的市地方性法规的工作中，为避免设区的市地方性法规报批后，在审查中发现合法性问题，省人大法制委、省人大常委会法工委基本上从设区的市打算编制立法计划、规划开始起，往往就会提前介入，力求从源头上防止设区的市地方立法的“先天不足”。[③] 省人大法制委、省人大常委会法工委经常会通过深入细致的工作，指导和帮助设区的市人大常委会在地方性法规立项、起草、调研、修改、论证、审议等各个环节提前做好立法相关工作，确保设区的市报请批准的

① 李春燕：《论省级人大常委会对设区的市地方性法规批准制度》，《江汉学术》2017 年第 3 期。

② 乔晓阳：《〈中华人民共和国立法法〉导读与释义》，中国民主法制出版社，2015。

③ 陈建新、谭瑟：《浅谈设区的市地方性法规审查批准制度的完善》，《人大研究》2018 年第 3 期。

地方性法规在合法性审查过程中不出现抵触问题。自 2015 年《立法法》最新修改以来，截至 2018 年 1 月下旬，全国各省、自治区人大常委会还没有出现不批准设区的市地方性法规的情形。[①] 但是，从依法治国全面建成法治国家的角度来看，审查批准设区的市地方性法规的新任务会越来越多，将给本来就立法任务繁重、人手不够的各省人大法制委、省人大常委会法工委带来新的挑战和困难，难以保证对每一件设区的市地方性法规的制定都做到深入细致的介入指导，这是很现实的一个问题。而且，立法过程中省人大介入过多，不利于充分发挥设区的市人大常委会的积极性和主动性，也有“越俎代庖”的嫌疑。反之，省人大不介入或介入不够，设区的市人大法制委员会、市人大常委会法制工作委员会多数面临着立法难度大、立法能力和经验不足等问题，立法工作中一个不小心，制定出来的地方性法规报请到省人大常委会进行审查，就可能出现与上位法相抵触而不予批准的问题。

## 二　各省立法条例对设区的市地方性法规与上位法相抵触问题处理规定的比较

在对全国 20 个省、自治区立法条例或者制定地方性法规条例梳理的基础上，分析发现各省、自治区对设区的市地方性法规合法性审查过程中当遇到抵触问题时，处理方法不尽相同。具体见表 1。

**表 1　全国 20 个省、自治区立法条例关于与上位法相抵触时处理方式对比**

| 方式一：与上位法相抵触的，不予批准 | 方式二：与上位法相抵触的，可以不予批准，或修改后予以批准，或退回报请机关修改后再报请批准 | 方式三：与上位法相抵触的，可以不予批准，或附修改意见方式予以批准，或退回报请机关修改后再报请批准 | 方式四：附审查修改意见的批准，或者退回报请机关修改 | 方式五：对于报批的设区的市地方性法规，无论批准与否，规定了通知程序 |
|---|---|---|---|---|

① 贺海仁：《防止地方立法“放水”，完善中国特色合法性审查制度》，《人民论坛》2018 年第 3 期。

续表

| | | | | |
|---|---|---|---|---|
| ①福建省立法条例(2016年1月修正)第38条、第39条;<br>②广西壮族自治区立法条例(2016年1月修正)第49条;<br>③吉林省地方立法条例(2017年1月通过)第43条;<br>④山东省地方立法条例(2017年2月通过)第53条、第56条 | ①山西省地方立法条例(2015年11月修正)第64条;<br>②陕西省地方立法条例(2016年1月修订)第67条;<br>③江苏省制定和批准地方性法规条例(2016年1月修正)第57条、第60条、第62条;<br>④浙江省地方立法条例(2016年1月修正)第69条、第74条 | ①安徽省立法条例(2015年11月修正)第57条;<br>②广东省地方立法条例(2016年1月修正)第76条、第80条;<br>③河南省地方立法条例(2016年1月通过)第64条、第67条;<br>④江西省立法条例(2016年6月修正)第57条、第59条;<br>⑤甘肃省地方立法条例(2017年1月通过)第70条;<br>⑥西藏自治区立法条例(2017年1月修订)第54条 | ①黑龙江省立法条例(2016年1月修订)第76条;<br>②四川省立法条例(2016年1月通过)第61条;<br>③海南省制定与批准地方性法规条例(2016年1月通过)第49条;<br>④青海省立法程序规定(2016年11月修订)第47条、第52条 | ①内蒙古自治区立法条例(2016年1月修正)。第61条:自批准决议通过之日起七日内,书面通知报请机关。未予批准的也应当进行通知。;<br>②新疆维吾尔自治区立法条例(2016年1月修正)。第44条:自批准决定通过之日起七日内,书面通知报请机关。未予批准的也应当进行通知。 |

对表1信息分析可以得出：一是有14个省、自治区的立法条例或制定地方性法规条例规定了与上位法相抵触的情形下，不予批准，其后的处理方法各有不同。归纳起来主要有如下三种：①与上位法相抵触的，不予批准，且为唯一的处理方式，如福建、广西、吉林、山东；②可以不予批准或者修改后予以批准，或者退回报请机关修改后，再报请批准，如山西、江苏、陕西、浙江；③可以不予批准或者附修改意见的方式予以批准，或者退回报请机关修改后，再报请批准，如安徽、广东、河南、江西、甘肃、西藏。二是部分省份立法相关条例规定，地方性法规与上位法抵触的，可以暂时不予表决，交由报请机关修改，如报请机关不同意修改的，应当不予批准，如四川。三是新疆和内蒙古两个自治区的立法条例规定无论批准通过与否，均规定应当及时通知报请机关。据此判断，全国各省、自治区人大常委会在对设区的市地方性法规合法性审查过程中，在处理与

上位法相抵触的问题时呈现多元化情形，但是这些处理方式在立法实践工作中，或多或少存在一些问题。[①]

存在的主要问题及其原因分析如下：2015 年修改后的《立法法》，没有对设区的市的地方性法规与上位法相抵触时的处理方式方法作出详细规定，致使各省、自治区在实践中处理该问题时方式多种多样。一是作出“不予批准”的处理方式。笔者认为这种常用的处理方式操作过于“简单粗暴”。例如，当设区的市报请批准一件地方性法规（草案）时，省人大常委会在审查中仅仅因为报批的地方性法规中某一条（款）法律内容的合法性存疑问题，就不予批准，或者退回报批机关予以修改，之后再按照程序重新报请批准。该处理方式不但影响立法效率，而且浪费立法资源。二是作出“修改后予以批准”的处理方式。这种处理方式的好处在于操作简便且效率高，省级人大常委会对报批的地方性法规进行修改后即可批准，但“修改后予以批准”这种处理方式存在较为严重的问题，直接影响设区的市自主行使立法权。三是作出“附修改意见方式予以批准”的处理方式。这是一种较为折中的处理方式，但却给设区的市行使立法权造成新的问题，即设区的市人大常委会怎样采纳省人大常委会会议审议后提出的修改意见，并按照何种程序进行修改。[②] 此外，设区的市人大常委会如果在其常委会会议审议时不同意修改意见，又该怎么处理?

## 三　妥善处理设区的市地方性法规合法性审查中抵触问题的思考

对报批的设区的市地方性法规的不同处理方式，反映出全国各省、自治区人大在立法实践工作中对现实需要的积极回应，也体现出各省级人大对设区的市制定地方性法规所作出的巨大努力的尊重，值得肯定。但笔者有以下几点建议。

---

① 伊士国、李杰：《论设区的市地方性法规的审查批准制度》，《中州大学学报》2017 年第 3 期。

② 庞凌：《论省级人大常委会对设区的市地方性法规批准制度中的审查范围和标准问题》，《江苏社会科学》2017 年第 6 期。

### （一）“修改后批准”的处理方式不宜采用

《立法法》并没有规定省人大常委会可以直接修改设区的市地方性法规中与上位法相抵触的内容，而且从立法理论上来讲，省人大常委会对设区的市地方性法规合法性进行审查行使的是批准权，而设区的市的人大及其常委会制定地方性法规的过程行使的是立法权。① 按照“谁制定、谁修改”的原则，如果制定的地方性法规合法性存在问题，也理应由设区的市的人大常委会进行修改，而不能由省人大常委会直接对设区的市地方性法规进行修改。所以，笔者认为，省人大常委会在审查批准设区的市地方性法规时，不宜采用直接由省人大常委会修改报请批准的地方性法规后，即予以批准这种方式。基于此，笔者才会在前文中提到《〈中华人民共和国立法法〉导读与释义》一书中关于“与上位法相抵触的，省人大常委会可以不予批准，也可以发回修改后重新报批，而不能直接修改后予以批准”的阐述。

### （二）对“附修改意见予以批准”处理方式的完善建议

在处理与上位法相抵触问题时“附修改意见予以批准”的方式也较为常用，建议对该种处理方式加以完善。在完善该制度设计时，应当在《立法法》中明确规定省级人大常委会所附修改意见是常委会会议审查后的意见，对报批的地方性法规的设区的市人大常委会来讲，该审查意见“天然”具有法律约束力，必须按照省人大常委会所附修改意见对报批的地方性法规进行修改。因此，不用再通过召开市人大常委会会议来讨论是否作出修改，也不用再通过召开市人大常委会会议审议修改后的地方性法规。笔者建议，设区市的人大常委会专门明确市人大法制工作委员会，作为具体负责修改地方性法规的部门，按照省人大常委会所附修改意见进行修改后，按程序提交市人大常委会主任会议讨论通过，再以正式文件形式报请省人大法制委审核。为规避实践中设区的市人大常委会不予修改、不按所附意见修改等问题的产生，建议省人大常委会在正式收到设区的市人大常

① 程庆栋：《论适当性审查：以地方性法规为对象》，《政治与法律》2018 年第 3 期。

委会提交的地方性法规修改版本之后，再向报请常委会机关下发书面审查批准文件。[①]

### （三）对“修改后再报请批准”处理方式的完善建议

省人大常委会在审查批准设区的市报批的地方性法规时，通常做法是先由省人大法制委、省人大常委会法工委对报批的地方性法规作出具体审查，然后再提交省人大常委会主任会议研究决定，是否列入省人大常委会会议议程。[②] 这里的“决定列入”，笔者认为是必须列入，而不应理解为当设区的市地方性法规合法性可能存在抵触问题时，省人大法制委向主任会议汇报后，由主任会议审议后决定是否列入。简而言之，只要是设区的市人大经过法定程序审议通过的地方性法规，一旦报请省人大常委会审查批准，省人大常委会主任会议都应当决定把其列入省人大常委会会议议程。即便是省人大常委会主任会议认为该地方性法规有严重的抵触问题，而需要进一步研究讨论决定的，也不能由省人大常委会主任会议取代省人大常委会会议的法定审查程序，直接将设区的市地方性法规予以退回，这是由省人大常委会主任会议的法定性质决定的，必须由省人大常委会会议审查后，认为该地方性法规确实与上位法相抵触的，经过表决程序后采取不予批准，或者也可以在常委会分组会议审查的基础上，由主任会议研究后形成统一意见，建议本次常委会会议对合法性存疑的地方性法规不予表决，由省人大常委会办公厅正式发函通知设区的市人大常委会修改后再报请批准。

## 四　结语

综上所述，建议各省人大常委会对报请批准的设区的市地方性法规进行合法性审查时，发现与上位法相抵触的，可以经省人大常委会会议表决不予批准，也可以由省人大常委会有关专门委员会在审查报告中附修改意

① 刘雁鹏：《地方立法抵触标准的反思与判定》，《北京社会科学》2017 年第 3 期。

② 王新存：《地方人大在地方立法工作中如何贯彻落实宪法精神》，《人大研究》2018 年第 11 期。

见予以批准，或者发回报请机关修改后再报请批准，但上述处理方式都应当在下一次对《立法法》进行修改时加以明确详细规定。

# A Study on the Conflict in the Legitimacy Examination of Local Laws and Regulations in Municipalities with Districts

*Tian Fei*

**Abstract**: Article 72 of the newly amended *Legislation Act* of 2015 stipulates that all municipalities with districts can exercise local legislative power. The standing Committee of the Provincial People's Congress shall examine the legality of the local laws and regulations submitted for approval by the municipalities with districts. If the submitted local decree does not contravene the superior law, it shall be approved. In the practice of local legislation, the standing Committee of the Provincial People's Congress is faced with the problem of how to deal with the conflict between the municipal local laws and regulations and the superior laws in the process of examining and approving the municipal local laws and regulations in municipalities with districts. Combing the relevant provisions and practices of the legislation of some provinces and autonomous regions in China, this paper analyzes the advantages and disadvantages of several main ways to deal with the conflict problems at present, such as "no approval", "approval after modification", and "approval with modified opinions", trying to deal with the problems of conflict in the examination of the legitimacy of the municipal local laws and regulations in municipalities with districts.

**Keywords**: Municipalities with Districts; Local Laws and Regulations; Conflict Problems

# 中国竞技体育行政奖励纠纷解决机制研究

张尧良[*]

**【摘要】** 中国竞技体育行政奖励事前缺乏法律法规的明确规定，事中未能确立合法有效的行政程序制度，事后的监督机制和救济机制也未能发挥应有的功效。为了妥善解决多元化的竞技体育行政奖励纠纷，化解精神方面的权益纠纷，应当充分发挥以行政复议为主的非诉纠纷解决机制的重要作用，并坚持司法最终裁决的原则；解决物质方面的权益纠纷，应当重点发挥以行政诉讼为主的司法救济途径的功能和作用；至于职权方面的权益纠纷，由于其自身性质的特殊性，通过事前立法来解决这类纠纷更为妥当。

**【关键词】** 竞技体育　行政奖励　纠纷解决机制

竞技体育自新中国成立以来，尤其是十一届三中全会以后，在党和政府的领导下发展迅速。特别是2008年成功举办奥运会，标志着中国开始进入体育强国的行列，大大提升了中国的文化软实力和国际的影响力。从某种程度上可以说，竞技体育的发展历程，是中华民族伟大复兴的一个重要窗口。正是由于竞技体育发展所承载的政治情怀和民族梦想，国家和政府才通过各种奖励手段和措施激励其持续向前发展，行政奖励是其中最为典型的表现。行政奖励是指行政主体为了表彰先进、激励后进，充分调动和激发人们的积极性和创造性，依照法定条件和程序，对为国家、人民和社

* 张尧良，硕士，吉林大学珠海学院体育科学学院讲师。

会作出突出贡献或者模范的遵纪守法的行政相对人，给予物质的或者精神的奖励的行政行为。[①] 与作为行政指导方式之一的事前或者事中的奖励不同，这里所说的行政奖励是指行政主体依据法定程序和法定职权所作出的具体行政行为，是一种事后针对已完成行政行为的肯定性的非功利性评价，具有倡导性、授益性和非强制性。不同于通俗意义的“社会奖励”或“商业奖励”，行政奖励的作出主体恒定为行政主体，包括国家行政机关和法律、法规、规章授权的组织。

有权利必有救济，倘若行政相对人认为该行政奖励行为侵犯自身的合法权益，可以依法通过行政复议或者行政诉讼等纠纷解决机制寻求法律救济。由于中国《宪法》和《体育法》中有关体育行政奖励仅有原则性的规定，缺乏实际可操作性，目前竞技体育行政奖励的主要依据为国务院各部委及直属机构制定的部门规章，不但位阶较低，且大都是20世纪末制定的，很难适应21世纪竞技体育发展的新形势。为了适应地区竞技体育行政奖励的现状，有些省市人民政府以地方政府规章的形式规范竞技体育行政奖励，也有些地区（如县级人民政法）制定规章以下其他规范性文件作为竞技体育行政奖励的规范依据。上位法的缺位客观上给下位法自主创设具体规则留下了空间，但基本前提是必须遵循宪法和法律的基本原则和精神，也不得违反法制统一原则。

从相关的法律规范建设和现实状况来看，竞技体育行政奖励存在一些应当引起重视的问题，主要表现在：法律规范不仅缺乏科学性、体系性，对社会转型背景下竞技体育发展的适应性也十分有限，这直接或者间接导致竞技体育行政奖励的分配、管理和监督机制都存在诸多缺陷，在中国制定专门的《行政奖励法》之前，为解决实践中存在的各种竞技体育行政奖励纠纷，当务之急是建立健全竞技体育行政奖励的纠纷解决机制，为行政相对人的合法权益提供全面、无漏洞的法律保护。

## 一　社会转型背景下中国竞技体育行政奖励的解纷困境

中国处于社会转型的关键时期，社会主义市场经济的发展给整个国家

---

① 姜明安：《行政法与行政诉讼法》（第六版），北京大学出版社、高等教育出版社，2015。

和社会带来了巨大的财富，人民总体生活水平获得大幅提升，物质生活条件的改善客观上也使人们的价值观念发生了较大的变化，凸显个性、实现自我价值逐渐被越来越多的人所接受。对于运动员来说，通过自身的拼搏和努力在竞技体育比赛中取得好成绩，不仅是自我能力的肯定和自我价值的实现，同时也是获得中央及地方人民政府行政奖励的主要依据。举国体制下的中国竞技体育，绝大部分运动员都是从小开始刻苦训练，期望可以为国争光。但是，竞技体育本身具有很强的专业性、技术性，运动员训练普遍十分艰苦，绝大多数项目的运动员职业生涯较短，加之自身伤病、接受系统教育欠缺等原因，一旦退役，重新择业风险极高，所以通过获得国家的行政奖励或者社会的奖励成为他们职业转型的重要条件。奖励的稀缺性和竞争的激烈性，使得只有极少数运动员可以脱颖而出。然而，培养一名优秀的竞技体育运动员并非个人之功，教练员、运动队及相关科研人员也都付出了大量心血。理论上，竞技体育行政奖励，是国家和政府对于在竞技体育事业中作出突出贡献的人员给予的认可、评价和激励，其承载的更多的是荣誉和鼓励，非物质性是其本质特征。为了更好地规范各种物质奖励和精神奖励的发放标准和监督程序，根据角色分工和承担风险的不同，对于符合国家行政奖励条件的运动员、教练员等，应该按照各自的贡献给予不同类型的奖励。社会转型背景下中国竞技体育行政奖励之所以会陷入解纷困局，需要从事前的立法机制、事中的程序机制和事后的监督救济机制三个方面来进行分析。

首先，从事前的立法机制来看，竞技体育行政奖励在中央层面缺乏规章以上的立法规范，这不仅不符合十八大所重申的建设社会主义文化强国的基本国策，同时也是导致中国竞技体育行政奖励纠纷长期游离于正式行政纠纷解决机制之外的根本原因。1996 年国家体委、人事部发布的《运动员教练员奖励实施办法》（以下简称《实施办法》）分别规定了对运动员和教练员的奖励方式。也就是说，中国在中央层面仅以部门规章的形式对竞技体育行政奖励进行规范，并将其作为地方制定竞技体育行政奖励规范的参照标准。一方面，根据中国《立法法》第 82 条的规定，部门规章与地方政府规章之间具有同等效力，国家体委、人事部发布的《实施办法》并无限制地方政府规章制定之权限。《实施办法》第

19 条规定，省、自治区、直辖市体委制定的全国性比赛的奖金标准和奖励办法经当地人民政府批准之后，报国家体委备案，同时规定了奖金标准的下限。一般来说，立法备案通常发生在上、下级国家机关之间，国家体委与省、自治区、直辖市体委之间并不是上下级关系，只能归为业务指导与被指导的关系。同时，根据《立法法》第 86 条的规定，具有同等效力的部门规章与地方政府规章应当在各自权限范围内施行，如果两者之间对同一事项规定不一致时则由国务院裁决，《实施办法》直接规定省、自治区、直辖市体委制定的全国性比赛的奖金标准有违《立法法》的原则和精神。另一方面，十八大报告明确指出，全面发展群众体育和竞技体育是建设社会主义文化强国的重要内容。体育事业的繁荣程度是衡量一国社会发展和文化进步的重要标尺，特别是竞技体育在国际舞台上还承载着政治期待，由国家和政府出面嘉奖优秀的运动员和教练员，不仅能够鼓舞获奖者本人再接再厉，还能在全社会产生广泛的影响力和感召力，为中国竞技体育事业以及全面健身事业的持续发展注入新鲜血液。遗憾的是，竞技体育在立法层面未能获得充分的支持与肯定，有关竞技体育的行政奖励规范至今全国人民代表大会及其常务委员会、国务院并未制定有关的法律和行政法规。当务之急，为充分保障行政相对人之合法权益，立法机关应当制定有关竞技体育行政奖励的法律、法规，明确奖励对象、奖励范围和奖励标准，同时确定对行政奖励过程和结果的监督程序和救济机制等，拨开困扰中国竞技体育行政奖励纠纷解决的第一道迷雾。

其次，从事中的程序机制来看，竞技体育行政奖励作为行政主体作出的授益性行政行为，与运动员、教练员等的物质利益和精神利益密切相关，无论是中央还是地方都无专门的行政奖励管理组织及工作人员，管理者同时也是行政奖励受领者的情形时常发生，奖励发放过程缺乏公开性和透明性，不仅没有健全的公示制度，对于利害关系人的申诉、控告和检举也无法及时有效地处理，公众、媒体等社会监督的作用十分有限。阳光是最好的防腐剂，正当程序原则是中国建设法治国家和法治政府的题中之义，中国在建设社会主义文化强国的道路上，竞技体育的发展和完善也应当遵循法律的基本原则和精神。“一切有权力的人都容易滥用权力，这是万古不易的一条经验。有权力的人们使用权力一直到遇有界限的地方才休止。”① 只有做到竞技体育行政奖励的每一个阶段都能够公开透明，才能够使得行政权力的运行过程受到有效的监督和制约，从而在竞技体育行政奖励中为行政相对人的合法权益提供充分保护。

最后，从事后的监督救济机制来看，竞技体育行政奖励的相对人及其利害关系人如果认为该行政行为侵犯了自身的合法权益，依法有权向行政复议机关申请复议或者向人民法院提起行政诉讼。但实践中，作为行政纠纷解决机制中最重要组成部分的行政复议制度和行政诉讼制度基本上未能在解决竞技体育行政纠纷中真正发挥作用。一方面，由于竞技体育行政奖励的管理者基本都是运动员、教练员、运动队等人员的管理者，机构性质虽区别于国家机关，但运行原理类似，考虑到复议和诉讼可能对自己职业生涯产生的影响，相对人大都会选择向内部纪检监察机构进行申诉，不到万不得已，很少有人诉诸司法救济，甚至有人提起民事诉讼寻求行政奖励救济；另一方面，作为竞技体育行政奖励的获得者，毋庸置疑，相对人在竞技体育方面具备超强的专业性和技术性，但在自身合法权益受到来自体育管理部门及其相关人员侵害之时，他们同样需要专业人员的帮助。

整体上看，由于竞技体育行政奖励事前缺乏完善的立法体系，事中没有确立公开透明的行政程序制度，事后的监督和救济制度也未能真正发挥作用，使得中国竞技体育行政奖励纠纷的解决深陷困局。本文希望，通过对中国当前竞技体育行政奖励纠纷的解纷现状进行深入分析，从而为中国竞技体育行政奖励纠纷的化解提出实际可具操作性的对策。

## 二　中国竞技体育行政奖励纠纷的解纷现状分析

行政奖励作为现代服务行政理念影响下行政主体管理社会事务的重要手段，广泛存在于行政管理的各个领域，表现形式呈现多样化的态势。根据有关法律、法规和规章的规定，大致可以将中国行政奖励的形式分为三类，即精神方面的权益、物质方面的权益和职权方面的权益。关于竞技体

---

① 〔法〕孟德斯鸠：《论法的精神》（上册），张雁深译，商务印书馆，1982，第154页。

育行政奖励，法律、法规尚未专门作出具体明确的规定，《实施办法》《关于进一步做好退役运动员就业安置工作的意见》等部门规章就成为确定竞技体育行政奖励形式的主要依据。此外，诸如《个人所得税法》第4条第1款等单行法律、法规也有零星关于体育奖金方面的规定。总的来看，竞技体育行政奖励的形式也大致可以分为精神方面的权益、物质方面的权益和职权方面的权益。为了全面深入厘清当前中国竞技体育行政奖励纠纷的解纷现状，接下来将分别从不同的奖励形式入手进行分析。

### （一）精神方面的权益纠纷解决现状分析

竞技体育行政奖励精神方面的权益，主要是指行政主体通过对符合奖励条件的人员或者团体授予荣誉称号、记功、嘉奖，发给荣誉证书、奖状、奖杯、纪念品等具有象征意义的具体行政行为，认可其对于国家竞技体育事业作出的贡献。某种程度上可以说，授予精神方面的权益才是竞技体育行政奖励的核心价值之所在，它不仅体现了国家对在竞技体育活动中表现突出的“先进”个人或集体的充分肯定，间接反映了政府在竞技体育领域的价值偏好和行为取向，[①] 同时也属于社会道德评判的范畴，是社会主流价值观的客观体现。涉及精神方面权益的奖励纠纷，鲜少有进入公众视野的案例，可以推测按照现有行政规章及其他行政规范性文件的规定，符合奖励条件的先进个人和集体，都能够获得相应的精神方面的权益，即使存在冲突，国家体委及地方体委内部也能够作出妥善的处理。

### （二）物质方面的权益纠纷解决现状分析

竞技体育行政奖励物质方面的权益，主要是指行政主体对符合奖励条件的个人或集体通过发给奖金、奖品的方式肯定其在竞技体育领域的先进表现。根据《实施办法》的规定，运动员的名次奖项和创造纪录奖项都限定在奥运会、亚运会、世锦赛、世界杯等世界竞技体育顶级赛事之中，对于教练员的奖励则是以运动员在这些类别比赛中获得的名次或者创造的纪录为基础。运动员和教练员是竞技体育训练和比赛中最重要的合作者，教

---

① 张慧平：《行政奖励概念辨析》，《上海政法学院学报》（法治论丛）2013年第1期。

练员培养出优秀的运动员不仅能够为国家体育事业作出卓越贡献，获得精神方面的奖励，同时也能为自己带来物质方面的奖励。然而，目前在中国竞技体育行政奖励中，矛盾和冲突也同样集中在物质奖励方面，比如涉及奖金的分配等。

一方面，近年来，运动员与教练员、教练员与运动队以及运动员与运动队之间因行政奖励而引发的冲突，因为媒体的广泛报道逐渐引起社会的关注，冲突各方申请体育管理部门内部的纪检监察机构介入大都无法得到妥善的解决，通过信访渠道化解纠纷的做法也很难取得实效，而作为行政纠纷正式解纷机制的行政复议和行政诉讼，基本没有成为冲突各方诉诸的手段。比如，运动员孙英杰与教练员王德显的奖金冲突，教练员汪成荣与青海体工一队的奖金分配纠纷，教练员于芬与国家跳水队领队周继红因奖金分配引起的冲突等。另一方面，原本应当成为处理竞技体育行政奖励纠纷主体的国家体育委员会及地方各级体育委员会，在这类奖金纠纷出现之后大都保持沉默，在处理运动员、教练员以及运动队的纠纷方面表现得软弱无力，面对公众的质疑和媒体的追问采取了回避的态度。

### （三）职权方面的权益纠纷解决现状分析

根据相关法律、法规规定，中国行政奖励关于职权方面的权益，主要包括晋级或者晋升，这种奖励对象涉及职务委任，通常都必须有明确的组织法依据才可以实施。[①] 中国竞技体育行政奖励也包括职权方面的权益，主要包括免征奖金个税、获得高等学校入学资格、退役政策性安置等。除了《个人所得税法》对于免征奖金个税有明确规定之外，关于高等学校入学资格、退役政策性安置都没有法律、法规的明确规定。其中，高等学校入学资格不仅关乎公民的受教育权，还与教育公平原则密切相关。这些涉及公民基本权利的内容由部委规章进行规范，其合法性基础有待商榷。至于“提干”“转干”等政策性安置手段，其具体的步骤和相关程序都处于模糊状态。从整体上看，所谓职权方面的权益究竟能否做出行政奖励的形式是值得商榷的，职权方面的权益成为“奖励”方式本身就存在“权力寻

① 姜明安：《行政法与行政诉讼法》（第六版），北京大学出版社、高等教育出版社，2015。

租”的风险。行政奖励属于行政复议和行政诉讼的范围，而职权方面的权益纠纷可能会涉及对其法律依据本身的评价，由于特别权力关系理论对中国行政法学理论的深远影响，虽然其影响力日渐式微，但2014年修改后的《行政诉讼法》规定，人民法院只能对规章以下其他规范性文件进行附带性审查。

综上所述，可以发现，首先，中国现行的竞技体育行政奖励管理机制基本能够在内部妥善处理精神方面的权益纠纷，从而保障先进个人或团体的荣誉。其次，职权方面的权益纠纷存在的理论风险和实践难题，是中国行政奖励制度需要深入探讨并亟待解决的问题，竞技体育行政奖励中因职权方面的权益所引发的纠纷，接下来很长一段时间可能仍然需要管理机关内部的纠纷解决机构来处理。最后，物质方面的权益纠纷是中国竞技体育行政奖励纠纷陷入解纷困境的症结之所在，也是建构多元行政奖励机制需要解决的核心问题。因此，为了处理好中国多元化的竞技体育行政奖励纠纷，应当根据各种纠纷的不同特征出发，来确定适当的纠纷解决机制。

## 三　化解中国多元竞技体育行政奖励纠纷的对策分析

由于竞技体育行政奖励事前缺乏法律、法规的明确规定，事中未能确立合法有效的行政程序制度，事后的监督机制和救济机制也未能发挥应有的功效，使得多元化的竞技体育行政奖励纠纷无法获得妥善的解决，行政相对人的合法权益无法得到应有的保障。物质方面的权益纠纷是竞技体育行政奖励纠纷中最为引人瞩目、最迫切需要解决的问题，职权方面的权益纠纷更是涉及合法性等基础性问题的讨论。针对中国当前存在的多元化竞技体育行政奖励纠纷，可以从以下几个方面入手加以解决。

### （一）精神方面的权益纠纷解决机制分析

化解精神方面的权益纠纷，应当充分发挥以行政复议为主的非诉讼纠纷解决机制的重要作用，同时确保当穷尽行政系统内部救济手段仍然无法化解纠纷时，相对人及其利害关系仍有申请司法救济的权利。行政主体在对运动员、教练员等作出精神方面的奖励时，应当依据相关规章和行政规范性法律文件所规定的条件和程序，按照依法行政原则的要求，以书面的形式授予相对人具有象征意义的荣誉符号形式。行政相对人及利害关系人认为精神方面的权益侵犯自身的合法权益，依法有权根据《行政复议法》第6条第11款的规定向复议机关申请行政复议，复议机关不仅可以对该行为的合法性和合理性进行审查，同时相对人若认为作为奖励依据的行政规范性文件不合法，可以一并向复议机关提出审查申请。国家体委属于国务院主管的职能部门，因其所作出的竞技体育行政奖励引发的行政复议，复议机关应当是国务院；地方体委属于本级地方人民政府的职能部门，因地方地委对竞技体育作出的行政奖励申请行政复议，本级人民政府是复议机关。

倘若经过复议程序纠纷仍未能解决，相对人及其利害关系人仍然可以依法向人民法院提起行政诉讼寻求司法救济。人民法院对于精神方面的权益纠纷原则上只进行合法性审查，只要符合相关的规定，不违背法律的基本原则和精神，就应当尊重行政系统内部的专业判断。

### （二）物质方面的权益纠纷解决机制分析

化解物质方面的权益纠纷，应当重点发挥以行政诉讼为主的司法救济途径的功能和作用。一方面，中国还没有建立统一的竞技体育行政奖励管理模式，中央和地方的管理系统相互独立，且地方的自主权很大，无论是中央还是地方也都没有设立专门的机构和人员来管理奖励事务，竞技体育行政奖励的相对人及利害关系人兼职处理奖金事务时有发生，这种“既做运动员，又当裁判员”的做法很难保证物质奖励发放做到公开性和公正性。另一方面，物质方面的权益纠纷直接关乎运动员、教练员等的财产利益，根据正当法律程序的要求，任何人都不能成为自己案件的法官，行政系统内部的救济机制很难完全摆脱考虑不相关因素或者没有考虑相关因素的桎梏。

对于物质方面的权益纠纷，人民法院在司法审查中应当以合法性审查为原则，在特殊情况下不排除合理性审查的可能。作为行政主体运用行政权所作出的、对相对人及利害关系人财产权益产生重要影响的单方行政行为，人民法院通过审查认定该行为同时符合主体合法、内容合法、权限合法和程序合法的要求，才能被认为是合法行政行为。同时，根据2014年新修正的《行政诉讼法》第70条第6项的规定，如果行政行为“明显不当的”，人民法院可以判决撤销。“明显不当”具体应当根据哪些条件和标准来认定，尚需要最高人民法院发布司法解释，就目前来看，通过指导性案例先行确定基本的认定标准比较可行。

### （三）职权方面的权益纠纷解决机制分析

由于职权方面的权益本身的特殊性，在竞技体育行政奖励中，通过事前立法来解决这类纠纷更为妥当。这种方式虽然少见，但在法律、法规中也有例可循，比如《行政许可法》第50条第2款规定：“行政机关应当根据被许可人的申请，在该行政许可有效期届满前作出是否准予延续的决定；逾期未作决定的，视为准予延续。”秉承依法治国原则，为夯实职权方面的权益作为行政奖励方式的合法性基础，全国人民代表大会及其常务委员会通过立法的方式直接明确这类纠纷的解决方式更加妥当，从而将“权力寻租”的风险降到最低，还能发挥职权奖励本身表扬先进、激励后进的重要作用。

总之，上述对于竞技体育行政奖励纠纷救济机制的论述，主要是基于不同类型纠纷的性质和特征作出的适当判断，如果在竞技体育行政奖励纠纷中同时涉及两种类型以上的纠纷，原则上仍然遵循由非诉解纷机制到司法救济的路径，毕竟司法是成本较高的剧场化活动，门槛较高，耗时较长，当相对人及利害关系人用尽行政系统内部救济依然无法维护自己的合法权益，司法作为最后一道维护社会正义的防线，化解纠纷，义不容辞。

## A Study on Dispute Resolution Mechanism of Administrative Reward for Competitive Sports in China

*Zhang Yaoliang*

**Abstract**: China's competitive sports administrative reward is lack of laws and regulations before the event. It has not established the legal and effective administrative procedure system in the event, and the post supervision mechanism and the relief mechanism have not been able to play the due effect. In order to properly solve the administrative reward disputes of the diversified competitive sports and resolve the interests dispute in the spirit, the important role of the non-litigation dispute settlement mechanism based on the administrative reconsideration should be brought into full play, and the principle of judicial final decision should be adhered to; In order to solve the rights and interests disputes of material award, we should focus on giving full play to the function of judicial relief based on administrative litigation; As for the rights and interests disputes in terms of functions and powers, because of the particularity of their own nature, it is more appropriate to resolve such disputes through prior legislation.

**Keywords**: Competitive Sports; Administrative Encouragement; Dispute Resolution Mechanism

# 《珠江论丛》征稿启事

《珠江论丛》是由吉林大学珠海学院主办人文社科性学术理论刊物，现由社会科学文献出版社出版、中国知网（CNKI）全文收录。

本刊秉持繁荣学术研究的宗旨，以创新的思维、多学科的视角对国内外政治、经济、社会、文化、哲学、历史、社会、教育以及生态等方面的重大理论问题和现实问题进行研究，为广大教师、科研工作者开辟学术研究的窗口和平台。为办好教学型大学服务，为开拓和深化学术研究服务，为地方经济社会发展服务。

本刊的主要内容有：研究人文及社会科学主要学科的理论问题、学术前沿问题；紧密结合中国改革开放实际，研究探讨政治、经济、社会发展中的理论问题、发展战略问题；对外交流问题；探讨国内外各项研究领域的新动态；并开展对中国哲学、历史、文化、教育等方面的综合研究或比较研究。

为了充分利用《珠江论丛》这一平台，本刊面向校内外诚征稿件，欢迎从事人文及社会科学研究的专家学者、广大教师以及社会各界致力于人文社科研究的同仁们，踊跃为本刊撰稿。具体事项说明如下：

1. 来稿须保证首发及原创，已发表过的论文、抄袭的论文不予采用。来稿确保不涉及保密、署名无争议等，作者文责自负。本刊保留以法律途径追究相关作者责任的权利。

2. 来稿要求主题明确、结构严谨、数据可靠、文字简练，一般稿件以5000～8000字为宜，最多不超过15000字。

3. 请注意使用最新数据资料，以使文章更好说明最新变化情况。论文中如有计量单位，须一律用国际标准书写。

4. 请注意论文用词的严谨和学术性（如在对国内相关情况进行表述

时，不应出现“我国”等字样，而应为“中国”）。

5. 正文前应列有200字左右的内容摘要（内容摘要是全文的缩写，也是主要观点的摘写，请采用第三人称的叙述句，请勿出现“本文”“作者”等用词）、5个左右关键词以及不超过3个的作者名称；同时提供与中文题名、摘要、关键词相对应的英文译文。若文章有基金项目（课题）背景，请标明项目（课题）来源、名称及编号，可以以项目组名义署名，但应介绍主要成员。

6. 文中引用他人作品时，请按照原作者姓名、文献名称、出版者和出版年顺序列出，并以脚注方式（放置于当页下）用①②③……标出注释，并选择“每页重新编号”；参考文献中的作者在2名以上时，须全部列出。

7. 来稿后面应列出参考文献，按照引用的先后顺序标注出引用参考文献的作者名、引用文题名、出版单位以及出版日期。

8. 文中尽量少用缩略语。必须使用时于首次出现处先叙述其全称，然后括号注出中文缩略语或英文全称及其缩略语，后两者间用“，”分开（如该缩略语已共知，也可不注出其英文全称）。缩略语不得移行。

9. 电子稿件须采用Word格式以邮件附件的方式发送至本刊编辑部，并于文后标注作者简介（真实姓名，所在单位，职称，是否博士、硕士生导师等）及联系方式（电邮、电话、通信地址、邮编，供邮寄刊物使用）。

10. 编辑部有权做技术性及文字性修改，有权提出修改意见由作者自行修改。不同意任何修改的作者请在来稿时注明。

11. 稿件一经采用，将向作者赠送当期刊物2册。不予采用的稿件，不再通知作者，故3个月未经采用的稿件，作者可自行处理。编辑部不做退稿处理，故请作者注意保留原稿。

**来稿请寄：** 广东省珠海市金湾区吉林大学珠海学院学报编辑部

**邮　　编：** 519041

**联系电话：** 0756－7626879

**电子信箱：** zhujianglungcong@163.com

**本刊网址：** http://zjlc.jluzh.com

图书在版编目（CIP）数据

珠江论丛. 2019 年. 第 3-4 合辑：总第 25-26 辑 / 付景川主编. --北京：社会科学文献出版社，2020.10
ISBN 978-7-5201-6838-0

Ⅰ.①珠… Ⅱ.①付… Ⅲ.①社会科学-文集 Ⅳ.①C53

中国版本图书馆 CIP 数据核字（2020）第 115957 号

珠江论丛（2019 年第 3-4 合辑，总第 25-26 辑）

主　　编 / 付景川

出 版 人 / 谢寿光
责任编辑 / 陈晴钰
文稿编辑 / 徐琳琳

出　　版 / 社会科学文献出版社 · 皮书出版分社（010）59367127
地址：北京市北三环中路甲 29 号院华龙大厦　邮编：100029
网址：www.ssap.com.cn
发　　行 / 市场营销中心（010）59367081　59367083
印　　装 / 三河市东方印刷有限公司

规　　格 / 开 本：787mm × 1092mm　1/16
印 张：23.25　字 数：358 千字
版　　次 / 2020 年 10 月第 1 版　2020 年 10 月第 1 次印刷
书　　号 / ISBN 978-7-5201-6838-0
定　　价 / 158.00 元

本书如有印装质量问题，请与读者服务中心（010-59367028）联系

版权所有 翻印必究